개정증보판

너만 몰랐던
지출증빙 실무

윤희원 · 최영경 · 최세영 · 김정윤 공저

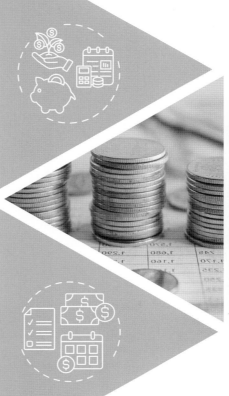

SAMIL | 삼일인포마인

2024년 개정판을 내면서

저자들이 이 책을 출간한 지 거의 9년이 되고 있습니다. 전산시스템의 활용으로 세정업무에도 변화가 급격히 발생하고 있으며 과거의 영수증 등의 증명서류보다는 정규영수증(전자세금계산서, 전자계산서, 신용카드, 현금영수증)의 중요성이 높아지고 세무조사 시 중요한 부분이 되고 있습니다.

법인 및 개인사업자(성실신고확인대상자)의 경우 지출증명서류에 대한 중요성이 높아지는 요즘, 지출증명서류와 관련된 내용의 수정 및 추가의 필요성을 많이 느껴 『너만 몰랐던 지출증빙실무』 개정판을 내게 되었습니다.

개정판을 낼 때마다 실무자분들에게 조금 더 쉽고 편하게 읽히는 업무활용에 도움이 되길 바라는 마음으로 최선을 다해 작업하였으며, 구독자분들이 이 책을 통해서 더 효율적이고 편안하게 업무를 하셨으면 좋겠습니다.

이번 개정판에는 개정세법을 분석하여 관련 내용을 충실히 반영하였으며, 성실신고확인과 관련하여 관련 서식 작성예시를 통하여 실무자들이 서식을 작성하는데 도움이 될 수 있도록 작성하였습니다. 그리고 달라진 가산세 규정 및 관련 판례들을 핵심내용 위주로 간결하게 수정 보완하였습니다.

본서는 다음의 목적을 두고 회계와 세무를 동시에 정리할 수 있게 만들었습니다.

첫째, 계정과목별 회계처리 및 관련 증명서류 제시

둘째, 관련 세법 규정의 간결한 정리

셋째, 이론보다는 실무에 바로 적용할 수 있는 사례제시

본 책의 출판을 위해 힘써주신 삼일인포마인 이희태 대표이사님과 김동원 이사님, 세련된 편집에 힘써준 편집부 직원분들에게 감사드리며, 함께 애써준 공동 집필자 세무사님들과 그 가족분들께 깊이 감사드립니다.

마지막으로 저자들은 독자와 교수님 및 선생님들의 솔직한 비판과 애정어린 조언을 기대하며, 향후 이를 기꺼이 받아들여 더 쉽고, 더 편하고, 더 활용하기 좋은 책을 만들기 위해 노력할 것임을 약속드립니다.

2024. 7.

공동저자 씀

2016년 개정판을 내면서

저자들이 세무사시험에 합격한 지 10년의 세월이 흘렀습니다.

과거와 다르게 정규증빙 수취가 법인세, 소득세 신고와 세무조사 시 중요한 부분이 되었습니다.

2015년 9월 시중에 많은 지출증빙 관련 책들이 출간되어 있지만 무언가 부족한 부분이 있다고 생각되어 『너만 몰랐던 지출증빙 실무』라는 책자를 3인공저로 발간하게 되었습니다.

뜻밖에 독자분들의 많은 사랑을 받게 되어 금년 개정판에서는 초판에서 부족하거나 애매했던 부분의 수정 및 2016년 개정세법을 면밀하게 분석하여 반영하였습니다.

특히 <u>법인사업자와 개인사업자(복식부기의무자) 업무용승용차의 취득 및 유지관련 비용부분이 많이 개정되었습니다. 차량운행일지 작성에 의한 부분만 비용을 인정하게 하고 감가상각비는 업무사용금액에 한해서 800만 원까지 비용 인정이 가능합니다. 처분 시에 발생하는 처분손실도 당기에 800만 원만을 인정하고 초과되는 금액은 이월해서 비용으로 인정하도록</u> 세법이 개정되었습니다.

또한 세금계산서를 공급시기가 속하는 확정신고기한까지 수령하는 경우 매입세액공제를 적용받을 수 있게 되었습니다.

세무업무에 종사하면서 거래처의 실무담당자들이 일상적인 경비 등을 지출할 경우 수령하여야 할 증빙에 대해서 빈번하게 실수하는 부분에 대해서 유형별로 주의하여야 할 사항을 일목요연하게 정리하였습니다.

본 서의 주요내용을 살펴보면 다음과 같습니다.
1. 세금계산서 : 발급 시기, 수정세금계산서 발급사유, 전자세금계산서 관련 가산세
2. 계산서 : 전자계산서 의무 발급사업자 및 대상 전자계산서 관련 가산세
3. 신용카드, 현금영수증 : 매입세액 공제 요건
4. 원천징수 : 소득구분 사례와 소득별 원천징수 사례

5. 증빙과 관련하여 발생하는 가산세 등 모든 제재

6. 성실신고 확인제도에서의 지출증빙

7. <u>계정과목별 관련증빙을 활용한 풍부하고 체계적인 사례연구 및 관련세법내용요약</u>

8. <u>2016년부터 적용되는 업무용승용차유지비용 관련한 개정내용 완벽분석</u>

9. <u>반기 원천세 환급 및 인정상여 처리 및 복잡해진 퇴직소득세 원천징수</u>

본 서는 올해 세법개정사항을 모두 반영하였으며, 실무자가 보기 쉽도록 구체적인 증빙을 활용한 사례연구를 장을 달리하여 자세히 수록하였습니다. 실무에서 일어나는 증빙을 제시한 후 회계처리 및 핵심적인 세무관리까지 보여주어 이해를 돕고자 하였습니다. 특히 이용자명의리스와 관련한 부가가치세 처리 및 회계처리에 대해서 설명을 하였습니다.

실무자들이 궁금해 하는 전자세금계산서의 발급과 수정세금계산서 발급방법부터 원천세 신고업무 수행 시 일어나는 다양한 문제들과 가산세에 대해서도 총망라해서 담고자 하였습니다. 또한 성실신고확인제도 속에서의 증빙실무 부분도 새롭게 실어 증빙에 관한 이해를 돕고자 하였습니다.

실무자들에게 쉽게 다가가고자 노력을 거듭하였으나 미처 발견하지 못한 오류내용이 생기지 않을까 조바심 또한 가지게 됩니다.

본 책자의 출판을 위해 힘써주신 삼일인포마인 송상근 대표이사님과 세련된 편집에 힘써준 편집부 직원에게 감사드리며 바쁜 시간을 쪼개고 공휴일을 한동안 공유한 공동 집필자 세무사님과 그 가족분들께 깊은 감사드립니다.

마지막으로 저자들은 독자와 교수님 및 선생님들의 비판과 조언을 기대하며, 향후 이를 기꺼이 받아들여 더 쉽고 더 편하고 더 좋은 책을 만들기 위해 노력할 것임을 약속드립니다.

2016. 4.

공동저자 씀

차례

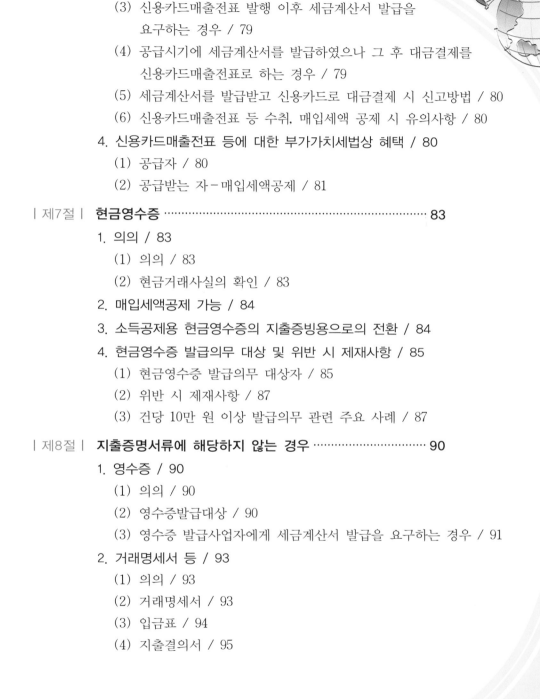

제5장　원천징수와 증명서류

제6장 증빙관련제재와 사후관리

제7장   성실신고확인제도에서의 지출증명

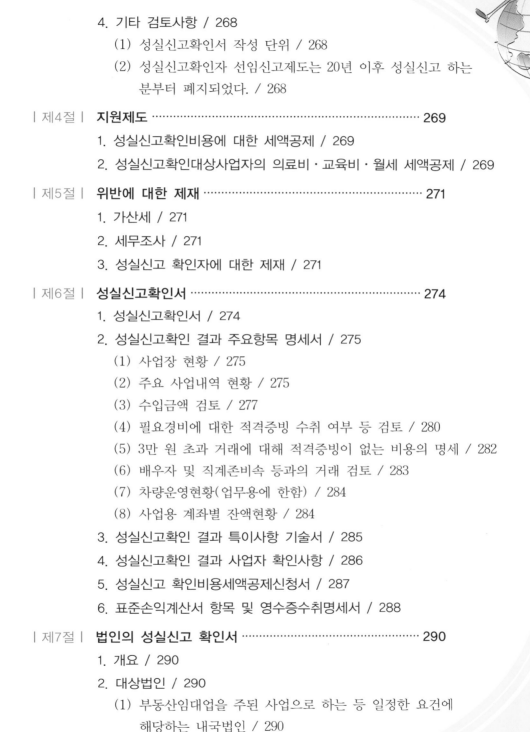

제8장 계정과목별 지출증명서류와 실무사례

지출증빙 흐름도

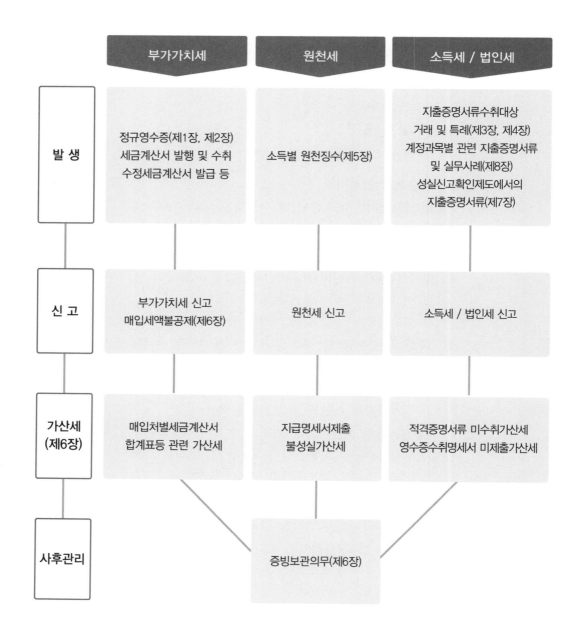

	부가가치세	원천세	소득세 / 법인세
발 생	정규영수증(제1장, 제2장) 세금계산서 발행 및 수취 수정세금계산서 발급 등	소득별 원천징수(제5장)	지출증명서류수취대상 거래 및 특례(제3장, 제4장) 계정과목별 관련 지출증명서류 및 실무사례(제8장) 성실신고확인제도에서의 지출증명서류(제7장)
신 고	부가가치세 신고 매입세액불공제(제6장)	원천세 신고	소득세 / 법인세 신고
가산세 **(제6장)**	매입처별세금계산서 합계표등 관련 가산세	지급명세서제출 불성실가산세	적격증명서류 미수취가산세 영수증수취명세서 미제출가산세
사후관리	증빙보관의무(제6장)		

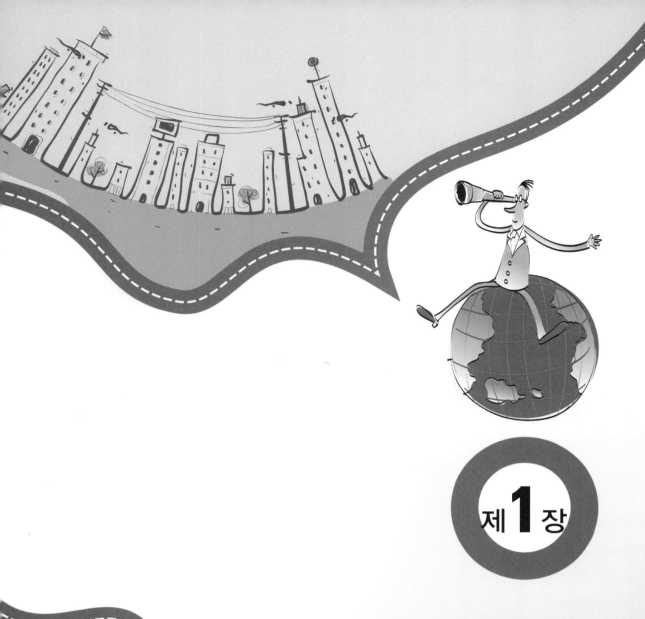

제1장

제**1**장

지출증명서류의 의의

지출증명서류의 의의 　제1절

제1절	지출증명서류의 의의

1 지출증명서류가 필요한 이유

지출증명서류가 필요한 이유는 기업이 상거래상 발생하는 모든 거래에 관해서 증빙을 갖춰놓고 있어야 하기 때문이다. 증빙은 기업이 주장하는 거래가 실제로 발생했는지를 알려주는 자료이다. 이러한 자료가 없다면 기업의 주장대로 비용이 발생했는지에 관해 과세관청과 시시비비를 따져야 하는 매우 곤란한 상황에 빠지게 되는 것이다.

상거래의 증빙들이 전자세금계산서, 전자계산서, 신용카드, 현금영수증과 같이 전자적인 형태로 진화하고 있으며, 최근 과세당국은 국세청 내 수집되어 있는 자료를 집합, 연계시켜 시스템(국세청 홈택스)을 구축하였다. 과세당국의 탈세 적발시스템은 날이 갈수록 진화하고 있는 것이다. 앞으로 점점 전자적인 형태로 진화한다면 납세자는 성실하게 신고하는 것이 최대한의 절세를 이루는 방법이라는 점을 깨닫게 될 것이다.

실제로 과세당국은 전자적인 형태의 자료를 분석하여 사전에 성실신고할 수 있도록 독려하고 있으며, 성실신고를 위반한 경우에는 사후소명대상에 해당할 수 있음에 유의하여야 한다.

성실하게 신고하는 환경에서 절세를 위하여 가장 필요한 것은 바로 사용한 지출에 대한 증빙을 철저하게 수집하는 것이다.

비용에 대한 부분이기 때문에 법인세와 소득세를 납부하는 모든 사람에게 지출증명서류는 알고 익혀야 할 부분이다. 지출증명서류는 회계파트 직원만이 아닌 지출과 관련된 모든 직원이 숙지하고 있어야 할 사항인 것이다.

2 의의

법인(사업소득이 있는 개인사업자 포함)이 사업자로부터 건당 거래금액이 3만 원[1]을 초과하는 재화 또는 용역을 공급받고 그 대가를 지급한 경우와 한 차례에 지출한 접대비가 3만 원(경조사비 20만 원)을 초과하는 경우에는 정규영수증[2]을 지출증명서

---

1) 3만 원 : 2008년 이후(3만 원), 2007년까지(5만 원)
2) 신용카드 매출전표·현금영수증·세금계산서·계산서를 말한다.

류로 수취하여 5년간 보관하여야 한다.

이는 납세자가 지출한 비용에 투명성을 확보하고 거래상대방(사업자)의 과세표준 양성화를 유도하는 데 그 목적이 있다. 법정지출증빙에 관한 규정은 1999년 1월 1일부터 도입되었고, 2001년 1월 1일 이후의 거래에 대해서는 법정지출증명서류를 수취하지 않은 경우 증명서류수취불성실가산세(거래금액의 2%)를 부과하도록 하였다.

❸ 정규영수증

법적으로 인정되는 정규영수증은 다음과 같다.
① (전자, 종이)세금계산서(매입자발행세금계산서 포함)
② (전자, 종이)계산서
③ 여신전문금융업법에 의한 신용카드 매출전표·직불카드·외국에서 발행된 신용카드·기명식선불카드를 포함하며, 다음의 경우도 지출증빙을 수취하여 보관하고 있는 것으로 인정한다.
　㉠ 신용카드 및 직불카드 등의 월별 이용대금명세서
　㉡ 전사적 자원관리(ERP)시스템에 보관되어 있는 신용카드 및 직불카드 등의 거래정보(국세기본법 시행령 제65조의 7의 요건을 충족한 경우에 한함)
④ (지출증빙용)현금영수증
⑤ 사업소득 원천징수영수증

❹ 지출증명서류 수취대상거래

사업자가 2008년 1월 1일 이후 개시하는 사업연도부터는 사업과 관련하여 재화 또는 용역을 공급받고 건당 3만 원을 초과하는 대가를 지급하는 경우에 있어 그 거래상대방이 사업자에 해당한다면 정규영수증을 수취하여야 한다.

---

① 거래대상 : 사업자
② 공급대가 : 재화나 용역의 공급대가
③ 거래단위 : 3만 원 초과(부가가치세 포함)

다만, 법인이 업무와 관련하여 지출한 비용에 대해 지출증명서류를 수취하지 않은 경우에도 다른 객관적인 자료에 의해 그 지급사실이 확인되는 경우에는 비용으로 인정하나, 정규영수증을 수취하지 않은 금액에 대해 증명서류수취불성실가산세를 부담해야 한다.

⑤ 지출증명서류 수취대상거래특례

법인세법 등에서 규정하고 있는 정규영수증 수취의무 면제 거래에 해당되는 경우에는 지출증명서류를 수취하지 않는 경우에도 별도의 가산세 등의 불이익을 받지 않는다.

구 분	내 용
(1) 지출증명서류 수취 대상 제외 사업자	① 수익사업을 영위하지 않는 비영리법인 ② 국가 및 지방자치단체 ③ 금융·보험업을 영위하는 법인 ④ 국내사업장이 없는 외국법인 ⑤ 국내사업장이 없는 비거주자 ⑥ 읍·면지역 간이과세자
(2) 지출증명서류 수취 대상 면제거래	① 농·어민과의 거래 ② 원천징수대상 사업소득자로부터 용역을 공급받은 경우 ③ 항만공사가 공급하는 화물료 징수용역 ④ 사업의 양도에 의하여 재화를 공급받은 경우 ⑤ 방송용역을 제공받은 경우 ⑥ 전기통신 용역을 공급받은 경우 ⑦ 국외에서 재화 또는 용역을 공급받은 경우 ⑧ 공매·경매 또는 수용에 의하여 재화를 공급받은 경우 ⑨ 토지, 주택, 주택임대용역을 공급받은 경우 ⑩ 택시운송용역을 제공받은 경우 ⑪ 건물, 토지 구입 ⑫ 금융·보험용역을 제공받은 경우 ⑬ 입장권·승차권·승선권 등을 구입하여 용역을 제공받은 경우 ⑭ 항공기의 항행용역을 제공받은 경우 ⑮ 임차보증금에 대한 부가가치세액을 임차인이 부담하는 경우 ⑯ 지급지연 연체이자를 지급하는 경우 ⑰ 한국철도공사로부터 철도의 여객운송용역을 공급받는 경우

구 분	내 용
	⑱ 유료도로법에 따른 유료도로를 이용하고 통행료를 지급하는 경우 (유료도로 통행료에 관한 규정은 2008년 1월 1일부터 적용됨)
(3) 지출증명서류 수취 대상 면제 거래(반 드시 경비 등 송금명 세서를 제출해야 함)	① 간이과세자로부터 부동산 임대용역을 제공받은 경우 ② 임가공용역을 제공받은 경우(법인과의 거래를 제외함) ③ 운수업을 영위하는 자가 운송용역을 제공받은 경우 ④ 재활용폐자원 등이나 재활용가능자원을 공급받은 경우 ⑤ 항공법에 의한 서류송달용역을 제공받는 경우 ⑥ 부동산중개업법에 의한 중개업자에게 수수료를 지급하는 경우 ⑦ 복권 및 복권기금법에 의한 복권사업자가 복권을 판매하는 자에게 수수료를 지급하는 경우 ⑧ 국세청장이 정하여 고시한 다음의 경우(제1999-43호, '99.12.10.) ㉠ 인터넷, PC통신 및 TV 홈쇼핑을 통하여 재화 또는 용역을 공급 받은 경우 ㉡ 우편송달에 의한 주문판매를 통하여 재화를 공급받은 경우

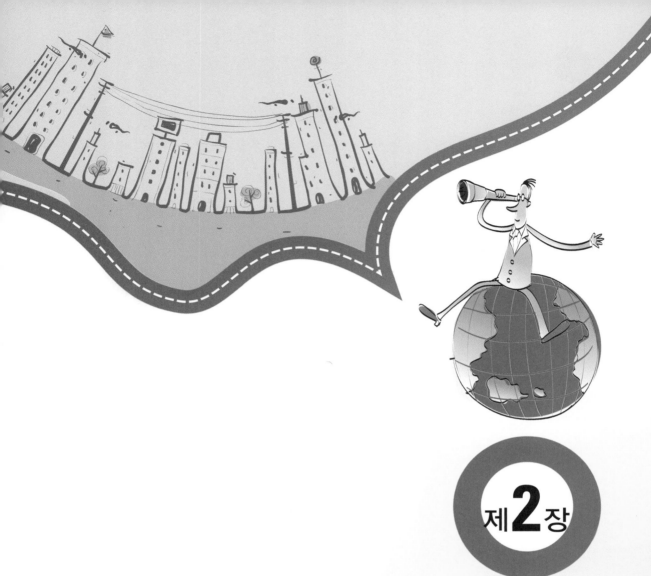

제**2**장

정규영수증의 종류

부가가치세(VAT)는 사업자가 창출한 부가가치를 과세대상으로 하는 조세이다. 즉 생산 및 유통의 각 단계에서 생성되는 부가가치(이익 = 매출액 - 매입액)에 대해 부과 (10%)되는 조세이다. 여기서 부가가치란 각 거래단계의 사업자가 독자적으로 새로이 창출한 가치의 증가분이라고 할 수 있다.

> 부가가치세 = 매출세액(매출액 × 부가가치세율) - 매입세액(10%, 0%)

매출세액 : 재화나 용역을 공급하는 경우 거래상대방에게 징수한 부가가치세를 말하며, 매출액에 부가가치세율을 곱한 금액으로 한다. 이때, 공급자는 거래증빙으로 세금계산서 또는 영수증을 발급하며, 매출세액은 국가에 납부하여야 한다.

매입세액 : 재화나 용역을 매입하는 경우 거래상대방으로부터 징수당한 부가가치세를 말하며, 원칙적으로 세금계산서를 수취한 경우에만 매입세액에 해당되어 국가로부터 돌려받게 된다. 따라서, 세금계산서를 수취하지 않거나 영수증을 수취한 경우에는 부가가치세법상 매입세액에 해당되지 않으므로 국가로부터 돌려받을 수 없다.

① 부가가치세의 과세 및 전가

구분	제조업자(甲)	소매업자(乙)	최종소비자(丙)
매출액	1,000	3,000	
(매출세액)	(100)	(300)	
매입액	0	1,000	
(매입세액)	0	(100)	
창출한 부가가치	1,000	2,000	소비부가가치 3,000
납부세액	100	200	세 부담 300

① 재화의 거래로 인해 국가가 징수한 부가가치세는 300원이다.

② 부가가치세 300원을 국가에 납부한 것은 사업자 甲, 乙이며, 각각 100원, 200원을 납부했다. 이에 사업자 甲, 乙을 부가가치세법상 「**납세의무자(사업자)**」라 한다.

③ 사업자 乙은 최종소비자 丙에게 부가가치세 300원을 징수하고, 사업자 甲에게 징수당한 부가가치세 100원을 차감한 금액 200원만을 국가에 납부하였으므로 부가가치세로 인한 이득이나 손실은 없다. 즉, 부가가치세 200원을 납부하였지만 실제 부담한 것은 아니다.

④ 재화의 거래로 인해 국가가 징수한 부가가치세 300원은 최종소비자 丙이 부담한 것이다. 이에 최종소비자 丙을 부가가치세법상 「**담세자(실질적인 세금 부담자)**」라 한다.

제 2 절 세금계산서

① 의의

세금계산서(T/I : Tax Invoice)란 사업자가 재화 또는 용역을 공급하는 경우 부가가치세를 거래징수하고 이를 증명하기 위하여 공급받는 자에게 발급하는 세금영수증을 말한다. 이것으로 공급받는 자에게 부가세를 전가하고, 공급받는 자는 거래징수당한 부가세를 매입세액으로 공제받을 수 있다.

따라서 세금계산서는 부가가치세의 전가를 위한 법적 장치로 매입세액공제의 필수적 자료로서 반드시 필요하다.

☞ 종류 : ① 종이 세금계산서(일반), ② 전자 세금계산서[법인/직전연도 사업장별 공급가액 0.8억 원–2024.7.1. 이후 재화 또는 용역의 공급하는 분부터 적용)(1억 원–2023.7.1. 이후 재화 또는 용역의 공급하는 분부터 적용), 3억 원–2021.7.1. 이후 재화 또는 용역의 공급하는 분부터 적용)], ③ 수입 세금계산서(세관장)

					책 번 호		권	호

세금계산서(공급자보관용)

일 련 번 호 ☐☐ - ☐☐☐☐

공급자	등록번호	☐☐☐ - ☐☐ - ☐☐☐☐☐		성 명 (대표자)		공급받는자	등록번호			성 명 (대표자)	
	상호(법인명)						상호(법인명)				
	사업장 주소						사업장 주소				
	업 태		종 목				업 태			종 목	

작성			공 급 가 액												세 액												비 고	
연	월	일	공란수	조	천	백	십	억	천	백	십	만	천	백	십	일	천	백	십	억	천	백	십	만	천	백	십	일

월	일	품 목		규격	수량	단 가	공 급 가 액	세 액	비 고

합계금액	현 금	수 표	어 음	외상 미수금	이 금액을 영수 함 청구

210㎜×148.5㎜ (인쇄용지(특급) 34g/㎡)

참고 사업자별 발행가능 정규영수증

사업자 구분		물품 구분	발행가능 정규영수증
과세사업자	일반과세자	과세물품	세금계산서, 신용카드매출전표, 현금영수증
		면세물품	계산서, 신용카드매출전표, 현금영수증
	간이과세자	과세, 면세물품	세금계산서, 신용카드매출전표, 현금영수증, 영수증
면세사업자		과세물품	세금계산서, 신용카드매출전표, 현금영수증
		면세물품	계산서, 신용카드매출전표, 현금영수증

② 세금계산서 기재사항

세금계산서를 작성하여 발급할 때에는 다음과 같은 필요적 기재사항과 임의적 기재사항을 기재하여야 한다. 세금계산서는 공급하는 사업자가 공급자 보관용(매출세금계산서)과 공급받는 자 보관용(매입세금계산서)으로 각 2매를 발행하여 1매를 발급한다.

(1) 필요적 기재사항

필요적 기재사항의 전부 또는 일부가 누락되어 있거나 허위로 기재된 경우에는 <u>공급자에게는 세금계산서불성실가산세(공급가액의 1%)가 적용되고, 공급받는 자에게는 매입세액이 공제되지 아니한다.</u>

① 공급하는 사업자의 등록번호, 상호(법인명), 성명

② **공급받는 자의 등록번호.** 다만, 공급받는 자가 사업자가 아니거나 등록한 사업자가 아닌 경우에는 대통령령으로 정하는 고유번호 또는 공급받는 자의 주민등록번호

③ 공급가액과 부가가치세액

④ 작성연월일

(2) 임의적 기재사항

이는 세금계산서의 효력에 아무런 영향을 미치지 않는 사항들이다.

① 공급하는 자의 주소

② 공급받는 자의 상호 · 성명 · 주소

③ 비고

④ 공급하는 자와 공급받는 자의 업태와 종목

⑤ 공급품목, 규격, 단가, 수량

⑥ 공급연월일

(3) 세금계산서 기재 시 유의사항

① 세금계산서 발급 시 10원 미만 단수도 기재한다.

② 공급받는 자가 사업자가 아닌 경우에는 등록번호에 갈음하여 부여받은 고유번호 또는 공급받는 자의 주소 · 성명 및 주민등록번호를 기재하여 발급한다.

③ 사업자가 재화 또는 용역을 공급하고 그 대가를 제3자에게 지급하도록 하는 경우에도 세금계산서는 공급하는 사업자가 공급받는 자에게 발급한다.

④ 주민등록번호 기재분 세금계산서에는 주민등록번호를 공급받는 자 · 등록번호란에 기재한다.

⑤ 사업자등록증에 기재된 업태 · 종목 중 해당 거래 품목에 해당하는 업태 · 종목을

기재하며 2가지 이상의 업태·종목을 거래하는 경우 공급가액이 큰 업태·종목을 기재하되 '~외'라고 기재한다.

⑥ 비고란에 위탁, 수탁판매의 경우 수탁자 또는 대리인의 등록번호를 기재하고 일반소비자 또는 미등록사업자와 거래 시는 주민등록번호를 기재하며 월합계세금계산서의 경우 '합계', 전력 등을 공급받는 명의자가 실지 소비자에게 공급 시는 '전력' 또는 '공통매입' 등을 기재하고 기타 필요한 사항을 기재한다.

❸ 세금계산서의 발급의무

(1) 발급의무자

세금계산서의 발급의무자는 납세의무자로 등록한 사업자로서, 영수증 발급의무자는 아니며 세금계산서 발급의무가 면제되는 경우를 제외하고는 반드시 세금계산서를 발급하여야 한다. 비록 납세의무자라 하더라도 사업자등록을 하지 않으면 세금계산서를 발급할 수 없으며, <u>폐업자 및 면세사업자와 간이과세자(세금계산서 발급 불가자[3])는 세금계산서를 발급할 수 없다.</u>

(2) 세금계산서의 발급대상거래

과세되는 재화 또는 용역의 공급에 대해서 원칙적으로 모두 세금계산서를 발급해야 한다. 영세율이 적용되는 거래도 부가가치세의 거래징수가 없기는 하나 세금계산서는 발급해야 하는 것이 원칙이다.

(3) 세금계산서의 발급의무 면제

다음에 게기(揭記)하는 재화 또는 용역을 공급하는 경우에는 세금계산서 발급의무를 면제한다.

① 택시운송·노점·행상 또는 무인판매기 이용 사업자가 공급하는 재화 또는 용역

② 전력 또는 도시가스를 실지로 소비하는 자(사업자 제외)를 위하여 전기사업자 또는 도시가스사업자로부터 전력 또는 도시가스를 공급받는 명의자

③ 소매업 또는 미용·욕탕 및 이와 유사 서비스업을 영위하는 자가 공급하는 재화

---

3) 직전연도 공급대가의 합계액이 4,800만 원 미만인 자, 신규 사업 개시자로 최초로 간이과세자

또는 용역. 다만, 소매업의 경우에는 공급받는 자가 세금계산서의 발급을 요구하지 아니하는 경우에 한한다.

④ 자가공급·개인적 공급·사업상 증여 및 폐업 시의 재고재화 등의 재화 또는 용역공급. 다만, 총괄납부승인을 받지 아니한 사업자가 직매장 등 다른 사업장에 재화를 공급하는 경우는 제외한다.

⑤ 수출하는 재화. 단, 내국신용장 또는 구매확인서에 의하여 공급하는 재화는 제외한다.

⑥ 국외에서 제공하는 용역

⑦ 기타 국내사업장이 없는 비거주자 또는 외국법인에게 공급하는 재화 또는 용역. 다만, 당해 비거주자 또는 외국법인이 당해 외국의 개인사업자 또는 법인사업자 증명원을 제시하고 세금계산서의 발급을 요구하는 경우는 제외한다.

⑧ 기타 외화획득 재화 또는 용역. 다만, 수출재화 임가공용역은 제외한다.

⑨ 항공기 등의 외국항행용역(항공법에 의한 상업서류 송달용역 포함)

⑩ 선박에 의한 외국항행용역으로서 공급받는 자가 국내에 사업장이 없는 비거주자 또는 외국법인인 경우

⑪ 부동산임대용역 중 전세금 또는 임대보증금에 대한 간주임대료

⑫ 공인인증기관이 공인인증서를 발급하는 용역. 다만, 공급받는 자가 세금계산서의 발급을 요구하지 아니하는 경우에 한한다.

⑬ 전기사업자 또는 도시가스사업자로부터 전력이나 도시가스를 공급받는 명의자

⑭ 도로 및 관련 시설운용용역을 공급하는 자. 다만, 공급받는 자가 세금계산서의 발급을 요구하지 아니하는 경우에 한한다.

⑮ 다음을 제외한 사업자가 신용카드매출전표 등을 발급한 경우
목욕·이발·미용업, 여객운송업(전세버스운송사업 제외), 입장권을 발행하여 영위하는 사업. 한편, 세금계산서와 신용카드매출전표를 중복하여 발급한 경우에는 세금계산서를 기준으로 부가가치세를 신고·납부하며, 중복발급에 따른 가산세는 없다.

❹ 세금계산서의 발급시기

(1) 원칙

원칙적으로 <u>재화 또는 용역의 공급시기</u>에 세금계산서를 발급한다.

(2) 선발급한 경우

① 공급시기가 되기 전에 대가의 전부 또는 일부를 받고 세금계산서 등을 발급한 경우에는 그 발급한 때를 공급시기로 본다.

② 공급시기가 되기 전에 세금계산서를 발급한 후 7일 이내에 대가를 지급받는 경우 그 세금계산서를 발급하는 때를 당해 재화 또는 용역의 공급시기로 본다.

③ 재화 또는 용역을 공급하는 사업자가 그 재화 또는 용역의 공급시기가 되기 전에 세금계산서를 발급하고 그 세금계산서 발급일부터 7일이 지난 후 대가를 받더라도 해당 세금계산서를 발급한 때를 재화 또는 용역의 공급시기로 본다.

 ㉠ 거래 당사자 간의 계약서·약정서 등에 대금 청구시기(세금계산서 발급일을 말한다)와 지급시기를 따로 적고, 대금 청구시기와 지급시기 사이의 기간이 30일 이내인 경우

 ㉡ 세금계산서 발급일이 속하는 과세기간(공급받는 자가 제59조 제2항에 따라 조기환급을 받은 경우에는 세금계산서 발급일부터 30일 이내)에 재화 또는 용역의 공급시기가 도래하는 경우

  사례 : 발급일 3월 31일 공급시기 6월 30일인 경우 발급일이 공급시기임.

④ 사업자가 할부로 재화 또는 용역을 공급하는 경우 등으로서 공급시기가 되기 전에 세금계산서 또는 영수증을 발급하는 경우에는 그 <u>발급한 때</u>를 각각 그 재화 또는 용역의 공급시기로 본다.

 ㉠ 장기할부판매의 공급시기

 ㉡ 전력 기타 공급단위를 구획할 수 없는 재화를 계속 공급하는 경우의 공급시기

 ㉢ 장기할부 또는 통신 등 그 공급단위를 구획할 수 없는 용역을 계속적으로 공급하는 경우의 공급시기

(3) 후발급한 경우

다음의 경우로 <u>재화 또는 용역의 공급일이 속하는 날의 다음 달 10일</u>(다음 달 10일이 공휴일 또는 토요일인 때에는 해당 일의 다음 날)까지 세금계산서를 발급할 수 있다.

① 거래처별로 1역월의 공급가액을 합계하여 <u>해당 월의 말일 자를 작성연월일</u>로 하여 세금계산서를 발급하는 경우. 예를 들면 3월 거래분을 3월 31일 자로 4월 10일까지 발급하는 경우이다.

> ☞ 1역월이라 함은 매월 1일부터 그 달의 말일까지를 의미하므로 월을 달리하여 공급된 부분까지 합계하여 월합계세금계산서를 발급할 수 없다(말일이 일요일, 공휴일인 경우에도 말일 자로 월합계 발급한다).

② 거래처별로 1역월 이내에서 사업자가 임의로 정한 기간의 공급가액을 합계하여 그 <u>기간의 종료일자로 작성연월일</u>로 하여 세금계산서를 발급하는 경우. 예를 들면 2월 10일부터 2월 24일까지의 거래분을 2주일 단위로 정산하기로 한 경우 거래분을 합계하여 2주일의 말일(2월 24일)을 작성일자로 발급할 수 있는 경우이다.

③ 관계 증명서류 등에 따라 실제거래사실이 확인되는 경우로서 <u>해당 거래일자를 작성연월일</u>로 하여 세금계산서를 발급하는 경우. 예를 들면 7월 8일 거래하였으나 세금계산서를 발급하지 못한 경우 8월 10일까지 7월 8일을 작성일자로 발급하는 경우이다.

> ☞ 이 규정에 의해 일반적으로 세금계산서는 다음 달 10일까지 발급이 가능하다.

관련해석

1. 분실된 세금계산서의 처리방법(부가세 집행기준 32-67-2)

① 공급자 보관용 세금계산서를 분실한 경우에는 기장 및 모든 증빙에 의하여 공급자 보관용 세금계산서를 사본으로 작성하여 보관하여야 한다.

② 공급받는 자 보관용 세금계산서를 분실한 경우에는 공급자가 확인한 사본을 발급 받아 보관하여야 한다.

2. 내국신용장에 의한 재화공급 시의 세금계산서 발급(기본통칙 32-67-2)

영 제31조 제2항에 따른 내국신용장에 의하여 수출용 원자재 등을 공급하는 사업자는 공급받는 사업자가 재화를 인수하는 때에 해당 일자의 「외국환거래법」에 따른 기준환율 또는 재정환율에 의하여 계산한 금액을 공급가액으로 하여 세금계산서를 발급한다.

3. 수출용 원자재 등에 대한 세금계산서 발급(부가세 집행기준 32-67-3)

① 내국신용장에 의하여 수출용 원자재 등을 공급하는 사업자는 공급받는 사업자가 재화를 인수하는 때에 해당 일자의 「외국환거래법」에 따른 기준환율 또는 재정환율에 의하여 계산한 금액을 공급가액으로 하여 세금계산서를 발급한다.

② 수출품생산업자로부터 원신용장을 양도받아 대행수출하는 수출업자가 수출품생산업자의 수출용 재화에 필요한 원자재 구입을 위하여 내국신용장을 개설하고 수출품생산업자가 원자재생산업자로부터 직접 원자재를 공급받는 경우에는 원자재생산업자는 수출품 생산업자를 공급받는 자로 하여 세금계산서를 발급하여야 한다.

4. 관세환급금에 대한 세금계산서 발급(부가세 집행기준 32-67-4)

① 사업자가 수입원재료를 사용하여 제조 또는 가공한 재화를 내국신용장에 의하여 수출업자에게 공급하고 수출업자로부터 해당 수입원재료에 대한 관세환급금을 받는 경우 해당 관세환급금은 대가의 일부로서 영세율 과세표준에 산입되므로 세금계산서를 발급하여야 한다.

② 내국신용장에 의한 재화의 공급 시 공급대가에 포함된 관세환급금 상당액이 나중에 수출업자가 세관장으로부터 환급받은 관세환급금과 같지 아니하여 그 차액을 정산하는 경우에는 해당 금액이 확정되는 때에 수정세금계산서를 발급한다.

5. 휴·폐업에 따른 세금계산서 수수(부가세 집행기준 32-67-5)

<u>사업자가 사업을 폐지하면서 재고재화로서 과세된 잔존하는 재화를 실제로 처분하는 때에는 세금계산서를 발급할 수 없고 일반영수증을 발급하여야 한다.</u> 다만, 휴업하는 사업자의 경우에는 전력비·난방비·사용하지 아니하는 재산 처분 등 사업장 유지관리 등에 따른 세금계산서는 발급받거나 발급할 수 있다.

6. 위·수탁 거래에 대한 세금계산서 발급(부가세 집행기준 32-69-1)

① 위탁판매나 대리판매의 경우 수탁자나 대리인이 위탁자 또는 본인의 명의로 세금계산서를 발급하며, 위탁자 또는 본인이 직접 재화를 인도하는 경우에는 위탁자 또는 본인이 세금계산서를 발급할 수 있다. 이 경우 수탁자 또는 대리인의 등록번호를 함께 기재하여야 한다.

② 지입회사가 지입차주의 위탁을 받아 지입차량을 매입하는 경우 지입회사는 차량공급자로부터 자기의 명의로 세금계산서를 발급받고 자기의 명의로 지입차주에게 세금계산서를 발급하여야 한다.

③ 사업자가 위탁 또는 대리에 의하여 재화를 공급하는 경우에는 수탁자 또는 대리인이 위탁자 또는 본인의 명의로 세금계산서를 발급하여야 한다. 다만, 위탁자 또는 본인을 알 수 없는 경우에는 위탁자(본인)는 수탁자(대리인)에게, 수탁자(대리인)는 거래상대방에게 공급한 것으로 보아 세금계산서를 발급한다.

7. **2 이상의 사업장이 있는 경우의 세금계산서 발급**(부가세 집행기준 32-69-1)

① 본점과 지점 등 2 이상의 사업장이 있는 법인사업자가 본점에서 계약을 체결하고 재화 또는 용역은 지점이 공급하는 경우 세금계산서는 재화나 용역을 실제 공급하는 사업장에서 발급한다.

② 본점과 지점 등 2 이상의 사업장이 있는 법인사업자가 계약·발주·대금지급 등의 거래는 해당 본점에서 이루어지고 재화 또는 용역은 지점에서 공급받는 경우, 세금계산서는 본점 또는 지점 어느 쪽에서도 발급받을 수 있다.

③ 본점에서 일괄하여 계약체결 및 대금 결제하고 거래상대방으로부터 세금계산서를 발급받은 경우 해당 세금계산서의 공급가액 범위 내에서 용역을 실지로 사용·소비하는 지점으로 세금계산서를 발급할 수 있다.

④ 제조장과 직매장 등 2 이상의 사업장을 가진 사업자가 제조장에서 생산한 재화를 직매장 등에서 전담하여 판매함에 있어 수송 등의 편의를 위하여 제조장에서 거래처에 직접 재화를 인도하는 경우에는 공급자를 제조장으로 하는 세금계산서를 직접 거래처에 발급한다. 다만, 이미 제조장에서 직매장 등으로 세금계산서(총괄납부 사업자의 경우에는 거래명세서)를 발급한 경우에는 직매장 등에서 거래처에 세금계산서를 발급하여야 한다.

8. **운송주선업자의 거래에 대한 세금계산서 발급**(부가세 집행기준 32-69-1)

운송주선용역을 공급하는 사업자가 불특정다수인의 화주와 운송위탁계약을 체결하여 화주로부터 화물·운임 및 주선수수료를 받아 운수업자로 하여금 화물을 운송하게 하고 그 운임을 지불하는 경우 세금계산서의 발급은 다음과 같이 한다.

① 운송주선사업자는 운송주선용역을 공급받는 자(화주 또는 운송업자)에게 운송주선용역의 대가인 수수료에 대하여 세금계산서를 발급하고 화물운송계약이 확정될 때에 운송업자의 명의로 화주에게 화물운송용역에 대한 세금계산서를 발급한다. 이 경우 화물운송주선업자의 등록번호를 비고란에 함께 기재한다.

② 화물운송업자는 화물운송주선업자가 화물운송업자의 명의로 세금계산서를 발급하지 아니한 경우에 한하여 화주에게 세금계산서를 발급한다.

9. **공동 매입 및 매출에 관한 세금계산서 발급**(부가세 집행기준 32-69-1)

① 전력을 공급받는 명의자의 범위에는 「부가가치세법」상 일반과세자가 아닌 자를 포함하며, 일반과세자가 아닌 자가 세금계산서를 발급할 때에는 간이과세자 등록번호, 면세사업자등록번호 또는 고유번호 등을 기재하여 일반과세자의 세금계산서 발급방법에 따라 발급한다.

② 공동매입에 따른 세금계산서를 대표사가 발급받을 수 있으며 그 공동비용을 정산하여 구성원에게 청구하는 때에는 당초 발급받은 세금계산서의 공급받은 날을 발행일자로 하는 세금계산서를 발급하며, 이 경우 월합계세금계산서를 발급할 수 있다.

③ 공동수급인들이 공급한 건설용역에 대하여 각자의 사업자등록번호로 그 지분비율에 따라 발주처에 세금계산서를 발급하여야 한다. 다만, 대표사가 발주자에게 공동도급공사와 관련한 세금계산서를 발급한 경우에는 공동수급인들이 대표사에 지분비율만큼 세금계산서를 발급한다.

10. 보험사고 자동차 수리비의 세금계산서 발급(부가세 집행기준 32-69-1)

보험사고 자동차에 대한 수리용역을 제공하는 사업자는 해당 용역대가의 지급자 또는 해당 차량의 소유자 여부를 가리지 아니하고 실제 자기의 책임으로 자동차 수리용역을 제공받는 자에게 세금계산서를 발급한다.

11. 하치장에서 인도되는 재화의 세금계산서 발급(부가세 집행기준 32-69-1)

사업자가 하치장으로 반출한 재화를 해당 하치장에서 거래상대방에게 인도하는 경우 세금계산서는 그 재화를 하치장으로 반출한 사업장을 공급하는 자로 하여 발급하여야 한다.

12. 전력을 공급받는 명의자의 세금계산서 발급(기본통칙 32-69-7)

영 제69조 제14항에 규정하는 전력을 공급받는 명의자의 범위에는 부가가치세법상 일반과세자가 아닌 자를 포함하며, 일반과세자가 아닌 자가 세금계산서를 발급할 때에는 간이과세자등록번호·면세사업자등록번호 또는 고유번호 등을 기재하여 일반과세자의 세금계산서발급요령에 따라 발급한다.(2014.12.30. 개정)

 실무사례 선발급세금계산서 시점별 매입세액 공제 여부 판단 사례

(주)삼일은 다음과 같이 세금계산서를 수취하였다. 각 사례별 매입세액공제 여부에 대하여 설명하라.

사례	대가 지급일	세금계산서 수취	세법상 공급시기	매입세액 공제 여부
(1)	20×4.8.30.	20×4.8.30.	20×4.10.25.	공 제
(2)	20×4.8.30.	20×4.9.25.	20×4.10.25.	공 제
(3)	20×4.10.15.	20×4.10.10.	20×4.10.25.	공 제

해답
(1) : 대가지급일과 세금계산서 발급일 일치
(2) : 대가지급일 이후 동일 과세기간에 세금계산서 발급
(3) : 발급일부터 7일 내에 대가 지급

보론 ● 공급시기

공급시기는 부가가치세의 거래징수, 세금계산서의 발급 및 과세표준의 신고 시기 등을 결정하는 기준이 된다. 이러한 공급시기를 잘못 판단한 경우에는 공급자 및 공급받는 자 모두에게 가산세가 부과되거나, 공급받는 자는 매입세액불공제의 불이익이 따를 수 있음에 유의하여야 한다.

> 공급시기 = 재화나 용역의 거래시기 = 세금계산서 발급시기 = 세금계산서상 "작성연월일"

(1) 재화의 공급시기

1) 원칙

① 재화의 이동이 필요한 경우(예 : 제품) : 재화가 인도되는 때
② 재화의 이동이 필요하지 아니한 경우(예 : 부동산) : 재화가 이용가능하게 되는 때
③ 위의 규정을 적용할 수 없는 경우 : 재화의 공급이 확정되는 때

2) 거래형태별 재화의 구체적인 공급시기

① 현금판매와 외상판매 또는 할부판매의 경우 재화가 인도되거나 이용가능하게 되는 때이며, 상품권 등을 현금 또는 외상으로 판매하고 그 후 해당 상품권 등이 현물과 교환되는 경우에는 재화가 실제로 인도되는 때
② 장기할부판매의 경우 대가의 각 부분을 받기로 한 때
③ 반환조건부판매·동의조건부판매, 기타 조건부 및 기한부 판매의 경우 그 조건이 성취되거나 기한이 경과되어 판매가 확정되는 때
④ 완성도기준지급 또는 중간지급조건부로 재화를 공급하거나 전력 기타 공급단위를 구획할 수 없는 재화를 계속적으로 공급하는 경우 대가의 각 부분을 받기로 한 때
⑤ 재화의 공급으로 보는 가공의 경우 가공된 재화를 인도하는 때
⑥ 자가소비 및 사업상 증여에 따라 재화의 공급으로 보는 것은 재화를 사용하거나 소비하는 때

⑦ 폐업 시의 잔존재화는 폐업일

⑧ 무인판매기를 이용하여 재화를 공급하는 경우 해당 사업자가 무인판매기에서 현금을 꺼내는 때

⑨ 수출재화의 경우 수출재화의 선(기)적일. 다만, 원양어업의 경우 수출재화의 공급가액이 확정되는 때

⑩ 사업자가 보세구역 내에서 보세구역 이외의 국내에 재화를 공급하는 경우에 해당 재화가 수입재화에 해당하는 경우 수입신고수리일

⑪ 그 밖의 경우 재화가 인도되거나 인도 가능한 때

참고 **장기할부판매와 중간지급조건부판매**

1. 장기할부판매

장기할부판매란 재화를 공급하고 그 대가를 월부·연부 기타 부불방법에 따라 받는 것 중 다음에 해당하는 것을 말한다.

① 2회 이상으로 분할하여 대가를 받는 것

② 해당 재화의 인도일의 다음 달부터 최종의 할부금의 지급기일까지의 기간이 1년 이상인 것

2. 완성도기준지급

공급하는 재화의 제작기간이 장기간을 요하는 경우에 그 진행도 또는 완성진도를 확인하여 그 비율만큼 대가를 지급하는 것을 말하며, 완성도 기준지급에서 완성 후의 공급시기는 있을 수 없다.

[예 : 완성(준공) 후 1월 이내에 대금을 지급받기로 약정 → 완성(준공)일이 공급시기임]

3. 중간지급조건부

재화를 인도하기 전, 재화를 이용 가능하게 하기 전 또는 용역의 제공을 완료하기 전에 계약금 이외의 대가를 분할하여 받는 경우로서, 계약금을 받기로 한 날부터 재화를 인도하는 날, 재화를 이용 가능하게 하는 날 또는 용역의 제공을 완료하는 날까지의 기간이 6개월 이상인 경우를 말한다.

계약금 + 분할지급(=2회 이상) → 최소 3회 이상 분할지급(계약금, 중도금, 잔금 등)

실무사례 장기할부판매와 중간지급조건부판매

■ **사례 1 : 장기할부판매 시 공급시기**

(주)이택스는 기계장비를 다음과 같이 구입하였다.

계 약 일 - 20×2년 8월 9일
지급조건 - 20×2년 8월부터 24개월 할부조건
기계가액 - 3억 원

물음

계약금으로 0.5억 원을 지급하고 3억 원에 대한 세금계산서를 수령한 경우 매입세액공제가 가능한지?

해답

장기할부판매의 공급시기는 대가의 각 부분을 받기로 한 때가 원칙이지만 **재화를 인도한 때**에 세금계산서를 발급한 경우에는 그 발급하는 때를 공급시기로 본다는 의미(부가-492, 2013.5.31.)이므로 전액 매입세액공제가 가능하다.

■ **사례 2 : 중간지급조건부판매**

(주)하나는 202×.1.1. (주)삼일에게 기계를 3억 원에 납품하기로 한다. 대금결제 방법이 다음과 같이 경우별로 다를 때 각 경우의 공급시기와 공급가액은?

구분	계약금	중도금	잔금
경우 1	1억 원(20×2.1.1.)	1억 원(20×2.5.1.)	1억 원(20×2.9.1.)
경우 2	1억 원(20×2.1.1.)	1억 원(20×2.7.1.) 재화인도	2억 원(20×2.9.1.)

해답

(1) 경우 1

재화의 인도 이전에 계약금 외의 대가를 분할하여 지급하며, 계약금을 지급하기로 한 날로부터 잔금을 지급하기로 한 날이 6월 이상이므로 중간지급조건부에 해당된다. 따라서, 계약에 따라 대가의 각 부분을 받기로 한 때(20×2.1.1., 20×2.5.1., 20×2.9.1.)가 공급시기이며, 받기로 한 각 대가(1억 원)가 공급가액이 된다.

(2) 경우 2

재화의 인도 이전에 계약금 외의 대가를 분할하여 지급하며, 계약금을 지급하기로 한 날로부터 잔금을 지급하기로 한 날이 6월 이상이므로 중간지급조건부에 해당된다. 다만, 중도금 수령 시 재화가 인도되었으므로 잔금 2억 원에 대한 공급시기는 재화의 인도일인 20×2.7.1.이 된다.

* 중간지급조건부로 재화를 공급하는 경우 재화가 인도되거나 이용가능하게 되는 날 이후에 받기로 한 대가의 부분에 대해서는 재화가 인도되거나 이용가능하게 되는 날을 그 재화의 공급시기로 본다.

(2) 용역의 공급시기

1) 원칙

용역의 공급시기는 역무가 제공되거나, 재화·시설물 또는 권리가 사용되는 때로 한다.

2) 거래형태별 용역의 구체적인 공급시기

거래형태별 구체적인 용역의 공급시기는 다음과 같다. 다만, 폐업 전에 공급한 용역의 공급시기가 폐업일 이후에 도래하는 경우 그 폐업일을 공급시기로 본다.

① 통상적인 공급의 경우 역무의 제공이 완료되는 때

② 장기할부·완성도 기준지급·중간지급 또는 기타 조건부로 용역을 공급하거나 그 공급단위를 구획할 수 없는 용역을 계속적으로 공급하는 경우 그 대가의 각 부분을 받기로 한 때

③ 일정한 용역을 둘 이상의 과세기간에 걸쳐 계속적으로 제공하고 그 대가를 선불로 받는 경우 예정신고기간 또는 과세기간 종료일

  ㉠ 헬스클럽장 등 스포츠센터를 운영하는 사업자가 연회비를 미리 받고 회원들에게 시설을 이용하게 하는 것

  ㉡ 사업자가 다른 사업자와 상표권 사용계약을 할 때 사용대가 전액을 일시불로 받고 상표권을 사용하게 하는 것

  ㉢ 「노인복지법」에 따른 노인복지시설(유료인 경우에만 해당한다)을 설치·운영하는 사업자가 그 시설을 분양받은 자로부터 입주 후 수영장·헬스클럽장 등을 이용하는 대가를 입주 전에 미리 받고 시설 내 수영장·헬스클럽장 등을 이용하게 하는 것

  ㉣ 그 밖에 위의 규정과 유사한 용역

④ 2 이상의 과세기간에 걸쳐 부동산임대용역을 공급하고 그 대가를 선불 또는 후불로 받는 경우 안분계산한 임대료는 예정신고기간 또는 과세기간 종료일

⑤ 간주임대료는 예정신고기간 또는 과세기간의 종료일

⑥ 사업자가 사회기반시설에 대한 민간투자법 제4조 제3호(BOT)의 방식을 준용하여 설치한 시설에 대하여 둘 이상의 과세기간에 걸쳐 계속적으로 시설을 이용하게 하고 그 대가를 받는 경우(2013.2.15. 이후 공급하는 분부터) 예정신고

기간 또는 과세기간 종료일

⑦ 위 이외의 경우 역무의 제공이 완료되고 그 공급가액이 확정되는 때

⑤ 세금계산서 발급특례

(1) 위탁판매(주선·중개 포함)와 수용의 경우

위탁판매 또는 대리인에 의한 판매의 경우에 수탁자 또는 대리인이 재화를 인도하는 때에는 수탁자 또는 대리인이 세금계산서를 발급하며 위탁자 또는 본인이 직접 재화를 인도한 때에는 위탁자 또는 본인이 세금계산서를 발급할 수 있다. 이 경우에는 수탁자 또는 대리인의 등록번호를 부기하여야 한다. 그리고 수용으로 인하여 재화가 공급되는 경우에는 당해 사업시행자가 세금계산서를 발급할 수 있다.

(2) 조달사업에 관한 법률에 의한 물자공급의 경우

조달사업에 관한 법률에 의하여 물자가 공급되는 경우에는 공급자 또는 세관장이 당해 실수요자에게 직접 세금계산서를 발급하여야 한다.

(3) 리스의 경우

납세의무가 있는 사업자(리스이용자)가 시설대여업자(리스회사)로부터 시설 등을 임차하고 당해 시설 등을 공급자(제조회사) 또는 세관장으로부터 직접 인도받는 경우에는 공급자 또는 세관장이 당해 사업자에게 직접 세금계산서를 발급할 수 있다(부령 §69 ⑧). 이 규정은 운용리스 및 금융리스를 불문한다.

☞ 실무상 이용자명의리스는 리스이용자가 리스회사로부터 계산서를 받지 않고 직접 제조회사나 세관장에게서 세금계산서를 받아 매입세액공제 가능하다(예 : 경차, 9인승 이상 승합차 등).

(4) 천연가스수입의 경우

한국가스공사가 가스도입판매사업자를 위하여 천연가스를 직접 수입하는 경우에는 세관장이 가스도입판매사업자에게 직접 세금계산서를 발급할 수 있다.

(5) 공동매입 등에 대한 세금계산서 발급

전기사업자가 전력을 공급하는 경우로서 전력을 공급받는 명의자와 전력을 실지로 소비하는 자가 서로 다른 경우에 그 전기사업자가 전력을 공급받는 명의자를 공급받는 자로 하여 세금계산서를 발급하고 그 명의자는 그 발급받은 세금계산서에 적힌 공급가액의 범위에서 전력을 실지로 소비하는 자를 공급받는 자로 하여 세금계산서를 발급할 수 있다. 이러한 경우에 일반적으로 세금계산서는 일반사업자만이 발급할 수 있으나 전력을 공급받는 명의자의 경우 일반사업자가 아닌 간이과세자(직전연도 공급대가 합계액이 4,800만 원 미만 사업자, 신규사업 개시자), 면세사업자, 고유번호를 부여 받은 자도 세금계산서를 발급할 수 있으며 사업자등록번호란에 간이과세자, 면세사업자 등록번호, 고유번호를 기재하여야 한다. 그리고 상대방인 전력을 실지로 소비하는 자는 발급받은 세금계산서로 매입세액을 공제받을 수 있다.

⑥ 수정세금계산서

(1) 의의

세금계산서를 발급한 후 그 기재사항에 관하여 다음과 같이 착오나 정정 등의 사유가 발생한 경우에는 세금계산서를 수정하여 발급할 수 있다.

① 당초 공급한 재화가 환입된 경우

재화가 환입된 날을 작성일로 적고 비고란에 처음 세금계산서 작성일을 덧붙여 적은 후 붉은색 글씨로 쓰거나 음(-)의 표시를 하여 발급한다.

② 계약의 해제로 인하여 재화 또는 용역이 공급되지 아니한 경우

계약이 해제된 때에 그 작성일은 계약해제일로 적고 비고란에 처음 세금계산서 작성일을 덧붙여 적은 후 붉은색 글씨로 쓰거나 음(陰)의 표시를 하여 발급한다.

③ 계약의 해지 등에 따라 공급가액에 추가 또는 차감되는 금액이 발생한 경우

증감 사유가 발생한 날을 작성일로 적고 추가되는 금액은 검은색 글씨로 쓰고, 차감되는 금액은 붉은색 글씨로 쓰거나 음(陰)의 표시를 하여 발급한다.

④ 재화 또는 용역을 공급한 후 공급시기가 속하는 과세기간 종료 후 25일 이내에 내국신용장이 개설되거나 구매확인서가 발급된 경우

재화 또는 용역을 공급한 후 공급시기가 속하는 과세기간 종료 후 25일(그 날이

공휴일 또는 토요일인 경우에는 바로 다음 영업일을 말한다) <u>이내에 내국신용장</u>이 개설되었거나 구매확인서가 발급된 경우, 내국신용장 등이 개설된 때에 그 작성일은 처음 세금계산서 작성일을 적고 비고란에 내국신용장 개설일 등을 덧붙여 적어 영세율 적용분은 검은색 글씨로 세금계산서를 작성하여 발급하고, 추가하여 처음에 발급한 세금계산서의 내용대로 세금계산서를 붉은색 글씨로 또는 음(陰)의 표시를 하여 작성하고 발급한다.

⑤ 필요적 기재사항 등이 <u>착오</u>로 잘못 기재된 경우

처음에 발급한 세금계산서의 내용대로 세금계산서를 붉은색 글씨로 쓰거나 음(陰)의 표시를 하여 발급하고, 수정하여 발급하는 세금계산서는 검은색 글씨로 작성하여 발급. 다만, 다음의 어느 하나에 해당하는 경우로서 과세표준 또는 세액을 경정할 것을 미리 알고 있는 경우는 제외한다.

ㄱ 세무조사의 통지를 받은 경우

ㄴ 세무공무원이 과세자료의 수집 또는 민원 등을 처리하기 위하여 현지출장이나 확인업무에 착수한 경우

ㄷ 세무서장으로부터 과세자료 해명안내 통지를 받은 경우

ㄹ 그 밖에 ㄱ부터 ㄷ까지에 따른 사항과 유사한 경우로서 경정이 있을 것을 미리 안 것으로 인정되는 경우

⑥ 필요적 기재사항 등이 <u>착오 외의 사유</u>로 잘못 적힌 경우

<u>재화 및 용역의 공급일이 속하는 과세기간에 대한 확정신고 기한 다음 날로부터 1년이 되는 날까지</u> 세금계산서를 작성하되, 처음에 발급한 세금계산서의 내용대로 세금계산서를 붉은색 글씨로 쓰거나 음(陰)의 표시를 하여 발급하고, 수정하여 발급하는 세금계산서는 검은색 글씨로 작성하여 발급한다. 다만, 다음의 어느 하나에 해당하는 경우로서 과세표준 또는 세액을 경정할 것을 미리 알고 있는 경우는 제외한다.

ㄱ 세무조사의 통지를 받은 경우

ㄴ 세무공무원이 과세자료의 수집 또는 민원 등을 처리하기 위하여 현지출장이나 확인업무에 착수한 경우

ㄷ 세무서장으로부터 과세자료 해명안내 통지를 받은 경우

ㄹ 그 밖에 ㄱ부터 ㄷ까지에 따른 사항과 유사한 경우로서 경정이 있을 것을 미리

안 것으로 인정되는 경우

⑦ 착오로 전자세금계산서를 이중으로 발급한 경우

처음에 발급한 세금계산서의 내용대로 음(-)의 표시를 하여 발급한다.

⑧ 면세 등 발급대상이 아닌 거래 등에 대하여 발급한 경우

처음에 발급한 세금계산서의 내용대로 붉은색 글씨로 쓰거나 음(-)의 표시를 하여 발급한다.

⑨ 세율을 잘못 적용하여 발급한 경우

처음에 발급한 세금계산서의 내용대로 세금계산서를 붉은색 글씨로 쓰거나 음(-)의 표시를 하여 발급하고, 수정하여 발급하는 세금계산서는 검은색 글씨로 작성하여 발급한다. 다만, 과세표준 또는 세액을 경정할 것을 미리 알고 있는 경우는 제외한다.

⑩ 일반과세자에서 간이과세자로 과세유형이 전환된 경우

일반과세자에서 간이과세자로 과세유형이 전환된 후 과세유형전환 전에 공급한 재화 또는 용역에 대하여 위의 ①부터 ⑨까지의 사유가 발생한 경우에는 위의 ①부터 ⑨까지의 절차에도 불구하고 처음에 발급한 세금계산서 작성일을 수정세금계산서 또는 수정전자세금계산서의 작성일로 적고, 비고란에 사유 발생일을 덧붙여 적은 후 추가되는 금액은 검은색 글씨로 쓰고 차감되는 금액은 붉은색 글씨로 쓰거나 음(-)의 표시를 하여 수정세금계산서나 수정전자세금계산서를 발급할 수 있다.

(2) 수정세금계산서 발급사유 및 발급방법 요약

구분	작성·발급방법			수정신고 유무	발급기한
	방법	작성월일	비고란		
환입	환입금액분에 대하여 부(-)의 세금계산서 발급	환입된 날	당초 세금계산서 작성일	수정일자가 포함되는 과세기간분 부가세신고에 포함하여 신고 (수정신고 불필요)	환입된 날 다음 달 10일

구분		작성·발급방법			수정신고 유무	발급기한
		방법	작성월일	비고란		
계약의 해제		부(-)의 세금계산서 발급	계약해제일	당초 세금계산서 작성일	수정일자가 포함되는 과세기간분 부가세 신고에 포함하여 신고 (수정신고 불필요)	계약해제일 다음 달 10일
공급가액 변동		증감되는 분에 대하여 정(+)/ 부(-)의 세금계산서 발급	변동사유 발생일	당초 세금계산서 작성일	수정일자가 포함되는 부가가치세 신고에 포함하여 신고 (수정신고 불필요)	변동사유 발생일 다음 달 10일
내국신용장 사후개설		부(-)의 세금계산서 발급과 추가하여 영세율 세금계산서 발급	당초 세금계산서 작성일	내국신용장 개설일자	당기 과세기간분 부가세 신고에 포함하여 신고(수정신고 불필요)	내국신용장 개설 다음 달 10일 (단, 과세기간 종료 후 25일 이내에 개설된 경우는 25일까지 발급
필요적 기재사항 등이 잘못 적힌 경우	착오	부(-)의 세금계산서 1장과 추가하여 정확한 세금계산서 1장 발급	당초 세금계산서 작성일	-	당초의 부가세 신고에 영향 있는 경우 수정신고	착오사실을 인식한 날
	착오 외			-		확정신고 기한 다음 날로부터 1년이 되는 날까지 발급
착오에 의한 이중발급		부(-)의 세금계산서 발급		-		착오사실을 인식한 날
면세 등 발급대상이 아닌 거래		부(-)의 세금계산서 발급		-		착오사실을 인식한 날
세율을 잘못 적용한 경우		부(-)의 세금계산서 1장과 추가하여 정확한 세금계산서 1장 발급		-		착오사실을 인식한 날

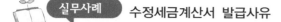

[사례연구]

1. 작성일자를 잘못 기재하여 발급한 경우 전자 수정발급
   - 정상 : 20×2.10.30. 공급가액 2,000원 / 세액 200원이나
   - 발급 : 20×2.11.15. 공급가액 2,000원 / 세액 200원으로 발급한 경우

2. 공급가액을 잘못 기재하여 발급한 경우 전자 수정발급
   - 정상 : 20×2.10.30. 공급가액 2,000원 / 세액 200원이나
   - 발급 : 20×2.10.30. 공급가액 20,000원 / 세액 2,000원으로 발급한 경우
   - 인식 : 20×2.12.5. 인식한 경우

3. 공급받는 자란에 사업자등록번호가 아닌 대표이사 개인 주민번호로 발급되어 있는 경우 매입세액공제 가능한가?

4. 공급받는 자를 잘못 기재하여 발급한 경우 전자 수정발급(착오 외의 사유)
   - 정상 : 20×2.10.30. ㈜우민 공급가액 2,000원 / 세액 200원이나
   - 발급 : 20×2.10.30. ㈜이민 공급가액 20,000원 / 세액 2,000원으로 발급한 경우
   - 인식 : 20×2.12.5. 인식한 경우

5. 거래처가 폐업한 경우
   거래처가 2월 15일 폐업하였습니다. 이를 모르고 2월 28일 세금계산서를 발급하였습니다. 이를 다음 날 알고 3월 1일에 착오로 인한 수정세금계산서를 끊었습니다.
   원칙적으로 2월 15일 폐업하였으니 2월 15일에 발급하였어야 하나 이러한 경우 매입자는 매입세액공제를 받을 수 없는가? 공급자는 가산세가 없는가?

해답

1. 기재사항의 착오인 경우로서 2장 발행
   20×2.11.15. −2,000/−200···1장 발행 / 20×2.10.30. 2,000/200···1장 발행
2. 기재사항의 착오인 경우로서 2장 발행
   20×2.10.30. −20,000/−2,000···1장 발행 / 20×2.10.30. 2,000/200···1장 발행
3. 처음 작성일자로 하여 당초 주민등록번호 발행분을 취소하고 사업자등록번호로 적힌 수정세금계산서를 확정신고기한까지 발급받을 수 있으며 이 경우 매입세액 공제를 받을 수 있다.
4. 공급받는 자를 변경하는 것은 수정세금계산서 발급 사유 중 "착오 외"에 해당하는 것인 바, 공급받는 자를 변경하는 수정세금계산서는 재화나 용역의 공급일이 속하는 과세기간에 대한 확정신고 기한까지 발급할 수 있는 것이며
   ☞ 사업자가 「부가가치세법」 제32조에 따른 세금계산서를 발급한 후 공급받는 자가 잘못 적힌 경우에는 같은 법 시행령 제70조 제1항 제6호에 따라 재화나 용역의 공급일이 속하는 과세기간에 대한 확정신고 기한까지 수정세금계산서를 발급할 수 있는 것이며, 이 경우 같은 법 제60조 제2항 제1호 및 제7항 제1호에 따른 가산세를 적용하지 않는 것임[기획재정

부부가-538(2014.9.5.)].

5. 재화, 용역을 공급받은 자가 폐업일 이후에 세금계산서를 수취한 경우 매입세액공제가 불가능한 것이며 공급자는 세금계산서 지연발급가산세가 적용된다.

  *부가 46015-2239, 1993.9.14.

  폐업일 이후 교부받은 세금계산서상의 매입세액은 부가가치세법 제17조 제2항 제1호의 규정에 의하여 매출세액에서 공제하지 아니하는 것이며, 이 경우 폐업일의 기준은 사업장별로 그 사업을 폐업하는 날을 말하는 것임.

❼ 세금계산서합계표의 제출

(1) 사업자의 제출의무

사업자가 세금계산서를 발급하였거나 발급받은 때에는 세금계산서는 사업자가 보관하고 신고 시 매출처별 세금계산서합계표와 매입처별 세금계산서합계표를 작성하여 제출하여야 한다. 왜냐하면 사업자가 재화나 용역을 공급하고 공급받으면서 세금계산서를 발급 및 수취하지만 부가가치세 신고 시 발급하고 수취한 세금계산서를 직접 제출하는 것은 아니다.

(2) 사업자 이외의 자의 제출의무

① 세관장의 제출의무 : 세금계산서를 발급한 세관장은 사업자의 경우를 준용하여 매출처별 세금계산서합계표를 사업장 관할세무서장에게 제출하여야 한다.

② 면세사업자 등의 제출의무 : 세금계산서를 발급받은 국가, 지방자치단체, 지방자치단체조합, 면세사업자(소득세 또는 법인세의 납세의무가 있는 자에 한함) 등은 부가가치세의 납세의무가 없는 경우에도 매입처별 세금계산서합계표를 해당 과세기간 종료 후 25일 이내에 사업장 관할세무서장에게 제출하여야 한다.

> 🔑 **실무 Tip   세금계산서 수령 시 유의사항**
>
> 1. 필요적 기재사항이 제대로 기재되었는지 여부 확인
> 2. 공급시기와 작성연월일이 같은지 확인
> 3. 일반과세자인지 여부 확인
>   일반과세자인지 폐업자인지 여부를 확인해야 하며, 홈택스(www.hometax.go.kr)에서 확인할 수 있음.

[사례연구]

본 사업장은 수익사업을 하지 않는 비영리단체입니다.

매입처별세금계산서합계표가 있는데 반드시 제출해야 하는지요? 제출하지 않는 경우 가산세가 부과되는지요?

해 답

부가가치세 과세사업을 영위하지 않는 비영리단체도 부가가치세법에 따른 납세의무는 없지만 수취한 매입세금계산서에 대한 매입처별 세금계산서합계표를 1월~6월 기간 중 수취분은 7월 25일까지, 7월~12월 기간 중 수취분은 다음연도 1월 25일까지 관할세무서에 제출하면 된다(부가가치세법 제54조 제5항, 동 법 시행령 제99조).

다만, 비수익사업과 관련하여 수취한 세금계산서를 매입처별 세금계산서합계표로 기재하여 제출하지 않더라도 가산세는 적용되지 않는다.

제 3 절 전자세금계산서

① 전자세금계산서 발급방법

사업자는 다음에서 정한 방법에 따라 전자적으로 세금계산서(전자세금계산서)를 발급하여야 한다.

① 전사적(全社的)기업자원관리설비로서 전자거래기본법에 따른 표준인증을 받은 설비를 이용하는 방법(표준인증 필요)
② 실거래 사업자를 대신하여 전자세금계산서 발급업무를 대행하는 사업자의 전자세금계산서 발급시스템을 이용하는 방법
③ 국세청 「e-세로」 및 ARS시스템을 통하여 발행
④ 현금영수증 발급장치를 통한 발행

② 전자세금계산서 발급대상자

(1) 전자세금계산서 의무발급사업자

<u>법인사업자와 직전연도의 사업장별 공급가액이 2억 원[4] 이상인 개인사업자</u>(전자세금계산서 의무발급 개인사업자)는 의무적으로 전자세금계산서를 발급해야 하고, 전자세금계산서 의무발급 대상이 아닌 개인사업자는 선택에 의해 전자세금계산서를 발급할 수 있다.

(2) 개인사업자의 전자세금계산서 발급대상 기간

개인사업자의 경우는 사업장별 재화 및 용역의 공급가액(면세공급가액을 포함함[5]) 합계액이 0.8억 원[6] 이상(2024.7.1. 이후 재화 또는 용역의 공급하는 분부터 적용)의 다음 해 제2기 과세기간과 그 다음 해의 제1기 과세기간으로 한다. 다만, 사업장별 재화와

---

[4] 2억 원(2022.7.1. 이후), 3억 원(2021.7.1. 이후)
[5] 2018년에 공급된 사업장별 재화 및 용역의 공급가액의 합계액을 기준으로 2019.7.1. 이후 재화 또는 용역의 공급하는 분부터 적용한다.
[6] 1억 원(2023.7.1. 이후 재화 또는 용역을 공급하는 분부터 적용), 3억 원(2021.7.1. 이후 재화 또는 용역의 공급하는 분부터 적용)

용역의 공급가액의 합계액이 수정신고 또는 결정·경정에 의해 2억 원 이상이 된 경우 전자세금계산서를 발급하여야 하는 기간은 수정신고 등을 한 날이 속하는 과세기간 다음 과세기간과 그 다음 과세기간으로 한다.

기준연도	발급의무기간
2020년도 공급가액 3억 원 이상	2021년 7월 1일~2022년 6월 30일
2021년도 공급가액 2억 원 이상	2022년 7월 1일~2023년 6월 30일
2022년도 공급가액 1억 원 이상	2023년 7월 1일~2024년 6월 30일
2023년도 공급가액 0.8억 원 이상	2024년 7월 1일부터 계속 발급

❸ 전자세금계산서 발급기한과 전송기한

(1) 발급기한

① 재화 또는 용역의 공급시기에 발급함이 원칙이다.
② 세금계산서 발급특례규정(월합계)의 경우에는 공급시기가 속하는 달의 다음 달 10일까지 발급이 가능하다.

　☞ 다음 달 10일이 토요일·공휴일인 경우 다음 날까지 연장된다.

(2) 전송기한

사업자가 전자세금계산서를 발급한 경우 전자세금계산서 발급일의 다음 날까지 전자세금계산서 발급명세를 국세청장에게 전송하여야 하며, 미전송 시 가산세를 부과한다.
☞ 전송기한이 공휴일이면 다음 날까지 연장된다.

❹ 전자세금계산서 발급(전송) 시 혜택

① 전자세금계산서 발급(전송)분에 대한 보관의무를 면제한다.
② 전자세금계산서 발급(전송)분에 대한 합계표 개별명세서 제출의무를 면제한다.

❺ 전자세금계산서 관련 가산세

(1) 공급자

구분	법령내용	가산세율(공급가액의 몇%)	
		법인	개인
지연발급	공급시기가 속하는 다음 달 10일을 지난 후에 해당 재화 또는 용역의 공급시기가 속하는 과세기간의 확정신고기한까지 발급하는 경우 예) 3.10. 거래를 4.11.~7.25. 이내에 발급하는 경우 ※ 6월(12월) 거래분을 7.10.(1.10.)까지 발급한 경우에는 발급특례 규정에 의해 정상임.	매출자 : 지연발급 (공급가액×1%) 매입자 : 지연수취 (공급가액×0.5%) (매입세액공제는 가능)	
미발급	① 전자세금계산서 미발급 시 ② 공급시기가 속하는 과세기간의 확정신고기한까지 발급하지 아니한 경우 예) 3.10. 거래를 7.25.까지 발급하지 않은 경우 예) 6월분 거래를 7.25.까지 발급하지 않은 경우	2%	2%
종이발급	발급시기에 전자세금계산서 외의 세금계산서 발급	1%	1%
지연전송	전송기한이 경과한 후 공급시기가 속하는 과세기간에 대한 확정신고기한[7]까지 전송하는 경우(2019.1.1 이후) 예) 4.10. 거래를 5.12.~7.11.까지 전송할 경우	0.3%	0.3%
미전송	전송기한이 경과한 후 공급시기가 속하는 과세기간에 대한 확정신고기한[8]까지 전송하지 않은 경우(2019.1.1 이후) 예) 4.10. 거래를 7.11.까지 전송하지 않은 경우	0.5%	0.5%

① 지연발급·미전송·지연전송 가산세에 대해서는 그 의무위반의 종류별로 각각 5천만 원(중소기업기본법 제2조 제1항에 따른 중소기업이 아닌 기업은 1억 원) 한도로 부과하되, 고의적 의무위반은 한도 없이 부과한다.

② 발급위반에 대한 가산세가 적용되는 경우 전송위반에 대한 가산세를 중복 부과하지 않는다.

---

7) 공급시기가 속하는 과세기간 말의 다음 달 11일까지(2018.12.31 이전)
8) 공급시기가 속하는 과세기간 말이 다음 달 11일까지(2018.12.31. 이전)

(2) 공급받는 자

구분	해당내용	가산세율
지연수취	공급시기가 속하는 다음 달 10일을 경과하여 동일과 세기간 확정신고기한 이내에 발급하는 경우	공급가액 × 0.5% (매입세액공제는 가능)
지연수취 (2019.2.12. 이후 공급분)	공급시기가 속하는 과세기간에 대한 확정신고기한이 지난 후 세금계산서를 발급받았더라도 그 세금계산서 발급일이 확정신고기한 다음 날로부터 1년(2022.2.14. 이전 6개월) 이내로서 수정신고·경정청구하거나, 거래사실이 확인되어 관할 세무서장 등이 결정·경정 하는 경우	공급가액 × 0.5% (매입세액공제는 가능)
매입세액불공제	과세기간의 확정신고기한을 경과하여 발급받은 경우에는 매입세액불공제	매입세액불공제

 실무사례 　전자세금계산서 관련 가산세

1. 발급일자별 가산세
   ① 공급일 : 20×2.10.9. / 전자발급일 : 20×2.11.10.(작성연월일 10.9.)
   ② 공급일 : 20×2.10.9. / 전자발급일 : 20×2.11.13.(작성연월일 10.9.)
2. ㈜삼일은 전자세금계산서를 발행하지 아니하고 종이세금계산서를 수기로 발행하였다. 이 경우 거래처는 매입세액공제가 가능한지?

해답

1. ① 발급특례규정에 의해 다음 달 10일까지 발급가능하므로 정상 인정된다.
   ② 다음 달 10일을 경과하여 발급한 경우임. 이 경우는
   • 공급자 : 지연발급가산세(1%)
   • 공급받는 자 : 지연수취가산세(0.5%)
2. 공급자는 세금계산서 미발급 가산세(1%)를 부과하나 공급받는 자는 공급시기가 속하는 과세기간의 확정신고기한까지 발급받고 거래사실이 확인되는 경우 매입세액공제가 가능하다.

제 4 절   매입자발행세금계산서

① 의의

제조·도매업자 등 세금계산서 발행대상 사업자가 재화 또는 용역을 공급한 후 세금계산서를 발급하지 않은 경우(공급자의 부도·폐업, 계약의 해제 또는 변경 등으로 사업자가 수정세금계산서를 발급하지 않은 경우, 재화 또는 용역을 공급한 후 주소 등의 국외 이전 또는 행방불명, 그 밖에 이와 유사한 경우로서 공급자가 발급하기 어렵다고 인정되는 경우를 포함한다)에 공급받는 자가 관할세무서장의 확인을 받아 세금계산서를 발행할 수 있는 제도를 말한다.

☞ 매입자발행세금계산서는 전자세금계산서 작성 및 전송대상이 아니다(수기로 발행하여야 함).

| 매입자발행세금계산서 발행 절차 |

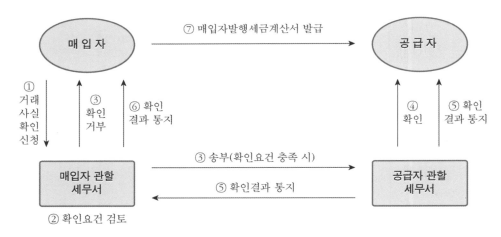

② 발행요건

(1) 공급자

세금계산서 발급의무가 있는 자(일반과세자와 2021.7.1.부터는 세금계산서 발급의무가 있는 간이과세자), 영수증 발급대상 사업(주로 사업자가 아닌 자에게 재화 또는 용역을 공급하는 사업)을 하는 사업자로서 세금계산서 발급을 요구하는 경우에 세금계산서 발급의무가 있는 자를 포함한다.

(2) 공급받는 자

매입자발행세금계산서를 발행할 수 있는 자는 간이과세자, 면세사업자를 포함한 모든 사업자이다.

(3) 발행대상

거래사실의 확인신청대상이 되는 거래는 거래건당 공급대가가 5만 원(2023.2.28. 이전 공급분 10만 원) **이상**인 경우로 한다. 또한 상한 규정이 폐지되었으며, 신청횟수에 제한이 없다.

(4) 확인절차

재화 또는 용역의 공급시가 속하는 과세기간 종료일부터 1년(2023.12.31. **이전 6개월) 이내**에 거래사실확인신청서에 거래사실을 객관적으로 입증할 수 있는 서류를 첨부하여 신청인(매입자)의 관할세무서장에게 거래사실의 확인을 신청하여야 한다.

❸ 매입세액공제

매입자발행세금계산서를 발급한 신청인은 예정신고 및 확정신고 또는 경정청구 시 매입자발행세금계산서합계표를 제출한 경우 해당 재화 또는 용역의 공급시기에 해당하는 과세기간의 매출세액 또는 납부세액에서 매입세액으로 공제받을 수 있다.

참고 **역발행세금계산서**

세금계산서는 원칙적으로 사업자(공급자)가 재화 또는 용역을 공급하는 경우 대가수령 여부에 상관없이 부가가치세법 제34조 규정에 의하여 그 공급시기 또는 거래일이 속한 달의 다음 달 10일까지 발급하여야 한다.

다만, 실무상 일명 역발행세금계산서가 발급되는 경우가 있는데 공급받는 자가 세금계산서를 작성하여 공급자가 확인하는 형태로 발급이 이루어진다.

거래처(매입자)에서 역발행하는 경우에도 세금계산서 발급에 대한 책임과 의무는 사업자(공급자)가 있는 것이며 미발급 또는 지연발급 시 사업자(공급자)에게 가산세가 적용되는 것임에도 유의하여야 한다.

예를 들어 백화점매장의 경우 백화점매장(공급자)이 세금계산서를 발급하여야 하지만 백화점(공급받는 자)이 세금계산서를 역발행하는 경우가 여기에 해당한다.

① 의의

계산서는 소득세법 및 법인세법에 의하여 부가가치세가 면세되는 사업자가 재화나 용역을 공급할 때에 부가가치세액이 없는 공급가액만을 기재한 증빙이다.

☞ 종류 : ① 종이계산서(일반), ② 전자계산서[법인사업자/직전연도 사업장별 (과세+면세) 공급가액 0.8억 원 이상인 개인사업자(2024.7.1. 이후/ 1억 원 이상(2023.7.1. 이후)/ 2억원 이상(2022.7.1. 이후)/ 3억 원 이상(2019.7.1. 이후)/직전연도 사업장별 과세 공급가액 3억 원 이상인 개인사업자(2019.6.30.까지)/전년도 수입(과세+면세)이 10억 원 이상인 개인사 업자], ③ 수입계산서(세관장)

(청 색)

계산서(공급받는자 보관용)								승인번호		
공급자	등록번호	116-85-67948	종사업장 번호		공급받는자	등록번호	106-81-64897	종사업장 번호		
	상호	㈜부자건물	성 명 (대표자)	이부자		상호	㈜위드상사	성 명 (대표자)		김준하
	사업장 주소	서울 영등포구 국제금융로 138				사업장 주소	서울 용산구 새창로12			
	업태	부동산업	종목	부동산 관리업		업태	도소매	종목		컴퓨터
비고					수정사유					
작성일자		20×2.12.15			공급가액			300,000		

월	일	품 목	규 격	수 량	단 가	공 급 가 액	비 고
12	15	관리비				300,000	

합 계 금 액	현 금	수 표	어 음	외 상 미 수 금	이 금액을 **청구**함
300,000				300,000	

② 계산서 기재사항

계산서를 작성하여 발급할 때에는 다음과 같은 필요적 기재사항과 임의적 기재사항을 기재하여야 한다. 계산서는 공급하는 사업자가 공급자 보관용(매출 계산서)과 공급받는 자 보관용(매입 계산서)으로 각 2매를 발행하여 1매를 발급한다.

(1) 필요적 기재사항

다음의 필요적 기재사항의 전부 또는 일부가 기재되지 아니하거나 사실과 다르게 기재된 경우에는 증명서류미수취가산세가 적용된다. 다만, 필요적 기재사항 중 일부가 착오로 기재된 경우 다른 기재사항으로 보아 거래 사실이 확인되는 경우에는 그러하지 아니한다.

① 공급하는 사업자의 등록번호, 상호(법인명), 성명
② 공급받는 자의 등록번호(비사업자인 경우 주민등록번호 또는 고유번호)와 성명 또는 명칭
③ 공급가액
④ 작성연월일

(2) 임의적 기재사항

이는 계산서의 효력에 아무런 영향을 미치지 않는 사항들이다.

① 공급하는 자의 주소
② 공급받는 자의 주소
③ 비고
④ 공급하는 자와 공급받는 자의 업태와 종목
⑤ 공급품목, 규격, 단가, 수량
⑥ 공급연월일

③ 계산서 발급의무자

(1) 발급의무자

계산서를 발급할 수 있는 사업자는 소득세 및 법인세 납세의무가 있는 사업자로 부가가치세가 면제되는 사업자 혹은 세관장이다. 면세는 영세율과 달리 부가가치세 납세의무가 면제되는 제도이므로 면세사업자는 부가가치세의 신고 및 납부의무가 없다.

(2) 계산서의 발급대상거래

법인 또는 사업자가 부가가치세가 면제되는 재화 또는 용역의 공급에 대해서 원칙적으로 계산서를 발급해야 한다.

(3) 계산서의 발급의무 면제

다음의 재화 또는 용역을 공급하는 경우에는 계산서 발급의무를 면제한다.

① 노점상인·행상인 또는 무인판매기 등을 이용하여 사업을 하는 자가 공급하는 재화 또는 용역
② 「부가가치세법」 제12조 제1항 제7호의 용역 중 시내버스에 의한 용역
③ 국내사업장이 없는 비거주자 또는 외국법인과 거래되는 재화 또는 용역
④ 기타 「부가가치세법 시행령」 제57조 및 제79조의 2에 따라 세금계산서 또는 영수증의 교부가 면제되는 재화 또는 용역

(4) 계산서의 발급의제

1) 사업소득원천징수영수증 교부

사업자가 「소득세법」 제144조의 규정에 따라 용역을 공급받는 자로부터 사업소득에 대한 원천징수영수증을 발급받은 경우에는 계산서를 발급한 것으로 본다.

2) 부동산 공급의 경우

토지 및 건축물을 공급하는 경우로서 사업자가 토지를 매각하거나 주택을 분양하는 경우가 해당된다.

3) 영수증의 발급

다음에 해당하는 사업을 영위하는 자가 재화 또는 용역을 공급하는 때에는 영수증을 작성·발급할 수 있다. 다만, 재화 또는 용역을 공급받는 사업자가 사업자등록증을 제시하고 계산서 발급을 요구하는 때에는 계산서를 발급해야 한다.

① 「부가가치세법 시행령」 제73조 제1항 및 제2항의 규정을 적용받는 사업
  ㉠ 소매업, 음식점업(다과점업 포함), 숙박업, 미용, 욕탕 및 유사서비스업, 여객운송업, 입장권을 발행하여 경영하는 사업
  ㉡ 소비자에게 공급하는 인적용역사업 및 행정사업(사업자에게 공급하는 경우 제외)
  ㉢ 우정사업조직이 부가우편업무 중 소포우편물을 방문접수하여 배달하는 용역
  ㉣ 주로 사업자가 아닌 소비자에게 재화 또는 용역을 공급하는 사업으로서 도정

업, 제분업 중 떡방앗간, 양복점·양장점·양화점업, 주거용 건물공급업, 운수업 및 주차장업, 부동산중개업, 사회서비스업 및 개인서비스업, 가사서비스업, 도로 및 관련 시설운영업

ⓜ 임시사업장개설사업자가 그 임시사업장에서 사업자가 아닌 소비자에게 재화 또는 용역을 공급하는 경우

ⓑ 「전기사업법」에 의한 전기사업자가 산업용이 아닌 전력을 공급하는 경우

ⓢ 「전기통신사업법」에 의한 전기통신사업자가 전기통신역무를 제공하는 경우. 다만, 부가통신사업자가 통신판매업자에게 전기통신역무를 제공하는 경우 제외

ⓞ 「도시가스사업법」에 의한 도시가스사업자가 산업용이 아닌 도시가스를 공급하는 경우

ⓩ 「집단에너지사업법」에 의한 한국지역난방공사가 산업용이 아닌 열을 공급하는 경우

ⓩ 「방송법 시행령」 제1조의 2 제4호의 규정에 따른 위성이동멀티미디어방송사업자가 「전기통신사업법」에 따른 전기통신사업자의 이용자에게 위성이동멀티미디어방송용역을 제공하는 경우

② 「부가가치세법 시행령」 제73조 제1항 및 제2항에 규정된 의료용역, 동물 진료용역, 교육용역 등 부가가치세가 면제되는 사업

③ 주로 사업자가 아닌 소비자에게 재화 또는 용역을 공급하는 다음의 사업. 다만, 금융보험업을 제외한 사업은 직접 최종소비자에게 재화 또는 용역을 공급하는 경우에 한한다.

ⓐ 금융 및 보험업, 사업서비스업, 교육서비스업, 보건 및 사회복지사업, 가사 관련 서비스업

ⓑ 기타 위와 유사한 사업으로서 계산서 교부가 불가능하거나 현저히 곤란한 사업

④ 토지 및 건축물을 공급하는 경우로서 사업자가 토지를 매각하거나 주택을 분양하는 경우가 해당된다.

⑤ 「부가가치세법」상 간이과세자가 부가가치세가 과세되는 재화 또는 용역을 공급하는 때에는 공급받은 사업자가 사업자등록증을 제시하고 계산서의 발급을 요구하는 때에도 계산서를 발급할 수 없으며 영수증을 발급하여야 한다(소령 §211 ③).

④ 면세대상

구 분			면세대상
부가 가치 세법 제12조	① 재화 용역의 공급 제1항	기초생활 필수품 및 용역	• 미가공식료품과 국내산 농·축·수·임산물 • 수돗물 • 연탄 및 무연탄 • 여성용 생리처리 위생용품 • 대중교통 여객운송용역 • 주택과 부수토지의 임대용역
		국민후생용역, 문화관련 재화·용역	• 의료보건용역과 혈액 • 교육용역 • 도서·신문 등 언론매체 • 문화·예술·체육분야 • 도서관 등의 입장용역
		부가가치의 생산요소 및 인적용역	• 금융·보험용역 • 토지의 공급 • 인적용역
		기타목적의 공급	• 우표·인지·증지·복권·공중전화, 담배 • 종교·자선 등의 공익단체의 공급 • 국가조직의 공급 • 국가조직 및 공익단체에 무상공급 • 공동주택의 어린이집의 임대용역
	② 수입 재화 제2항	생필품 및 국민후생용품	• 미가공식료품 • 국민후생용품
		기증되는 수입재화	• 종교·자선·구호단체에의 기증재화 • 국가조직 등에의 기증재화 • 기증되는 소액물품
		관세가 면제되는 재화	• 이사·이민·상속으로 인한 수입재화 • 여행자휴대품·별송품·우송품 • 상품견본·광고용 물품 • 박람회·전시회·영화제 등 행사출품용 재화 • 국제관례상의 관세면제재화 • 재수입재화 • 일시수입재화 • 담배 • 기타의 관세 감면재화

면세 재화 · 용역과 관련한 구체적인 내용을 살펴보면 다음과 같다.

(1) 기초생활필수품

① 미가공 식료품(1차 가공 포함, 국내산 · 외국산 불문)

② 우리나라에서 생산된 비식용 농산물 · 축산물 · 수산물 · 임산물

③ 수돗물(생수는 과세됨)

④ 연탄과 무연탄

⑤ 주택과 이에 부수되는 토지의 임대용역

⑥ 여객운송용역(항공기 · 고속버스[9] · 택시 · 고속철도 · 자동차 대여사업 · 전세버스 운송사업 등은 제외)

⑦ 여성용 생리처리 위생용품

(2) 국민후생용역

1) 의료보건용역 및 혈액

① 의료법에 규정하는 의사 · 치과의사 · 한의사 · 조산사 · 간호사 · 접골사 · 침사 · 구사 또는 안마사가 제공하는 용역, 노인장기요양기관의 간병용역(단, 국민건강보험법에 따라 요양급여의 대상에서 제외되는 쌍꺼풀수술, 코성형수술, 유방확대 · 축소술, 지방흡인술, 주름살제거술은 과세됨에 주의)

② 의료기사 등에 관한 법률에 규정한 임상병리사 · 물리치료사 · 치과기공사 · 치과위생사가 제공하는 용역

③ 약사법에 규정하는 약사가 제공하는 의약품의 조제용역

④ 수의사법에 규정하는 수의사가 제공하는 용역(애완동물 진료용역은 과세. 단, 기초수급자에 대한 진료용역은 면세)

⑤ 장의업자가 제공하는 용역 등

2) 교육용역

정부의 허가 또는 인가를 받은 학교 · 학원 · 강습소 · 훈련원 · 교습소 기타 비영리단체 및 법정 청소년수련시설, 산학협력단 · 사회적기업, 미술관 · 박물관 및 과학관에서

---

9) 시외우등고속버스는 과세하고 시외일반고속버스는 면세한다.

학생 등에게 지식·기술을 제공하는 것. 따라서 허가·인가를 받지 않은 교육기관에서 제공하는 교육용역은 과세대상이다(단, 허가·인가를 받았다고 하더라도 2012년 7월 1일 이후부터 무도학원과 자동차운전학원에서 가르치는 것은 과세).

(3) 문화관련 재화·용역

① 도서(도서대여용역 포함)·신문·잡지·방송(광고는 제외)
② 예술창작품(미술·음악·사진·연극·무용)·순수예술행사·문화행사·비직업 운동경기 등
③ 도서관·과학관·박물관·동물원 또는 식물원에의 입장

(4) 부가가치의 구성요소

① 금융·보험용역
② 토지의 공급(토지의 임대는 과세)
③ 인적용역
    ㉠ 저술·서화·도안·조각·작곡·음악·무용·만화·삽화·만담·배우·성우·가수와 이와 유사한 용역
    ㉡ 직업운동가·역사·기수·운동지도가(심판 포함)와 이와 유사한 용역
    ㉢ 접대부·댄서와 이와 유사한 용역
    ㉣ 저작자가 저작권에 의하여 사용료를 받는 용역
    ㉤ 고용관계 없는 자가 다수에게 강연을 하고 강연료, 강사료 등의 대가를 받는 용역
    ㉥ 개인이 근로자를 고용하지 아니하고 공급하는 작명·관상·점술 또는 이와 유사한 용역사, 직업소개소 및 그 밖에 기획재정부령이 정하는 상담소 등을 경영하는 자가 공급하는 용역 등(단, 변호사, 공인회계사, 세무사, 관세사, 결혼상담소 등의 인적용역은 과세)

(5) 공익성 재화·용역

① 국가·지방자치단체 또는 지방자치단체조합이 공급하는 재화 또는 용역. 단, 국가 등이 공급하는 부동산 임대업, 도소매업, 음식·숙박업, 오락, 문화 및 운동 관련

서비스업 중 골프장·스키장 운영업 및 운동시설 운영업, 주차장운영업은 과세

② 국가·지방자치단체 또는 지방자치단체조합·공익단체에 무상으로 공급하는 재화 또는 용역(단, 유상 공급은 과세)

③ 「공동주택관리법」 제18조 제2항에 따른 관리규약에 따라 같은 법 제2조 제1항 제10호에 따른 관리주체 또는 같은 법 제2조 제1항 제8호에 따른 입주자대표회의가 제공하는 「주택법」 제2조 제14호에 따른 복리시설인 공동주택 어린이집의 임대용역(2016.1.19. 개정)

(6) 수입재화의 면세

수입품 중 면세되는 재화·용역

(7) 조세특례제한법상 면세대상(조특법 §106)

① 공장·광산·건설현장·노선여객 자동차운송사업장·학교의 직영 구내식당의 음식용역(학교의 경우는 위탁급식 포함)

② 국민주택(전용면적 85㎡ 이하)의 공급 및 건설산업기본법 등에 의한 국민주택의 건설용역(리모델링 용역을 포함한다), 기술사법, 엔지니어링기술진흥법, 소방시설공사업, 전력기술관리법에 의한 설계용역

③ 관리주체, 경비업의 허가를 받은 법인("경비업자") 또는 위생관리용역업의 신고를 한 자("청소업자")가 공동주택 중 국민주택을 제외한 주택에 공급하는 일반관리용역·경비용역 및 청소용역

④ 관리주체, 경비업자 또는 청소업자가 「주택법」 제2조 제2호에 따른 공동주택 중 국민주택에 공급하는 대통령령으로 정하는 일반관리용역·경비용역 및 청소용역

   ㉠ 관리주체가 공동주택에 공급하는 경비용역과 일반관리용역으로서 대통령령이 정하는 용역

   ㉡ 경비업자가 공동주택에 공급하거나 관리주체의 위탁을 받아 공동주택에 공급하는 경비용역

| 주택과 이에 부수되는 토지의 임대용역 |

구 분			부가가치세 과세여부
매매의 경우	주택 및 부속토지	국민 주택	부가가치세 면세
		일반 주택	부가가치세 과세
	기타건물		부가가치세 과세
	토지		부가가치세 면세
임대의 경우	주택 및 부속토지		부가가치세 면세
	기타 건물		부가가치세 과세
	토지만의 임대		부가가치세 과세

☞ 국민주택이라 함은 전용면적 기준으로 85㎡ 이하를 말하며 다가구 주택의 경우 전체 연면적 기준이 아니고 가구당 면적을 기준으로 판단한다.

☞ 면세되는 주택 및 부속토지의 임대 시 면세되는 부속토지는 주택정착면적의 5배(도시지역 외의 지역은 10배)를 초과하는 부분은 토지의 임대로 부가가치세가 과세된다.

❺ 전자계산서

(1) 전자계산서 의무발급사업자

1) 법인사업자(2015.7.1. 이후 의무발급)

2) 개인사업자

① 전자세금계산서 의무발급대상사업자(연간 공급가액이 3억 원 이상인 과·면세사업 겸업자 포함)(2015.7.1. 이후 의무발급)

② 전년도 수입(과세+면세)이 10억 원 이상인 개인사업자(2017.1.1. 이후 의무발급)

③ 직전연도 사업장별 과세 공급가액 3억 원 이상인 개인사업자(2019.6.30.까지)

④ 직전연도 사업장별 (과세+면세)공급가액 3억 원 이상인 개인사업자(2019.7.1. 이후)

⑤ 직전연도 사업장별(과세+면세)공급가액 2억 원 이상인 개인사업자(2022.7.1. 이후)

⑥ 직전연도 사업장별(과세+면세)공급가액 1억 원 이상인 개인사업자(2023.7.1. 이후)

⑦ 직전연도 사업장별(과세+면세)공급가액 0.8억 원 이상인 개인사업자(2024.7.1. 이후)

구 분	사업형태	전자계산서 의무발급 여부판단
법인 사업자	부가가치세 과세사업만 영위	○ 과세거래는 전자세금계산서, 면세거래는 전자계산서 의무발급해야 함
	부가가치세 과세+면세사업만 영위	
	부가가치세 면세사업만 영위	
개인 사업자	부가가치세 과세 사업만 영위	× 과세사업만 영위하므로 계산서 발급 대상 면세거래가 없음
	부가가치세 과세, 면세 사업 겸업	○ 직전연도 과세 공급가액이 3억 원 이상인 경우 면세거래에 대해 발급의무(2019.6.30.까지)
		○ 직전연도 (과세+면세) 공급가액이 3억 원 이상인 경우 면세거래에 대해 발급의무(2019.7.1. 이후)
		○ 직전연도 (과세+면세) 공급가액이 0.8억 원*이상인 경우 면세거래에 대해 발급의무(2024.7.1. 이후) *1억 원(2023.7.1. 이후), 2억 원(2022.7.1. 이후)
	부가가치세 면세 사업만 영위	○ 전전 과세기간(15년 귀속) 사업장별 총수입금액이 10억 원 이상인 경우 면세계산서 발급의무가 있으며→2017년 이후 거래분부터 적용
		○ 직전연도 면세공급가액이 3억 원 이상인 경우 발급의무(2019.7.1. 이후)
		○ 직전연도 면세공급가액이 0.8억 원* 이상인 경우 발급의무(2022.7.1. 이후) *1억 원(2023.7.1. 이후), 2억 원(2022.7.1. 이후)

(2) 전자계산서 발급(전송) 시 혜택

직전연도 총수입금액이 3억 원 미만인 개인사업자가 전자계산서를 발급하고 그 발급명세를 국세청장에게 전송한 경우 발급 건당 200원(연간 100만 원 한도)을 사업소득에 대한 종합소득 산출세액에서 공제한다(2022.7.1. 이후 재화 또는 용역을 공급하는 분부터 적용).

(3) 전자계산서 관련 가산세

구 분	내 용	발급자	수취자	
발급	사실과 다름	• 계산서 필요적 기재사항의 전부(일부)가 기재되지 않거나 사실과 다르게 기재	1%	—
	미발급	• 발급시기가 지난 후 과세기간(사업연도) 말의 다음달 25일까지 계산서를 발급하지 아니한 경우	2%*	—
	지연 발급	• 발급시기가 지난 후 과세기간(사업연도) 말의 다음달 25일까지 계산서를 발급한 경우	1%*	
	허위등	• 재화 또는 용역을 공급(공급받지) 하지 않고 계산서 발급(발급받음) • 재화 또는 용역을 공급하고(공급받고) 타인 명의로 계산서를 발급(발급받음)	2%	2%
	종이 발급	• 발급시기에 전자계산서 외의 계산서 발급	1% ('16년 이후)	
전송	지연 전송	• 발급일의 다음 날이 지난 후 과세기간말의 다음달 25일까지 전송	*연도별·사업자별로 다름	—
	미전송	• 발급일의 다음 날이 지난 후 과세기간말의 다음달 25일까지 미전송		

사업자가 전자계산서를 미발급한 경우 공급가액의 2%, 종이계산서를 발급한 경우에는 1%의 가산세를 적용한다.

법인사업자 등이 전자계산서 발급 후 국세청에 보내지 않으면 공급가액의 0.5%, 지연 전송하면 0.3%의 가산세를 부담해야 한다.(2019.1.1. 이후)

실무사례 **전자계산서 관련 가산세**

1. (주)삼일은 과세·면세 겸업사업자이다.
   공급일 : 20×2.10.9. / 전자발급일 : 20×2.12.5.(작성연월일 10.9.)
   이 경우 부과되는 가산세는 무엇인가요?
2. (주)삼일은 과세·면세 겸업사업자이다.
   공급일 : 20×2.10.9. / 전자발급일 : 20×3.2.5.(작성연월일 10.9.)
   이 경우 부과되는 가산세는 무엇인가요?

[해답]

1. 계산서의 발급시기가 지난 후 해당 재화 또는 용역의 공급시기가 속하는 사업연도 말의 다음 달 25일까지 계산서를 발급한 경우는

   이 경우는
   - 공급자 : 지연발급가산세(1%)
   - 공급받는 자 : 가산세는 적용되지 않음.
2. 계산서의 발급시기가 지난 후 해당 재화 또는 용역의 공급시기가 속하는 사업연도 말의 다음 달 25일까지 계산서를 발급하지 않은 경우에는
   - 공급자 : 미발급가산세(2%)
   - 공급받는 자 : 가산세는 적용되지 않음.

6 계산서합계표의 제출

(1) 계산서합계표의 제출

사업자는 발급하였거나 발급받은 계산서의 매출·매입처별계산서합계표를 다음 해 2월 10일(외국법인의 경우 2월 19일)까지 납세지 관할세무서장에게 제출하여야 한다. 다만, 세관장으로부터 계산서를 발급받은 수입자와 전자계산서를 발급받고 발급명세서를 국세청장에게 전송한 경우에는 그 계산서의 매입처별합계표를 제출하지 아니할 수 있다(소법 §163 ⑤).

(2) 계산서 미발급·미제출 가산세

납세지 관할세무서장은 법인 또는 소득세법상 복식부기의무자가 다음의 어느 하나에 해당하는 경우에는 그 공급가액의 1%에 상당하는 금액을 가산한 금액을 법인세 또는 소득세로서 징수하여야 한다.

다만, 제출기한 경과 후 1월 이내에 제출하는 경우에는 1%를 0.5%로 하고, 산출세액

이 없는 때에도 가산세는 징수하며, ②가 적용되는 부분에 대하여는 ①을 적용하지 아니하고, 부가가치세법에 따라 가산세가 부과되는 부분을 제외한다.

① 계산서를 발급하지 아니한 경우 또는 발급한 분에 대한 계산서에 기재하여야 할 사항의 전부 또는 일부가 기재되지 아니하거나 사실과 다르게 기재된 경우. 다만, 발급할 계산서의 필요적 기재사항 중 일부가 착오로 사실과 다르게 기재되었으나 당해 계산서의 그 밖의 기재사항으로 보아 거래사실이 확인되는 경우에는 사실과 다르게 기재된 계산서로 보지 아니한다. 이 경우에는 매출·매입처별계산서합계표 미제출가산세를 적용하지 아니한다.

② 매출·매입처별계산서합계표를 매년 2월 10일까지 제출하지 아니하거나 제출한 경우로서 그 합계표에 대통령령이 정하는 기재하여야 할 사항의 전부 또는 일부가 기재되지 아니하거나 사실과 다르게 기재된 경우. 다만, 제출된 매출·매입처별계산서합계표의 기재사항이 착오로 사실과 다르게 기재된 경우로서 발급하였거나 발급받은 계산서에 의해 거래사실이 확인되는 경우에는 사실과 다르게 기재된 매출·매입처별계산서합계표로 보지 아니한다.

(3) 미제출 시 가산세가 없는 경우

① 다음에 해당하는 법인
ㄱ 국가 및 지방자치단체
ㄴ 비영리법인(수익사업과 관련된 부분은 제외한다)
② 재화·용역의 공급자로부터 계산서를 발급받지 못하여 매입처별계산서합계표를 제출하지 못한 경우에는 계산서관련 가산세가 적용되지 아니한다(법인세법 기본통칙 76－120…3).

관련해석

1. **실물거래 없이 발급한 계산서에 대한 가산세의 적용**(법인세 집행기준 75의 8－120…1)
   ① 법인이 실물거래 없이 가공으로 계산서를 발급한 경우에는 그 교부금액에 대하여 법 제76조 제9항의 가산세를 적용한다.
   ② 제1항의 규정은 당해 계산서를 발급받은 후 매입처별계산서합계표에 기재하여 제출한 법인에 대하여도 동일하게 적용한다.

2. 착오로 발급한 계산서에 대한 가산세의 적용(법인세 집행기준 75의 8-120…1)

① 법인이 세금계산서 발급대상 재화를 공급하면서 착오로 계산서를 발급함에 따라 「부가가치세법」제22조 제3항 제1호의 세금계산서 미발급가산세가 적용되는 부분에 대하여는 법 제76조 제9항의 가산세를 적용하지 아니한다.

② 제1항의 규정에 해당하는 계산서를 발급받은 법인의 경우 이를 매입처별계산서합계표에 기재하여 제출하지 아니한 때에는 당해 가산세가 적용된다.

3. 계산서합계표 미제출(법인세 집행기준 75의 8-120…1)

재화나 용역의 공급자로부터 계산서를 발급받지 못하여 매입처별계산서합계표를 제출하지 못한 경우에는 법 제76조 제9항의 가산세를 적용하지 아니한다.

4. 계산서 미발급가산세 적용배제(법인세 집행기준 75의 8-120…1)

다음 각 호에 해당하는 재화 또는 용역의 공급에 대하여는 법 제121조의 규정에 의한 계산서를 발급하지 아니하는 경우에도 법 제76조 제9항의 가산세를 부과하지 아니한다.

① 법인의 본·지점 간 재화의 이동

② 사업을 포괄적으로 양도하는 경우

③ 상품권 등 유가증권을 매매하는 경우(상품권매매업자 포함)

5. 선박대리점의 계산서 제출(법인세법 기본통칙 121-164…1)

외국선박회사가 부가가치세 면세사업자로부터 제공받은 용역의 대가를 국내선박대리점이 대납한 경우 그 면세사업자로부터 발급받은 계산서에 대한 매출·매입처별계산서 합계표는 국내선박대리점이 관할세무서장에게 제출하여야 한다.

6. 수산업협동조합 등의 계산서 발급방법(법인세법 기본통칙 121-164…2)

① 수산업협동조합이 군부대에 군 부식인 수산물을 납품하는 경우에는 영수증을 교부할 수 있으나 그 조합 상호간의 거래에 대하여는 계산서를 작성 발급하여야 한다.

② 농업협동조합도 제1항에 준하여 계산서를 발급하여야 하나 조합원, 회원, 농민이 실수요자인 경우는 발급하지 아니할 수 있다.

7. 수정계산서 작성일자 기재(법인세법 기본통칙 121-164…3)

「부가가치세법 시행령」제70조를 준용하여 수정계산서를 작성하는 경우에도 작성연월일은 당초 계산서 작성연월일을 기재한다. 다만, 계약변경 등에 의하여 당초의 공급가액에 추가 또는 차감되는 금액이 발생한 경우에는 수정계산서에 그 증감사유 발생일을 기재한다.

8. 조출료 및 체선료에 대한 계산서 발급(법인세법 기본통칙 121-164…4)

선주와 화주 간의 계약에 따라 화주가 조기선적으로 인하여 선주로부터 받는 조출료는 용역제공에 대한 대가가 아니므로 계산서 작성·발급대상이 아니며, 선주가 지연선적으로 인하여 화주로부터 받는 체선료는 운송용역에 대한 대가의 일부로서 부가가치세가 과세되는 것이므로 세금계산서를 작성 발급하여야 한다.

9. 출판사가 교과서를 교육청 단위로 공급하는 경우 계산서 발급방법(법인세법 기본통칙 121-164…5)

제조업자가 교과서용 도서를 출판하여 최종소비자인 학생에게 공급함에 있어 공급과정상 시·군 교육청 단위로 공급하는 경우에는 당해 교육장을 공급받는 자로 하여 계산서를 작성, 발급하여야 한다.

10. 시설대여업자의 계산서 작성·발급의무(법인세법 기본통칙 121-164…6)

「여신전문금융업법」에 의한 시설대여업자가 규칙 제13조의 규정에 의한 금융리스 이외의 리스(운용리스)를 실행하고 리스이용자로부터 리스료를 수취하는 경우에는 계산서를 작성하여 리스이용자에게 발급하여야 한다.

11. 주택임대사업자가 개인 또는 법인에게 임대용역 제공 시 영수증 교부가 가능한지 여부 (서면2팀-240, 2004.2.18.)

주택의 임대업을 영위하는 법인이 사업자가 아닌 개인에게 주택임대용역을 제공하는 경우 법인세법 시행령 제164조 및 소득세법 시행령 제211조 규정에 따라 영수증을 발급할 수 있는 것이나, 주택임대용역을 제공받는 자가 법인인 경우에는 계산서를 발급하여야 함.

12. 연구개발용역을 공급하고 그 대가를 받는 경우 계산서 발급대상인지 여부(서이 46012-10636, 2002.3.27.)

정보통신부가 시행하는 정보통신산업기술개발사업의 주관연구기관으로 선정된 영리법인이 동 사업의 관리기관인 정보통신연구진흥원에게 연구개발용역을 공급하고 그 대가를 받는 경우 법인세법 제121조 제1항의 규정에 의한 계산서를 작성하여 공급받는 자에게 발급하여야 하는 것이나, 동 연구개발용역이 부가가치세법 제1조의 규정에 의한 부가가치세 과세대상으로서 같은 법 제16조의 규정에 의한 세금계산서를 작성·발급 우에는 법인세법 제121조 제1항의 규정에 의한 계산서를 작성·발급한 것으로 봄.

13. 다자간 거래의 경우 계산서 발급대상인지 여부(서면1팀-528, 2008.4.15.)

국내사업자(A)가 국외사업자(Z)에게 공급할 목적으로 국내사업자(B)와의 계약에 의거 물품을 공급받기로 하고 "B"는 당해 물품을 국외사업자(Y)로부터 구매하여 국내에 반입하지 아니하고 "A"가 지정하는 "Z"에게 인도하는 경우로서 "B"가 국외에서 인도하는 재화의 공급거래에 대하여 「소득세법」 제163조 및 같은 법 시행령 제211조에 따라 계산서를 작성·발급하여야 하는 것임.

실무 Tip　계산서로 수령 시 유의사항

1. 세금계산서 발급 불가

즉, 법적으로 인정되는 세금계산서는 과세사업자가 발행한 세금계산서이므로 면세사업자가 발행한 세금계산서는 적법한 세금계산서는 아니다.

2. 면세되는 재화 등을 공급하고 착오로 세금계산서를 발급한 경우

발행했던 세금계산서에 대해서 수정세금계산서를 재발행하고 계산서를 다시 발급해야 한다.

3. 과세거래에 대하여 계산서를 발급한 경우

애초부터 세금계산서를 발행하지 않았으므로 수정세금계산서를 발행할 수 없다. 따라서 이 경우에는 세금계산서 발급 불이행에 따른 미발급가산세가 적용된다.

신용카드(직불카드)매출전표

❶ 신용카드매출전표의 의의

신용카드매출전표는 재화 및 용역을 공급받은 사업자가 여신전문금융업법에 의한 신용카드로 결제하고 발부받는 영수증 등을 말하는데 신용카드 등의 범위는 다음과 같다.

① **여신전문금융업법에 의한 신용카드매출전표(백화점카드, 외국에서 발행된 신용카드 포함)**

신용카드가맹점에서 물품의 구입 또는 용역의 제공을 받거나 상품권의 구입대금을 결제할 수 있는 증표로서 신용카드업자(외국에서 신용카드업을 영위하는 자를 포함)가 발행한 것을 말한다.

② **여신전문금융업법에 의한 직불카드**

물품 또는 용역의 제공과 그 대가의 지급을 동시에 이행할 수 있도록 카드를 사용함과 동시에 전산망을 통하여 고객의 예금계좌에서 자금이 즉시 결제되는 기능을 가진 카드를 말한다.

③ **기명식 선불카드**

미리 일정액을 충전한 다음 신용카드 가맹점에서 사용할 수 있는 카드로 사용자가 지정되어 있는 카드를 말한다. 지출증명서류로 인정되는 선불카드는 사용자의 실지명의가 확인되는 "기명식선불카드"에 한하며, 사용자의 실지명의가 확인되지 아니하는 무기명식 선불카드는 제외된다.

매출전표

카드종류	거래일자
KB기업카드	20×2.08.09 13:03:21

카드번호(CARD NO)
9490 – 1910 – **** – ****

승인번호	금액	백	천	원
30007081	AMOUNT		7 8 1 8 2	

일반	할부	부가세		
일시불		V.AT		7 8 1 8

	봉사료 CASHBACK			

거래유형	합계			
신용승인	TOTAL		8 6 0 0 0	

가맹점명
나래비

대표자명	사업자번호
박주환	220-07-23606

전화번호	가맹점번호
02-556-7453	00045897261

주소
서울 강남구 역삼동 799-18

상기의 거래 내역을 확인합니다.   서명

② 카드종류별 법정지출증빙 인정 여부

구 분	내 용	인정 여부
① 법인공용카드 (기존 법인카드)	법인의 신용으로 발급되며, 카드에 법인의 이름만 기재되고 법인계좌로 대금이 결제되고 책임은 전적으로 법인이 지는 신용카드이다.	법정지출 증빙 인정
② 법인개별카드	법인의 신용(개인의 신용 포함)으로 발급되며, 카드에 법인의 이름과 임직원 개인의 이름이 기재되고 개인계좌에서 대금이 결제되며, 책임은 개인이 지되 법인이 연대하여 책임지는 형태로 발급된 신용카드이다.	
③ 직불카드	물품 또는 용역의 제공과 그 대가의 지급을 동시에 이행할 수 있도록 카드를 사용함과 동시에, 전산망을 통하여 고객의 예금계좌에서 자금이 즉시 결제되는 카드이다.	
④ 신종직불카드	직불카드와 같이 예금잔액 범위 내에서 사용이 가능하나, 직불카드와 달리 법인회원의 가입이 자유로우면서도 모든 신용카드가맹점에서 사용이 가능한 카드이다.	

구 분	내 용	인정 여부
⑤ 백화점카드	기획재정부장관으로부터 신용카드업의 허가를 받은 백화점운용사업자가 발행하여 금융기관을 통해서 이용대금을 결제하는 카드이다.	법정지출증빙 인정
⑥ 기명식선불카드	미리 일정액을 충전한 다음 신용카드가맹점에서 사용할 수 있는 카드로, 사용자가 지정되어 있는 카드이다.	
⑦ 무기명선불카드 (기프트카드)	미리 일정액을 충전한 다음 신용카드가맹점에서 사용할 수 있는 카드로, 사용자가 지정되어 있지 않는 카드이다.	법정지출증빙 인정 안함.
⑧ 포인트카드	사용실적에 따른 포인트(점수)별로 사은품 지급 등의 혜택을 부여함에 있어 그 포인트의 누적관리를 목적으로 교부된 카드이다.	

❸ 매입세액공제

(1) 매입세액공제

사업자가 <u>일반과세자 **또는 간이과세자(세금계산서 발급 가능자)**로부터 재화 또는 용역을 공급받고 부가가치세액이 별도로 구분되는 신용카드매출전표 등을 발급받은 때에는 다음의 요건을 모두 충족한 경우 공제할 수 있는 매입세액으로 본다.</u> 이러한 경우 부가가치세 신고 시에는 '신용카드매출전표수령명세서'를 작성·제출해야 하는 것이며, 해당 명세서의 금액은 부가가치세 신고서상 '기타공제매입세액란'에 반영된다.

① 신용카드매출전표 등 수령명세서를 제출할 것

② 신용카드매출전표 등을 그 거래사실이 속하는 과세기간에 대한 확정신고를 한 날로부터 5년간 보관할 것

③ 세금계산서 발급 금지대상인 미용·욕탕·유사서비스업 등을 영위하는 사업자로부터 발급받은 신용카드매출전표 등이 아닐 것

ⓐ 미용·욕탕·유사서비스업

ⓑ 여객운송업(전세버스 제외) → 항공기, 고속버스, KTX요금, 새마을호 요금(면세)

ⓒ 입장권 발행하여 경영하는 사업 → 극장관람권 등

ⓓ 의료법에 따른 의사, 치과의사, 한의사, 조산사 또는 간호사가 제공하는 용역

중 국민건강보험법 제41조 제3항에 따라 요양급여의 대상에서 제외되는 쌍꺼풀수술, 코성형수술, 유방확대·축소술, 지방흡인술, 주름살제거술의 진료용역을 공급하는 사업(2012.2.2. 공급분부터)

ⓔ 수의사가 제공하는 동물의 진료용역(부가가치세가 과세되는 수의사의 동물진료용역)(2012.2.2. 공급분부터)

ⓕ 교육용역 중 부가가치세가 과세되는 무도학원, 자동차운전학원(2012.2.2. 공급분부터)

(2) 신용카드매출전표 수령분 중 매입세액이 공제되지 않는 것

① 판매용 상품, 제조용 원재료 등 구입 시 세금계산서의 수취 없이 신용카드매출전표 등을 수령한 경우(2006.2.9. 이후 공급분부터는 공제 가능함)

② 개별소비세과세대상소형승용차 관련 매입세액(유류대 등)

• 매입세액이 불공제되는 차량

ㄱ 일반 소형승용차
정원 8인 이하의 차량(운행되고 있는 자가용 대부분임. 단 경차는 매입세액공제됨)

ㄴ 지프형 소형승용차(승차인원과 무관함)
갤로퍼, 레토나, 렉스턴, 록스타, 무쏘, 스포티지, 싼타페, 쏘렌토, 코란도훼미리, 코란도, 테라칸

ㄷ 2륜 자동차(배기량이 125cc 초과하는 것)

ㄹ 캠핑용 자동차(캠핑용 트레일러 포함)

• 매입세액이 공제되는 차량

ㄱ 지프형 승용차가 아닌 정원 9인 이상의 승합차량
베스타 9인승, 스타렉스 9인승, 트라제XG 9인승, 카니발 9인승

ㄴ 밴차량(운전석의 옆자리에만 사람의 탑승이 가능하고 뒷부분은 화물만 적재할 수 있는 구조)
코란도 밴, 베스타 밴

ㄷ 배기량 125cc 이하의 2륜 자동차

ㄹ 경비용역용(세콤 등) 소형승용차

ㅁ 1,000cc 이하 경차(모닝, 스파크 등)

ㅅ 전기승용자동차

---

③ 접대비 관련 매입세액

접대비 및 이와 유사한 비용에 관련된 매입세액을 공제받을 수 없다. 그러나 작업복, 작업모, 작업화, 직장체육비, 직장연예비 등과 같은 복리후생적 목적과 관련된 매입세액은 공제받을 수 있다.

④ 사업과 관련 없는 매입세액(가사용 매입 등)을 신용카드매출전표 등으로 수령한 경우

⑤ <u>간이과세자(세금계산서 발급 불가자)·면세사업자로부터 신용카드매출전표 등을 수령한 경우</u>

⑥ 타인(종업원 및 가족 제외)명의 신용카드를 사용한 경우(상담3팀-1912, 2007.7.5.)

⑦ 외국에서 발행된 신용카드

⑧ <u>항공권·KTX·고속버스·택시요금, 목욕·이발·미용업, 공연(영화)입장권 등 구입비용</u>

⑨ 과세되는 쌍꺼풀 등 성형수술, 수의사의 동물진료용역, 무도학원, 자동차운전학원

(3) 신용카드매출전표 발행 이후 세금계산서 발급을 요구하는 경우

사업자가 인터넷으로 주문을 받아 인터넷으로 신용카드매출전표를 발행한 경우에 공급받는 자가 신용카드매출전표를 수령한 이후에 세금계산서의 발급을 요구하는 경우가 있는데, 이 경우 신용카드매출전표가 매입세금계산서 역할을 하므로 공급받은 자의 경우 매입세액을 공제받을 수 있으므로, 공급자는 신용카드매출전표를 발급한 이후에 세금계산서를 발급할 필요가 없게 된다.

☞ 공급자는 신용카드매출전표를 발급하고 세금계산서를 동시에 발행한 경우 신용카드발행금액 집계표상의 신용카드매출전표 등 발행금액 중 세금계산서 발급내역에 이를 기재하여야 과세표준의 이중계상을 방지한다.

(4) 공급시기에 세금계산서를 발급하였으나 그 후 대금결제를 신용카드매출전표로 하는 경우

사업자가 재화나 용역을 공급하고 공급시기에 세금계산서를 발급하였으나 그 이후 대금결제 수단을 신용카드로 받는 경우에는 당초 세금계산서는 취소대상이거나 사실과 다른 세금계산서는 아니다. 이 경우 공급받은 자의 경우 세금계산서합계표를 제출하여 매입세액을 공제받을 수 있다.

☞ 공급자는 신용카드매출전표 등 발행금액 집계표상의 신용카드매출전표 등 발행금액 중 세금계산서 발급내역에 이를 기재하여야 과세표준의 이중계상을 방지한다.

(5) 세금계산서를 발급받고 신용카드로 대금결제 시 신고방법

① <u>세금계산서에 의한 매입세액으로 신고하여야 한다.</u>

② 세금계산서 및 신용카드매출전표에 의한 매입세액 이중공제로 신고되지 않도록 유의하여야 한다.

③ 신용카드매출전표 및 세금계산서를 중복 교부한 경우에는 세금계산서에 의한 매출신고와 세금계산서에 의한 매입세액으로 신고하여야 한다.

(6) 신용카드매출전표 등 수취, 매입세액 공제 시 유의사항

① 법인이 소속 직원 명의의 신용카드로 사무용 가구, 비품 또는 소모성 물품을 구입하는 경우 법인의 과세사업과 관련된 것은 동 신용카드매출전표에 의한 매입세액을 공제받을 수 있다.

② 신용카드매출전표 등을 당해 공급시기가 속하는 과세기간 이후에 교부받은 경우에는 부가가치세 매입세액을 공제할 수 없다.

③ 사업자가 자기의 사업과 관련 없이 가정에서 사용하기 위하여 구입한 가정용품 등에 신용카드매출전표를 발급받은 경우 매입세액을 공제할 수 없다.

④ 신용카드매출전표 등에 대한 부가가치세법상 혜택

(1) 공급자

일반과세자 중 영수증 교부의무자(법인사업자 제외) 또는 간이과세자가 재화 또는 용역을 공급하고 신용카드매출전표(직불카드영수증·선불카드영수증 포함)를 발행하거나 전자화폐로 결제받는 경우에는 신용카드매출전표 발행세액공제(연간 1,000만 원 한도)를 적용받을 수 있다. 다만, 2016.1.1. 이후 공급분부터 직전연도의 재화 또는 용역의 공급가액의 합계액이 사업장을 기준으로 10억 원을 초과하는 개인사업자는 제외한다.

공제액 = 〔(신용카드매출전표발행금액 등 + 전자화폐발행금액) × 1%(2025.12.31. : 1.3%, 음식점업 또는 숙박업을 하는 간이과세자 : 2.6%)〕

(2) 공급받는 자 – 매입세액공제

부가가치세 신고 시에는 '신용카드매출전표수령명세서'를 작성·제출해야 하는 것이며, 해당 명세서의 금액은 부가가치세 신고서상 '기타공제매입세액란'에 반영된다.

관련해석

1. 신용카드로 결제한 기업업무추진비의 경우 증빙서류를 보관해야 하는지 여부(법인 46012-811, 1995.3.24.)

법인이 접대비·업무추진비 등을 신용카드로 결제한 경우에도 그 비용이 당해 법인에 귀속되고 실질적으로 결제되었음이 객관적으로 확인될 수 있는 증빙서류(회원용매출표 및 카드회사로부터 통지된 "신용카드이용대금명세서"등)를 보관해야 함.

2. 월별로 일괄 통보된 신용카드이용대금명세서의 지출증명서류 여부(법인 46012-133, 2000.1.14.)

법인세법 제116조 제2항 제1호의 규정을 적용함에 있어서 여신전문금융업법에 의한 신용카드업자가 신용카드 이용법인의 신용카드 사용내역을 월별로 일괄하여 통보하는 경우 당해 통보서에 의하여 신용카드의 이용자·재화 또는 용역을 공급한 자·이용일자·이용금액 및 이용내역 등 여신전문금융업법에 의한 매출전표의 기재내용을 확인할 수 있는 경우에는 같은 규정에 의한 지출증명서류로 볼 수 있는 것임.

3. 신용카드 월별이용대금명세서의 범위 및 보관(서면-2021-법인-2033 [법인세과-940], 2021.4.27.)

신용카드사로부터 전송받은 신용카드 이용내역 엑셀자료는 「법인세법 시행령」 제158조 제4항 제1호에 따른 월별이용대금명세서에 해당하지 않는 것으로, 신용카드업자로부터 발급받은 신용카드 이용대금명세서를 보관하는 경우에 같은 조 제4항의 증빙에 해당하여 신용카드매출전표를 수취하여 보관하고 있는 것으로 보는 것임.

4. 임·직원 명의 신용카드 사용금액의 법인비용 인정 여부(서면 인터넷방문상담2팀-1090, 2005.7.14.)

종업원 개인명의의 신용카드를 사용하고 매출전표를 수취한 경우에도 당해 법인의 업무와 직접 관련하여 사용된 것으로 인정되는 경우에는, 기업업무추진비 등의 경우와 같이 손금불산입으로 달리 규정된 경우 외에는 법인의 비용으로 손금산입되고 지출증명서류로 인정된다.

다만, 이 경우 당해 종업원에 대하여 「조세특례제한법」 제126조의 2의 규정에 의한 "신용카드 등 사용금액에 대한 소득공제"를 적용함에 있어 법인의 업무와 관련하여 사용한 금액은 당해 종업원의 신용카드사용금액으로 보지 아니하며, 지출한 복리후생비가 급여성격의 비용으로 보아 원천징수대상에 해당하는지는 별도로 사실판단하여야 하는 것임.

5. 지출증명서류 등의 보관 의무 여부(서면-2018-법인-1312 [법인세과-1330], 2018. 5.31.)

문서로 받은 증빙서류를 스캐너 등을 통하여 「국세기본법 시행령」 제65조의 7에서 정하는 기준에 적합하도록 정보보존장치에 보존하는 경우 「법인세법」 제116조 제1항에 따라 원본증빙서류를 반드시 같이 보존하여야 하는 것이며,

법인이 장부와 증빙서류의 전부 또는 일부를 「국세기본법 시행령」 제65조의 7 및 국세청장이 정하는 기준에 따라 전산조직을 이용하여 작성한 경우에는 그 자체가 원본이므로 이를 정보보존장치에 보존하는 경우 장부 등의 비치 및 보존의무를 이행한 것으로 보는 것임.

6. 신용카드거래정보를 ERP시스템에 보관하고 있는 경우(재경부법인 46012-141, 2002.9.5.)

회사의 업무상 비용을 법인신용카드로 지출하고 신용카드사로부터 신용카드거래정보를 전송받아 ERP(Enterprise Resource Planning)시스템에 보관하는 경우, 당해 신용카드거래정보가 신용카드매출전표의 내용을 포함하고 임의적인 수정, 추가 및 삭제가 불가능하도록 수정, 추가 및 삭제 시 그 사실과 내용이 확인가능한 형태로 보관되는 등, 국세기본법 시행령 제65조의 7의 요건을 충족하면 법인세법 제116조 제2항 제1호의 "신용카드매출전표"로 인정되어 원본은 보관하지 않아도 되는 것임.

7. 신용카드 매출전표 수취 및 보관의무(서면-2022-법인-2927 [법인세과-1108], 2022. 7.28.)

내국법인이 사업자로부터 재화나 용역을 공급받고 「법인세법」 제116조 제2항 제1호에 따른 신용카드 매출전표로 받은 경우에는 같은 법 시행령 제158조 제5항에 따라 신용카드 매출전표를 보관한 것으로 보아 이를 별도로 보관하지 아니할 수 있는 것임.

❶ 의의

(1) 의의

"현금영수증"이라 함은 현금영수증가맹점이 재화 또는 용역을 공급하고 그 대금을 현금으로 받는 경우 당해 재화 또는 용역을 공급받는 자에게 현금영수증 발급장치에 의해 발급하는 거래일시·금액 등 결제내역이 기재된 영수증으로서, 국세청장으로부터 현금영수증사업의 승인을 얻은 현금영수증사업자가 발행하는 영수증을 말한다(조특법 §126의 3). 즉, 현금영수증은 물건을 사고 현금을 지급하면서 휴대폰번호나 주민등록번호, 현금영수증카드를 제시하고 받는 영수증을 말한다.

이러한 현금영수증은 증빙으로 활용할 수 있는데, 소득공제용 현금영수증이 아니라 사업자 지출증빙용 현금영수증을 받아야 한다.

물론 소득공제용으로 발급을 받는 경우에도 업무관련성이 있는 경우 증빙용으로 사용할 수는 있으나 추후에 해당 임직원의 연말정산 시 해당 금액만큼을 소득공제받지 못하므로 사업자등록번호 또는 사업자 지출증빙용 현금영수증카드를 따로 발급받아서 쓰는 것이 현금영수증 발급에 대한 오류를 줄일 수 있는 길이다.

(2) 현금거래사실의 확인

주로 사업자가 아닌 소비자에게 직접 재화 또는 용역을 공급하는 사업을 영위하는 자로서, 다음 중 하나에 해당하는 자로부터 재화 또는 용역을 공급받은 자가 그 대가를 현금으로 지급하였으나 현금영수증을 교부받지 못한 경우에는, 현금거래 사실에 관하여 관할세무서장의 확인을 받은 때에는 현금영수증을 발급받은 것으로 본다.

① 「부가가치세법 시행령」 제80조 제5항에 따라 국세청장이 정하는 자

② 「소득세법 시행령」 제210조의 2에 따라 신용카드가맹점가입대상자로 지정받은 자

② 매입세액공제 가능

부가가치세 과세사업을 영위하는 사업자가 일반과세자 또는 간이과세자(세금계산서 발급가능자)로부터 재화 또는 용역을 공급받고 부가가치세액이 구분기재된 현금영수증(지출증빙용)을 발급받은 경우 부가가치세 신고 시 기타공제매입세액으로 신고하여 매출세액에서 공제 또는 환급을 받을 수 있다.

즉, 사업과 관련된 지출에 대해서 지출증빙용현금영수증을 수령했다면 매입세액공제가 가능하다.

> **관련해석**
>
> 사업자가 「부가가치세법 시행령」 제80조 제4항의 규정에 의한 사업자로부터 부가가치세가 과세되는 재화 또는 용역을 공급받고 부가가치세법 제16조 제1항의 규정에 의한 세금계산서의 교부시기에 「조세특례제한법 제126조의 3」 규정에 의하여 지출증빙용으로 현금영수증을 발급받은 경우에 있어서, 당해 현금영수증에 공급받는 사업자의 사업자등록번호와 부가가치세액이 인쇄된 경우 그 부가가치세액은 「부가가치세법」 제17조 제1항 및 「부가가치세법」 제26조 제3항의 규정에 의하여 공제할 수 있는 매입세액으로 보는 것임(서면·인터넷·방문상담3팀-306, 2005.3.3.).

③ 소득공제용 현금영수증의 지출증빙용으로의 전환

사업자 지출증빙용 현금영수증카드로 사용하지 않는다면 소득공제용 현금영수증을 수령하는 경우가 종종 있다. 현금영수증을 지출증빙용이 아닌 소득공제용으로 잘못 수령받은 경우 홈택스(www.hometax.go.kr)에서 발급일로부터 18개월 이내의 거래분에 대하여는 지출증빙용으로 정정이 가능하며 '홈택스(www.hometax.go.kr) 〉 조회발급 〉 현금영수증수정 〉 사업자용 용도변경' 화면에서 지출증빙용으로 변경을 하여야 한다.

 **실무사례**　소득공제용으로 발급받은 현금영수증의 적격증명서류 여부

■ **사실관계 및 질의사항**

1. 사실관계
   - 법인사업자입니다.

- 해당 법인사업자의 직원이 출장 등을 나가서 경비를 지출하고, 현금영수증을 발급받았는데, 사업자지출증빙용이 아닌 소득공제용으로 발급을 받았습니다.
- 해당 법인은 직원이 제출한 현금영수증을 보고, 직원에게 현금을 지급하였습니다.

2. 질의사항

위와 같이, 법인사업자의 직원이 수취한 현금영수증(소득공제용)이 해당 법인의 필요경비계상 시 적격증명서류를 수취한 것으로 볼 수 있는지요?

답변

법인의 업무와 관련하여 지출한 후 직원 명의의 소득공제용 현금영수증을 수취한 경우에도 법인의 업무를 위해 지출되었음을 법인이 입증할 경우에는 지출증명서류로 인정받을 수 있다.

다만, 이 경우 해당 직원은 연말정산 시 법인의 업무와 관련하여 사용한 금액은 직원의 현금영수증 사용금액으로 보지 아니함에 유의해야 한다.

[서면2팀-1928, 2005.11.28.]

신용카드를 사용한 법인업무관련 지출은 법인명의로 발급된 신용카드를 사용하여야 하는 것이 원칙이나, 직원 개인명의의 신용카드를 사용하고 매출전표를 수취한 경우에도 손금불산입으로 달리 규정된 경우를 제외하고 해당 법인의 업무와 직접 관련하여 사용된 것으로 인정되는 경우에는 지출증명서류로 인정될 수 있는 것임.

다만, 이 경우 해당 직원에 대하여 「조세특례제한법」 제126조의 2의 규정에 의한 "신용카드 등 사용금액에 대한 소득공제"를 적용함에 있어 해당 법인의 업무와 관련하여 사용한 금액은 당해 직원의 신용카드 사용금액으로 보지 아니하는 것임.

❹ 현금영수증 발급의무 대상 및 위반 시 제재사항

(1) 현금영수증 발급의무 대상자

① 대통령령으로 정하는 업종을 영위하는 사업자로서 현금영수증가맹점으로 가입한 사업자는 건당 10만 원 이상(VAT 포함)인 재화 또는 용역을 공급하고 그 대금으로 현금을 받은 경우에는 상대방이 현금영수증 발급을 요청하지 아니하더라도 현금영수증을 발급하여야 한다.

| 대통령령으로 정하는 업종 |

구 분	업 종
사업 서비스업	변호사업, 회계사업, 세무사업, 변리사업, 건축사업, 법무사업, 심판변론인업, 경영지도사업, 기술지도사업, 감정평가사업, 손해사정인업, 통관업, 기술사업, 측량사업, 공인노무사업(총 15개)

구 분	업 종
보 건 업	종합병원, 일반병원, 치과병원, 한방병원, 일반의원, 기타의원, 치과의원, 한의원, 수의업(약사 제외함)(총 9개)
숙박 및 음식점업	일반유흥주점업(단란주점포함), 무도유흥주점업, 관광숙박시설 운영업, 출장음식서비스업(총 4개)
교육서비스업	일반교습학원, 예술학원, 운전학원, 스포츠교육기관, 기타교육지원서비스업(총 5개)
통신판매업	전자상거래 소매업(위의 규정에 따른 업종에서 사업자가 공급하는 재화 또는 용역을 온라인 통신망을 통하여 소매하는 경우에 한정), 전자상거래 소매중개업, 기타통신판매업
그 밖의 업종	골프장운영업, 장례식장업, 예식장업, 부동산 자문 및 중개업, 산후조리원, 시계및귀금속 소매업, 결혼사진 촬영업, 의류임대업, 포장이상운송업, 맞선주선 및 결혼상담업, 실내건축 및 건축마무리 공사업, 피부미용업, 다이어트센터 등 기타미용관련 서비스업, 자동차 부품 및 내장품 판매업, 자동차 종합 수리업, 자동차 전문 수리업, 전세버스 운송업(총 17개)
	가구소매업, 전기용품 및 조명장치 소매업, 의료용 기구 소매업, 페인트·유리 및 기타 건설자재 소매업,안경소매업(2016.7.1. 이후 거래분부터 적용함)
	중고자동차 판매업, 운동 및 경기용품 소매업원 서비스업(2017.7.1. 이후 거래분부터 적용함)(총 2개)
	인물사진 및 행사용 영상 촬영업, 악기소매업, 자전거 및 기타운송장비소매업, 골프연습장 운영업, 예술품 및 골동품 소매업, 손·발톱 관리 미용업을 포함한 기타 미용업(2019.1.1. 이후 거래분부터 적용함)
	안경 및 렌즈 소매업, 운동 및 경기용품 소매업, 예술품 및 골동품 소매업, 중고자동차 소매업 및 중개업, 악기소매업, 자전거 및 기타운송장비 소매업, 체력단련시설 운영업, 화정터 운영, 묘지 분양 및 관리업(묘지 분양 및 관리업에 한정), 특수여객자동차 운송업, 가전제품 소매업, 의약품 및 의료용품 소매업, 독서실 운영업, 두발 미용업, 철물 및 난방용구 소매업, 신발 소매업, 애완용 동물 및 관련용품 소매업, 의복소매업, 컴퓨터 및 주변장치, 소프트웨어 소매업, 통신기기 소매업, 전자상거래 소매업(온라인 통신망을 통하여 소매하는 경우에 한정)
	건강보조식품 소매업, 자동차 세차업, 벽지 마루덮개 및 장판류 소매업, 공구 소매업, 가방 및 기타 가죽제품 소매업, 중고가구 소매업, 사진기 및 사진용품 소매업, 모터사이클 수리업, 가전제품·수리업, 가정용 직물제품 소매업, 가죽·가방 및 신발수리업, 게임용구·인형 및 장난감 소매업, 구두류 소매업, 남자용 겉옷 제조업, 여자용 겉옷 제조업, 모터사이클 및 부품 소매업(부품 판매업으로 한정한다), 시계·귀금속 및 악기 수리업, 운송장비용 주유소 운영업, 의복 및 기타 가정용 직물제품 수리업, 중고 가전제품 및 통신장비 소매업(2022.1.1. 이후 재화 또는 용역을 공급하는 분부터 적용)

구 분	업 종
	[2024.1.1. 시행] 백화점, 대형마트, 체인화편의점, 기타 대형 종합소매업, 서적 신문 및 잡지류 소매업, 곡물 곡분 및 가축사료 소매업, 육류 소매업, 자동차 중개업, 주차장 운영업, 여객 자동차 터미널 운영업, 통신장비 수리업, 보일러수리 등 기타 가정용품 수리업
	[2025.1.1. 시행] 여행사업, 기타 여행보조 및 예약서비스업, 수영장운영업, 스쿼시장 등 기타 스포츠시설운영업, 실외경기장 운영업, 실내경기장 운영업, 종합스포츠시설 운영업, 볼링장운영업, 스키장운영업, 의복액세서리 및 모조 장신구 소매업, 컴퓨터 및 주변기기 수리업, 앰뷸런스 서비스업, 애완동물 장묘 및 보호서비스업

② 다만, 사업자등록을 한 자에게 재화 또는 용역을 공급하고 세금계산서 또는 계산서를 발급한 경우에는 현금영수증을 발급하지 아니할 수 있다.

☞ 주민번호 기재 발급분은 현금영수증을 발급하여야 함.

(2) 위반 시 제재사항

① 현금영수증 발급의무 대상자가 현금영수증을 발급하지 아니한 경우 거래대금의 20/100에 상당하는 가산세를 부과한다.(2019.1.1. 이후 발급분) 다만, 해당 거래가 국민건강보험법에 따른 보험급여의 대상인 경우에는 그러하지 아니한다.

② 위 가산세를 부과받은 자에 대하여는 현금영수증불성실가산세를 적용하지 않는다.

(3) 건당 10만 원 이상 발급의무 관련 주요 사례

① 현금영수증발급의무자가 사업자가 아닌 자에게 건당 10만 원 이상인 용역을 공급하고 주민등록번호를 기재한 세금계산서를 발급한 경우에도 현금을 받은 때에 현금영수증을 발급하는 것이며 불이행 시 현금영수증 발급의무 위반에 해당한다. (비교) 주민등록번호를 기재한 전자세금계산서를 발급하고 국세청에 전송한 경우에는 현금영수증 의무발급대상에 해당되지 아니한다.

② 현금영수증 의무발급대상 사업자가 10만 원 이상인 거래대금을 현금으로 받았으나 현금영수증을 발급하지 아니하고 부가세 신고 시 현금매출명세서를 제출한 경우 가산세 부과대상인 현금영수증 발급의무 위반에 해당한다.

③ 지로 영수증 발행분에 대하여 현금영수증을 미발급한 경우에는 현금영수증 발급

의무 위반에 해당하지 아니한다.

④ 현금영수증을 발급하여야 하는 경우로서 소비자가 현금영수증 발급을 원하지 아니할 경우에는 무기명(010-000-1234)으로 발급할 수 있다.

⑤ 현금영수증은 재화 등을 공급하고 현금수령(현금으로 받는 때) 시 발급하는 것이 원칙이나, 공급하기 전에 그 대금을 받은 때에도 발급할 수 있다. 다만, 선수금으로 받고 현금영수증을 발급하지 않은 경우에는 추후 재화 등의 공급대가로 전환되는 때 발급해야 한다.

⑥ 현금영수증의 발급시기는 현금영수증가맹점이 재화 또는 용역을 공급하고 그 대금을 현금으로 받는 때에 발급하는 것이며, <u>기지급받은 현금에 대한 소급발급은 안 되며</u>, 사회통념상 입금 즉시 확인이 어려운 때에는 입금이 확인되는 때(통상 3일~5일 이내)에 발급하는 것이다. 또한, 발급된 현금영수증에 대한 재화 또는 용역거래의 취소, 변경 등 <u>수정사항이 발생한 경우 수정발급이 가능하다.</u>

☞ 현금받은 때 20×2.10.31./ 현금영수증 발급 20×2.11.30.(지연발급 시) → 가산세 부과 대상

⑦ 보건업의 현금영수증 발급의무
  ㉠ 현금영수증 발급의무대상 거래금액은 보험급여를 포함한 총진료비를 기준으로 한다.

    ☞ 총진료비 12만 원 중 신용카드로 5만 원, 현금으로 7만 원을 결제한 경우 발급의무대상에 해당

  ㉡ 현금영수증 발급의무대상 거래금액은 거래당사자가 약정한 총진료비를 기본으로 판단하는 것이며, 현금영수증은 현금으로 받는 때마다 각각 발급하여야 한다.

⑧ 자동차 수리업 및 자동차부품판매업의 현금영수증 발급의무(2015.5.1. 이후)
  ㉠ 자동차 종합수리업을 영위하는 사업자는 현금영수증 의무발행 업종으로 10만 원 이상의 거래금액에 대하여 실제로 용역을 공급받는 자에게 현금영수증을 의무발급하여야 하는 것이며, 다만 용역을 공급받는 자가 사업자로서 전자세금계산서 발급을 요청하여 전자세금계산서를 발급한 경우에는 현금영수증을 발급하지 아니하여도 된다.

ⓛ 차량정비업자가 보험수리용역을 제공함에 있어 현금영수증 발급대상자는 당해 용역대가의 지급자 또는 차량소유자 여부를 불문하고 실제 자기책임하에 자동차수리용역을 제공받는 자에게 현금영수증을 발급하여야 한다.

ⓒ 현금영수증은 현금을 받은 때에 발급하는 것이며, 일괄 발급할 수 없고 매 건별로 구분하여 발급하여야 한다.

관련해석

[질의]

비사업자에게 주민등록번호 기재분 전자세금계산서를 발행한 경우 현금영수증 의무발급 대상 여부

[회신]

「소득세법 시행령」 별표 3의 3에 따른 업종을 영위하는 사업자(현금영수증가맹점인 개인사업자 및 내국법인을 말한다)가 「소득세법」 제168조, 「법인세법」 제111조 또는 「부가가치세법」 제5조에 따른 사업자등록을 하지 아니한 자에게 10만 원 이상인 재화 또는 용역을 공급하고 그 대금을 현금으로 받은 경우에 「부가가치세법」 제16조 제2항 및 제3항, 같은 법 시행령 제53조 및 제53조의 2에 따라 재화 또는 용역을 공급받는 자의 주민등록번호를 기재한 전자세금계산서를 발급하고 동 세금계산서 발급명세를 국세청장에게 전송한 경우, 동 거래는 「소득세법」 제162조의 3 제4항에 따른 현금영수증 의무발급대상에 해당되지 아니하는 것임(재소득-547, 2011.12.21.).

제8절 지출증명서류에 해당하지 않는 경우

① 영수증

(1) 의의

영수증이란 세금계산서의 필요적 기재사항 중 공급받는 자와 부가가치세를 별도로 기재하지 아니한 약식계산서를 말하는 것으로, 이는 주로 사업자가 아닌 다수의 최종소비자를 상대로 하는 비교적 소액거래에 사용되는 것으로서 간이과세자와 다음에 기재하는 사업을 영위하는 일반과세사업자는 영수증을 발행하여야 한다.

(2) 영수증발급대상

1) 간이과세자

2) 일반과세자

① 소매업

② 음식점업(다과점업을 포함한다)

③ 숙박업

④ 목욕·이발·미용업

⑤ 여객운송업

⑥ 입장권을 발행하여 영위하는 사업

⑦ 변호사업·심판변론인업·변리사업·법무사업·행정사업·공인회계사업·세무사업·경영지도사업·기술지도사업·감정평가사업·손해사정인업·통관업·기술사업·건축사업·도선사업·측량사업 기타 유사한 사업서비스업 등(부가가치세법 제2조 및 소득세법 제28조의 규정에 의한 사업자에게 공급하는 것은 제외한다)

⑧ 우정사업에 관한 특례법에 의한 우정사업조직이 우편법 제15조 제1항에 규정된 부가우편업무 중 소포우편물을 방문접수하여 배달하는 용역을 공급하는 사업

⑨ 도정업, 제분업 중 떡방앗간

⑩ 양복점업·양장점업·양화점업

⑪ 주거용 건물공급업

⑫ 운수업 및 주차장운영업

⑬ 부동산중개업

⑭ 사회서비스업 및 개인서비스업

⑮ 가사서비스업

⑯ 도로 및 관련시설 운영업

⑰ 전기사업법에 의한 전기사업자가 산업용이 아닌 전력을 공급하는 경우와 전기통
신사업법에 의한 전기통신사업자가 전기통신역무를 제공하는 경우

⑱ 임시사업장 개설사업자가 그 임시사업장에서 사업자가 아닌 소비자에게 재화 또
는 용역을 공급하는 경우

⑲ 도시가스사업법에 의한 도시가스사업자가 산업용이 아닌 도시가스를 공급하는
경우 및 집단에너지사업법에 의한 한국지역난방공사가 산업용이 아닌 열을 공급
하는 경우

⑳ 방송법의 규정에 따른 위성이동멀티미디어방송사업자가 전기통신사업법에 따른
전기통신사업자의 이용자에게 위성이동멀티미디어방송용역을 제공하는 경우

㉑ 기타 위와 유사한 사업으로서 세금계산서 발급이 불가능하거나 현저히 곤란한 사업

위 경우 ① 내지 ③, ⑤(전세버스의 경우에 한한다) 및 ⑦ 내지 ⑳의 경우에 공급을
받는 사업자가 사업자등록증을 제시하고 세금계산서의 발급을 요구하는 때에는 영수
증을 발급하지 아니하고 세금계산서를 발급하여야 하지만 사업자가 신용카드매출전표
등을 발급한 경우에는 세금계산서를 발급하지 아니한다(부법 §33 ②, 부령 §73 ③, ④, ⑤).

또한 위 ④, ⑤(전세버스 제외), ⑥의 사업을 하는 사업자의 경우에도 감가상각자산
및 본래의 역무 외의 역무를 공급하는 경우에 거래상대방이 세금계산서를 요구하는 때
에는 세금계산서를 발급하여야 한다.

(3) 영수증 발급사업자에게 세금계산서 발급을 요구하는 경우

영수증발급대상자(간이과세자 제외)는 공급받는 사업자가 사업자등록증을 제시하
고 세금계산서의 발급을 요구하는 경우에는 세금계산서를 발급해야 한다. 다만, 다음의
경우에는 세금계산서 발급요구가 있어도 세금계산서를 발급할 수 없다.

① 여객운송업

② 입장권의 발행을 영위하는 사업

③ 목욕·이발·미용업

이러한 용역은 개인적 소비를 위한 것이므로 세금계산서의 발급을 금지하고 있다.

NO.	영 수 증 (공급받는자용)				
					귀하
공급자	사 업 자 등 록 번 호				
	상 호		성명		
	사 업 장 소 재 지				
	업 태		종목		
작성일자	금액합계			비고	
위 금액을 영수(청구)함.					
월/일	품명	수량	단가	금액	
	합 계	₩			

❷ 거래명세서 등

(1) 의의

거래명세서와 입금표, 지출결의서는 회사에서 내부관리용 목적으로 만드는 서식이며, 모두 법적으로 정해진 증명서류는 아니다.

(2) 거래명세서

<h1 style="text-align:center">거래명세서</h1>

등 록 번 호			
상 호		성 명	
사업장 주 소			
업 태		종 목	

_____ 귀하

아래와 같이 거래합니다.

합계금액 :　　　　　　원(₩　　　　　)
(공급가액)

월/일	품 명	규 격	수 량	단 가	공급가액	세 액	비 고
합 계							

거래명세서는 누구와 어떤 거래를 했는지 상대방에 대한 정보가 드러나 있는 정도로 작성하게 되며, 법정양식이 있는 것은 아니므로 사정에 맞게 수정해서 사용할 수 있다.

(3) 입금표

입 금 표																				공급받는자 (보 관 용)

귀하

공 급 자	등 록 번 호																			
	상호(법인명)									성 명									인	
	사 업 장 주 소																			
	업 태									종 목										

작 성			공 급 가 액										세 액								비 고
년	월	일	공란수	백	십	억	천	백	십	만	천	백	십	일	십	억	천	백	십	만	천	백	십	일	

합 계	백	십	억	천	백	십	만	천	백	십	일

내 용

입금표는 상대방으로부터 돈을 받았다는 사실을 입증해주는 양식이며 입금표 자체로는 법정양식이 아니므로 법정증서가 아니며, 정해진 양식이 있는 것도 아니다.

(4) 지출결의서

업무와 관련하여 지출이 예상될 때 그 예상되는 지출액에 대해서 결제를 맡을 때 쓰는 양식이다. 이렇게 지출결의서를 작성해서 결제를 맡은 다음에 추후에 실제로 지출이 일어나면 그에 대한 증명서류를 지출결의서에 첨부하여 보관하게 된다. 역시 법정증서가 아니며, 회사의 자금을 관리하는 용도로 쓰이게 된다.

지출결의서

요 청 부 서	담 당	주 임	대 리	과 장	차 장	행정원장

아래와 같이 지출하고자 하오니 결재 바랍니다.

201 년 월 일

제 목		
지 급 처		요청부서

내 용	결재부서
	대표이사
	담 당

지출 요청액	₩
요청액 지급 확인란	201 년 월 일 요청액 수령자 ㉙
비 고	

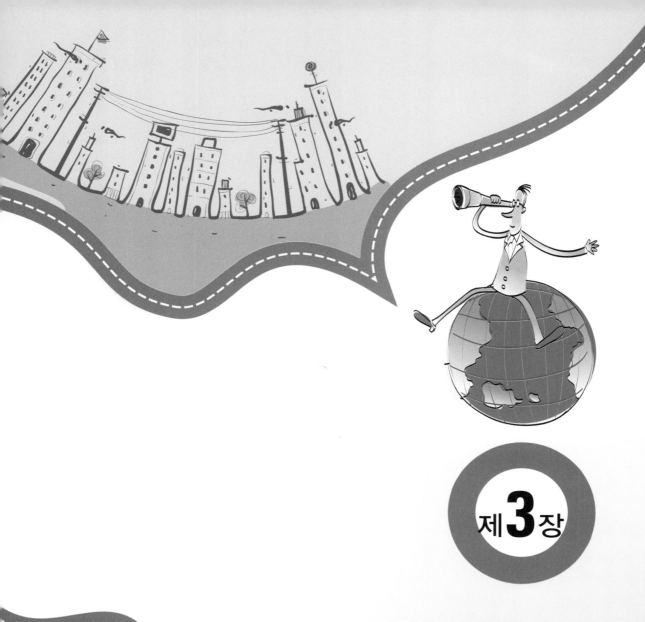

제**3**장

정규영수증 수취대상거래

법인과 사업소득이 있는 개인사업자가 자기의 사업과 관련하여 상대방 사업자로부터 재화 또는 용역을 공급받고 그 대가를 지급하는 경우에 정규영수증을 수취하여 보관하여야 한다. 정규영수증을 수취 및 보관하지 않은 경우에는 증빙불비가산세가 부과될 수 있으며 세무조사 시 불이익을 받을 수 있다. 또한, 접대비의 경우 비용인정을 받을 수 없다.

다만, 사업자의 정규영수증 수취의무는 모든 거래에 적용되는 것이 아니라 다음의 세 가지 요건에 모두 해당하는 경우에 적용된다.

① 거래상대방 : 사업자
② 대상 거래 : 재화나 용역의 공급대가
③ 금액 기준 : 3만 원 초과(부가가치세 포함임, 접대비의 경우는 3만 원)

사업자가 사업과 관련하여 재화 또는 용역을 공급받고 건당 3만 원(부가가치세 포함 금액)을 초과하는 대가를 지급하는 경우에 있어 그 거래상대방이 사업자에 해당한다면 정규영수증을 받아야 한다.

다만, 법인세법 등에서 규정하고 있는 지출증명서류 수취의 특례 거래에 해당되는 경우에는 정규영수증을 수취하지 않아도 된다. 그러나, 이 경우에도 비용인정을 받기 위해서는 어떤 형태로든 지출에 대한 증빙을 갖고 있어야 비용인정이 되는 것임에 유의하여야 한다.

① **의의**

정규영수증 수취의무는 재화나 용역을 공급하는 거래상대방이 사업자인 경우에만 적용되며, 사업자가 아닌 경우에는 적용되지 아니한다.

즉, 사업자가 아닌 개인과의 거래에 있어서는 정규영수증 수취의무가 없다. 다만, 사업자가 아닌 자와의 거래 시에도 비용으로 인정받기 위해서는 정규영수증 외의 계약서, 영수증 및 거래명세서 등 기타 증빙에 의하여 거래사실은 반드시 입증하여야 비용인정을 받을 수 있다.

여기서 <u>사업자는 사실상의 사업자를 의미하며 실제로는 사업을 영위 중인 미등록사업자가 포함된다.</u> 다만, 폐업한 사업자는 사업자에 해당되지 아니한다.

관련해석

1. 폐업 시 잔존재화를 구입하고 지출증명서류를 미수취 시 가산세 적용 여부(법인 46012 -1774, 2000.8.16.)

법인이 사업을 실질적으로 폐업하고 부가가치세법 제5조 제4항의 규정에 의하여 폐업신고를 한 자로부터 폐업 시 잔존재화(사업용 고정자산을 포함)로 과세된 재화를 구입하는 경우 사업자로부터 재화를 공급받은 것으로 보지 아니하므로 법인세법 제116조 제2항 및 같은 법 제76조 제5항의 규정을 적용하지 아니하는 것임.

2. 인적용역에 대해 원천징수하고 지급조서를 제출한 경우 증빙불비가산세 해당 여부 (서일 46011-11566, 2002.11.22.)

법인이 인적용역을 제공받고 그 대가를 지급하면서 소득세를 원천징수하고 지급조서를 관할세무서장에게 제출한 경우에는, 추후 당해 거래가 세금계산서 교부대상 거래로 확인되는 경우에도 증빙불비가산세를 적용하지 아니하는 것임.

3. 사용인에게 지급하는 경조사비 등은 지출증빙 서류 수취대상이 아님(법인 46012-296, 1999.1.23.)

법인세법 제116조(1998.12.28. 개정된 것) 제2항의 지출증명서류 수취에 관한 규정은 같은 법 시행령 제158조 제1항에서 규정하는 사업자로부터 재화 또는 용역을 공급받고 그 대가를 지급하는 경우에 적용하는 것으로 법인이 사업자로부터 재화 또는 용역을 공급받고 그 대가를 지급하는 경우가 아닌 사용인에게 지급하는 경조사비·여비 중 일비·자가운전보조금 및 일용근로자에 대한 급여, 건물파손보상금 등의 경우에는 동 규정을 적용하지 아니하는 것임.

4. **법인이 미등록사업자 또는 간이과세자로부터 재화 또는 용역을 공급받은 경우(재법인 46012-83, 2002.4.24.)**

법인이 부가가치세법상 미등록사업자 또는 간이과세자로부터 재화 또는 용역을 공급받고 교부받은 세금계산서는 법인세법 제116조 제2항 각 호의 규정에 의한 지출증명서류에 해당하지 아니하여 동 법 제76조 제5항의 규정에 의한 가산세를 적용하는 것임.

② 사업자의 범위

정규영수증 수취대상인 거래상대방 범위는 다음과 같다(법령 §158 ①).
따라서 다음의 사업자와의 거래 시에는 반드시 정규영수증을 수취하여야 한다.

(1) 법인

법인의 범위에는 내국법인, 외국법인의 구분이 없다. 다만, 다음에 해당하는 사업자는 정규영수증의 수취대상에서 제외된다. 즉, 다음에 해당하는 사업자와의 거래에 있어서는 정규영수증을 수취하지 아니하여도 되며, 기타 영수증 등으로 갈음할 수 있다.

1) 수익사업을 하지 않는 비영리법인

수익사업이 없는 비영리법인은 사업자등록 의무가 없어 정규영수증을 수취할 수가 없다. <u>다만, 비영리법인의 수익사업과 관련된 부분은 반드시 정규영수증을 수취하여야 한다.</u>

│ 사 례 │

종교단체 등에 대한 기부금, 각종 협회에 납부하는 협회비, 조합비

---

2) 국가·지방자치단체

국가·지방자치단체로부터 재화 또는 용역을 공급받는 경우로서 국가 등은 거래가 투명하고 납세의무가 없으며 정규영수증 수취가 불가능하다.

┤ 사 례 ├

세금과 공과, 과태료, 벌과금, 우편요금

3) 금융보험업을 영위하는 법인

금융·보험용역은 거래가 대중을 상대로 빈번히 이루어지고 있으며, 금융보험업자와의 거래는 대부분 전산으로 이루어져 거래증빙의 투명성이 확보되어 있기 때문에 정규영수증을 수취하지 않아도 된다.

공급받는 사업자는 공급자가 금융보험업자인 경우 금융·보험용역에 대하여만 증빙수취의무가 면제될 뿐이므로 <u>금융보험용역이 아닌 임대료나 고정자산 매각분 등의 거래 시에는 정규영수증(계산서 등)을 수취하여야 함에 유의하여야 한다.</u>

┤ 사 례 ├

보험료(손해보험, 화재보험, 보증보험 등), 송금수수료, 환전수수료, 어음할인료, 대출이자, 할부이자, 신용카드수수료, 증권회사수수료

4) 국내사업장이 없는 외국법인

국내사업장이 없는 외국법인은 사업자등록의무가 없어 정규영수증을 발급할 수 없다. 그러나 외국법인의 국내사업장과의 거래 시에는 정규영수증을 수취하여야 한다.

관련해석

1. 비영리법인의 지출증명서류 수취방법(법인 46012-269, 2001.2.1.)

수익사업과 비수익사업을 겸영하는 비영리법인이 수익사업과 관련하여 사업자로부터 재화나 용역을 공급받은 경우에 법인세법 시행령(2000.12.29. 대통령령 제17033호로 개정된 것) 제158조 제2항 각 호에 규정된 거래 외에는 같은 법 제116조 제2항 각 호의 지출증명서류를 수취하여야 하는 것으로 이를 수취하지 아니한 경우에는 같은 법 제76조 제5항의 규정에 의한 가산세를 납부하여야 하는 것이나, 비수익사업의 운영과 관련하여 사업자로부터 재화나 용역을 공급받은 경우에는 그러하지 아니함.

2. 비영리단체 월회비 납부영수증의 정규영수증 여부(서면 인터넷방문상담2팀-1335, 2004.6.25.)

법인이 사업과 관련된 재화 또는 용역의 대가에 해당하지 않는 협회의 회원 자격으로

납부하는 경상회비의 경우 법인세법 제116조의 규정에 의한 정규의 지출증빙 수취대상에 해당하지 않는 것이며, 영수증·입금표·거래명세서 등 기타 증빙에 의하여 거래사실을 입증하여야 함.

3. 국가 등과 거래 시 지출증빙미수취 가산세 적용여부(법인세과－898, 2010.10.1.)

법인이 국가 또는 지방자치단체로부터 사업과 관련하여 재화나 용역을 공급받고 「법인세법」 제116조 제2항 각 호의 어느 하나에 규정하는 증명서류를 받지 못한 경우 같은 법 제76조 제5항에 의한 가산세가 적용되지 않는 것임.

4. 법인이 금융보험업과 그 외의 사업을 함께 영위하는 법인으로부터 금융보험용역을 제공받은 경우에는 지출증명서류의 수취 특례해당 여부(법인 46012－268, 2001.2.1.)

법인이 금융보험업과 그 외의 사업을 함께 영위하는 법인으로부터 금융보험용역을 제공받은 경우에는 법인세법 시행규칙 제79조 제9호의 규정에 의하여 지출증명서류의 수취 특례에 해당하는 것이나, 금융보험업 이외의 사업에 속하는 재화 또는 용역을 공급받은 경우에는 그러하지 아니함.

5. 내국법인이 국내사업장이 없는 외국법인으로부터 대가를 지급받는 국내하청업체로부터 편의상 재화 또는 용역의 일부를 국내에서 공급받는 경우에는 지출증명서류의 수취 및 보관의무 여부(법인 46012－1949, 2000.9.20.)

국내에 사업장이 없는 외국법인으로부터 재화 또는 용역을 공급받고 그 대가를 외국법인에게 지급하는 내국법인이 그 외국법인으로부터 대가를 지급받는 국내하청업체로부터 편의상 재화 또는 용역의 일부를 국내에서 공급받는 경우에는 법인세법 제116조에 규정한 지출증명서류의 수취 및 보관의무가 없음.

6. 내국법인이 국내 사업장이 없는 외국법인이 지정한 자로부터 재화를 공급받고 그 대가를 지급하는 경우 세금계산서 수취 여부(서면 인터넷방문상담2팀－333, 2007.2.22.)

내국법인이 「법인세법」 제116조 제2항의 규정에 의하여 국내 사업장이 없는 외국법인이 지정한 자로부터 재화를 공급받고 그 대가를 지급하는 경우에는 「부가가치세법」 제16조의 규정에 의한 세금계산서를 수취하지 아니할 수 있는 것이나, 귀 질의의 거래가 이에 해당하는지는 거래의 사실관계에 따라 판단하는 것이며, 사업과 관련된 모든 거래에 관한 기타 증빙서류는 「법인세법」 제116조 제1항의 규정에 의하여 작성 또는 수취하여야 하는 것임.

(2) 부가가치세법 규정에 의한 사업자

부가가치세법상 사업자란 사업 목적이 영리이든 비영리이든 관계없이 사업상 독립적으로 재화 또는 용역을 공급하는 자를 말한다. 다만, 읍·면지역의 간이과세자로서 신용카드가맹점 또는 현금영수증가맹점이 아닌 사업자는 제외한다.

관련해석

1. 읍·면지역에 소재하는 간이과세자 지출증빙 수취의무(서면 인터넷방문상담2팀-467, 2004.3.16.)

「법인세법」 제76조 제5항의 규정에 의한 지출증빙미수취가산세의 적용 여부와 관련하여 읍·면지역에 소재하는 간이과세자로서 「여신전문금융업법」에 의한 신용카드가맹점이 아닌 사업자의 경우 정규지출증빙 수취대상에서 제외되는 거래상대방 사업자에 해당하며, 미등록사업자 및 일반과세자로부터 「법인세법」 제116조 제1항에 규정된 지출증빙을 수취하지 않을 경우 지출증빙미수취가산세가 적용됨.

법인이 업무와 관련하여 지출한 비용에 대하여 정규지출증명서류를 수취하지 아니한 경우에도 다른 객관적인 자료에 의하여 그 지급사실이 확인되는 경우에는 당해 법인의 각 사업연도 소득금액 계산상 이를 손금에 산입함.

2. 읍·면지역의 범위(법인 46012-4303, 1999.12.14.)

법인이 읍·면지역에 소재하는 부가가치세법상 간이과세자로서 여신전문금융업법에 의한 신용카드가맹점이 아닌 사업자로부터 재화 또는 용역을 공급받고 영수증을 수취한 경우에는 법인세법 제76조 제5항의 지출증빙미수취 가산세가 적용되지 아니하는 것이며, 위 읍·면지역에는 지방자치법 제2조의 규정에 의한 광역시 또는 시 관할구역 내의 읍·면지역이 포함됨.

3. 읍·면지역에 도농복합형태의 시의 읍·면지역도 포함하는지 여부(법인 46012-9, 2000.1.3.)

법인이 읍·면지역에 소재하는 부가가치세법 제25조의 규정에 의한 간이과세자로서 여신전문금융업법에 의한 신용카드가맹점이 아닌 사업자로부터 재화 또는 용역을 공급받는 경우에는 법인세법 제116조 제2항 및 제76조 제5항의 규정이 적용되지 아니하는 것이며, 위 읍·면지역에는 지방자치법 제7조 제2항의 규정에 의한 도농복합형태의 시에 속한 읍·면 지역이 포함됨.

(3) 소득세법 규정에 의한 사업자

소득세법 규정에 의한 사업자는 사업소득이 있는 거주자(사업소득사업자, 부동산임대소득사업자)를 말한다. 다만, 국내사업장이 없는 비거주자를 제외한다. 이는 국내사업장이 없는 외국법인과 같이 국내사업장이 없는 비거주자도 사업자 등록 의무가 없어 정규영수증을 발급할 수 없기 때문이다.

(4) 사업자 유형별 지출증빙 수취

① 일반과세자와의 거래

세금계산서, 신용카드매출전표, 현금영수증 등을 수취하여야 한다.

② 간이과세자와의 거래

간이과세자는 세금계산서 발급이 불가능하므로 <u>간이과세자와의 거래 시는 신용카드 매출전표, 현금영수증을 수취</u>하면 된다. 다만, 지출증명서류 특례규정에 해당되는 경우에는 위 이외의 영수증을 받을 수 있다.

③ 면세사업자와의 거래

계산서, 신용카드매출전표, 현금영수증을 수취하여야 한다.

④ 세관장과의 거래

수입세금계산서 또는 계산서를 수취하여야 한다.

⑤ 미등록사업자와의 거래

미등록사업자의 경우 실제로 사업을 영위하고 있으면서 사업자 등록만 하지 않은 것이라면 정규영수증 수취의무가 상대방에게 있다. 사실상 미등록 사업자는 정규영수증을 발급할 수 없기 때문에 현실적으로 정규영수증을 받는 것은 불가능한 일이다. 그러므로 <u>미등록 사업자와 거래한 상대방은 증명서류 수취 불성실가산세(미수취 금액의 2%) 부담이 생기게 된다.</u> 이는 양성화되지 않은 사업자와의 거래를 막고, 더 나아가 미등록 사업자의 사업자 등록을 유도하기 위함이다.

한편 농·어민(한국표준산업분류에 의한 농업 중 작물재배업·축산업·복합농업, 임업 또는 어업에 종사하는 자를 말하며, 법인을 제외한다)으로부터 재화 또는 용역을 직접 공급받은 경우는 지출증명서류특례에 해당되므로 정규영수증 외 기타 증빙을 수취하여도 된다.

③ 정규영수증 대상거래범위

사업자로부터 재화나 용역을 공급받고 그 대가를 지급하는 경우 정규영수증 수취의무가 있다. 앞에서 사업자의 범위에 대하여 살펴 보았으므로 재화와 용역이란 무엇인지에 관하여 살펴보기로 한다.

(1) 재화의 범위(부가세 집행기준 2-2-1)

재화라 함은 재산적 가치가 있는 물건 및 권리를 말하며, 과세대상이 되는 물건과 권리의 구체적 범위는 다음과 같다.

구 분	구체적 범위
물건	상품, 제품, 원료, 기계, 건물 등 모든 유체물(有體物)
	전기, 가스, 열 등 관리할 수 있는 자연력
권리	광업권, 특허권, 저작권 등 물건 외에 재산 가치가 있는 모든 것

(2) 용역의 범위

용역이라 함은 재화 이외의 재산적 가치가 있는 다음의 사업에 해당하는 역무와 그 밖의 행위로 한다.
① 건설업
② 숙박업 및 음식점업
③ 운수업
④ 방송통신 및 정보서비스업
⑤ 금융업 및 보험업
⑥ 부동산업·임대업. 다만, 전·답·과수원·목장용지·임야(집행기준 2-3-1) 또는 염전 임대업으로서 지적공부상의 지목에 관계없이 실제로 경작하거나 해당 토지의 고유 용도에 사용하는 것은 제외한다.
⑦ 전문, 과학 및 기술 서비스업과 사업시설관리 및 사업지원 서비스업
⑧ 공공행정·국방행정 및 사회보장행정
⑨ 교육서비스업
⑩ 보건업 및 사회복지 서비스업

⑪ 예술, 스포츠 및 여가관련 서비스업

⑫ 협회 및 단체, 수리 및 기타 개인서비스업

⑬ 가구 내 고용활동 및 달리 분류되지 않은 자가소비 생산활동

⑭ 국제 및 외국기관의 활동

(3) 과세대상 여부 판정사례

부가가치세 과세대상인 재화 또는 용역의 공급과 과세대상에 해당하지 아니하는 것을 예시하면 다음과 같다(부가세 집행기준 4-0-2).

과세대상에 해당되는 것	과세대상에 해당되지 아니하는 것
• 사업자가 과세사업에 사용하다 매각하는 「개별소비세법」 제1조 제2항 제3호에 따른 자동차	• 소유재화의 파손·훼손·도난 등으로 인하여 가해자로부터 받는 손해배상금
• 골프장·테니스장 경영자가 동 장소 이용자로부터 받는 입회금으로서 일정기간이 지난 후 반환하지 아니하는 입회금	• 도급공사 및 납품계약서상 납품기일의 지연으로 인하여 발주자가 받는 지체상금
• 학원(면세사업)을 운영하는 자가 독립된 사업으로 다른 학원운영자에게 자기의 상호, 상표 등을 사용하게 하거나 자체개발한 교육프로그램, 학원경영 노하우를 제공하고 받는 대가	• 공급받을 자의 해약으로 인하여 공급자가 재화 또는 용역의 공급 없이 받는 위약금 또는 이와 유사한 손해배상금
• 부동산임대업자가 임대차기간 만료 후 명도소송을 통하여 임차인으로부터 실질적인 임대용역의 대가로 받는 손해배상금 또는 부당이득금	• 협회 등 단체가 재화의 공급 또는 용역의 제공에 따른 대가 관계없이 회원으로부터 받는 협회비·찬조비 및 특별회비
• 재산적 가치가 있는 물건으로 거래되는 화폐, 물, 흙, 퇴비, 원석	• 대여한 재화의 망실에 따라 받는 변상금
• 공동사업자가 독립적으로 사업을 영위하기 위하여 공동사업용 건물의 분할등기(출자지분의 현물반환)로 소유권이 이전되는 건축물	• 수표·어음 등의 화폐대용증권, 유가증권 및 상품권
• 과세사업에 사용하던 건축물을 양도하고 받는 대가	• 재화 또는 용역에 대한 대가 관계없이 받는 이주보상비 및 영업손실보상금
• 과세사업에 사용하던 전세권을 양도하고 받는 대가(당초 전세보증금을 초과하여 받는 금액)	• 외상매출채권의 양도
• 과세사업과 관련하여 연구 중인 신제품 개발에 관한 권리를 양도하고 받는 대가	• 공동사업에 출자한 후 받게 되는 투자원금과 이익금

과세대상에 해당되는 것	과세대상에 해당되지 아니하는 것
• 온라인 게임에 필요한 사이버 화폐인 게임머니를 계속적·반복적으로 판매하는 것	• 「소득세법 시행령」 제9조 제1항에 따라 소득세가 과세되지 아니하는 농·어민의 농가부업은 「부가가치세법 시행령」 제4조에 따라 사업을 구분할 때에 독립된 사업으로 보지 아니한다. 다만, 「소득세법 시행령」 제9조 제1항에 따른 민박, 음식물 판매, 특산물 제조, 전통차 제조 및 그 밖에 이와 유사한 활동은 독립된 사업으로 본다.

(4) 해석사례

1) 손해배상금 등

① 각종 원인에 의하여 사업자가 받는 다음에 예시하는 손해배상금 등은 과세대상이 되지 아니한다.

　㉠ 소유재화의 파손·훼손·도난 등으로 인하여 가해자로부터 받는 손해배상금

　㉡ 도급공사 및 납품계약서상 그 기일의 지연으로 인하여 발주자가 받는 지체상금

　㉢ 공급받을 자의 해약으로 인하여 공급할 자가 재화 또는 용역의 공급 없이 받는 위약금 또는 이와 유사한 손해배상금

　㉣ 대여한 재화의 망실에 대하여 받는 변상금

② 부동산임대업을 영위하는 사업자가 부동산임대차 계약기간이 만료되었음에도 불구하고 임차인으로부터 임대한 부동산을 반환받지 못하여 소송을 제기한 경우, 그 소송이 종료될 때까지 실질적으로 계속하여 임대용역을 제공하고 임차인으로부터 그 대가를 받거나 동 소송에서 승소하여 건물반환일까지의 임대료상당액을 받는 때에는 그 대가 또는 임대료 상당액은 과세대상이 된다.

2) 상품권

상품권의 판매에 따른 부가가치세 과세문제 및 정규영수증수취에 관한 유권해석은 다음과 같다.

① 법인이 법인세법 시행령 제158조 제1항 제1호 각 목 이외의 법인으로부터 10만 원 이상(현행 1만 원)의 재화 또는 용역을 제공받고 그 대가를 지급하는 경우에는

여신전문금융업법에 의한 신용카드매출전표, 세금계산서, 계산서 중 하나를 지출 증명서류로 수취하여야 한다.

법인이 접대를 위하여 구입한 5만 원(현행 1만 원) 이상의 상품권에 대하여 여신 전문금융법에 의한 신용카드매출전표를 사용하지 아니하고 지출한 경우 동 접대 비는 소득금액 계산상 손금에 산입하지 아니한다(법인 46012-2434, 1999.6.28.).

② 상품권 구입 시 받은 세금계산서의 매입세액공제 가능 여부

상품권을 발행하여 판매하는 경우에 있어서 당해 상품권의 판매에 대하여는 부가 가치세가 과세되지 아니하는 것으로, 사업자가 당해 상품권의 구입과 관련하여 세 금계산서를 교부받은 경우 당해 세금계산서의 매입세액은 자기의 매출세액에서 공 제할 수 없는 것이며, 상품권을 구입한 자가 당해 상품권을 자기의 고객에게 무상으 로 증여하는 경우에는 부가가치세법 제6조 제3항의 규정이 적용되지 아니한다(서삼 46015-10145, 2001.9.6.).

③ 상품권 관련 부가가치세 납세의무(부가세 집행기준 15-0-3)

구분	적용방법
• 상품권의 판매	• 과세대상 거래가 아님.
• 상품권의 판매대리 및 발행대행	• 대행수수료 과세
• 상품권 판매 관련 공급시기	• 재화가 실제로 인도되는 때
• 상품권 판매 시 세금계산서 등 발급	• 세금계산서, 계산서 발급의무 없음.

3) 입장권 등

사업자가 영화를 관람할 수 있는 "입장권 등(영화티켓 포함)"을 구입하여 판매하는 것은 부가가치세법의 과세대상에 해당하지 아니하는 것으로 세금계산서 교부대상이 아닌 것임.

다만, 입장권 등 판매의 주선·중개용역을 제공하는 경우에는 부가가치세가 과세되 는 것으로, 사업자가 입장권 등을 구입하여 자기의 책임과 계산하에 판매하는 것인지 또는 주선·중개용역을 제공하는 것인지의 여부는 계약내용 등에 따라 사실판단할 사 항임(서면 3팀-619, 2007.2.23.).

4) 특별회비 등

협회 등 단체가 재화의 공급 또는 용역의 제공에 따른 대가관계 없이 회원으로부터 받는 협회비·찬조비 및 특별회비 등은 과세대상이 아니다.

5) 유가증권 등

수표·어음 등의 화폐대용증권은 과세대상이 아니다.

6) 골프장 입회금 등

① 골프장·테니스장 경영자가 동 장소이용자로부터 받는 입회금으로서 일정기간 거치 후 반환하지 아니하는 입회금은 과세대상이 된다. 다만, 일정기간 거치 후 반환하는 입회금은 그러하지 아니한다.

② 사업자가 골프장·테니스장 시설이용권을 양도하는 경우에 부가가치세 과세표준은 골프장·테니스장 시설이용권의 양도가액으로 한다.

7) 분철료의 과세대상

광업권자가 광업권을 대여하고 그 대가로 분철료를 받는 경우에는 과세대상이 된다.

8) 조출료·체선료

① 선주와 하역회사 간의 계약에 따라 하역회사가 조기선적을 하고 선주로부터 받는 조출료는 하역용역의 제공에 따른 대가이므로 하역용역대가에 포함하나, 지연선적으로 인하여 선주에게 지급하는 체선료는 과세대상이 아니다.

② 선주와 화주와의 계약에 따라 화주가 조기선적을 하고 선주로부터 받는 조출료는 용역제공에 대한 대가가 아니므로 과세대상이 아니나, 선주가 지연선적으로 인하여 화주로부터 받는 체선료는 항행용역의 제공에 따른 대가이므로 항행용역대가에 포함된다.

③ 화주와 선주 간에 용선계약을 체결하고 화주와 하역회사 간에는 본선하역에 대한 계약이 체결되어 있는 경우 화주가 선주로부터 받은 조출료의 일부 또는 전부를 하역회사에 지불하는 경우, 하역회사가 받는 동 조출료는 하역용역의 제공에 대한 대가에 포함된다.

❹ 금액기준

사업자로부터 재화나 용역을 공급받고 그 대가를 지급하는 경우 정규영수증 수취의무가 있다. 앞서 사업자의 범위와 재화 및 용역에 대하여 살펴보았으므로 대가의 기준에 관하여 살펴보기로 한다.

재화 또는 용역의 건당 거래금액(부가가치세 포함) 3만 원을 초과하는 경우에만 정규영수증을 반드시 수취하여야 한다. 그러므로 3만 원 이하의 거래는 세금계산서 등 정규영수증을 수취하지 않더라도 영수증 등을 수취하면 된다.

이때 3만 원 초과의 판단은 건당 거래금액으로 판단하며 영수증을 분할하여 발급받은 경우에도 합산하여 1건의 금액으로 보고 판단하여야 한다. 예를 들어 종업원 식대를 월 단위로 결제하는 경우 결제 금액이 3만 원을 넘어가는 경우 정규영수증을 받아야 한다. 신용카드와 현금영수증 등을 발급받거나 식대 건당 영수증을 발급받는 식으로 처리해야 할 것이다.

단, 접대비의 경우는 3만 원[10] 초과 거래에 대하여 반드시 정규영수증을 수취하여야 손금으로 인정받을 수 있다는 점에 주의하여야 한다.

관련해석

월별정산 시 지출증명서류의 수취 및 보관의 규정을 적용하는 금액 적용기준(법인 46012-2079, 2000.10.10.)

법인이 사업자로부터 건당 거래금액이 10만 원(부가가치세 포함)(현행 3만 원) 미만의 재화 또는 용역을 공급받은 경우에는 법인세법 제116조 「지출증명서류의 수취 및 보관」의 규정을 적용하지 아니하는 것이나, 그 거래를 월별로 정산하여 10만 원(현행 3만 원) 이상의 금액으로 지출하는 경우 같은 법 시행령 제158조 제2항 각 호에 규정된 지출증명서류의 수취특례의 경우 외에는 같은 법 제116조 제2항 각 호의 지출증명서류를 수취·보관하여야 함.

---

10) 2007년 12월 31일까지 : 5만 원
　　2008년 1월 1일부터 2008년 12월 31일까지 : 3만 원
　　2009년 1월 1일 이후 : 1만 원
　　2021년 1월 1일 이후 : 3만 원
　　경조금의 경우 : 20만 원

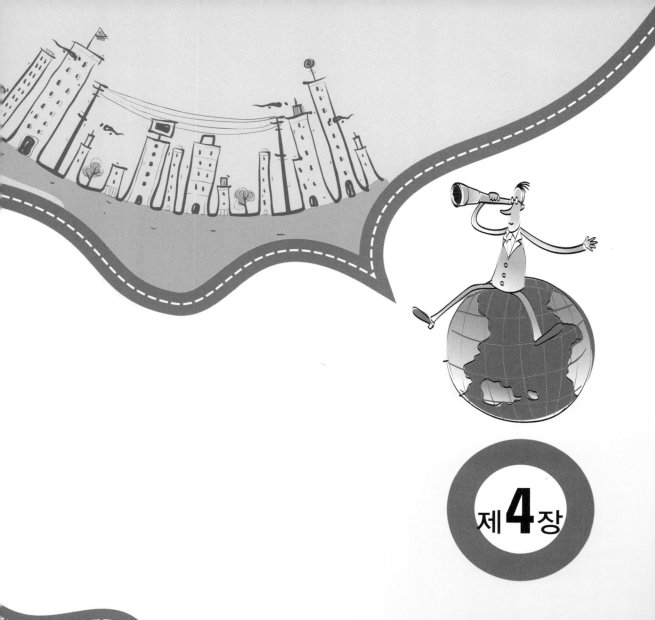

제4장

지출증명서류 수취특례

사업자와의 재화나 용역의 공급대가로 거래단위별 금액이 3만 원[11]을 초과하는 거래에 대하여는 정규영수증을 수취하여야 한다.

그러나 다음에서 설명하는 지출증명서류 수취특례 적용대상에 해당하는 경우에는 세금계산서 등 정규영수증 이외의 영수증 등 기타의 증빙서류를 수취하여도 된다.

앞서 언급된 사업자의 예외 규정으로 설명된 비영리법인 등도 법문상에서 따로 언급되어있을 뿐 납세자 입장에서 지출증명서류 수취특례와 같은 의미로 보아도 무리가 없으므로 함께 언급하여 이해를 높이도록 하고자 한다.

❶ 지출증명서류 사업자의 예외규정

① 국가 및 지방자치단체
② 수익사업을 영위하지 않는 비영리법인
③ 금융·보험업을 영위하는 법인
④ 국내사업장이 없는 외국법인
⑤ 국내사업장이 없는 비거주자
⑥ 읍·면 소재지역 간이과세자

❷ 지출증명서류의 수취특례

① 농·어민과의 거래
② 원천징수대상 사업소득자로부터 용역을 공급받은 경우
③ 항만공사가 공급하는 화물료 징수용역(법인만 해당)
④ 사업의 양도에 의하여 재화를 공급받은 경우
⑤ 방송용역을 제공받은 경우
⑥ 전기통신 용역을 공급받은 경우

---

11) 2007년까지 : 5만 원, 2008년 이후 : 3만 원

⑦ 국외에서 재화 또는 용역을 공급받은 경우
⑧ 공매·경매 또는 수용에 의하여 재화를 공급받은 경우
⑨ 토지, 주택, 주택임대용역을 공급받은 경우
⑩ 택시운송용역을 제공받은 경우
⑪ 건물, 토지 구입
⑫ 금융·보험용역을 제공받은 경우
⑬ 입장권·승차권·승선권 등을 구입하여 용역을 제공받은 경우
⑭ 항공기의 항행용역을 제공받은 경우
⑮ 임차보증금에 대한 부가가치세액을 임차인이 부담하는 경우
⑯ 지급지연 연체이자를 지급하는 경우
⑰ 한국철도공사로부터 철도의 여객운송용역을 공급받는 경우(법인만 해당)
⑱ 유료도로법에 따른 유료도로를 이용하고 통행료를 지급하는 경우(유료도로 통행료에 관한 규정은 2008년 1월 1일부터 적용됨)
⑲ 경비 등 송금명세서 제출대상 거래
　 －부동산임대용역
　 －임가공용역(법인과의 거래 제외)
　 －운송용역
　 －재활용폐자원 등
　 －상업서류 송달용역
　 －중개수수료
　 －복권판매수수료
　 －통신판매
　 －광업권, 영업권, 산업재산권 등(개인만 해당)

지출증명서류 수취특례

① 지출증명서류 수취특례 적용 대상 거래

수취특례부분은 법인세법과 소득세법에서 각각 언급하고 있으며, 이로 인하여 특례내용에 따라 법인과 개인이 적용받는 범위가 다를 수 있다.

이러한 부분에 대해서는 본문에서 상세히 다루었다.

(1) 농·어민과의 거래

농·어민(한국표준산업분류에 의한 농업 중 작물생산업, 축산업, 복합 농업, 임업 또는 어업에 종사하는 자를 말하며 법인을 제외한다)으로부터 재화, 용역을 직접 공급받는 경우 소득세가 비과세되는 작물생산업을 영위하는 농민을 제외하고는 사업자에 해당되나, 대부분 소득세 과세 미달자로 현실적으로 사업자등록을 하지 않고 있는 부분을 감안하였다.

그러나 농어민에게 직접 구입하는 경우에도 정규영수증 수취의무가 없을 뿐 일반증빙을 교부받아야 비용으로 인정받을 수 있다. 그러므로 농·어민 등의 성명·주민등록번호 등 인적사항이 기재된 일반영수증을 반드시 교부받도록 한다.

그러나 농업을 영위하는 법인은 지출증명서류 수취특례 대상이 아니므로 법인으로부터 농산물 등을 공급받는 경우에는 계산서를 교부받아야 한다. 영농조합법인 등은 면세사업자로서 계산서 교부가 가능하기 때문이다.

> **관련해석**
>
> 1. **계산서의 작성, 교부의무 여부**(법인 46012-97, 2000.1.13.)
>   ○○은행·○○은행의 단위조합 등이 농어민을 대리하여 농수산물을 출하하는 경우에는 당해 조합 등을 공급자로 하고 도매시장을 공급받는 자로 하여 도매시장법인이 계산서를 작성·교부하여야 하는 것이며, 이 경우 구 법인세법(1998.12.28. 법률 제5581호로 개정되기 전의 것) 제41조 제14항 제1호의 규정이 적용되지 아니함.
>
> 2. **농어민으로부터 재화 또는 용역을 공급받은 경우 증빙**(서삼 46015-10524, 2002.3.29.)
>   법인이 한국표준산업분류상 농업 중 축산업에 종사하는 농·어민(법인은 제외)으로부터 재화 또는 용역을 직접 공급받고 그 대가를 지급함에 있어서 법인세법 시행령

제158조 제2항 제2호의 규정에 의하여 같은 법 제116조 제2항에 규정된 계산서 등을 수취·보관하지 아니하는 경우에도 같은 법 제76조 제5항에 규정된 지출증빙가산세를 적용하지 아니함.

(2) 원천징수대상 사업소득자로부터 용역을 제공받은 경우

원천징수대상 사업소득자로부터 용역을 제공받고 그 대가를 지급하는 경우에는 사업소득세를 원천징수하고 원천징수영수증을 교부하여야 하며, 용역의 공급자가 원천징수영수증을 교부받은 경우에는 계산서를 교부한 것으로 본다(소령 §211 ⑤). 그러나 사업소득세의 원천징수를 못한 경우에는 반드시 정규영수증을 수취하여야 한다.

이는 사업소득 원천징수 대상 사업자와의 거래에만 적용되므로 사업소득 원천징수 대상자가 아닌 사업자에게 사업소득으로 원천징수를 하였다 하여 정규영수증 수취의무가 면제되지 않는다.

부가가치세법 면세규정의 "의료보건용역" 및 "면세인적용역"의 공급에서 발생하는 소득에 대하여 원천징수를 한 경우에는 지출증명서류 수취의 특례를 적용받으므로 원천징수영수증(지급명세서)을 보관하면 된다.

관련해석

1. 인터넷정보제공사이트를 통해 용역을 공급하는 경우 정규영수증 수취의무(서면 인터넷 방문상담3팀-156, 2007.1.17.)

거주자가 인터넷정보제공사이트 운영자와의 사전약정에 따라 본인이 정보를 직접 등록·게시하고 당해 사이트이용자가 지불한 이용료의 일정비율에 해당하는 금액을 사이트운영자로부터 지급받는 경우, 그 대가는 「소득세법」 제19조 제1항 제15호의 규정에 의한 사업소득에 해당하는 것이며, 원천징수의무자는 인적용역사업자에게 용역제공 대가 지급 시 「소득세법」 제127조 및 제129조의 규정에 의해 사업소득에 대한 원천징수세율 3%를 적용하여 원천징수납부를 하여야 하고, 원천징수대상 사업소득자로부터 용역을 공급받고 사업소득 원천징수한 것에 한하여 정규영수증 수취의무를 면제함.

2. 인적용역에 대해 원천징수하고 지급조서를 제출한 경우 증빙불비가산세 해당 여부
(서일 46011-11566, 2002.11.22., 서이 46012-10269, 2001.9.27.)

법인이 인적용역을 제공받고 그 대가를 지급하면서 소득세를 원천징수하고 지급조서를 관할세무서장에게 제출한 경우에는, 추후 당해 거래가 세금계산서 교부대상 거래로 확인되는 경우에도 증빙불비가산세를 적용하지 아니하는 것임.

(3) 「항만공사법」에 의한 항만공사가 공급하는 화물료 징수용역(법인세법 상에서만 규정)

법인이 항만공사법에 의한 항만공사가 공급하는 화물료 징수용역을 공급받는 경우에 적용된다.

(4) 사업의 양도(사업의 포괄양도·양수)에 의하여 재화를 공급받은 경우

부가가치세법상 재화의 공급으로 보지 아니하는 사업의 양도는 세금계산서를 교부할 수 없으므로 정규영수증 수취의무가 없다.

다만, 사업을 양수받는 자가 대가를 지급하는 때에 그 대가를 받은 자로부터 부가가치세를 징수하여 납부한 경우는 제외한다.

이 경우 부가가치세법상 사업의 포괄양도에 해당되지 않음에도 사업의 포괄 양도로 잘못 판단하여 세금계산서를 교부받지 않고 사업을 양수한 후 추후 과세관청에서 사업의 양도가 아닌 것으로 판명되면, 양도인에게는 부가가치세를 추징하고 양수인은 증빙불비가산세를 부과당할 수 있으므로 사업의 양도 시에는 그 요건에 해당하는지의 정확한 판단이 요구된다. 판단이 어려운 경우 단서조항을 이용하여 부가가치세를 납부하는 것으로 처리하여도 무방하다.

또한 정규영수증 수취의무는 없어도 사업 양수자는 인수한 자산과 부채를 장부에 계상하여야 하므로 그 내역이 있는 사업 양도계약서 및 대금 지출에 대한 기타증빙서류를 갖추어야 한다.

사업의 양도란

사업장별(「상법」에 따라 분할하거나 분할합병하는 경우에는 같은 사업장 안에서 사업부문별로 구분하는 경우를 포함한다)로 그 사업에 관한 모든 권리와 의무를 포괄적으로 승계시키는 것(「법인세법」 제46조 제2항 또는 제47조 제1항의 요건을 갖춘 분할의 경우, 「조세특례제한법」 제37조 제1항 각 호의 요건을 갖춘 자산의 포괄적 양도의 경우 및 양수자가 승계받은 사업 외에 새로운 사업의 종류를 추가하거나 사업의 종류를 변경한 경우를 포함한다)을 말한다. 이 경우 그 사업에 관한 권리와 의무 중 다음의 것을 포함하지 아니하고 승계시킨 경우에도 그 사업을 포괄적으로 승계시킨 것으로 본다.

1. 미수금에 관한 것
2. 미지급금에 관한 것

3. 해당 사업과 직접 관련이 없는 토지·건물 등에 관한 것으로서 다음의 것
 ① 사업양도자가 법인인 경우 :「법인세법 시행령」제49조 제1항에 따른 자산
 ② 사업양도자가 법인이 아닌 사업자인 경우 : ①의 자산에 준하는 자산

관련해석

사업양도 해당여부 및 사업양도의 경우 세금계산서 교부가능 여부(서면 인터넷방문상담3팀 −1462, 2007.5.14.)

사업의 양도인이 양수인에게 모든 사업시설뿐만 아니라 그 사업에 관한 일체의 인적·물적 권리와 의무를 양도하여 양도인과 동일시되는 정도로 법률상의 지위를 그대로 승계시키는 경우,「부가가치세법」제6조 제6항 제2호의 규정에 의한 재화의 공급으로 보지 아니하는 사업양도에 해당되어 2007.1.1. 이후 사업을 양도하는 분부터 세금계산서를 교부하지 아니하는 것임(현재는 단서조항 이용하여 부가세 납부가능함).

---

(5) 방송용역을 제공받은 경우

(6) 전기통신용역을 공급받은 경우

전기통신사업법에 의한 전기통신사업자로부터 전기통신용역을 제공받는 경우. 다만,「전자상거래 등에서의 소비자보호에 관한 법률」에 따른 통신판매업자가「전기통신사업법」에 따른 부가통신사업자로부터 부가통신역무를 제공받는 경우를 제외한다.

이 단서 규정은 사이버몰(인터넷쇼핑몰)을 이용한 통신판매업에 관련한 납세절차가 신설된 규정으로 2007.7.1.부터 부가통신사업자가 통신판매사업자에게 부가통신 역무를 제공할 때 세금계산서를 의무적으로 교부해야 하며, 이에 따른 정규영수증 수취의무가 부여된 것이다.

(7) 국외에서 재화 또는 용역을 공급받은 경우

국외에서 재화 또는 용역을 공급받은 경우(세관장이 세금계산서 또는 계산서를 교부한 경우를 제외한다) 정규영수증 자체가 내국법에서 규정한 것이므로 국외에서는 정규영수증 수취가 불가능하므로 형식의 제한 없이 현지의 영수증을 수취하여야 한다.

1. 국외법인 업무지원 수수료(서면2팀-2518, 2004.12.2.)

① 내국법인이 특수관계가 없는 중국법인에게 내국법인의 중국 내 시장조사 업무수행 등에 따른 업무지원 지급수수료로 매월 고정액을 지급 시, 동 지급금이 내국법인의 사업과 관련하여 발생하거나 지출된 손실 또는 비용으로서 일반적으로 용인되는 통상적인 것이거나 수익과 직접 관련된 경우, 동 지급금은 법인세법 제19조의 규정에 따라 내국법인의 각 사업연도 소득금액 계산상 이를 손금에 산입할 수 있는 것이며,

② 손금에 산입 시, 동 용역이 오로지 국외에서만 수행되고 내국법인은 이를 국외에서 제공받는 경우에는 동 거래에 대한 지출증명서류는 법인세법 제116조, 같은 법 시행령 제158조 및 같은 법 시행규칙 제79조 제4호의 규정에 따라 지출증명서류의 수취특례가 적용되어 관련 용역계약서, 지출내역이 확인되는 송장 및 외화송금영수증 등으로 증빙서류를 수취하여 보관하면 됨.

2. 해외경비 지출증빙(소득 46011-401, 1999.1.30.)

업무와 관련하여 외국인 등에게 지급한 커미션이 객관적으로 확인되는 경우에는 지급수수료로서 필요경비에 산입할 수 있는 것이며, 커미션의 지급 여부 및 그 지출증빙 등의 인정 여부는 사실판단에 관한 사항이나 그에 관련된 지출증빙 등이 객관적으로 확인될 수 있기 위하여는 외화송금 등을 통한 대금 지급이 바람직함.

3. 해외경비 원화환산방법(소득 46011-21273, 2000.10.30.)

① 사업소득의 필요경비는 소득세법 제27조 및 같은 법 시행령 제55조의 규정에 의하여 당해연도의 총수입금액에 대응하는 비용으로서 일반적으로 용인되는 통상적인 것의 합계액으로 함. 따라서 무역업을 영위하는 거주자가 해외에서 업무와 관련하여 지출한 경비는 필요경비에 산입할 수 있는 것임. 이 경우 지출증빙으로는 영수증, 계산서, 계약서 등 당해 거래사실을 객관적으로 증명할 수 있는 것이면 되며, 거래 내역을 해당 계정과목에 기록할 때에는 기업회계기준 제3조의 규정에 의하여 사업자의 실정에 따라 실용적인 방법으로 기록할 수 있음.

② 외화로 지출한 해외경비의 원화환산 시에 적용하는 환율은 당해 외화를 거래은행에서 매입할 때 실제로 적용한 환율로 환산하는 것임.

4. 수출업자와 국내사업자와의 거래관련 지출증명서류수취 및 보관의무 여부
(법인 46012-2277, 2000.11.21.)

무역업을 영위하는 법인이 국내거래처와 재화의 납품계약을 체결하고 동 국내거래처의 국외 소재 하청업체로부터 국외에서 재화를 공급받아 직접 제3국으로 수출하는 경우는 법인세법 시행규칙 제79조 제4호에 규정한 "국외에서 재화 또는 용역을 공급받는 경우"에 해당하는 것임.

5. 중계무역의 증빙(부가 46015-2244, 1993.9.13.)

재화를 수입하지 아니하고 중계무역방식에 의하여 국외에서 국외로 당해 재화를 인도 또는 양도하는 경우에 동 재화는 부가가치세법 제11조 제1항 제1호 및 동 법 시행령 제24조 제1항의 규정에 의하여 수출하는 재화의 범위에 포함되지 아니하는 것임.

6. 위탁가공무역의 증빙(부가 46015-3916, 2000.11.28.)

사업자가 위탁가공을 위하여 내국물품인 원자재를 국외로 수탁가공업자에게 무환수 출한 후 현지에서 제3국으로 수출하는 위탁가공무역의 경우, 당해 원자재에 대하여는 영세율이 적용되고 공급시기는 원자재의 선적일이 되는 것이며 국외에서 이루어지는 재화의 공급에 대하여는 부가가치세의 과세대상이 되지 않는 바, 영세율 적용 여지가 없는 것임.

7. 국내사업장 없는 외국선박회사(법인 46012-2350, 2000.12.8.)

법인이 국내사업장이 없는 외국선박회사로부터 외국항행용역을 제공받은 경우에는 법인세법 시행규칙 제79조 제4호에 규정한 "국외에서 재화 또는 용역을 공급받는 경우" 에 해당하는 것으로 같은 법 제76조 제5항의 가산세를 적용하지 아니함.

8. 해외여비의 필요경비 산입기준(소통칙 27-55…23)

사업자 또는 종업원의 해외여행에 관련하여 지급하는 여비는 그 해외여행이 당해 사업의 업무 수행상 통상 필요하다고 인정되는 부분의 금액에 한함. 따라서 사업의 업무 수행상 필요하다고 인정되지 아니하는 해외여행의 여비와 당해 사업의 업무수행상 필요하다고 인정되는 금액을 초과하는 부분의 금액은 원칙적으로 사업자에 대하여는 출자금의 인출로 하며 종업원에 대하여는 당해 종업원의 급여로 함. 다만, 그 해외여행이 여행기간의 거의 전 기간을 통하여 분명히 당해 사업의 업무 수행상 필요하다고 인정되는 경우에는, 그 해외여행을 위해 지급하는 여비는 사회통념상 합리적인 기준에 의하여 계산하고 또한 부당하게 다액이 아니라고 인정되는 한 전액을 당해 사업의 필요경비로 함.

9. 업무수행상 필요한 해외여행의 판정(소통칙 27-55…24)

① 사업자 또는 종업원의 해외여행이 사업상 필요한 것인가는 그 여행의 목적・여행 지・여행경로・여행기간 등을 참작하여 판정함. 다만, 다음 각 호의 1에 해당하는 여행은 원칙적으로 당해 사업의 업무 수행상 필요한 해외여행으로 보지 아니함.
　　1. 관광여행의 허가를 얻어 행하는 여행
　　2. 여행알선업자 등이 행하는 단체여행에 응모하여 행하는 여행
　　3. 동업자단체・기타 이에 준하는 단체가 주최하여 행하는 단체여행으로서 주로 관광목적이라고 인정되는 것

② 사업자 또는 종업원의 해외여행이 제1항 각 호에 해당하는 경우에도 그 해외여행 기간 중에 있어서의 여행지, 수행한 업무의 내용 등으로 보아 사업과 직접 관련이 있는 것이 있다고 인정되는 때에는 그 여비 가운데 당해 사업에 직접 관련 있는 부분에 직접 소요된 비용(왕복 교통비는 제외한다)은 여비로서 필요경비에 산입함.

10. 해외여행 동반자의 여비처리(소통칙 27–55…25)

사업자 또는 종업원의 업무 수행상 필요하다고 인정되는 해외여행에 그 친족 또는 그 업무에 상시 종사하고 있지 아니하는 자를 동반한 경우에 그 동반자와의 여비를 사업자가 부담하는 때에는 그 여비는 사업자에 대하여는 출자금의 인출로 하며 종업원에 대하여는 당해 종업원의 급여로 함. 다만, 그 동반이 다음 각 호의 1에 해당되는 경우와 같이 해외여행의 목적을 달성하기 위하여 필요한 동반이라고 인정되는 때에는 그러하지 아니함.

1. 사업자 또는 종업원이 상시 보좌를 필요로 하는 신체장애인인 경우
2. 국제회의의 참석 등에 배우자를 필수적으로 동반하도록 하는 경우
3. 그 여행의 목적을 수행하기 위하여 외국어에 능숙한 자 또는 고도의 전문적 지식을 갖춘 자를 필요로 하는 경우에 그러한 적임자가 종업원 가운데 없기 때문에 임시로 위촉한 자를 동반하는 경우

11. 해외여비의 용인범위(소통칙 27–55…26)

사업자 또는 종업원의 해외여행에 있어서 그 해외여행기간에 걸쳐 당해 사업의 업무 수행상 필요하다고 인정되는 여행과 인정할 수 없는 여행을 겸한 때에는, 그 여행기간의 비율에 의해 안분하여 업무 수행과 관련 없는 여비는 이를 사업자에 대하여는 출자금의 인출로 하며 종업원의 여비는 당해 종업원의 급여로 함. 이 경우 해외여행의 직접 동기가 특정의 거래처와의 상담·계약의 체결 등 업무 수행을 위한 것인 때에는 그 해외여행을 기회로 관광을 병행할 경우에도 왕복교통비(당해 거래처의 소재지 등 그 업무를 수행하는 장소까지의 것에 한함)는 업무수행에 관련된 것으로 봄.

(8) 공매, 경매, 수용

공매, 경매 또는 수용에 의하여 재화를 공급받는 경우 부가가치세의 과세대상으로 보지 아니하므로 정규영수증 수취의무가 없다.

관련해석

경매 시 증빙(재경부 소비 46015-56, 2003.3.3.)

① 사업자의 사업용 자산이 법원의 경매에 의하여 공급되는 경우로서 당해 자산을 감정
평가가액에 의하여 경매하고 부가가치세에 대하여 별도의 언급이 없는 경우 경락가액
에 부가가치세는 포함되지 아니한 것으로 보는 것이며, 이 경우 경매자산의 소유자인
사업자가 당해 재화의 경락가액을 공급대가 또는 공급가액으로 보아 세금계산서를 교
부한 때에 이를 교부받은 경락자는 자기의 매출세액에서 매입세액으로 공제받을 수
없는 것임.

② 그러나, 사업용 자산을 경매함에 있어서 법원이 경매공고 시 부가가치세를 별도로 공
고하여 거래징수하고 법원 또는 사업자가 세금계산서를 교부한 경우로서 당해 경매자
산이 경락받은 사업자의 과세사업에 사용되는 경우, 당해 매입세액은 부가가치세법
제17조 제1항의 규정에 의하여 매출세액에서 공제받을 수 있는 것임.

③ 이 해석은 이 해석의 시행일 이후 경매에 의하여 최초로 공급하거나 공급받는 분부터
적용함.

(9) 토지, 주택 및 주택임대용역

토지 또는 주택을 구입하거나 주택의 임대업을 영위하는 자(법인을 제외한다)로부
터 주택임대용역을 공급받은 경우 정규영수증 수취의무가 없다.

① 토지와 주택은 매매 시 소유권이전등기로 세원누락의 여지가 없으며

② 주택임대용역은 부가세가 면제되며, 대부분의 개인사업자가 사업자등록을 하지
않고 있는 현실을 반영했다. 단, 주택임대업자가 법인의 경우 사업자등록을 갖고있으며
계산서 발행대상이므로 정규영수증을 수취하여야 한다.

(10) 택시운송용역

택시운송용역을 제공받은 경우 정규영수증 수취의무가 없으므로 일반영수증을 수취
하면 된다. 최근에는 택시 내 신용카드단말기의 보급으로 신용카드 결제를 이용하여
정규영수증을 수취하기가 용이해졌다.

(11) 건물 및 부속토지

건물(토지를 함께 공급받은 경우에는 당해 토지를 포함하며, 주택을 제외한다)을 구

입하는 경우로서 거래내용이 확인되는 매매계약서 사본을 종합소득세 확정신고서와 법인세과세표준신고서에 첨부하여 납세지 관할세무서장에게 제출하는 경우 정규영수증 수취의무가 없다.

그러나 부가가치세법상 사업자로부터 건물과 토지를 양수하는 경우 건물부분에 대해서는 사업양수도가 아닌 경우 세금계산서를 발급받아야 한다.

관련해석

건물을 공급받고 증빙서류를 수취하지 아니한 경우(서면2팀-1810, 2005.11.9.)

법인이 사업과 관련하여 법인으로부터 상가건물을 공급받고 법인세법 제116조 제2항 각 호의 1에 규정하는 세금계산서 등 증빙서류를 수취하지 아니한 경우에는 동 금액에 대하여 같은 법 제76조 제5항에 규정된 지출증빙미수취가산세가 적용되는 것임.

(12) 금융, 보험용역

금융, 보험용역을 제공받은 경우 정규영수증 수취의무가 없다.

다만, 수수료 등의 경우 통장사본, 보험증서 등 거래사실을 입증할 수 있는 정규영수증 등 기타증빙을 구비하여야 한다.

(13) 항공기 항행용역

항공기의 항행용역을 제공받은 경우 국내, 국제선 모두 정규영수증 수취의무가 없다.

관련해석

1. **국제운송용역**(서면 인터넷방문상담3팀-666, 2005.5.13.)

   국제복합운송용역과는 별도로 국내에서 국내로 화물운송용역을 제공하는 경우에 당해 국내운송용역에 대하여는 일반 세금계산서를 교부하여야 함.

2. **국제복합운송**(재정경제부 소비세제과-213, 2004.2.25.)

   ① 운송주선업자가 국제복합운송계약에 의하여 화주로부터 화물을 인수하고 자기의 책임과 계산하에 당해 국제복합운송용역 중 일부를 다른 복합운송주선업자에게 위탁하여 화물을 운송하고 화주로부터 그 대가를 받는 경우 당해 국제복합운송용역은 부가가치세법 시행령 제25조 제2항의 규정에 의한 외국항행용역에 포함됨.

   ② 운송주선업자가 국제복합운송계약에 의하여 국내출발지부터 도착지까지의 운송용역

을 하나의 용역으로 연결하여 국제간의 화물을 운송하여 주고 화주로부터 그 대가를 받는 경우에는 부가가치세법 제16조 제1항의 규정에 의하여 영세율세금계산서를 교부하는 것이나, 국제복합운송용역과는 별도로 국내에서 국내로 화물운송용역을 제공하는 경우에 당해 국내운송용역에 대하여는 일반세금계산서를 교부하여야 함.

3. 국제복합운송(재정경제부 소비-169, 2000.6.2.)

운송주선업을 영위하는 사업자가 국제복합운송계약에 의하여 화주로부터 화물을 인수하고 타인의 운송수단을 이용하여 화주에 대하여는 자기책임과 계산하에 외국으로 화물을 운송해 주고 화주로부터 받는 대가는 부가가치세법 제11조 제1항의 규정에 의한 외국항행용역에 해당하는 것임.

(14) 간주임대료 부가가치세

부동산임대용역을 제공받은 경우로서 전세금 또는 임대보증금에 대한 부가가치세액을 임차인이 부담하는 경우 임대인이 세금계산서를 발행할 수 없으므로 정규영수증 수취의무가 없다.

(15) 연체이자

재화공급계약·용역제공계약 등에 의하여 확정된 대가의 지급지연으로 인하여 연체이자를 지급하는 경우 정규영수증 수취의무가 없다.

연체이자는 재화나 용역의 공급이 아니기 때문에 정규영수증을 발행할 수 없으므로 정규영수증 수취의무가 없는 것이다.

(16) 철도여객운송용역(법인세법상에서만 규정)

「한국철도공사법」에 의한 한국철도공사로부터 철도의 여객운송용역을 공급받는 경우 법인의 경우 정규영수증 수취의무가 없다.

(17) 유료도로통행료

「유료도로법」에 따른 유료도로를 이용하고 통행료를 지급하는 경우 정규영수증 수취의무가 없다.

② 경비 등 송금명세서를 제출해야 지출증빙수취 특례가 적용되는 경우

다음 중 하나에 해당하는 경우로 공급받은 재화 또는 용역의 거래금액을 금융기관을 통하여 지급한 경우로서 종합소득세과세표준확정신고서 및 법인세과세표준신고서에 송금사실을 기재한 "경비 등의 송금명세서"를 첨부하여 납세지 관할세무서장에게 제출하는 경우 정규영수증 수취의무가 없다.

(1) 간이과세자로부터 부동산임대용역을 제공받는 경우

간이과세자는 현실적으로 신용카드 가맹을 하지 않으며, 세금계산서를 교부할 수 없는 점을 감안한 것으로 임대인이 간이과세자인 경우 금융기관을 통하여 송금하고 경비 등 송금명세서를 제출하는 경우 정규영수증 수취의무가 없다.

> **관련해석**
>
> 1. **미등록 사업자와의 거래**(서면 인터넷방문상담2팀 – 859, 2007.5.7., 법인 46012 – 199, 2000.1.20.)
>
>   미등록 사업자로부터 부동산 임대용역을 공급받는 경우에도 법인세법 제116조 제2항의 규정에 의한 지출증빙(다만, 부가가치세법 제25조의 규정에 의한 간이과세자 또는 과세특례자에 해당하는 임대사업자로부터 부동산 임대용역을 공급받는 경우에는 법인세법 시행규칙 제79조 제10호의 규정에 의한 경비 등의 송금명세서에 의할 수 있음)의 수취대상에서 제외되는 것이 아니며, 주택의 임대업을 영위하는 자(법인을 제외한다)로부터 주택임대용역을 공급받은 경우에는 법인세법 시행규칙 제79조 제6호의 규정에 따라 정규지출증빙을 수취하지 않아도 되는 것임.
>
> 2. **간이과세자의 부동산 임대용역**(제도 46011 – 11294, 2001.6.1.)
>
>   부가가치세법 제25조의 규정을 적용받는 간이과세자로부터 부동산임대용역을 공급받은 경우에 그 거래금액을 금융기관을 통하여 지급하고 과세표준확정신고서에 그 송금명세서를 첨부하여 관할세무서장에게 제출한 경우에는 소득세법 제81조 제8항 단서 및 소득세법 시행규칙 제95조의 2 제9호의 규정에 의하여 증빙불비가산세를 적용하지 아니함.

(2) 임가공용역을 제공받는 경우(법인과의 거래 제외)

개인사업자로부터 임가공용역을 제공받는 경우이며, 간이과세자와 일반과세자가 모두 포함된다. 그러나 법인으로부터 임가공용역을 제공받는 경우에는 반드시 정규영수증을 수취하여야 한다.

관련해석

1. 가정주부의 임가공용역(법인 46012-77, 2000.1.11.)

법인이 가정주부로부터 소득세법 기본통칙 14-1에 해당하는 가내부업적인 용역을 제공받고 소득세법 제14조 제3항 제2호에 해당하는 대가를 지급하는 경우에는 법인세법 제116조 제2항의 지출증명서류 수취대상에서 제외되는 것임.

2. 미등록사업자와의 거래(소득 46011-543, 1999.12.28.)

복식부기의무자가 사업자(미등록자 포함)로부터 임가공용역을 공급받은 경우(법인 및 부가가치세법 제3조의 규정에 의한 일반과세자와의 거래를 제외한다) 공급받은 재화 또는 용역의 거래금액을 금융실명거래 및 비밀보장에 관한 법률 제2조 제1호의 규정에 의한 금융기관을 통하여 지급한 경우로서, 과세표준확정신고서에 송금사실을 기재한 경비 등의 송금명세서를 첨부하여 납세지 관할세무서장에게 제출하는 경우에는 소득세법 제81조 제8항의 규정에 의한 증빙불비가산세를 적용하지 아니하는 것임.

3. 임가공용역의 범위(건설업의 외주비)(서면 인터넷방문상담1팀-873, 2007.6.25.)

「소득세법 시행규칙」 제95조의 2 제9호 나목의 지출증빙 특례가 적용되는 임가공용역에는 건설업의 외주(용역)비는 포함되지 아니하며, 소득세법 기본통칙 14-1에 따른 가내부업으로서의 임가공용역대가는 일용근로자의 급여로 보는 것이므로 동 일용노무비 지급에 대해서는 같은 법 제70조 제4항 제5호의 "영수증수취명세서" 또는 같은 법 시행규칙 제95조의 2 제9호의 "송금명세서"를 제출하지 않아도 되는 것임.

---

(3) 간이과세자로부터 제공받는 운송용역

운수업을 영위하는 간이과세 사업자가 제공하는 운송용역을 공급받은 경우(택시운송용역 제외)

1. 대금지급을 송금 외의 방법으로 한 경우(법인 46012-2393, 2000.12.16.)

법인이 운수업을 운영하는 자(부가가치세법 제25조의 규정을 적용받는 사업자에 한함)로부터 운송용역을 제공받고 그 대가를 금융실명거래 및 비밀보장에 관한 법률에 의한 금융기관을 통하여 지급한 경우로서, 법인세법 제60조의 규정에 의한 법인세과 세표준신고서에 송금사실을 기재한 경비 등의 송금명세서를 첨부하여 납세지 관할세무서장에게 제출하는 경우에는 같은 법 제116조 제2항의 규정 및 같은 법 제76조 제5항의 규정을 적용하지 아니하는 것이나, 귀 질의의 경우와 같이 동 대가의 지급을 은행송금의 방법에 의하지 아니함으로써 경비 등의 송금명세서를 작성·제출하지 아니하는 경우에는 그러하지 아니함.

2. 셔틀버스 운영(소득 46011-380, 2000.3.22.)

학원을 운영하는 사업자가 개인 셔틀버스 운영업자(부가가치세법 제25조의 규정에 의한 간이과세자 또는 과세특례자에 한함)와 용역계약을 체결하여 학원생들을 수송하게 하는 경우 용역대가를 금융기관을 통하여 지급하고 과세표준확정신고서에 송금명세서를 첨부하여 제출하는 때에는 소득세법 시행규칙 제95조의 2 제9호 다목의 규정에 의하여 증빙불비가산세가 적용되지 아니함.

(4) 간이과세자로부터 제공받는 재활용폐자원 등

간이과세자로부터 재활용폐자원 등이나 재활용가능자원을 공급받은 경우

 참고

1. 재활용폐자원(조세특례제한법 시행령 제110조 제4항)

가. 고철

나. 폐지

다. 폐유리

라. 폐합성수지

마. 폐합성고무

바. 폐금속캔

사. 폐건전지

아. 폐비철금속류

자. 폐타이어

차. 폐섬유

카. 폐유

2. 재활용가능자원(자원의 절약과 재활용촉진에 관한 법률 제2조 제2호)

사용되었거나 사용되지 아니하고 버려진 후 수거(收去)된 물건과 부산물(副産物) 중 재사용·재생이용할 수 있는 것[회수할 수 있는 에너지와 폐열(廢熱)을 포함하되, 방사성물질과 방사성물질로 오염된 물질은 제외한다]을 말한다.

(자원의 절약과 재활용촉진에 관한 법률 시행규칙 별표 1 제1호 내지 제9호)

1. 다음 각 목에 해당하는 재활용가능자원을 주원료로 하여 제조한 제품
    가. 폐금속류
    나. 폐산·폐알칼리
    다. 폐유기용제
    라. 폐섬유
    마. 하수·폐수처리 오니
    바. 공정 오니
    사. 육가공 잔재물
    아. 수산물가공 잔재물
    자. 가죽가공 잔재물
    차. 식물성 잔재물
    카. 폐유(폐윤활유를 포함한다)
    타. 폐내화물 및 도자기 편류
    파. 건설폐자재(토사, 콘크리트, 아스팔트 콘크리트 및 벽돌을 포함한다)
    하. 폐전지류
    거. 폐석고류
    너. 폐석회류
2. 폐지를 사용하여 제조한 재생종이, 재생판지 외
3. 폐목재를 일정기준 이상 사용하여 제조한 나무판제품
4. 폐플라스틱을 일정기준 이상 사용하여 제조한 성형제품, 재생원료 외
5. 폐고무를 사용하여 제조한 재생타이어 및 폐타이어, 고무분말 외
6. 고로슬래그, 석탄재, 광재, 분진, 연소재, 석분오니, 소각 잔재물 또는 폐주물사를 사용하여 제조한 일정 제품
7. 폐유리를 일정기준 이상 사용하여 제조한 유색병 및 무색병, 건축자재
8. 유기성 폐기물을 주원료로 하여 제조한 사료, 비료 또는 퇴비 등의 제품
9. 폐식용유를 사용하여 제조한 비누제품, 일정한 유류

재활용가능자원매입의 증빙(소득 46011−477, 2000.4.22.)

복식부기의무자가 사업과 관련하여 사업자로부터 재화 또는 용역을 공급받고 소득세법 제160조의 2 제2항에 해당하는 증빙서류 외의 증빙을 수취한 경우에, 같은 법 제81조 제8항에 의하여 증빙불비가산세가 적용되는 것이므로 사업자가 아닌 자로부터 재화 등을 공급받는 경우에는 증빙불비가산세가 적용되지 아니함.

부가가치세법 제25조의 규정을 적용받는 사업자로부터 재활용가능자원을 공급받고 그 거래금액을 금융기관을 통하여 지급한 경우로서, 과세표준확정신고서에 송금사실을 기재한 경비 등의 송금명세서(국세청 고시 제99−43호)를 첨부하여 납세지 관할 세무서장에게 제출하는 경우에는 소득세법 시행규칙 제95조의 2 제9호 라목의 규정에 의하여 증빙불비가산세가 적용되지 아니함.

(5) 항공에 의한 서류송달용역

항공법에 의한 상업서류송달용역을 제공받는 경우

(6) 부동산중개수수료

사업자가 부동산중개업법에 따른 중개업자에게 수수료를 지급하는 경우

1. 중개수수료에 대한 지출증빙(서면 인터넷방문상담2팀−1990, 2006.10.2.)

내국법인이 부동산을 매도하고 「부동산중개업법」에 의한 중개업자에게 수수료를 지급하는 경우 「법인세법」 제116조 제2항 각 호의 1에 해당하는 증빙서류를 수취하여 보관하여야 하나, 법인세법 시행규칙 제79조[지출증명서류의 수취 특례]가 적용되는 것임.

2. 부동산 중개업자의 범위(서이 46012−11285, 2003.7.8.)

법인세법 시행규칙 제79조 제10호 바목의 규정을 적용함에 있어 "부동산중개업법에 의한 중개업자"의 범위에는 법인과 부가가치세법상 개인사업자를 포함하는 것임.

(7) 복권판매수수료

복권 및 복권기금법에 의한 복권사업자가 복권을 판매하는 자에게 수수료를 지급하는 경우

(8) 인터넷, PC통신 및 TV홈쇼핑

인터넷 쇼핑몰이나 PC 또는 TV홈쇼핑 등을 통하여 물품을 구입하는 경우 신용카드와 무통장입금 등의 방법으로 결제를 하게 된다. 이때 신용카드영수증이나 현금영수증 발급을 받은 경우는 정규영수증을 받은 것이고, 이러한 영수증을 받지 못한 경우라면 경비 등 송금명세서를 제출하면 된다.

(9) 우편송달에 의한 주문판매

우체국의 우편송달에 의한 주문판매를 통하여 재화를 공급받는 경우

(10) 영업권·산업재산권 등(개인만 해당)

개인사업자가 광업권, 어업권, 산업재산권, 산업정보, 산업상 비밀, 상표권, 영업권, 토사석의 채취허가에 따른 권리, 지하수의 개발·이용권 그 밖에 이와 유사한 자산이나 권리를 공급받는 경우 송금한 사실을 기재한 증빙 등의 송금명세서를 제출한 경우 정규영수증 외 영수증 등으로 수취하여도 된다. 단, 법인은 해당되지 아니한다.

[별지 제7호의 2 서식] (2021. 3. 16. 개정)

경비 등의 송금명세서

(앞쪽)

1. 과세기간　　　　．　．　～　　．　．

2. 공급받는 자

① 상 호	② 사업자등록번호
③ 성 명	④ 주민등록번호

3. 거래·송금명세 및 공급자

⑤ 일련 번호	⑥ 거래일	⑦ 상 호 ⑧ 성 명	⑨ 사 업 자 등록번호	⑩ 거래명세	⑪ 거래금액	⑫ 송금일	⑬ 은 행 명 ⑭ 계좌번호
계							

210mm×297mm[백상지 80g/㎡ 또는 중질지 80g/㎡]

작 성 방 법

1. 이 명세서의 작성대상은 아래와 같습니다.
   가. 사업소득이 있는 거주자가 「소득세법 시행령」 제83조 제3항 제2호에 따라 농·어민(한국표준산업분류에 따른 농업 중 작물재배업·축산업·복합농업, 임업 또는 어업에 종사하는 자를 말하며, 법인은 제외합니다)으로부터 직접 재화를 공급받는 경우 금융회사 등을 통하여 그 대가를 지급하는 거래에 대하여 작성합니다.
   나. 사업소득이 있는 자가 사업과 관련하여 사업자(법인을 포함한다)로부터 재화 또는 용역을 공급받고 그 대가를 지출하는 경우로서, 거래금액을 「소득세법 시행규칙」 제95조의 3 제9호에 따라 금융회사 등을 통하여 지급하는 다음의 거래에 대하여 작성합니다.

구 분	내 용
①	「부가가치세법」 제61조를 적용받는 사업자로부터 부동산임대용역을 제공받은 경우
②	임가공용역을 제공받은 경우(법인과의 거래는 제외합니다)
③	운수업을 경영하는 자(「부가가치세법」 제61조를 적용받는 사업자로 한정합니다)가 제공하는 운송용역을 공급받은 경우(택시운송용역을 공급받는 경우는 제외합니다)
④	「부가가치세법」 제61조를 적용받는 사업자로부터 「조세특례제한법 시행령」 제110조 제4항 각 호에 따른 재활용폐자원등이나 「자원의 절약과 재활용촉진에 관한 법률」 제2조 제2호에 따른 재활용가능자원(같은 법 시행규칙 별표 1 제1호부터 제9호까지에 열거된 것으로 한정합니다)을 공급받은 경우
⑤	광업권, 어업권, 산업재산권, 산업정보, 산업상비밀, 상표권, 영업권, 토사석의 채취허가에 따른 권리, 지하수의 개발·이용권과 그 밖에 이와 유사한 자산이나 권리를 공급받는 경우
⑥	「항공법」에 따른 상업서류 송달용역을 제공받는 경우
⑦	「공인중개사의 업무 및 부동산 거래신고에 관한 법률」에 따른 중개업자에게 수수료를 지급하는 경우
⑧	「전자상거래 등에서의 소비자보호에 관한 법률」 제2조 제2호 본문에 따른 통신판매에 따라 재화 또는 용역을 공급받은 경우

2. '3. 거래·송금명세 및 공급자'는 거래일 순으로 거래상대방의 인적사항과 거래명세 등을 적습니다.
3. ⑩란은 공급받은 재화 또는 용역의 품명, 내용 등을 적습니다.
4. ⑭란은 무통장입금, 계좌자동이체, 지로송금 시 거래상대방의 계좌번호 또는 지로번호를 적습니다.

210mm×297mm[백상지 80g/㎡ 또는 중질지 80g/㎡]

사 업 연 도	． ． ． ~ ． ． ．	지출증명서류 합계표 [　]일반법인, [　]금융 · 보험 · 증권업 법인	법 인 명	
			사업자등록번호	

1. 표준재무상태표 계정과목별 지출증명서류 수취금액

계정과목			지출증명서류 수취금액						⑩ 수취 제외 대상 금액	⑪ 차이 (③-④- ⑩)
① 코 드	② 과목명	③ 금액	④ 계 (⑤+⑥+⑦ +⑧+⑨)	신용카드 등		⑦ 현금 영수증	⑧ 세금 계산서	⑨ 계산서		
				⑤ 법인	⑥ 개인					
⑫ 소　계										

2. 표준손익계산서 계정과목별 지출증명서류 수취금액

계정과목			지출증명서류 수취금액						㉒ 수취 제외 대상 금액	㉓ 차이 (⑮-⑯- ㉒)
⑬ 코 드	⑭ 과목명	⑮ 금액	⑯ 계 (⑰+⑱ +⑲+⑳+㉑)	신용카드 등		⑲ 현금 영수증	⑳ 세금 계산서	㉑ 계산서		
				⑰ 법인	⑱ 개인					
㉔ 소　계										

3. 표준손익계산서부속명세서(제조 · 공사원가 등) 계정과목별 지출증명서류 수취금액

계정과목				지출증명서류 수취금액						㉟ 수취 제외 대상 금액	㊱ 차이 (㉘-㉙- ㉟)
㉕ 구 분	㉖ 코드	㉗ 과목명	㉘ 금액	㉙ 계 (㉚+㉛+㉜+ ㉝+㉞)	신용카드 등		㉜ 현금 영수증	㉝ 세금 계산서	㉞ 계산서		
					㉚ 법인	㉛ 개인					
㊲ 소　계											

4. 합계금액

㊳ 합　계(1+2+3)										

210mm×297mm[백상지 80g/㎡ 또는 중질지 80g/㎡]

※ 직전 사업연도의 수입금액이 30억 원(사업연도가 1년 미만인 법인의 경우 30억 원에 해당 사업연 도의 월수를 곱하고 12로 나누어 산출한 금액) 이상으로서 지출증명서류를 수취하여 보관한 법인 은 지출증명서류 합계표를 작성하여 보관해야 한다. (수입금액 기준 20억 원에서 30억 원으로 2021.2.17. 개정)

(뒤쪽)

작 성 방 법

※ 각 사업연도에 계상한 자산·비용 중 지출증명서류 수취대상 거래가 있는 계정의 금액에서 법인세법 제 116조 제2항에 따른 지출증명서류 수취금액을 공제한 차이금액을 작성해야 합니다.

1. 표준재무상태표 계정과목별 지출증명서류 수취금액

   가. 해당 사업연도에 계상한 자산에 대하여 작성합니다.

   나. 계정과목(① ~ ③란) : 해당 사업연도에 추가로 계상한 자산에 대하여 표준재무상태표(별지 제3호의2 서식)의 각 계정과목별 코드, 계정과목명, 금액(해당 사업연도 취득금액)을 적습니다.

   다. 지출증명서류 수취금액(④ ~ ⑨란) : 각 계정과목별로 신용카드 매출전표등「법인세법」제116조 제2항 각 호의 지출증명서류 수취금액을 적습니다. 다만, 개인 신용카드 등(⑥)의 경우에는 법인 업무용으로 사 용된 것으로「법인세법」상 인정되는 것에 한정하여 적습니다.

   라. 수취 제외대상금액(⑩란) : 지출증명서류 수취대상 거래가 아닌 유가증권, 대여금, 이자비용 등 관련 거래금액을 적습니다. (⑫,㉟ 동일)

2. 표준손익계산서 계정과목별 지출증명서류 수취금액

   가. 해당 사업연도에 계상한 비용에 대하여 작성합니다.

   나. 계정과목(⑬~⑮란) : 해당 사업연도에 계상한 비용에 대하여 표준손익계산서(별지 제3호의 3 서식) 의 각 계정과목별 코드, 계정과목명, 금액(손익계산서 금액)을 적습니다.

   다. 지출증명서류 수취금액(⑯~㉑란) : 각 계정과목별로 신용카드 매출전표등「법인세법」제116조 제2항 각 호의 지출증명서류 수취금액을 적습니다. 다만, 개인 신용카드 등(⑱)의 경우에는 법인 업무용으로 사용 된 것으로「법인세법」상 인정되는 것에 한정하여 적습니다.

   라. 표준손익계산서(일반법인용)의 당기총원가(코드 44)의 경우 표준손익계산서 부속명세서 각 계정과목 별로 "3.표준손익계산서 부속명세서 계정과목별 지출증명서류 수취금액"에 적습니다.

3. 표준손익계산서 부속명세서 계정과목별 지출증명서류 수취금액

   가. 해당 사업연도에 계상한 비용에 대하여 작성합니다.

   나. 구분(㉕란) : 해당 부속명세서에 따라 아래의 코드를 적습니다.

구분	제조	공사	임대	분양	운송	기타
코드	41	42	43	44	45	46

   다. 계정과목(㉕~㉘란) : 해당 사업연도에 계상한 비용에 대하여 "부속명세서[별지 제3호의 3 (3)서 식]"의 각 계정과목별 코드, 계정과목명, 금액(부속명세서 금액)을 적습니다.

   라. 지출증명서류 수취금액(㉙~㉞란) : 각 계정과목별로 신용카드 매출전표등「법인세법」제116조 제2항 각 호의 지출증명서류 수취금액을 적습니다. 다만, 개인 신용카드 등(㉛)의 경우에는 법인 업무용으로 사용된 것으로「법인세법」상 인정되는 것에 한정하여 적습니다.

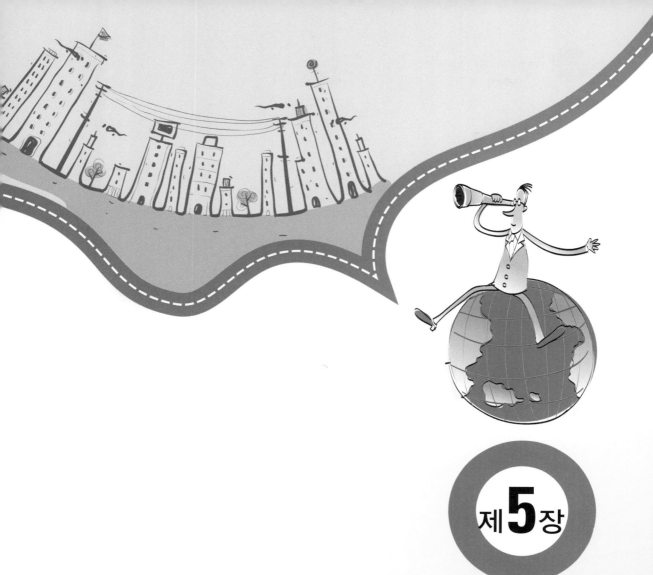

제**5**장

원천징수와 증명서류

　원천징수제도란 본래의 납세의무자(종업원 등)가 자신의 세금을 직접 납부하게 하지 않고, 소득을 지급하는 자(대표자, 사용자) 즉, 원천징수의무자(세법에 규정)가 일정액을 징수하여 국가에 납부하는 제도이다. 원천징수하여야 할 소득에는 거주자에 대해서는 소득세법상 이자소득, 배당소득, 사업소득, 근로소득, 연금소득, 기타소득, 퇴직소득과 봉사료 수입금액, 금융투자소득(2025년 1월 1일 이후 발생하는 소득분부터 적용), 법인세법상 이자소득, 배당소득이 있다.

❶ 원천징수시기

(1) 원칙

　원천징수대상 소득금액 또는 수입금액을 지급하는 때 원천징수를 한다.

　원천징수의무자는 그 징수일이 속하는 달(금융투자소득의 경우 해당 과세기간의 반기 중에 금융계좌가 해지된 경우에는 그 반기 종료일이 속하는 달)의 다음 달 10일까지 원천징수이행상황신고서를 작성하여 홈택스 또는 우편 등으로 관할세무서장에게 제출하고, 원천징수세액을 금융회사 등에 납부하여야 한다.

　① 이자소득, 배당소득 : 이자, 배당 지급 시에 원천징수

　② 근로소득, 퇴직소득 : 급여, 퇴직금 등을 지급 시에 원천징수

　③ 일용근로소득 : 일당 지급 시에 원천징수

　④ 기타소득 : 원고료, 강연료 등 지급 시에 원천징수

　⑤ 사업소득 : 인적용역자 등 용역비 지급 시에 원천징수

　⑥ 금융투자소득 : 해당 과세기간의 반기 종료일(반기 중 계좌를 해지한 경우 계좌해지일)에 원천징수

(2) 지급시기 의제

원천징수는 수입금액 또는 소득금액을 지급한 시기에 이루어지는 것이다. 다만, 다음의 경우에는 수입금액 등을 지급하지 아니한 경우에도 지급한 것으로 보아 원천징수하여야 한다. 각 소득별로 해당 조문은 아래와 같다.

1) 배당소득 원천징수 특례(소법 §131)

① 법인이 이익 또는 잉여금의 처분에 따른 배당 또는 분배금을 그 처분을 결정한 날부터 3개월이 되는 날까지 지급하지 아니한 경우에는 그 3개월이 되는 날에 그 배당소득을 지급한 것으로 보아 소득세를 원천징수한다. 다만, 11월 1일부터 12월 31일까지의 사이에 결정된 처분에 따라 다음 연도 2월 말일까지 배당소득을 지급하지 아니한 경우에는 그 처분을 결정한 날이 속하는 과세기간의 다음 연도 2월 말일에 그 배당소득을 지급한 것으로 보아 소득세를 원천징수한다.

② 「법인세법」 제67조에 따라 처분되는 배당에 대하여는 다음 각 호의 어느 하나에 해당하는 날에 그 배당소득을 지급한 것으로 보아 소득세를 원천징수한다.

   1. 법인세 과세표준을 결정 또는 경정하는 경우 : 대통령령으로 정하는 소득금액 변동통지서를 받은 날

   2. 법인세 과세표준을 신고하는 경우 : 그 신고일 또는 수정신고일

2) 근로소득 원천징수 특례(소법 §135)

① 근로소득을 지급하여야 할 원천징수의무자가 1월부터 11월까지의 근로소득을 해당 과세기간의 12월 31일까지 지급하지 아니한 경우에는 그 근로소득을 12월 31일에 지급한 것으로 보아 소득세를 원천징수한다.

② 원천징수의무자가 12월분의 근로소득을 다음 연도 2월 말일까지 지급하지 아니한 경우에는 그 근로소득을 다음 연도 2월 말일에 지급한 것으로 보아 소득세를 원천징수한다.

③ 법인이 이익 또는 잉여금의 처분에 따라 지급하여야 할 상여를 그 처분을 결정한 날부터 3개월이 되는 날까지 지급하지 아니한 경우에는 그 3개월이 되는 날에 그 상여를 지급한 것으로 보아 소득세를 원천징수한다. 다만, 그 처분이 11월 1일부터 12월 31일까지의 사이에 결정된 경우에 다음 연도 2월 말일까지 그 상여를 지

급하지 아니한 경우에는 그 상여를 다음 연도 2월 말일에 지급한 것으로 보아 소득세를 원천징수한다.

④ 「법인세법」 제67조에 따라 처분되는 상여에 대한 소득세의 원천징수시기에 관하여는 상기 1)②의 제131조 제2항(배당소득 원천징수 특례)을 준용한다.

3) 기타소득 원천징수 특례(소법 §145의 2)

「법인세법」 제67조에 따라 처분되는 기타소득에 대한 소득세의 원천징수시기에 관하여는 상기 1)②의 제131조 제2항을 준용한다.

4) 퇴직소득 원천징수 특례(소법 §147)

① 퇴직소득을 지급하여야 할 원천징수의무자가 1월부터 11월까지의 사이에 퇴직한 사람의 퇴직소득을 해당 과세기간의 12월 31일까지 지급하지 아니한 경우에는 그 퇴직소득을 12월 31일에 지급한 것으로 보아 소득세를 원천징수한다.

② 원천징수의무자가 12월에 퇴직한 사람의 퇴직소득을 다음 연도 2월 말일까지 지급하지 아니한 경우에는 그 퇴직소득을 다음 연도 2월 말일에 지급한 것으로 보아 소득세를 원천징수한다.

② 원천징수 세율

(1) 근로소득, 퇴직소득

근로소득(연말정산), 퇴직소득 - 기본세율(일용근로자 6/100)
매월분 근로소득 기본세율 - 근로소득 간이세액표 적용

(2) 사업소득

원천징수 대상 사업소득 - 3/100(봉사료수입금액 5/100)
계약기간 3년 이하인 외국인 직업운동선수에 대한 사업소득 - 20/100

(3) 기타소득

기타소득금액(봉사료적용분 제외) - 20/100
복권당첨금 중 3억 원 초과분 - 30/100

(4) 이자소득, 배당소득

이자소득 − 14/100(개인, 법인 비영업대금이익 25/100)

배당소득 − 14/100(출자공동사업자의 배당소득 25/100)

(5) 금융투자소득

금융투자소득 − 20/100

③ 불이행 시 불이익

미납부세액(또는 과소납부세액)의 100분의 10에 상당하는 금액을 한도로 ①과 ②의
금액을 합한 금액을 가산세로 추가 부담하여야 한다.

① 미납부세액(또는 과소납부세액) × 3%

② 미납부세액(또는 과소납부세액) × 경과일수 × 22/100,000

① 근로소득의 정의

고용관계 또는 이와 유사한 계약에 의하여 근로를 제공하고 지급받는 봉급·상여·수당 등 모든 대가를 말한다.

근로소득에서 제외되는 소득

- 퇴직금을 지급하기 위하여 적립되는 금액
- 연 70만 원 이하의 단체순수보장성보험료와 단체환급부보장성보험료
- 종업원 등의 사택제공 이익
- 종업원에게 지급한 경조금 중 사회통념상 타당한 범위 내의 금액 등

---

② 비과세 근로소득

직장에 근무하면서 받는 금액 중에서 다음의 경우에는 소득세 과세대상이 아니므로 원천징수대상 근로소득이 아니다.

① 일직료·숙직료 또는 여비로서 실비변상 정도의 금액(사규 등 지급기준 필요)

② 월 20만 원 이내의 식대(단, 현금지급 없이 직접 제공받는 식사 기타 음식물은 전액 비과세, 2이상의 회사의 경우 월 20만 원만 비과세)

　→ 2023년 1월 1일 이후 받는 식사 기타 음식물 또는 식사대부터 적용

③ 4대 보험 회사부담금

④ 본인 차량을 업무에 이용하고 실제 여비 대신에 받는 월 20만 원 이내의 보조금

⑤ 자녀출산보육수당(과세기간 개시일 기준 6세 이하, 근로자 1인당 20만 원 이내)

　→ 2024년 1월 1일 이후 지급받는 수당부터 적용

⑥ 생산직 근로자가 받는 연간 240만 원 이내의 야간근로수당 등

⑦ 산업재해보상보험법 등에 의한 보상금, 고용보험법에 의한 육아휴직급여 등

③ 근로소득 연말정산

근로소득은 그 특성상 매월 발생하므로 매월 근로소득세를 간이세액표에 의해 원천 징수하고 다음 해 2월에 실제 부담할 세액을 정산한다.

○ **연말정산 시기**
  - 연도 중에 퇴직하는 경우 퇴직하는 달의 급여를 지급하는 때
  - 계속 근로자의 경우에는 <u>다음 해 2월분 급여를 지급하는 때(2월분 급여를 지급하지 아니하거나 2월분 근로소득이 없는 경우 2월 말일)</u>

④ 근로소득 원천징수 사례

위드미술학원을 개업한 C원장은 2024년 11월 교사 M선생님과 P선생님을 채용했다.

○ **경력직인 M선생님에게는 월 300만 원을 지급하기로 했다.**
  - 가족사항은 다음과 같다.
    소득이 없는 부모님(부 71세, 모 65세) 부양
    연봉 5천만 원인 배우자(배우자는 본인의 회사에서 연말정산을 하고 있다) 및 자녀 1인(5세, 인적공제는 M선생님이 받는다)
  - 비과세소득은 없다.

○ **P선생님에게는 월 110만 원을 지급하기로 했다.**
  - 선생님은 미혼이며, 부양가족은 없다.
  - 비과세소득은 없다.

C원장은 11월 30일 급여 410만 원을 지급하면서, 어떻게 원천징수를 하여야 할까?

아래의 순서대로 따라해 보자(매월 신고자).

1) **직원별로 근로소득 원천징수액을 확인한다.**

근로자에게 매월 급여(상여금 포함) 지급 시 근로소득 간이세액표를 참조하여 소득세를 원천징수하며, 원천징수세액은 아래 순서에 따라 확인한다.

① 홈택스 홈페이지(www.hometax.go.kr) 〉 세금신고 〉 원천세 신고 〉 근로소득 간이세액표를 조회한다.

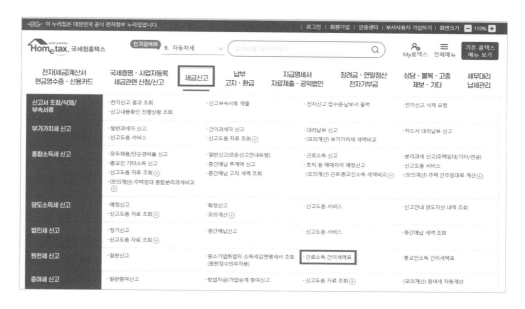

② 위의 사례에서 M선생님의 근로소득 간이세액을 구하는 방법은 아래와 같다.

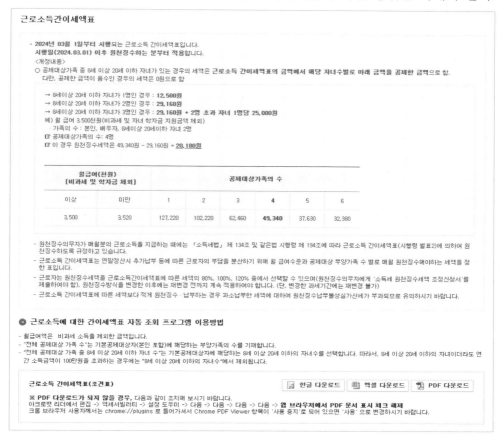

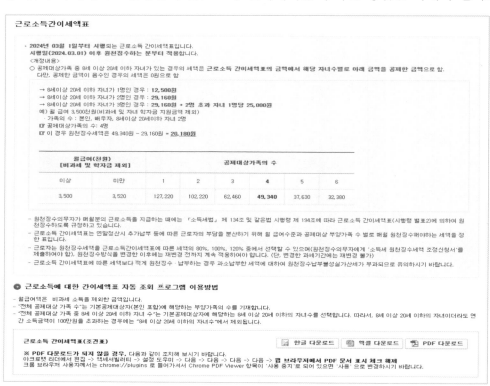

● 나의 월급에서 한 달에 납부하는 세금은?

• 월 급여액	3,000,000
전체 공제대상 가족 수 (본인 포함)	4
전체 공제대상 가족 중 8세 이상 20세 이하 자녀 수	0

조회하기

• 나의 월급에서 한 달에 납부하는 세금은?
- 계산된 세금은 2024년 근로소득 간이세액표상의 세액으로서 회사의 실제 징수세금과는 차이가 있을 수 있습니다.
- 월급에 대한 세금은 사용자(원천징수의무자)가 월급을 줄 때 징수하여 세무서에 납부하고, 다음연도 2월분 월급을 지급할 때 1년간의 정확한 세금을 정산(연말정산)합니다.
- 월급 이외에 다른 소득이 없으면 연말정산으로 납세의무가 종결되고, 다른 소득이 있으면 타 소득과 합산하여 다음연도 5월에 종합소득세를 확정신고 하여야 합니다.

월 급여액	3,000,000 원		
실제 공제대상 가족 수 (본인 포함)	4 명	공제대상 가족 중 8세 이상 20세 이하 자녀 수	0 명

◎ 80% 선택

소득세	21,350 원	지방소득세	2,130 원
납부세액의 합계액	23,480 원		

◎ 100% 선택

소득세	26,690 원	지방소득세	2,660 원
납부세액의 합계액	29,350 원		

◎ 120% 선택

소득세	32,020 원	지방소득세	3,200 원
납부세액의 합계액	35,220 원		

③ 위의 사례에서 P선생님의 근로소득 간이세액을 구하는 방법은 아래와 같다.

근로소득간이세액표

- 2024년 03월 1일부터 시행되는 근로소득 간이세액표입니다.
  시행일(2024.03.01) 이후 원천징수하는 분부터 적용합니다.
  〈개정내용〉
  ○ 공제대상가족 중 8세 이상 20세 이하 자녀가 있는 경우의 세액은 근로소득 간이세액표의 금액에서 해당 자녀수별로 아래 금액을 공제한 금액으로 함.
  다만, 공제한 금액이 음수인 경우의 세액은 0원으로 함
  → 8세이상 20세 이하 자녀가 1명인 경우: **12,500원**
  → 8세이상 20세 이하 자녀가 2명인 경우: **29,160원**
  → 8세이상 20세 이하 자녀가 3명인 경우: 29,160원 + 2명 초과 자녀 1명당 25,000원
  예) 월 급여 3,500천원(비과세 및 자녀 학자금 지원금액 제외)
  · 가족의 수 : 본인, 배우자, 8세이상 20세이하 자녀 2명
  ☞ 공제대상가족의 수 : 4명
  ☞ 이 경우 원천징수세액은 49,340원 - 29,160원 = **20,180원**

월급여(천원) [비과세 및 학자금 제외]		공제대상가족의 수					
이상	미만	1	2	3	**4**	5	6
3,500	3,520	127,220	102,220	62,460	**49,340**	37,630	32,380

- 원천징수의무자가 매월분의 근로소득을 지급하는 때에는 「소득세법」 제 134조 및 같은법 시행령 제 194조에 따라 근로소득 간이세액표(시행령 별표2)에 의하여 원천징수하도록 규정하고 있습니다.
- 근로소득 간이세액표는 연말정산시 추가납부 등에 따른 근로자의 부담을 분산하기 위해 월 급여수준과 공제대상 부양가족 수 별로 매월 원천징수하여야하는 세액을 정한 표입니다.
- 근로자는 원천징수세액을 근로소득간이세액표에 따른 세액의 80%, 100%, 120% 중에서 선택할 수 있으며(원천징수의무자에게 '소득세 원천징수세액 조정신청서'를 제출하여야 함), 원천징수방식을 변경한 이후에는 재변경 전까지 계속 적용하여야 합니다. (단, 변경한 과세기간에는 재변경 불가)
- 근로소득 간이세액표보다 적게 원천징수 · 납부하는 경우 과소납부한 세액에 대하여 원천징수납부불성실가산세가 부과되오니 유의하시기 바랍니다.

● 근로소득에 대한 간이세액표 자동 조회 프로그램 이용방법

- 월급여액은 비과세 소득을 제외한 금액입니다.
- "전체 공제대상 가족 수"는 기본공제대상자(본인 포함)에 해당하는 부양가족의 수를 기재합니다.
- "전체 공제대상 가족 수 중 8세 이상 20세 이하 자녀 수"는 기본공제대상자에 해당하는 8세 이상 20세 이하의 자녀수를 선택합니다. 따라서, 8세 이상 20세 이하의 자녀이더라도 연간 소득금액이 100만원을 초과하는 경우에는 "8세 이상 20세 이하의 자녀수"에서 제외됩니다.

근로소득 간이세액표(조견표)   [한글 다운로드] [엑셀 다운로드] [PDF 다운로드]

※ PDF 다운로드가 되지 않을 경우, 다음과 같이 조치해 보시기 바랍니다.
아크로뱃 리더에서 편집 → 액세서빌러티 → 설정 도우미 → 다음 → 다음 → 다음 → 다음 → 웹 브라우저에서 PDF 문서 표시 체크 해제
크롬 브라우저 사용자께서는 chrome://plugins 로 들어가셔서 Chrome PDF Viewer 항목이 '사용 중지'로 되어 있으면 '사용'으로 변경하시기 바랍니다.

◉ 나의 월급에서 한 달에 납부하는 세금은?

▪ 월 급여액	1,100,000
전체 공제대상 가족 수 (본인 포함)	1 ▾

전체 공제대상 가족 중 8세 이상 20세 이하 자녀 수   0 ▾

[조회하기]

▪ 나의 월급에서 한 달에 납부하는 세금은?
- 계산된 세금은 2024년 근로소득 간이세액표상의 세액으로서 회사의 실제 징수세금과는 차이가 있을 수 있습니다.
- 월급에 대한 세금은 사용자(원천징수의무자)가 월급을 줄 때 징수하여 세무서에 납부하고, 다음연도 2월분 월급을 지급할 때 1년간의 정확한 세금을 청산(연말정산)합니다.
- 월급 이외에 다른 소득이 없으면 연말정산으로 납세의무가 종결되고, 다른 소득이 있으면 타 소득과 합산하여 다음연도 5월에 종합소득세를 확정신고 하여야 합니다.

월 급여액	1,100,000 원		
실제 공제대상 가족 수(본인 포함)	1 명	공제대상 가족 중 8세 이상 20세 이하 자녀 수	0 명

◉ 80% 선택

소득세	1,280 원	지방소득세	120 원
납부세액의 합계액	1,400 원		

◉ 100% 선택

소득세	1,600 원	지방소득세	160 원
납부세액의 합계액	1,760 원		

◉ 120% 선택

소득세	1,920 원	지방소득세	190 원
납부세액의 합계액	2,110 원		

2) 원천징수이행상황신고서 서식에 따라 작성한다.

■ 소득세법 시행규칙 [별지 제21호 서식] (2015.3.13. 개정)

(10쪽 중 제1쪽)

① 신고구분						[√]원천징수이행상황신고서 [ ]원천징수세액환급신청서	② 귀속연월	2024년 11월
매월	반기	수정	연말	소득처분	환급신청		③ 지급연월	2024년 11월

원천징수 의무자	법인명(상호)	위드미술학원	대표자(성명)	C원장	일괄납부 여부	여, 부
					사업자단위과세 여부	여, 부
	사업자(주민) 등록번호	123-23-12312	사업장 소재지	서울시 **구 **동 00-0	전화번호	02-000-0000
					전자우편주소	**@***

❶ 원천징수 명세 및 납부세액

(단위: 원)

소득자 소득구분			코드	원천징수명세						⑨ 당월 조정 환급세액	납부세액	
				소득지급 (과세 미달, 일부 비과세 포함)		징수세액					⑩ 소득세 등 (가산세 포함)	⑪ 농어촌 특별세
				④ 인원	⑤ 총지급액	⑥ 소득세 등	⑦ 농어촌 특별세	⑧ 가산세				
개인 거주자 · 비거주자	근로 소득	간이세액	A01	2	4,100,000	28,290					
		중도퇴사	A02								
		일용근로	A03								
		연말정산	A04								
		가감계	A10	2	4,100,000	28,290				28,290	
	퇴직 소득	연금계좌	A21								
		그 외	A22								
		가감계	A20								
	사업 소득	매월징수	A25								
		연말정산	A26								
		가감계	A30								
	기타 소득	연금계좌	A41								
		그 외	A42								
		가감계	A40								
	연금 소득	연금계좌	A48								
		공적연금(매월)	A45								
		연말정산	A46								
		가감계	A47								
	이자소득		A50								
	배당소득		A60								
	저축해지 추징세액 등		A69								
	비거주자 양도소득		A70								
법인	내·외국법인원천		A80								
수정신고(세액)			A90								
총 합 계			A99	2	4,100,000	28,290				28,290	

❷ 환급세액 조정

(단위: 원)

전월 미환급 세액의 계산			당월 발생 환급세액				⑱ 조정대상 환급세액 (⑭+⑮+⑯+ ⑰)	⑲ 당월조정 환급 세액계	⑳ 차월이월 환급세액 (⑱-⑲)	㉑ 환급 신청액
⑫ 전월 미환급세액	⑬ 기환급 신청세액	⑭ 차감잔액 (⑫-⑬)	⑮ 일반 환급	⑯ 신탁재산 (금융 회사 등)	⑰ 그 밖의 환급세액					
					금융 회사 등	합병 등				

원천징수의무자는 「소득세법 시행령」 제185조 제1항에 따라 위의 내용을 제출하며, 위 내용을 충분히 검토하였고 원천징수의무자가 알고 있는 사실 그대로를 정확하게 적었음을 확인합니다.

신고서 부표 등 작성 여부		
※ 해당란에 "○" 표시를 합니다.		
부표(4~5쪽)	환급(7쪽~9쪽)	승계명세(10쪽)

2024 년 12 월 10 일

신고인

C원장 (서명 또는 인)

세무대리인	
성 명	
사업자등록번호	

세무대리인은 조세전문자격자로서 위 신고서를 성실하고 공정하게 작성하였음을 확인합니다.

세무대리인

(서명 또는 인)

○ ○ 세 무 서 장 귀하

전화번호	
국세환급금 계좌신고 ※ 환급금액 2천만 원 미만인 경우에만 적습니다.	
예입처	
예금종류	
계좌번호	

210mm×297mm[백상지 80g/㎡(재활용품)]

3) 납부서를 출력한다.

　① 납부서 출력 시 복수의 소득이 있을 경우, 가령 근로, 사업, 기타소득을 원천징수이행상황신고서상에 기재하여 신고하였다면, 근로, 사업, 기타소득세 납부서를 각각 출력하여 납부한다.

　② 납부서의 작성 요령은 아래와 같다.

　　– 홈택스로 전자신고 시에는 신고서 전송 후 납부서 조회·출력화면에서 납부서를 출력하면 되지만, 상기와 같이 수동으로 신고서 작성 시에는 아래와 같은 방법으로 홈택스에서 납부서를 작성하여 출력한다.

　　※ 홈택스 홈페이지(www.hometax.go.kr) 〉 납부 고지·환급 〉 자진납부

　　– 납부서의 각 항목별 기재요령

　　　• 분류기호 : 0126 [국세, 국세청]

　　　• 서코드 : 관할 세무서 3자리

　　　• 납부연월 : [사례 2024년 11월 → 2411]

　　　• 납부구분 : 1, 2, 3, 4 (상기 사례의 경우에는 4를 쓰면 된다)

　　　1 [확정분 자납 : 부가가치세 확정신고, (소득·법인)세 정기신고분]

　　　2 [수시분 자납 : 수정신고, 추가신고, 정정신고 등 수시로 자납하는 것]

　　　3 [예정신고 및 중간예납 : (부가가치·양도소득)세 예정신고, 법인세 중간예납신고분]

　　　4 [원천분 자납 : 원천징수의무자가 원천징수한 세액을 납부, (소득·법인)세 원천분]

　　　• 세목 : 종합소득(10) 이자(11) 배당(12) 사업(13) 근로(14) 기타(16) 퇴직(21) 양도소득(22) 법인(31) 상속(32) 증여(33) 부가(41) 개별소비(42) 주세(43) 인지(46) 교통에너지환경세(59) 농어촌특별(55)

　③ 납부한 후 영수증서는 세금납부에 대한 증거자료로 활용할 수 있도록 5년간 보관하기 바란다.

4) 위와 같이 작성한 원천징수이행상황신고서를 사업장 관할세무서장에게 등기우편으로 발송하고 출력한 납부서는 가까운 은행이나 우체국에 납부한다.

5 근로소득 기타 사례별 원천징수이행상황신고서

(1) 연말정산분을 환급신청하는 경우(매월 신고)

- 24. 2월분 급여(2월 지급) 1,400만 원, 원천징수세액 : 40만 원
- 23년 귀속 연말정산 결과는 다음과 같다(단위 : 천 원).

성명	소득 지급액	결정 세액	기납부세액			차감 납부세액	조정 환급세액	환급 신청액
			계	종전 근무지	현근 무지			
이 - -	60,000	1,600	2,000		2,000	△400	250	150
송 - -	45,000	1,000	1,400		1,400	△400		400
정 - -	40,000	1,200	1,000		1,000	200		
김 - -	25,000	600	550		550	50		
합계	170,000	4,400	4,950		4,950	△550		550

① 신고구분						[√]원천징수이행상황신고서 [√]원천징수세액환급신청서	② 귀속연월	2024년 2월
매월	반기	수정	연말	소득처분	환급 신청		③ 지급연월	2024년 2월

원천징수 의무자	법인명(상호)	위드상사	대표자(성명)	김상사	일괄납부 여부	여, 부
					사업자단위과세 여부	여, 부
	사업자(주민) 등록번호	123-82-12312	사업장 소재지	서울시 **구 **동 00-0	전화번호	02-000-0000
					전자우편주소	**@***

❶ 원천징수 명세 및 납부세액

(단위: 원)

소득자 소득구분			코드	원천징수명세					⑨ 당월 조정 환급세액	납부세액	
				소득지급 (과세 미달, 일부 비과세 포함)		징수세액				⑩ 소득세 등 (가산세 포함)	⑪ 농어촌 특별세
				④ 인원	⑤ 총지급액	⑥ 소득세 등	⑦ 농어촌 특별세	⑧ 가산세			
개인 (거주자 · 비거주 자)	근로 소득	간이세액	A01	4	14,000,000	400,000					
		중도퇴사	A02								
		일용근로	A03								
		연말정산	A04	4	170,000,000	△550,000					
		가감계	A10	8	184,000,000	△150,000					
	퇴직 소득	연금계좌	A21								
		그 외	A22								
		가감계	A20								
	사업 소득	매월징수	A25								
		연말정산	A26								
		가감계	A30								
	기타 소득	연금계좌	A41								
		그 외	A42								
		가감계	A40								
	연금 소득	연금계좌	A48								
		공적연금(매월)	A45								
		연말정산	A46								
		가감계	A47								
	이자소득		A50								
	배당소득		A60								
	저축해지 추징세액 등		A69								
	비거주자 양도소득		A70								
법인	내·외국법인원천		A80								
수정신고(세액)			A90								
총 합 계			A99	8	184,000,000						

❷ 환급세액 조정

(단위: 원)

전월 미환급 세액의 계산			당월 발생 환급세액				⑱ 조정대상 환급세액 (⑭+⑮+⑯+ ⑰)	⑲ 당월조정 환급 세액계	⑳ 차월이월 환급세액 (⑱-⑲)	㉑ 환급 신청액
⑫ 전월 미환급세액	⑬ 기환급 신청세액	⑭ 차감잔액 (⑫-⑬)	⑮ 일반 환급	⑯ 신탁재산 (금융 회사 등)	⑰ 그 밖의 환급세액					
					금융 회사 등	합병 등				
			150,000				150,000		150,000	150,000

원천징수의무자는 「소득세법 시행령」 제185조 제1항에 따라 위의 내용을 제출하며, 위 내용을 충분히 검토하였고 원천징수의무자가 알고 있는 사실 그대로를 정확하게 적었음을 확인합니다.

2024년 3월 10일

신고인　　　㈜위드상사 (서명 또는 인)

세무대리인은 조세전문자격자로서 위 신고서를 성실하고 공정하게 작성하였음을 확인합니다.

세무대리인　　　　　　　　(서명 또는 인)

○○세무서장　귀하

신고서 부표 등 작성 여부		
※ 해당란에 "○" 표시를 합니다.		
부표(4~5쪽)	환급(7쪽~9쪽)	승계명세(10쪽)
	○	

세무대리인	
성 명	
사업자등록번호	
전화번호	

국세환급금 계좌신고	
※ 환급금액 2천만 원 미만인 경우에만 적습니다.	
예입처	
예금종류	
계좌번호	

210mm×297mm[백상지 80g/㎡(재활용품)]

사업자등록번호 □□□-□□-□□□□□

원천징수세액환급신청서 부표

(단위: 원)

| 소득의 종류 | 귀속연월 | 지급연월 | 코드 | 인원 | 소득지급액 | ① 결정세액 | 기납부 원천징수세액 | | | ③ 차감세액 | ④ 조정환급세액 | ⑤ 환급신청액 |
							② 계	기납부세액 [주(현)]	기납부세액 [종(전)]			
근로	2402	2402	A04	4	170,000,000	4,400,000	4,950,000	4,950,000		△550,000	400,000	150,000
합계				4	170,000,000	4,400,000	4,950,000	4,950,000		△550,000	400,000	150,000

㉠ 소득의 종류 : 원천징수 환급할 세목의 소득을 기재

㉡ 귀속연월 : 신청 환급세액이 발생한 원천징수이행상황신고서의 귀속연월 기재

㉢ 지급연월 : 신청 환급세액이 발생한 원천징수이행상황신고서의 지급연월 기재

㉣ 코드 : 환급 신청 대상 원천징수 소득의 해당 코드를 기재

㉤ 인원 : 원천징수 환급할 세목의 인원을 기재(연말정산 환급의 경우 A04란 참조)

㉥ 소득지급액 : 환급할 세목의 소득지급액을 기재(연말정산의 경우 A04란 참조)

㉦ 결정세액 : 원천징수 환급할 세목의 결정세액을 기재

㉧ 기납부 원천징수세액 : 원천징수 환급할 세목의 기납부 원천징수세액을 기재

㉨ 차감납부세액 : 결정세액에서 기납부 원천징수세액을 차감한 금액

㉩ 조정환급세액 : 원천징수이행상황신고서의 ⑲ 당월조정환급세액계와 근로소득·사업소득·연금소득 내에서 납부할 세액과 상계된 환급할 세액의 합계

㉪ 환급신청액 : 차감납부세액에서 조정환급세액을 차감한 금액으로 환급 신청액의 합계는 원천징수이행상황신고서의 ㉑ 환급신청액란의 금액과 일치하여야 함.

사업자등록번호 □□□-□□-□□□□□ **기 납 부 세 액 명 세 서**

(단위: 원)

❶ 원천징수 신고 납부 현황

소득의 구분	귀속연월	지급연월	코드	인원	총지급액	징수세액		
						① 소득세 등	② 농어촌 특별세	가산세
근로	2402	2402	A04	48	170,000,000	4,950,000		
합 계				48	170,000,000	4,950,000		

❷ 지급명세서 기납부세액 현황

소득의 구분	성명	주민등록 번호	주(현)근무지		종(전)근무지 결정세액				계	
			③ 소득세 등	④ 농어촌 특별세	종(전) 근무지	사업자 등록번호	소득세 등	농어촌 특별세	소득세 등	농어촌 특별세
근로	이－－	580825- 0000000	2,000,000						2,000,000	
⋮	⋮	⋮	⋮						⋮	
합 계			4,950,000						4,950,000	

❸ 기납부세액 차이 조정 현황

소득세 등			농어촌특별세			사 유
① 소득세 등 합계	③ 소득세 등 합계	차이금액 (③ - ①)	② 농어촌특별세 합계	④ 농어촌특별세 합계	차이금액 (④ - ②)	
4,950,000	4,950,000					

(2) 연말정산분을 환급신청하는 경우(반기별 신고)

• (주)위드상사(원천세 반기별 납부)의 원천징수세액(24. 1월~24. 6월)

귀속연월	지급연월	소득지급액	원천징수 세액	환급세액	조정	납부할 세액
24. 1월	24. 1월	10,000,000	100,000			100,000
24. 2월	24. 2월	14,000,000	400,000			500,000
23년 귀속 연말정산	24. 2월			550,000		−50,000
24. 3월	24. 3월	21,000,000	200,000			150,000
24. 4월	24. 4월	20,000,000	200,000			350,000
24. 5월	24. 5월	10,000,000	100,000			450,000
24. 6월	24. 6월	10,000,000	100,000			550,000
합계		85,000,000	1,100,000	550,000		550,000

• 23년 귀속 연말정산 결과는 다음과 같다.

성명	소득 지급액	결정세액	기납부세액			차감 납부세액	조정환 급세액	환급 신청액
			계	종전 근무지	현 근무지			
이－－	60,000,000	1,600,000	2,000,000		2,000,000	△400,000	250,000	150,000
송－－	45,000,000	1,000,000	1,400,000		1,400,000	△400,000		400,000
정－－	40,000,000	1,200,000	1,000,000		1,000,000	200,000		
김－－	25,000,000	600,000	550,000		550,000	50,000		
합계	170,000,000	4,400,000	4,950,000		4,950,000	△550,000		550,000

① 신고구분						[√]원천징수이행상황신고서 [√]원천징수세액환급신청서		② 귀속연월	2024년 1월
매월	반기	수정	연말	소득처분	환급 신청			③ 지급연월	2024년 2월

원천징수 의무자	법인명(상호)	위드상사	대표자(성명)	김상사	일괄납부 여부	여, 부
					사업자단위과세 여부	여, 부
	사업자(주민) 등록번호	123-82-12312	사업장 소재지	서울시 **구 **동 00-0	전화번호	02-000-0000
					전자우편주소	**@***

❶ 원천징수 명세 및 납부세액

(단위: 원)

소득자 소득구분			코드	원 천 징 수 명 세					납부세액	
				소 득 지 급 (과세 미달, 일부 비과세 포함)		징수세액			⑨ 당월 조정 환급세액	⑩ 소득세 등 (가산세 포함)	⑪ 농어촌 특별세
				④ 인원	⑤ 총지급액	⑥ 소득세 등	⑦ 농어촌 특별세	⑧ 가산세			
개인 (거주자·비거주자)	근로소득	간이세액	A01	4	24,000,000	500,000					
		중도퇴사	A02								
		일용근로	A03								
		연말정산	A04	4	170,000,000	△550,000					
		가감계	A10	8	194,000,000	△50,000					
	퇴직소득	연금계좌	A21								
		그 외	A22								
		가감계	A20								
	사업소득	매월징수	A25								
		연말정산	A26								
		가감계	A30								
	기타소득	연금계좌	A41								
		그 외	A42								
		가감계	A40								
	연금소득	연금계좌	A48								
		공적연금(매월)	A45								
		연말정산	A46								
		가감계	A47								
	이자소득		A50								
	배당소득		A60								
	저축해지 추징세액 등		A69								
	비거주자 양도소득		A70								
법인	내·외국법인원천		A80								
수정신고(세액)			A90								
총 합 계			A99	8	194,000,000						

❷ 환급세액 조정

(단위: 원)

전월 미환급 세액의 계산			당월 발생 환급세액				⑱ 조정대상 환급세액 (⑭+⑮+⑯+⑰)	⑲ 당월조정 환급 세액계	⑳ 차월이월 환급세액 (⑱-⑲)	㉑ 환급 신청액
⑫ 전월 미환급세액	⑬ 기환급 신청세액	⑭ 차감잔액 (⑫-⑬)	⑮ 일반 환급	⑯ 신탁재산 (금융 회사 등)	⑰ 그 밖의 환급세액					
					금융 회사 등	합병 등				
		50,000					50,000		50,000	50,000

원천징수의무자는 「소득세법 시행령」 제185조 제1항에 따라 위의 내용을 제출하며, 위 내용을 충분히 검토하였고 원천징수의무자가 알고 있는 사실 그대로를 정확하게 적었음을 확인합니다.

2024 년 3 월 10 일

신고인

㈜위드상사 (서명 또는 인)

세무대리인은 조세전문자격자로서 위 신고서를 성실하고 공정하게 작성하였음을 확인합니다.

세무대리인

(서명 또는 인)

○○세 무 서 장 귀하

신고서 부표 등 작성 여부		
※ 해당란에 "○" 표시를 합니다.		
부표(4~5쪽)	환급(7쪽~9쪽)	승계명세(10쪽)
	○	
세무대리인		
성 명		
사업자등록번호		
전화번호		
국세환급금 계좌신고 ※ 환급금액 2천만 원 미만인 경우에만 적습니다.		
예입처		
예금종류		
계좌번호		

210mm×297mm[백상지 80g/㎡(재활용품)]

155

원천징수세액환급신청서 부표

사업자등록번호 □□□-□□-□□□□□

(단위 : 원)

소득의 종류	귀속연월	지급연월	코드	인원	소득지급액	① 결정세액	기납부 원천징수세액			③ 차감세액	④ 조정환급세액	⑤ 환급신청액
							② 계	기납부세액 [주(현)]	기납부세액 [종(전)]			
근로	2401	2402	A04	4	170,000,000	4,400,000	4,950,000	4,950,000		△550,000	500,000	50,000
합계				4	170,000,000	4,400,000	4,950,000	4,950,000		△550,000	500,000	50,000

㉠ 소득의 종류 : 원천징수 환급할 세목의 소득을 기재

㉡ 귀속연월 : 신청 환급세액이 발생한 원천징수이행상황신고서의 귀속연월 기재

㉢ 지급연월 : 신청 환급세액이 발생한 원천징수이행상황신고서의 지급연월 기재

㉣ 코드 : 환급 신청 대상 원천징수 소득의 해당 코드를 기재

㉤ 인원 : 원천징수 환급할 세목의 인원을 기재(연말정산 환급의 경우 A04란 참조)

㉥ 소득지급액 : 환급할 세목의 소득지급액을 기재(연말정산의 경우 A04란 참조)

㉦ 결정세액 : 원천징수 환급할 세목의 결정세액을 기재

㉧ 기납부 원천징수세액 : 원천징수 환급할 세목의 기납부 원천징수세액을 기재

㉨ 차감납부세액 : 결정세액에서 기납부 원천징수세액을 차감한 금액

㉩ 조정환급세액 : 원천징수이행상황신고서의 ⑲ 당월조정환급세액계와 근로소득·사업소득·연금소득 내에서 납부할 세액과 상계된 환급할 세액의 합계

㉪ 환급신청액 : 차감납부세액에서 조정환급세액을 차감한 금액으로 환급 신청액의 합계는 원천징수이행상황신고서의 ㉑ 환급신청액란의 금액과 일치하여야 함.

사업자등록번호 □□□-□□-□□□□□

기 납 부 세 액 명 세 서

(단위 : 원)

❶ 원천징수 신고 납부 현황

소득의 구분	귀속연월	지급연월	코드	인원	총지급액	징수세액		
						① 소득세 등	② 농어촌 특별세	가산세
근로	2401	2402	A04	48	170,000,000	4,950,000		
합 계				48	170,000,000	4,950,000		

❷ 지급명세서 기납부세액 현황

소득의 구분	성명	주민등록 번호	주(현)근무지		종(전)근무지 결정세액				계	
			③ 소득세 등	④ 농어촌 특별세	종(전) 근무지	사업자 등록번호	소득세 등	농어촌 특별세	소득세 등	농어촌 특별세
근로	이--	580825- 0000000	2,000,000						2,000,000	
⋮	⋮	⋮	⋮						⋮	
합 계			4,950,000						4,950,000	

❸ 기납부세액 차이 조정 현황

소득세 등			농어촌특별세			사 유
① 소득세 등 합계	③ 소득세 등 합계	차이금액 (③ - ①)	② 농어촌특별세 합계	④ 농어촌특별세 합계	차이금액 (④ - ②)	
4,950,000	4,950,000					

■ 소득세법 시행규칙 [별지 제21호 서식] (2015.3.13. 개정)

(10쪽 중 제1쪽)

① 신고구분						[√]원천징수이행상황신고서 [ ]원천징수세액환급신청서		② 귀속연월	2024년 1월
매월	반기	수정	연말	소득처분	환급신청			③ 지급연월	2024년 6월

원천징수 의무자	법인명(상호)	위드상사	대표자(성명)	김상사	일괄납부 여부	여, 부
					사업자단위과세 여부	여, 부
	사업자(주민) 등록번호	123 – 82 – 12312	사업장 소재지	서울시 **구 **동 00-0	전화번호	02-000-0000
					전자우편주소	**@***

❶ 원천징수 명세 및 납부세액

(단위 : 원)

소득자 소득구분			코드	원천징수명세						⑨ 당월 조정 환급세액	납부세액	
				소득지급 (과세 미달, 일부 비과세 포함)		징수세액					⑩ 소득세 등 (가산세 포함)	⑪ 농어촌 특별세
				④ 인원	⑤ 총지급액	⑥ 소득세 등	⑦ 농어촌 특별세	⑧ 가산세				
개인 (거주자 · 비거주자)	근로소득	간이세액	A01	4	61,000,000	600,000					
		중도퇴사	A02								
		일용근로	A03								
		연말정산	A04								
		가감계	A10	4	61,000,000	600,000				600,000	
	퇴직소득	연금계좌	A21								
		그 외	A22								
		가감계	A20								
	사업소득	매월징수	A25								
		연말정산	A26								
		가감계	A30								
	기타소득	연금계좌	A41								
		그 외	A42								
		가감계	A40								
	연금소득	연금계좌	A48								
		공적연금(매월)	A45								
		연말정산	A46								
		가감계	A47								
	이자소득		A50								
	배당소득		A60								
	저축해지 추징세액 등		A69								
	비거주자 양도소득		A70								
법인	내·외국법인원천		A80								
수정신고(세액)			A90								
총 합 계			A99	4	61,000,000	600,000				600,000	

❷ 환급세액 조정

(단위 : 원)

전월 미환급 세액의 계산			당월 발생 환급세액				⑱ 조정대상 환급세액 (⑭+⑮+⑯+⑰)	⑲ 당월조정 환급 세액계	⑳ 차월이월 환급세액 (⑱-⑲)	㉑ 환급 신청액
⑫ 전월 미환급세액	⑬ 기환급 신청세액	⑭ 차감잔액 (⑫-⑬)	⑮ 일반 환급	⑯ 신탁재산 (금융 회사 등)	⑰ 그 밖의 환급세액					
					금융 회사 등	합병 등				
50,000	50,000	0								

원천징수의무자는 「소득세법 시행령」 제185조 제1항에 따라 위의 내용을 제출하며, 위 내용을 충분히 검토하였고 원천징수의무자가 알고 있는 사실 그대로를 정확하게 적었음을 확인합니다.

2024 년 7 월 10 일

신고인　　　　㈜위드상사 (서명 또는 인)

세무대리인은 조세전문자격자로서 위 신고서를 성실하고 공정하게 작성하였음을 확인합니다.

세무대리인　　　　　　　　　　(서명 또는 인)

○○세무서장　귀하

신고서 부표 등 작성 여부		
※ 해당란에 "○" 표시를 합니다.		
부표(4~5쪽)	환급(7~9쪽)	승계명세(10쪽)
	○	

세무대리인	
성 명	
사업자등록번호	
전화번호	

국세환급금 계좌신고	
※ 환급금액 2천만 원 미만인 경우에만 적습니다.	
예입처	
예금종류	
계좌번호	

210mm×297mm[백상지 80g/㎡(재활용품)]

(3) 소득처분이 있는 경우

- 12월 말 법인으로 2024년 법인세 정기신고에 의한 소득처분(상여) 1명에 80,000,000원, 추가 정산세액 24,000,000원(2023년 귀속분)
- 2024년 3월분 근로소득 지급(4명, 총지급액 4천만 원, 소득세 350,000원)

① 정기분신고서

■ 소득세법 시행규칙 [별지 제21호 서식] (2015.3.13. 개정)

(10쪽 중 제1쪽)

① 신고구분						[√]원천징수이행상황신고서 [　]원천징수세액환급신청서		② 귀속연월	2024년 3월
매월	반기	수정	연말	소득처분	환급신청			③ 지급연월	2024년 3월

원천징수 의무자	법인명(상호)	위드상사	대표자(성명)	김상사	일괄납부 여부	여, 부
					사업자단위과세 여부	여, 부
	사업자(주민) 등록번호	123-82-12312	사업장 소재지	서울시 **구 **동 00-0	전화번호	02-000-0000
					전자우편주소	**@***

❶ 원천징수 명세 및 납부세액

(단위 : 원)

소득자 소득구분			코드	원 천 징 수 명 세						납부세액		
				소 득 지 급 (과세 미달, 일부 비과세 포함)		징수세액			⑨ 당월 조정 환급세액	⑩ 소득세 등 (가산세 포함)	⑪ 농어촌 특별세
				④ 인원	⑤ 총지급액	⑥ 소득세 등	⑦ 농어촌 특별세	⑧ 가산세			
개인 (거주자·비거주자)	근로소득	간이세액	A01	4	40,000,000	350,000					
		중도퇴사	A02								
		일용근로	A03								
		연말정산	A04								
		가감계	A10	4	40,000,000	350,000				350,000	
	퇴직소득	연금계좌	A21								
		그 외	A22								
		가감계	A20								
	사업소득	매월징수	A25								
		연말정산	A26								
		가감계	A30								
	기타소득	연금계좌	A41								
		그 외	A42								
		가감계	A40								
	연금소득	연금계좌	A48								
		공적연금(매월)	A45								
		연말정산	A46								
		가감계	A47								
	이자소득		A50								
	배당소득		A60								
	저축해지 추징세액 등		A69								
	비거주자 양도소득		A70								
법인	내·외국법인원천		A80								
수정신고(세액)			A90								
총 합 계			A99	4	40,000,000	350,000				350,000	

❷ 환급세액 조정

(단위 : 원)

전월 미환급 세액의 계산			당월 발생 환급세액				⑱ 조정대상 환급세액 (⑭+⑮+⑯+⑰)	⑲ 당월조정 환급 세액계	⑳ 차월이월 환급세액 (⑱-⑲)	㉑ 환급 신청액
⑫ 전월 미환급세액	⑬ 기환급 신청세액	⑭ 차감잔액 (⑫-⑬)	⑮ 일반 환급	⑯ 신탁재산 (금융 회사 등)	⑰ 그 밖의 환급세액					
					금융 회사 등	합병 등				

원천징수의무자는 「소득세법 시행령」 제185조 제1항에 따라 위의 내용을 제출하며, 위 내용을 충분히 검토하였고 원천징수의무자가 알고 있는 사실 그대로를 정확하게 적었음을 확인합니다.

2024 년 4 월 10 일

신고인　　　㈜위드상사 (서명 또는 인)

세무대리인은 조세전문자격자로서 위 신고서를 성실하고 공정하게 작성하였음을 확인합니다.

세무대리인　　　(서명 또는 인)

○ ○ 세 무 서 장　귀하

신고서 부표 등 작성 여부 ※ 해당란에 "○" 표시를 합니다.		
부표(4~5쪽)	환급(7쪽~9쪽)	승계명세(10쪽)
	○	
세무대리인		
성 명		
사업자등록번호		
전화번호		
국세환급금 계좌신고 ※ 환급금액 2천만 원 미만인 경우에만 적습니다.		
예입처		
예금종류		
계좌번호		

210mm×297mm[백상지 80g/㎡(재활용품)]

② 소득처분신고서

■ 소득세법 시행규칙 [별지 제21호 서식] (2015.3.13. 개정)

(10쪽 중 제1쪽)

① 신고구분						[√]원천징수이행상황신고서 [ ]원천징수세액환급신청서	② 귀속연월	2024년 2월
매월	반기	수정	연말	소득처분	환급신청		③ 지급연월	2024년 3월

원천징수 의무자	법인명(상호)	위드상사	대표자(성명)	김상사	일괄납부 여부	여, 부
					사업자단위과세 여부	여, 부
	사업자(주민) 등록번호	123-82-12312	사업장 소재지	서울시 **구 **동 00-0	전화번호	02-000-0000
					전자우편주소	**@***

❶ 원천징수 명세 및 납부세액

(단위 : 원)

소득자 소득구분			코드	원천징수명세						⑨ 당월 조정 환급세액	납부세액	
				소득지급 (과세 미달, 일부 비과세 포함)		징수세액					⑩ 소득세 등 (가산세 포함)	⑪ 농어촌 특별세
				④ 인원	⑤ 총지급액	⑥ 소득세 등	⑦ 농어촌 특별세	⑧ 가산세				
개인 (거주자·비거주자)	근로소득	간이세액	A01									
		중도퇴사	A02									
		일용근로	A03									
		연말정산	A04	1	80,000,000	24,000,000						
		가감계	A10	1	80,000,000	24,000,000					24,000,000	
	퇴직소득	연금계좌	A21									
		그 외	A22									
		가감계	A20									
	사업소득	매월징수	A25									
		연말정산	A26									
		가감계	A30									
	기타소득	연금계좌	A41									
		그 외	A42									
		가감계	A40									
	연금소득	연금계좌	A48									
		공적연금(매월)	A45									
		연말정산	A46									
		가감계	A47									
	이자소득		A50									
	배당소득		A60									
	저축해지 추징세액 등		A69									
	비거주자 양도소득		A70									
법인	내·외국법인원천		A80									
수정신고(세액)			A90									
총 합 계			A99	1	80,000,000	24,000,000					24,000,000	

❷ 환급세액 조정

(단위 : 원)

전월 미환급 세액의 계산			당월 발생 환급세액				⑱ 조정대상 환급세액 (⑭+⑮+⑯+⑰)	⑲ 당월조정 환급 세액계	⑳ 차월이월 환급세액 (⑱-⑲)	㉑ 환급 신청액
⑫ 전월 미환급세액	⑬ 기환급 신청세액	⑭ 차감잔액 (⑫-⑬)	⑮ 일반 환급	⑯ 신탁재산 (금융 회사 등)	⑰ 그 밖의 환급세액					
					금융 회사 등	합병 등				

원천징수의무자는 「소득세법 시행령」 제185조 제1항에 따라 위의 내용을 제출하며, 위 내용을 충분히 검토하였고 원천징수의무자가 알고 있는 사실 그대로를 정확하게 적었음을 확인합니다.

2024 년 4 월 10 일

신고인 ㈜위드상사 (서명 또는 인)

세무대리인은 조세전문자격자로서 위 신고서를 성실하고 공정하게 작성하였음을 확인합니다.

세무대리인 (서명 또는 인)

○ ○ 세 무 서 장 귀하

신고서 부표 등 작성 여부		
※ 해당란에 "○" 표시를 합니다.		
부표(4~5쪽)	환급(7쪽~9쪽)	승계명세(10쪽)
	○	

세무대리인	
성 명	
사업자등록번호	
전화번호	

국세환급금 계좌신고	
※ 환급금액 2천만 원 미만인 경우에만 적습니다.	
예입처	
예금종류	
계좌번호	

210mm×297mm[백상지 80g/㎡(재활용품)]

③ 근로소득 지급명세서

■ 소득세법 시행규칙 [별지 제24호 서식(1)] (2016.3.16. 개정)

(8쪽 중 제1쪽)

거주구분	거주자1/비거주자2
거주지국	거주지국코드
내·외국인	내국인1 / 외국인9
외국인단일세율적용	여 1 / 부 2
외국법인소속 파견근로자 여부	여 1 / 부 2
국적	국적코드
세대주 여부	세대주1, 세대원2
연말정산 구분	계속근로1, 중도퇴사2

관리
번호

[ ]근로소득 원천징수영수증
[ ]근로소득 지 급 명 세 서
([ ]소득자 보관용 [ ]발행자 보관용 [ ]발행자 보고용)

징 수 의무자	① 법인명(상 호) 위드 상사	② 대 표 자(성 명) 김상사
	③ 사업자등록번호 123-82-12312	④ 주 민 등 록 번 호
	⑤ 소 재 지(주소) 서울 서초구 양재동	
소득자	⑥ 성 명 김 상사	⑦ 주 민 등 록 번 호(외국인등록번호) 790101-
	⑧ 주 소 서울 서초구 양재동	

	구 분	주(현)	종(전)	종(전)	⑯-1 납세조합	합 계
I 근무처별소득명세	⑨ 근 무 처 명	위드상사				
	⑩ 사업자등록번호	123-82-12312				
	⑪ 근 무 기 간	2023.1.1.~12.31	~	~	~	~
	⑫ 감 면 기 간	~	~	~	~	~
	⑬ 급 여	30,000,000				
	⑭ 상 여					
	⑮ 인 정 상 여	80,000,000				
	⑮-1 주식매수선택권 행사이익					
	⑮-2 우리사주조합인출금					
	⑮-3 임원 퇴직소득금액 한도초과액					
	⑮-4					
	⑯ 계	110,000,000				
II 비과세 및 감면 소득명세	⑱ 국외근로	M0X				
	⑱-1 야간근로수당	O0X				
	⑱-2 출산·보육수당	Q0X				
	⑱-4 연구보조비	H0X				
	⑱-5					
	⑱-6					
	~					
	⑱-25					
	⑲ 수련보조수당	Y22				
	⑳ 비과세소득 계					
	⑳-1 감면소득 계					

	구 분			⑦⑨ 소 득 세	⑧⑩ 지방소득세	⑧① 농어촌특별세
III 세액명세	⑦③ 결 정 세 액			24,000,000		
	기납부세 액	⑦④ 종(전)근무지 (결정세액란의 세액을 적습니다)	사업자 등록 번호			
		⑦⑤ 주(현)근무지		117,360		
	⑦⑥ 납부특례세액			-117,360		
	⑦⑦ 차 감 징 수 세 액 (⑦③-⑦④-⑦⑤-⑦⑥)			24,000,000		

위의 원천징수액(근로소득)을 정히 영수(지급)합니다.

2024 년 3 월 10 일

징수(보고)의무자 위드 상사 (서명 또는 인)

세 무 서 장 귀하

210mm×297mm[백상지 80g/㎡(재활용품)]

❻ 일용근로자

(1) 정의

근로계약을 1일 단위로 체결하고, 계속 고용이 보장되지 않는 근로자로서(일당, 시간제, 아르바이트 등) 동일 고용주에게 3월(건설업종 1년) 이상 계속 고용되지 않는 근로자를 말한다(소령 §20).

법에서 근로계약에 따라 동일한 고용주에게 3월(건설노무자는 1년) 이상 계속 고용되어 있지 아니한 자를 일용근로자로 규정하고 있으므로, 3월(또는 1년) 이상 계속 동일한 고용주에게 고용된 경우, 계속고용으로 3월(또는 1년)이 되는 날이 속하는 월부터 일반급여자로 보아 근로소득 간이세액표를 적용하여 원천징수를 한다.

당초 근무 계약 시 3월 이상 근무할 조건으로 취업하였으나, 3월 미만 근무 후에 퇴직한 경우에도 일반근로자로 분류하여 급여 지급 시 근로소득 간이세액표를 적용하여 원천징수를 한다.

일용근로 여부를 판단 시 3월 이상 근무라 함은 매일 근로를 제공하지 않더라도 월 단위로 근로 월수를 판단한다.

(2) 구분

일반근로소득은 매월 급여 지급 시 간이세액표에 따라 원천징수하고 연말정산하며, 다른 종합소득이 있는 경우 이를 합산하여 종합소득세를 신고하여야 하나, 일용근로소득은 원천징수로 종결되므로 연말정산을 하지 않고 다른 소득과 합산하여 신고하지 않는다.

① 일반 근로소득

일정한 고용주에게 계속하여 고용되어 지급받는 급여·근로계약상 근로제공에 대한 시간 또는 일수나 그 성과에 의하지 아니하고 월정액에 의하여 급여를 지급받는 경우에는 그 고용기간에 불구하고 일반급여자의 근로소득으로 본다(소기통 20-0…1).

② 일용근로소득

일용근로자란 근로를 제공한 날 또는 시간에 따라 근로대가를 계산하거나, 근로를 제공한 날 또는 시간의 근로성과에 따라 급여를 계산하여 받는 사람으로서 다음 각 호에 규정된 사람을 말한다.

- 1호 : 건설공사에 종사하는 자로서 다음 각 목의 자를 제외한 자

  가. 동일한 고용주에게 계속하여 1년 이상 고용된 자*

  나. 다음의 업무에 종사하기 위하여 통상 동일한 고용주에게 계속하여 고용되는 자*

    (1) 작업준비를 하고 노무에 종사하는 자를 직접 지휘·감독하는 업무

    (2) 작업현장에서 필요한 기술적인 업무, 사무, 타자, 취사, 경비 등의 업무

    (3) 건설기계의 운전 또는 정비업무

- 2호 : 하역작업에 종사하는 자(항만 근로자를 포함한다)로서 다음 각 목의 자를 제외한 자

  가. 통상 근로를 제공한 날에 근로대가를 받지 아니하고 정기적으로 근로대가를 받는 자*

  나. 다음의 업무에 종사하기 위하여 통상 동일한 고용주에게 계속하여 고용되는 자*

    (1) 작업준비를 하고 노무에 종사하는 자를 직접 지휘·감독하는 업무

    (2) 주된 기계의 운전 또는 정비업무

- 3호 : 제1호 또는 제2호 외의 업무에 종사하는 자로서 근로계약에 따라 동일한 고용주에게 3월 이상 계속하여 고용되어 있지 아니한 자

상기 *에 해당하는 근로자가 근로계약에 따라 일정한 고용주에게 3월(건설공사에 종사하는 경우에는 1년) 이상 계속하여 고용되어 있지 아니하고, 근로단체를 통하여 여러 고용주의 사용인으로 취업하는 경우에는 이를 일용근로자로 본다(소칙 §11).

가내부업으로서의 임가공 용역대가 소득구분(소기통 14-20…1)
가정주부가 고용관계 없이 부업으로 수출물품 등의 가공 등 가내수공업적인 용역을 제공하고 받는 대가는 법 제14조 제3항 제2호의 일용근로자의 급여로 본다.

---

(3) 신고

일용근로자의 근로소득에 대하여는 원천징수의무자가 일 급여를 기준으로 원천징수함으로써 납세의무가 종결되는 것이므로 별도의 연말정산은 하지 않는다.

그리고 반드시 일용근로소득지급명세서를 제출하여야 한다. 지급일이 속하는 달의 다음 달 말일까지 제출하여야 한다.

다만, 건설공사에 종사하는 자가 1년 이상 계속하여 동일한 고용주에게 고용된 경우 일용근로자 또는 일반급여자로 보는 시기 등은 다음과 같다(소기통 20 – 20…1).

① 근로소득에 대한 원천징수는 계속 고용으로 1년이 되는 날이 속하는 월부터 일반 급여자로 본다.

② 연말정산 시는 1년이 되는 날이 속하는 과세기간의 초일부터 일반급여자로 본다.

❼ 일용근로자 원천징수 사례

위드미술학원을 개업한 C원장은 2024년 9월 바쁠 때마다 식사 제공을 도와줄 수 있는 주부 L씨를 채용했다.

○ L주부에게 7일 동안 일급 20만 원을 지급했다.

– 비과세소득은 없다.

C원장은 9월 30일 일당에 대한 급여 140만 원을 지급하면서, 어떻게 원천징수를 하여야 할까?

아래의 순서대로 따라해 보자.

1) 먼저 일용근로자에 대한 세액계산방식을 확인한다.

○ 일용근로소득의 세액계산

일용근로소득

(–)비과세소득

일용 총급여액

(–)근로소득공제(일 15만 원)

일용근로소득금액

(×)세율(6%)

산출세액

(–)근로소득세액공제(55%)

결정세액

2) L주부의 일용근로세액은 아래와 같다.

① 지급액은 1,400,000원(200,000원 × 7일 = 1,400,000원)이다.

② 소득세(9,450원)는 다음과 같이 산정한다.

㉠ 근로소득금액 : 200,000원 − 150,000원 = 50,000원

일용근로자는 1일 15만 원을 근로소득공제하며 다른 공제사항은 없다.

㉡ 산출세액 : 50,000원 × 6% = 3,000원

(원천징수세율 6%를 적용한다)

㉢ 세액공제 : 3,000원 × 55% = 1,650원

(산출세액의 55%를 적용한다)

㉣ 소득세 : 3,000원 − 1,650원 = 1,350원

※ 약식계산 : (200,000원 − 150,000원) × 0.027 = 1,350원

㉤ 원천징수할 소득세는 소득세의 7일 합계액 9,450원(1,350원 × 7일 = 9,450원)이다.

③ 지방소득세는 940원(135원 × 7일)이다(소득세의 10%를 적용한다).

3) 원천징수이행상황 신고서 서식에 따라 작성한다.

■ 소득세법 시행규칙 [별지 제21호 서식] (2015.3.13. 개정)

① 신고구분						[√]원천징수이행상황신고서 [ ]원천징수세액환급신청서		② 귀속연월	2024년 9월
매월	반기	수정	연말	소득처분	환급소정			③ 지급연월	2024년 9월
원천징수 의무자	법인명(상호)		위드미술학원		대표자(성명)	C원장		일괄납부 여부	여, 부
								사업자단위과세 여부	여, 부
	사업자(주민) 등록번호		123-23-12312		사업장 소재지	서울시 **구 **동 00-0		전화번호	02-000-0000
								전자우편주소	**@***

❶ 원천징수 명세 및 납부세액

(단위 : 원)

소득자 소득구분			코드	원천징수명세						⑨ 당월 조정 환급세액	납부세액	
				소 득 지 급 (과세 미달, 일부 비과세 포함)		징수세액					⑩ 소득세 등 (가산세 포함)	⑪ 농어촌 특별세
				④ 인원	⑤ 총지급액	⑥ 소득세 등	⑦ 농어촌 특별세	⑧ 가산세				
개 인 (거주자 · 비거주 자)	근 로 소 득	간이세액	A01									
		중도퇴사	A02									
		일용근로	A03	1	1,400,000	9,450						
		연말정산	A04									
		가감계	A10	1	1,400,000	9,450					9,450	
	퇴 직 소 득	연금계좌	A21									
		그 외	A22									
		가감계	A20									
	사 업 소 득	매월징수	A25									
		연말정산	A26									
		가감계	A30									
	기 타 소 득	연금계좌	A41									
		그 외	A42									
		가감계	A40									
	연 금 소 득	연금계좌	A48									
		공적연금(매월)	A45									
		연말정산	A46									
		가감계	A47									
	이자소득		A50									
	배당소득		A60									
	저축해지 추징세액 등		A69									
	비거주자 양도소득		A70									
법인	내·외국법인원천		A80									
수정신고(세액)			A90									
총 합 계			A99	1	1,400,000	9,450					9,450	

❷ 환급세액 조정

(단위 : 원)

전월 미환급 세액의 계산			당월 발생 환급세액					⑱ 조정대상 환급세액 (⑭+⑮+⑯+ ⑰)	⑲ 당월조정 환급 세액계	⑳ 차월이월 환급세액 (⑱-⑲)	㉑ 환급 신청액
⑫ 전월 미환급세액	⑬ 기환급 신청세액	⑭ 차감잔액 (⑫-⑬)	⑮ 일반 환급	⑯ 신탁재산 (금융 회사 등)	⑰ 그 밖의 환급세액						
					금융 회사등	합병 등					

원천징수의무자는 「소득세법 시행령」 제185조 제1항에 따라 위의 내용을 제출하며, 위 내용을 충분히 검토하였고 원천징수의무자가 알고 있는 사실 그대로를 정확하게 적었음을 확인합니다. 2024 년 10 월 10 일 신고인 C원장 (서명 또는 인)	신고서 부표 등 작성 여부		
	※ 해당란에 "○" 표시를 합니다.		
	부표(4~5쪽)	환급(7쪽~9쪽)	승계명세(10쪽)
	세무대리인		
	성 명		
	사업자등록번호		
	전화번호		
세무대리인은 조세전문자격자로서 위 신고서를 성실하고 공정하게 작성하였음을 확인합 니다. 세무대리인 (서명 또는 인)	국세환급금 계좌신고 ※ 환급금액 2천만 원 미만인 경우에만 적습니다.		
	예입처		
○○ 세 무 서 장 귀하	예금종류		
	계좌번호		

210mm×297mm[백상지 80g/㎡(재활용품)]

■ 소득세법 시행규칙 [별지 제24호 서식(4)] (2021.5.17. 개정)　　　　　　　　　　　　　　(3쪽 중 제1쪽)

일용근로소득 지급명세서(지급자제출용)
[일용근로소득 지급명세서(원천징수영수증) 월별 제출집계표]

지급자	① 상 호 (법인명)	위드미술학원	② 성 명 (대표자)	C원장	③ 사 업 자 등록번호	123 - 23 - 12312
	④ 주민(법인) 등록번호	591001 - 1234567	⑤ 소재지 (주 소)	서울시 **구 **동 00 - 0		
	⑥ 전화번호	02 - 000 - 000	⑦ 전자우편주소	**@***		

1. 월별 원천징수 집계현황

⑧ 귀속연도	2024	⑨ 지급월	[ ]1월 [ ]2월 [ ]3월 [ ]4월 [ ]5월 [ ]6월 [ ]7월 [ ]8월 [√]9월 [ ]10월 [ ]11월 [ ]12월

⑩ 일용근로자수 (⑰번에 적은 칸의 개수, 단 동일인의 경우 1명으로 합계)	⑪ 제출자료건수 (㉑번에 적은 칸의 개수)	⑫ 총지급액 합계 (㉓번란 합계)	⑬ 비과세소득 합계 (㉔번란 합계)	원천징수세액 합계	
				⑭ 소득세 (㉕번 합계)	⑮ 지방소득세 (㉖번 합계)
1 명	1 건	1,400,000		9,450	940

2. 소득자 인적사항 및 일용근로소득 내용
[일용근로소득 지급명세서(원천징수영수증)에 적은 지급명세와 동일하게 작성합니다]

⑯ 번호	⑰ 성명 / ⑱ 전화번호	⑲ 외국인여부	⑳ 주민등록번호	귀속 ㉒ 근무월	귀속 ㉓ 근무일수	㉔ 총지급액 (과세소득)	㉕ 비과세소득	원천징수세액 ㉖ 소득세	원천징수세액 ㉗ 지방소득세
1	L		860923 - 2345678	9	7	1,400,000		9,450	940
2									
3									
4									
5									
6									
7									
8									

위와 같이 제출합니다.

2024 년 10 월 31 일　　　징수의무자(지급자) :　　C원장　　(서명 또는 인)

※ 작성방법은 제2쪽을 참고하시기 바랍니다.

210mm×297mm[백상지 80g/㎡]

일용근로소득 지급명세서(원천징수영수증)

([√] 소득자 보관용　[　] 지급자 보관용)

외국인 여부
(예, 아니오)

원천징수 의무자 (지급자)	① 상 호 (법 인 명)	위드미술학원	② 성 명 (대표자)	C원장
	③사업자등록번호	123 – 23 – 12312	④ 주민등록번호 (법인등록번호)	591001 – 1234567
	⑤ 소 재 지 (주 소)	서울시 **구 **동 00 – 0	⑥ 전화번호	02 – 000 – 000
소득자	⑦ 성 명	L주부	⑧ 주민등록번호	860923 – 2345678
	⑨ 주 소	서울시 **구 **동 33 – 3	⑩ 전화번호	02 – 111 – 111

⑪ 귀속연도	2024 년	⑫ 지급월	[　]1월　[　]2월　[　]3월　[　]4월　[　]5월　[　]6월 [　]7월　[　]8월　[√]9월　[　]10월　[　]11월　[　]12월

귀　　속		⑮ 총지급액 (과세소득)	⑯ 비과세소득	원천징수세액	
⑬ 근무월	⑭ 근무일수			⑰ 소득세	⑱ 지방소득세
9월	7일	1,400,000		9,450	940

위의 일용근로소득(원천징수세액)을 지급(영수)합니다.

2024 년 10 월 31 일

징수의무자(지급자)　　　　　　　C원장 (서명 또는 인)

※ 이 자료는 「조세특례제한법」 제100조의 6에 따른 근로장려금 신청 시 꼭 필요한 서류이므로 잘 보관하시기 바랍니다.

210mm×297mm[백상지 80g/㎡(재활용품)]

8 4대보험 업무와의 연계

(1) 의의

1인 이상의 근로자를 사용하는 사업 또는 사업장은 국민연금, 건강보험, 고용보험, 산재보험(이하 4대보험) 가입대상이다. 그러므로 근로소득을 지급하는 자에게는 4대보험에 가입하고 보험료를 부담할 의무가 있으며, 사용인 부담 보험료를 대신 징수하여 납부할 의무가 있다.

4대보험에 가입한 사용자는 근로소득을 지급할 때 근로소득 원천징수세액과 마찬가지로 사용인이 부담하여야 할 4대보험 보험료도 함께 징수하여, 사용자 부담 보험료와 함께 매달 각 공단에 납부한다. 이와 관련된 업무들에 대하여 소개하고자 한다.

(2) 보수총액 신고

4대보험의 보험료는 소득에 따라 보험료가 차등부과된다. 각 가입자의 보험료를 산정하기 위한 기준금액인 소득월액, 보수월액, 월평균보수 등은 소득을 바탕으로 계산된다. 그러므로 각 공단이 기준금액을 구할 수 있도록, 사용자는 사용인들의 소득 정보를 각 공단에 알려줄 필요가 있다. 이를 '보수총액 신고'라 한다.

1) 신고기한
① 국민연금 : 매년 5월 말(근로소득 지급명세서 제출 시 생략 가능)
② 건강보험 : 매년 3월 10일(개인사업장 사용자는 매년 5월(6월) 말까지 신고)
③ 고용·산재보험 : 매년 3월 15일(건설업은 3월 말 보험료 신고)

2) 신고대상
① 국민연금 : 전년도 12월 1일 이전 입사자
② 건강보험 : 전년도 12월 말일 현재 직장가입자 자격 유지자
③ 고용·산재보험 : 전년도 근로자 중 적용대상자

3) 신고서
① 국민연금 : 소득총액신고서

② 건강보험 : 직장가입자 보수총액 통보서

③ 고용·산재보험 : 보수총액 신고서

(3) 보험료 정산

보수총액 신고기한까지 신고된 보수총액을 가지고 보수월액 등을 계산하고, 이를 기준으로 당해연도 보험료가 산정이 된다. 하지만 이 보험료의 경우 전년도 소득을 기준으로 당해연도에 보험료를 부과하는 형태이므로, 당해연도 소득이 확정되면 그 소득을 기준으로 당해연도 보험료를 재산정하여 기납부된 보험료와의 차액을 정산할 필요가 있다.

즉, 2022년 3월에 신고된 보수총액은 2021년 간 근로자에게 지급된 근로소득 등을 신고하는 것으로, 이를 기준으로 산정된 보험료가 정확한 2021년의 보험료이다. 그러나 보험료 납부 시점에는 2021년의 소득을 알 수 없어 정확한 보험료를 산정할 수 없으므로, 사후에 소득이 확정되고 보수총액을 신고한 때 기납부 보험료와의 차액을 정산한다.

건강보험, 고용·산재보험과는 달리 국민연금은 그 해 소득을 기준으로 보험료를 산정하지 않고, 전년도 소득월액을 기준으로 보험료를 산정하므로 정산이 필요하지 않다. 다만, 국민연금공단에 신고한 기준소득월액과 국세청에 신고한 과세소득이 월 100만원 이상 차이가 발생하는 대상자에 대해서는 사후관리를 통하여 보험료를 소급하여 부과하고 있다.

1) 보수월액 적용기간

① 국민연금 : 당해 연도 7월~다음 연도 6월

② 건강보험 : 당해 연도 4월~다음 연도 3월

③ 고용·산재보험 : 당해 연도 4월~다음 연도 3월

2) 정산보험료 고지

① 국민연금 : 7월분 보험료에 포함

② 건강보험 : 4월분 보험료에 포함

③ 고용·산재보험 : 4월분 보험료에 포함

※ 건강보험, 고용·산재보험은 정산보험료가 당월 보험료를 초과하는 경우, 별도의 신청없이 5회(2회) 자동 분할 고지된다.

(4) 일용근로자의 4대보험

일용근로자의 경우에도 4대보험에 가입하여야 하고, 보수총액 등을 신고하여야 한다.

1) 적용대상

① 국민연금 · 건강보험

　　㉠ 일반업종의 근로자(건설업 제외)

　　　　– 1개월 이상 계속 사용되면서 1개월 동안의 근로일수가 8일 이상이거나 근로시간이 60시간 이상인 사람

　　　　– 1개월 동안의 소득이 220만 원 이상인 일용직 근로자(국민연금의 경우)

　　　　– 1개월 이상 근무하기로 한 명시적 계약이 있는 경우

　　　　※ 1개월 미만 고용된 경우는 적용 제외

　　㉡ 건설일용직 근로자

　　　　– 1개월 이상 계속 사용되면서 1개월 동안의 근로일수가 8일 이상인 사람

　　　　– 1개월 동안의 소득이 220만 원 이상인 일용직 근로자(국민연금의 경우)

　　　　– 1개월 이상 근무하기로 한 명시적 계약이 있는 경우

　　　　※ 1개월 동안 8일 미만 근무한 경우는 적용 제외

② 고용 · 산재보험

국민연금 · 건강보험과는 다르게, 고용 · 산재보험은 1개월 미만 고용되는 근로자 또한 4대보험의 적용대상이 된다. 사전에 1개월 미만의 고용기간을 정하고 고용한 경우, 결과적으로 근로를 제공한 기간이 1개월 이상이라 하여도 일용근로자로 판단한다.

2) 보수총액 신고 및 보험료 정산

일용근로자의 경우에도 일반근로자와 동일하게 다음 연도 3월 15일까지 보수총액을 신고하여야 한다. 그리고 동일하게 그에 따른 정산이 이루어진다.

3) 근로내용 확인신고서 제출

일용근로자를 고용한 달의 다음 달 15일까지 공단에 제출하여야 한다.

(5) 건강보험 직장가입자의 피부양자

2022년 9월 1일부터 직장가입자의 피부양자 자격요건이 강화되었다. 일부 피부양자의 경우, 소득 및 재산 등 부담 능력이 있음에도 보험료가 부과되지 않아 형평성 문제가 크다는 점이 계속 지적되어 왔기 때문이다. 2022년 9월 1일 이후 강화된 피부양자의 자격요건과 그 이전 규정에 대해서 알아보자.

1) 소득요건(모두 충족)

① 소득의 합계액이 연간 2,000만 원 이하일 것

② 사업소득이 없을 것 (다음 중 어느 하나에 해당하는 경우 사업소득이 없는 것으로 봄)

　　㉠ 사업자등록이 되어 있지 않은 경우
　　　: 사업소득의 연간 합계액이 500만 원 이하일 것(주택임대소득이 있는 경우 제외)

　　㉡ 장애인으로 등록한 사람, 국가유공자 등으로서 상이등급 판정을 받은 사람과 보훈보상대상자로서 상이등급 판정을 받은 사람인 경우
　　　: 사업소득의 합계액이 연간 500만 원 이하일 것

※ 피부양자가 되려는 사람이 폐업 등에 따른 사업중단 등의 사유로 소득이 발생하지 않게 된 경우, 「도시 및 주거환경정비법」에 따른 주택재건축사업으로 발생한 사업소득을 제외하면 ① 및 ②의 요건을 충족하는 경우 등 관계 자료에 의하여 공단이 인정한 경우에는 ① 및 ②의 요건을 충족하는 것으로 본다.

※ 피부양자가 되려는 사람이 기혼자인 경우에는 부부 모두 ①과 ②의 요건을 모두 충족하여야 한다.

2) 소득요건의 소득 산정방법 및 평가기준

① 소득월액 산정에 포함되는 소득 : 다음 구분에 따른 금액의 합계액

※ 분리과세 대상 이자소득과 배당소득이 1천만 원 이하인 경우 합산 제외
　　㉠ 이자, 배당, 사업, 기타소득 : 소득금액

※ 분리과세 선택 주택임대소득은 분리과세 방법에 따라 계산한 사업소득금액

ⓒ 근로소득 : 총급여액 (비과세소득 제외)

ⓒ 연금소득 : 총연금액 (사적연금 제외)

② **소득월액 : 다음의 구분에 따라 평가한 금액의 합계액**

㉠ 이자, 배당, 사업, 기타소득 : 해당 소득의 100%

ⓒ 근로, 연금소득 : 해당 소득의 50%

3) 재산요건

① **피부양자가 직장가입자의 배우자(사실혼 포함), 직계존속(배우자의 직계존속 포함), 직계비속(배우자의 직계비속 포함) 및 그의 배우자인 경우**

: 다음의 어느 하나에 해당할 것

㉠ 재산세 과세표준의 합이 5억 4천만 원 이하일 것

ⓒ 재산세 과세표준의 합이 5억 4천만 원 초과 9억 원 이하이고, 소득의 합계액이 연간 1천만 원 이하일 것

② **피부양자가 직장가입자의 형제자매의 경우**

: 재산세 과세표준의 합이 1억 8천만 원 이하일 것

4) 2022년 9월 1일부터 적용된 부분

	2022년 9월 1일 이전	2022년 9월 1일 이후
소득	연 소득 3,400만 원 초과	연 소득 2,000만 원 초과
소득평가율	근로, 연금소득의 30%	근로, 연금소득의 50%

2022년 9월 1일 실시된 건강보험 개편안에 따라, 피부양자의 소득요건 기준이 연 3,400만 원에서 연 2,000만 원으로 낮아지게 되었다. 이때의 연 소득은 2020년 신고된 소득을 기준으로 판단한다. 즉, 2020년 신고된 소득을 바탕으로 연 소득을 계산하였을 때 2,000만 원 초과 3,400만 원 미만인 경우, 2022년 8월까지는 직장가입자의 피부양자로 건강보험료가 부과되지 않았지만, 2022년 9월부터는 피부양자 자격을 잃게 되어 지역가입자로 전환되므로 건강보험료를 납부하게 되었다.

다만, 급격한 물가상승과 경제상황 등을 고려하여, 2026년 8월까지 보험료를 일부 경감하여 보험료 인상에 따른 부담을 완화하도록 하였다.

※ 경감률 : (1년차) 80% → (2년차) 60% → (3년차) 40% → (4년차) 20%

5) 기준 소득 및 부과 시기

2024년 3월까지 제출된 지급명세서와 2024년 5월 국세청에 신고된 2023년 귀속 종합소득세 신고서 상의 소득을 바탕으로 2023년 소득월액이 계산된다. 이렇게 계산된 2023년 소득월액은 2024년 11월 보험료를 산정할 때부터 적용되어, 2025년 10월 보험료 산정 시까지 유지된다.

6) 소득 부과 보험료 조정·정산제도

휴·폐업 등으로 소득 활동이 중단되거나 사업·근로소득이 감소한 경우, 소득 조정 신청이 가능하다. 소득 조정을 신청할 경우, 신청일이 속한 달의 다음 달 보험료부터 조정된다. 소득 조정을 신청하면 다음 해 11월 국세청 연계소득으로 보험료를 재산정하게 되는데 이를 소득 정산제도라고 한다. 직장가입자의 보험료 정산과 유사한 방식으로 정산되며, 정산된 차액은 11월에 추가부과 또는 환급된다.

(예시) 2024년 4월에 조정 신청 시, 신청 다음 달인 2024년 5월분 보험료부터 조정되며, 2025년 11월에 확보된 국세청 확인소득(2024년도 소득)으로 2024년 1월에서 12월분 보험료를 재산정 및 정산

조정 신청 가능한 소득은 사업소득과 근로소득뿐이고, 조정 신청 후 피부양자 자격 취득 신고는 별도로 하여야 한다.

(6) 건강보험 직장가입자의 보수 외 소득

건강보험 직장가입자가 직장에서 받는 소득 외의 소득(이하 보수 외 소득)이 연 2,000만 원을 초과하는 경우, 초과액에 대한 보험료를 산정하여 지역가입자처럼 주소지로 고지서가 발송된다. 이 보험료를 보수 외 소득월액 보험료라고 하며, 그 구체적인 내용은 다음과 같다.

1) 보수 외 소득월액 보험료 부과 산식

{(보수 외 소득 − 2,000만 원) ÷ 12개월} × 소득평가율 × 보험료율

① 보수 외 소득 : 피부양자 소득요건의 소득 산정방법과 동일하게 산정 및 평가

② 소득평가율 : 소득평가율이 서로 다른 소득이 함께 있는 경우, 보수 외 소득 전체 금액에서 그 소득이 차지하는 비율로 가중평균하여 계산

2) 기준 소득 및 부과 시기

2024년 3월까지 제출된 지급명세서와 2024년 5월 국세청에 신고된 2023년 귀속 종합소득세 신고서 상의 소득을 바탕으로 계산된 보수 외 소득이 2,000만 원을 초과할 경우, 2024년 11월부터 보수 외 소득월액 보험료가 부과된다. 그리고 그 보험료가 2025년 10월까지 적용된다. 만약 휴·폐업 등으로 소득이 감소하는 경우, 직장가입자의 피부양자와 마찬가지로 소득 조정 및 정산제도를 신청할 수 있다.

3) 보수 외 소득 사례

직장에서 받는 소득 외에 연금소득 4천만 원, 사업소득 5천만 원이 있는 경우, 보수 외 소득월액 보험료 계산방법

① 월 보수 외 소득 : (보수 외 소득 − 2,000만 원) ÷ 12개월

(9천만 원 − 2,000만 원) ÷ 12개월 = 5,833,333원

② 소득월액 : (월 보수 외 소득 × 소득비율 × 소득평가율)의 합계액

(5,833,333 × 5/9 × 100%) + (5,833,333 × 4/9 × 50%) = 4,537,037

※ 소득비율 : 보수 외 소득 전체 금액에서 그 소득이 차지하는 비율

사례의 5/9는 전체 9천만 원에서 사업소득 5천만 원이 차지하는 비율

③ 보수 외 소득월액 보험료 : 소득월액 × 보험료율

㉠ 건강보험료 : 4,537,037 × 7.09% = 321,670

㉡ 장기요양보험료 : 4,537,037 × 0.9182% = 41,650

㉢ 합계 : 321,670 + 41,650 = 363,320

1 퇴직소득의 정의

(1) 의의

퇴직금은 근로자가 퇴직할 때 회사가 퇴직금을 일시금으로 지급하는 제도를 말한다 (소법 §22, 소령 §42의 2).

① 공적연금 관련법에 따라 받는 일시금(퇴직소득의 일부 또는 전부를 지연하여 지급하면서 지연지급에 대한 이자를 함께 지급하는 경우 해당 이자 포함)
② 사용자 부담금을 기초로 하여 현실적인 퇴직을 원인으로 지급받는 소득
③ 「과학기술인공제회법」에 따라 지급받는 과학기술발전장려금
④ 「건설근로자의 고용개선 등에 관한 법률」에 따라 지급받는 퇴직공제금
⑤ 소기업ㆍ소상공인 공제금(2016.1.1. 이후 가입하는 분부터 적용)

확정급여형퇴직연금제도는 적립금과 운용수익 귀속자가 사용자(회사)이고 <u>퇴직연 금사업자는 회사를 대신하여 퇴직급여를 지급할 뿐이므로 확정급여형퇴직연금제도에 서 퇴직금을 지급할 경우 회사가 원천징수를 한다.</u>

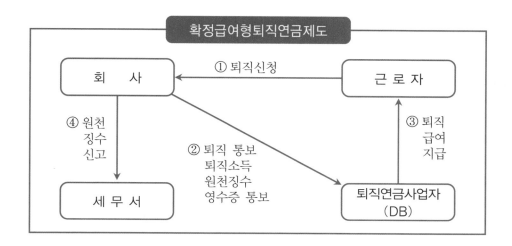

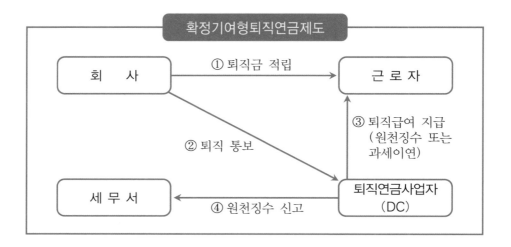

(2) 원천징수 제외

다음의 어느 하나에 해당하는 근로소득이 있는 사람이 퇴직함으로써 받는 소득은 원천징수에서 제외한다.

① 외국기관 또는 우리나라에 주둔하는 국제연합군(미군은 제외한다)으로부터 받는 근로소득
② 국외에 있는 비거주자 또는 외국법인(국내지점 또는 국내영업소는 제외한다)으로부터 받는 근로소득. 현역병 등의 퇴직급여, 유족이 받는 보상금, 연금 관련법 등에 의해 유족이 받는 급여 등은 비과세 퇴직소득에 해당한다.

② 소득구분

(1) 일반적인 경우

종전에는 퇴직소득의 범위를 법령에 열거하였으나 2013년 이후부터는 근로대가로서 현실적 퇴직을 원인으로 지급받는 소득은 퇴직소득으로 규정하여 근로대가의 명칭여하에 관계없이 퇴직을 원인으로 지급받은 대가는 원칙적으로 퇴직소득으로 본다.

예외적인 경우로 현실적인 퇴직 사유가 발생하였으나 퇴직급여를 실제로 지급받지 않는 경우는 퇴직으로 보지 않고, 퇴직금중간지급 사유에 해당하여 지급받는 퇴직금은 퇴직소득으로 본다.

(2) 임원 특례

임원에게 지급하는 퇴직급여에 대해서는 「법인세법」 및 「소득세법」에 한도를 규정하고 있다.

「법인세법」상 임원퇴직금 한도초과액은 손금불산입되어 상여로 소득처분된 금액이므로 근로소득에 해당(소령 §38 ① 13호)한다(지급규정이 없는 경우 1년간 총급여액 × 1/10 × 근속연수).

「소득세법」상 2012년 이후 근무기간의 퇴직금 한도초과액은 근로소득으로 원천징수한다(2019년 12월 31일부터 소급하여 3년 동안 지급받은 총급여 연평균환산액 × 1/10 × 2012년부터 2019년까지의 근속연수 × 3 + 퇴직한 날부터 소급하여 3년 동안 지급받은 총급여 연평균환산액 × 1/10 × 2020년 이후 근속연수 × 2).

| 임원에게 지급하는 퇴직급여의 소득 구분|

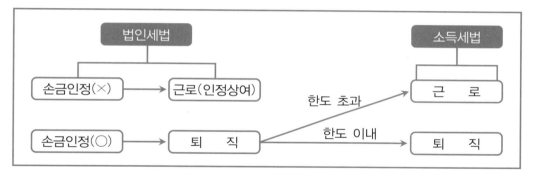

(3) 「법인세법」상 현실적인 퇴직 사유(법령 §44 ②)

법인이 퇴직급여를 실제로 지급한 경우로서 다음에 해당하는 경우를 포함한다.

㉮ 법인의 사용인이 당해 법인의 임원으로 취임한 때

㉯ 법인의 임원 또는 사용인이 그 법인의 조직변경·합병·분할 또는 사업양도에 의하여 퇴직한 때

㉰ 「근로자퇴직급여 보장법」 제8조 제2항에 따라 퇴직급여를 중간정산(종전에 퇴직급여를 중간정산하여 지급한 적이 있는 경우에는 직전 중간정산 대상기간이 종료한 다음 날부터 기산하여 퇴직급여를 중간정산한 것을 말한다. 이하 ㉱에서 같다)하여 지급한 때

㉣ 법인의 임원에 대한 급여를 연봉제로 전환함에 따라 향후 퇴직급여를 지급하지 아니하는 조건으로 그때까지의 퇴직급여를 정산하여 지급한 때

☞ 2015.2.3. 삭제(2016.1.1.부터 시행 - 퇴직으로 보지 않음)

㉤ 정관 또는 정관에서 위임된 퇴직급여지급규정에 따라 다음에 해당하는 사유로 그 때까지의 퇴직급여를 중간정산하여 임원에게 지급한 때

　㉠ 중간정산일 현재 1년 이상 주택을 소유하지 아니한 세대의 세대주인 임원이 주택을 구입하려는 경우(중간정산일부터 3개월 내에 해당 주택을 취득하는 경우만 해당한다)

　㉡ 임원(임원의 배우자 및 「소득세법」 제50조 제1항 제3호에 따른 생계를 같이 하는 부양가족을 포함한다)이 3개월 이상의 질병 치료 또는 요양을 필요로 하는 경우

　㉢ 천재지변, 그 밖에 이에 준하는 재해를 입은 경우

❸ 퇴직소득세 이연

(1) 의의

2012년 이전까지는 퇴직금을 과세이연계좌에 이체 시 이체된 퇴직소득은 이연계좌 인출 시까지 소득이 발생하지 아니한 것으로 간주하였다. 2013년 이후부터는 퇴직 시 퇴직소득이 발생한 것으로 보아 퇴직소득세를 계산하지만 추후 연금계좌에서 인출 시 까지 퇴직소득세 원천징수를 유예하여 퇴직소득 과세이연 시 퇴직일과 퇴직소득 귀속 시기를 일치시켰다.

이후 세제의 통일성을 위하여 2012년 이전 퇴직하여 과세이연계좌에 이체한 소득이 연 퇴직소득이 2014년 12월 31일 현재 연금계좌에 남아 있는 경우 2014년 12월 31일 전액 인출하여 다시 납입한 것으로 보아 소득이연 퇴직소득 잔액을 세액이연 퇴직소득 으로 전환하였다(소법 §146의 2).

거주자의 퇴직소득이 다음의 어느 하나에 해당하는 경우에는 해당 퇴직소득에 대한 소득세를 연금외수령하기 전까지 원천징수하지 아니한다(소법 §146).

① 퇴직일 현재 연금계좌에 있거나 연금계좌로 지급되는 경우

② 퇴직하여 지급받은 날부터 60일 이내에 연금계좌에 입금되는 경우

(2) 계산

「소득세법」 제146조 제2항에 따라 원천징수하지 아니하거나 환급하는 퇴직소득세를 이연퇴직소득세라 한다(소령 §202의 2).

이연퇴직소득세는 다음의 계산식에 따라 계산한 금액으로 하며, 이연퇴직소득세를 환급하는 경우 퇴직소득금액은 이미 원천징수한 세액을 뺀 금액으로 한다.

$$이연퇴직소득세 = 퇴직소득\ 산출세액 \times \frac{연금계좌로\ 지급 \cdot 이체된\ 금액}{퇴직소득금액}$$

이연퇴직소득을 연금외수령하는 경우 원천징수의무자는 다음의 계산식에 따라 계산한 이연퇴직소득세를 원천징수하여야 한다.

$$\frac{원천징수할}{이연퇴직소득세} = \frac{연금외수령\ 당시}{이연퇴직소득세} \times \frac{연금외수령한\ 이연퇴직소득}{연금외수령\ 당시\ 이연퇴직소득}$$

이 경우 연금외수령 당시 이연퇴직소득세는 ①에서 ②를 차감한 금액으로 한다.

① 연금외수령 전까지 이연퇴직소득세 누계액

② 연금외수령 전까지 인출한 퇴직소득의 누계액에 대한 세액

$$인출퇴직소득\ 누계액에\ 대한\ 세액 = 이연퇴직소득세\ 누계액 \times \frac{인출퇴직소득\ 누계액}{이연퇴직소득\ 누계액}$$

(3) 통보(소령 §147의 7 ①, 법령 §120 ⑨)

① 통보

원천징수의무자가 퇴직소득세를 원천징수하지 않거나 환급한 경우 퇴직소득 지급명세서[소득세법 시행규칙 별지 제24호 서식(2)]를 연금계좌취급자에게 즉시 통보하여야 한다.

② 가산세

원천징수의무자가 연금계좌취급자에게 통보하는 퇴직소득 지급명세서에 소득자의

<u>이연퇴직소득세를 적지 아니하였거나 잘못 기재한 경우 해당 금액의 1%를 가산세로 징수한다.</u> 지급명세서 제출기한이 지난 후 3개월 이내에 지급명세서를 제출하는 경우 0.5%를 가산세로 징수한다.

퇴직소득세 계산 구조(2023.1.1. 이후 퇴직하는 분부터 적용)

퇴직소득금액
(퇴직급여액 − 비과세 소득)

⬇

근속연수공제

⬇

환산급여
(퇴직소득금액 − 근속연수공제) ÷ 근속연수 × 12

⬇

환산급여공제

⬇

퇴직소득과세표준

⬇

퇴직소득산출세액
(과세표준 × 세율) ÷ 12 × 근속연수

⬇

기납부(과세이연)세액

⬇

차감원천징수세액

〈근속연수공제〉

근속연수	공제금액
5년 이하	근속연수×100만 원
10년 이하	500만 원+(근속연수−5)×200만 원
20년 이하	1,500만 원+(근속연수−10)×250만 원
20년 초과	4,000만 원+(근속연수−20)×300만 원

〈환산급여공제〉

환산급여(㉮)	공제금액
8백만 원 이하	전액 공제
7천만 원 이하	8백만 원+(㉮−8백만 원)×60%
1억 원 이하	4천520만 원+(㉮−7천만 원)×55%
3억 원 이하	6천170만 원+(㉮−1억 원)×45%
3억 원 초과	1억5천170만 원+(㉮−3억 원)×35%

〈기본세율〉

과세표준	세율	누진공제
1,400만 원 이하	6%	−
5,000만 원 이하	15%	1,260,000원
8,800만 원 이하	24%	5,760,000원
1억5천만 원 이하	35%	15,440,000원
3억 원 이하	38%	19,940,000원
5억 원 이하	40%	25,940,000원
10억 원 이하	42%	35,940,000원
10억 원 초과	45%	65,940,000원

④ 퇴직소득 원천징수 사례

김상사 씨는 ㈜위드에 2014.1.1. 입사하여 2024.3.28. 퇴사하였고 퇴사시점에 기중간 정산분(2019.6.30. 중간정산)을 합산하여 정산하려고 한다. 중간정산 시 지급받은 퇴직 급여는 138,000,000원, 기납부세액은 4,020,000원이며, 최종 퇴사 시 지급받은 퇴직급여 는 45,000,000원이다. 김상사 씨는 2024.4.1. 퇴직금 전액을 IRP계좌로 이체하였다.

1) 계산

퇴직소득금액	183,000,000	= 138,000,000 + 45,000,000
근속연수공제	17,500,000	= 1,500만 원 + 250만 원(11년 − 10년)
환산급여	180,545,454	= (183,000,000 − 17,500,000) ÷ 11 × 12
(−)환산급여공제	97,945,454	= 61,700,000 + (180,545,454 − 1억 원) × 45%
(=) 퇴직소득과세표준	82,600,000	
(×) 세율	24%	
(=) 환산 산출세액	14,064,000	= (82,600,000 × 기본세율)
퇴직소득 산출세액	12,892,000	= 환산 산출세액 ÷ 12 × 11
(−) 기납부세액	4,020,000	
(=) 차감납부세액	8,872,000	
(−) 이연퇴직소득세	8,872,000	
(=) 차감원천징수세액	0	

2) 원천징수이행상황신고서 서식에 따라 작성한다.

■ 소득세법 시행규칙 [별지 제21호 서식] (2015.3.13. 개정)　　　　　　　　　　　　　　　　　　(10쪽 중 제1쪽)

① 신고구분						[√]원천징수이행상황신고서 [ ]원천징수세액환급신청서		② 귀속연월	2024년 3월
매월	반기	수정	연말	소득처분	환급신청			③ 지급연월	2024년 3월

원천징수 의무자	법인명(상호)	㈜위드	대표자(성명)	최**	일괄납부 여부	여, 부
					사업자단위과세 여부	여, 부
	사업자(주민) 등록번호	123 - ** - 12312	사업장 소재지	서울시 **구 **동 00 - 0	전화번호	02 - 000 - 0000
					전자우편주소	**@***

❶ 원천징수 명세 및 납부세액　　　　　　　　　　　　　　　　　　　　　　　　　　　　　　(단위 : 원)

소득자 소득구분			코드	원 천 징 수 명 세						⑨ 당월 조정 환급세액	납부세액	
				소 득 지 급 (과세 미달, 일부 비과세 포함)		징수세액					⑩ 소득세 등 (가산세 포함)	⑪ 농어촌 특별세
				④ 인원	⑤ 총지급액	⑥ 소득세 등	⑦ 농어촌 특별세	⑧ 가산세				
개인 거주자 비거주자	근로소득	간이세액	A01									
		중도퇴사	A02									
		일용근로	A03									
		연말정산	A04									
		가감계	A10									
	퇴직소득	연금계좌	A21	1	45,000,000							
		그 외	A22									
		가감계	A20	1	45,000,000							
	사업소득	매월징수	A25									
		연말정산	A26									
		가감계	A30									
	기타소득	연금계좌	A41									
		그 외	A42									
		가감계	A40									
	연금소득	연금계좌	A48									
		공적연금(매월)	A45									
		연말정산	A46									
		가감계	A47									
	이자소득		A50									
	배당소득		A60									
	저축해지 추징세액 등		A69									
	비거주자 양도소득		A70									
법인	내·외국법인원천		A80									
수정신고(세액)			A90									
총 합 계			A99	1	45,000,000							

❷ 환급세액 조정　　　　　　　　　　　　　　　　　　　　　　　　　　　　　　　　　　　(단위 : 원)

전월 미환급 세액의 계산			당월 발생 환급세액				⑱ 조정대상 환급세액 (⑭+⑮+⑯+ ⑰)	⑲ 당월조정 환급 세액계	⑳ 차월이월 환급세액 (⑱-⑲)	㉑ 환급 신청액
⑫ 전월 미환급세액	⑬ 기환급 신청세액	⑭ 차감잔액 (⑫-⑬)	⑮ 일반 환급	⑯ 신탁재산 (금융 회사 등)	⑰ 그 밖의 환급세액					
					금융 회사 등	합병 등				

원천징수의무자는 「소득세법 시행령」 제185조 제1항에 따라 위의 내용을 제출하며, 위 내용을 충분히 검토하였고 원천징수의무자가 알고 있는 사실 그대로를 정확하게 적었음을 확인합니다.

　　　　　　　　　　　　　　　　　　　　　2024년　4월　10일

　　　　　　　　　신고인　　　　　　　　　　　　　　　최** (서명 또는 인)

세무대리인은 조세전문자격자로서 위 신고서를 성실하고 공정하게 작성하였음을 확인합니다.

　　　　　　　　　　　　　세무대리인　　　　　　　　　(서명 또는 인)

　○○세 무 서 장　　귀하

신고서 부표 등 작성 여부		
※ 해당란에 "○" 표시를 합니다.		
부표(4~5쪽)	환급(7쪽~9쪽)	승계명세(10쪽)
세무대리인		
성 명		
사업자등록번호		
전화번호		
국세환급금 계좌신고		
※ 환급금액 2천만 원 미만인 경우에만 적습니다.		
예입처		
예금종류		
계좌번호		

210mm×297mm[백상지 80g/㎡(재활용품)]

퇴직소득원천징수영수증/지급명세서

([√]소득자 보관용 [ ]발행자 보관용 [ ]발행자 보고용)

관리번호	

거주구분	거주자1 / 비거주자2
내·외국인	내국인1 / 외국인9'
종교관련종사자 여부	여1 / 부2
거주지국	거주지국코드
징수의무자구분	사업장1 / 공적연금사업자3

징수의무자	① 사업자등록번호	**********	② 법인명(상호)	(주)워드	③ 대표자(성명)	김워드
	④ 법인(주민)등록번호	**********	⑤ 소재지(주소)	**********		

소득자	⑥ 성 명	김 상 사	⑦ 주민등록번호	**********		
	⑧ 주 소	**********			⑨ 임원 여부	[ ]여 [√]부
	⑩ 확정급여형 퇴직연금 제도 가입일				⑪ 2011.12.31.퇴직금	

귀 속 연 도	2024. 1. 1 부터 2024. 3. 28 까지	⑫ 퇴직사유	[√]정년퇴직 [ ]정리해고 [ ]자발적 퇴직 [ ]임원퇴직 [ ]중간정산 [ ]기 타

퇴직급여현황	근 무 처 구 분	중간지급 등	최 종	정 산
	⑬ 근무처명	(주)워드	(주)워드	
	⑭ 사업자등록번호	**********	**********	
	⑮ 퇴직급여	138,000,000	45,000,000	183,000,000
	⑯ 비과세 퇴직급여			
	⑰ 과세대상 퇴직급여(⑮-⑯)	138,000,000	45,000,000	183,000,000

근속연수	구 분	⑱ 입사일	⑲ 기산일	⑳ 퇴사일	㉑ 지급일	㉒ 근속월수	㉓ 제외월수	㉔ 가산월수	㉕ 중복월수	㉖ 근속연수
	중간지급 근속연수	2014.1.1	2014.1.1	2019.6.30	2019.6.30	66				6
	최종 근속연수	2014.1.1	2019.7.1	2024.3.28	2024.3.28	57				5
	정산 근속연수		2014.1.1	2024.3.28		123			0	11

과세표준계산	계 산 내 용	금 액
	㉗ 퇴직소득(⑰)	183,000,000
	㉘ 근속연수공제	17,500,000
	㉙ 환산급여 [(㉗-㉘)×12배 / 정산근속연수]	180,545,454
	㉚ 환산급여별공제	97,945,454
	㉛ 퇴직소득과세표준(㉙-㉚)	82,600,000

퇴직소득세액계산	계 산 내 용	금 액
	㉜ 환산산출세액(㉛×세율)	14,064,000
	㉝ 퇴직소득 산출세액(㉜×정산근속연수/12배)	12,892,000
	㉞ 세액공제	0
	㉟ 기납부(또는 기과세이연) 세액	4,020,000
	㊱ 신고대상세액(㉝-㉞-㉟)	8,872,000

이연퇴직소득세액계산	㊲ 신고대상세액(㊱)	연금계좌 입금명세					㊳ 퇴직급여(⑰)	㊴ 이연 퇴직소득세 (㊲×㊳/㊳)
		연금계좌취급자	사업자등록번호	계좌번호	입금일	㊵ 계 좌 입금금액		
	8,872,000	******	******	******	2024.4.1	45,000,000	45,000,000	8,872,000
		㊶ 합 계						

납부명세	구 분	소 득 세	지방소득세	농어촌특별세	계
	㊷ 신고대상세액(㊱)	8,872,000	887,200		9,759,200
	㊸ 이연퇴직소득세액(㊴)	8,872,000	887,200		9,759,200
	㊹ 차감원천징수세액(㊷-㊸)				

위의 원천징수세액(퇴직소득)을 정히 영수(지급)합니다.

년 월 일

징수(보고)의무자 (서명 또는 인)

세무서장 귀하

제 5 절 사업소득 원천징수

① 원천징수 대상 사업소득

① 강사, 저술가, 작곡가 등이 직업상 제공하는 인적용역

② 의료보건용역(수의사의 용역 포함). 다만, 약사법에 의한 약사가 제공하는 의약품의 조제용역의 공급으로 발생하는 사업소득 중 의약품가격이 차지하는 비율에 상당하는 금액에 대해서는 원천징수에서 제외한다.

③ 봉사료(아래 요건을 모두 충족한 경우 원천징수대상)

 ㉠ 공급가액과 봉사료를 세금계산서 등에 구분기재할 것

 ㉡ 구분 기재한 봉사료금액이 공급가액의 20%를 초과할 것

 ㉢ 사업자가 봉사료를 자기의 수입금액으로 계상하지 않을 것

소득종류에 따라 소득금액을 계산하는 구조가 다르고, 신고납부절차도 다르므로 소득을 정확하게 구분하는 것은 매우 중요하다.

특히, 소득세법에서 기타소득으로 열거된 소득이라 하더라도 그 소득이 계속적·반복적으로 발생되는 경우에는 사업소득으로 구분되는 등 소득귀속자에 따라 소득구분이 달라지는 경우가 있다.

> **참고** **부가가치세 면세대상 의료보건용역과 인적용역의 종류**
>
> **1. 의료보건용역**
> 의료법 또는 수의사법 규정에 의하여 의료기관 또는 동물병원을 개설한 자가 제공하는 것을 포함한다.
> - 의료법에 규정하는 의사, 치과의사, 한의사, 조산사 또는 간호사 및 접골사, 침사, 구사 또는 안마사가 제공하는 용역
> - 의료기사 등에 관한 법률에 규정하는 임상병리사, 방사선사, 물리치료사, 작업치료사, 치과기공사 또는 치과위생사가 제공하는 용역
> - 약사법에 규정하는 약사가 제공하는 의약품의 조제용역
> - 수의사법에 규정하는 수의사가 제공하는 용역
> - 장의업자가 제공하는 장의용역
> - 장사 등에 관한 법률 제14조 및 제15조의 규정에 의하여 사설묘지, 사설화장시설,

사설봉안시설 또는 사설자연장지를 설치·관리 또는 조성하는 자가 제공하는 묘지
분양, 화장, 유골 안치, 자연장지분양 및 관리업 관련 용역

- 지방자치단체로부터 공설묘지, 공설화장시설, 공설봉안시설 또는 공설자연장지의
관리를 위탁받은 자가 제공하는 묘지분양, 화장, 유골 안치, 자연장지분양 및 관리
업 관련 용역
- 응급의료에 관한 법률 제2조 제8호의 규정에 의한 응급환자이송업자가 제공하는
응급환자이송용역
- 하수도법 제45조에 따른 분뇨수집, 운반업의 허가를 받은 사업자와 가축분뇨의 관
리 및 이용에 관한 법률 제28조에 따른 가축분뇨수집, 운반업 또는 가축분뇨처리업
의 허가를 받은 사업자가 공급하는 용역
- 전염병예방법에 의한 소독업의 신고를 한 사업자가 공급하는 소독용역
- 폐기물관리법에 의한 생활폐기물 또는 의료폐기물의 폐기물처리업 허가를 받은 사
업자가 공급하는 생활폐기물 또는 의료폐기물의 수집, 운반 및 처리용역과 폐기물
처리시설의 설치승인을 얻거나 그 설치의 신고를 한 사업자가 공급하는 생활폐기
물의 재활용용역
- 산업안전보건법에 의한 지정측정기관이 공급하는 작업환경측정용역
- 노인장기요양보험법에 의한 장기요양기관이 같은 법에 따라 장기요양 인정을 받은
자에게 제공하는 신체활동, 가사활동의 지원 또는 간병 등의 용역
- 사회복지사업법에 따라 보호대상자에게 지급되는 사회복지서비스 이용권을 대가로
국가 및 지방자치단체 외의 자가 공급하는 용역
- 모자보건법에 따른 산후조리원에서 분만 직후의 임산부나 영유아에게 제공하는 급
식·요양 등의 용역
- 사회적기업 육성법에 따라 인증받은 사회적기업 또는 협동조합기본법에 따라 설립
인가를 받은 사회적협동조합이 직접 제공하는 간병·산후조리·보육 용역
- 정신건강증진 및 정신질환자 복지서비스 지원에 관한 법률에 따라 국가 및 지방자
치단체로부터 의료보건 용역을 위탁받은 자가 제공하는 의료보건 용역

2. 인적용역

인적용역은 독립된 사업(수 개의 사업을 겸영하는 사업자가 과세사업에 필수적으로
부수되지 아니하는 용역을 독립하여 공급하는 경우를 포함한다)으로 공급하는 것으로
개인이 기획재정부령이 정하는 물적 시설 없이 근로자를 고용(고용 외의 형태로 해당
용역의 주된 업무에 대해 타인으로부터 노무 등을 제공받는 경우를 포함한다)하지 아
니하고 독립된 자격으로 용역을 공급하고 대가를 받는 다음의 인적용역을 말한다.
- 저술, 서화, 도안, 조각, 작곡, 음악, 무용, 만화, 삽화, 만담, 배우, 성우, 가수와 이와
유사한 용역
- 연예에 관한 감독, 각색, 연출, 촬영, 녹음, 장치, 조명과 이와 유사한 용역

- 건축감독, 학술용역과 이와 유사한 용역
- 음악, 재단, 무용(사교무용 포함), 요리, 바둑의 교수와 이와 유사한 용역
- 직업운동가, 역사, 기수, 운동지도가(심판 포함)와 이와 유사한 용역
- 접대부, 댄서와 이와 유사한 용역
- 보험가입자의 모집, 저축의 장려 또는 집금 등을 하고, 실적에 따라 보험회사는 금융기관으로부터 모집수당, 장려수당, 집금수당 또는 이와 유사한 성질의 대가를 받는 용역과 서적, 음반 등의 외판원이 판매실적에 따라 대가를 받는 용역
- 저작자가 저작권에 의하여 사용료를 받는 용역
- 교정, 번역, 고증, 속기, 필경, 타자, 음반취입과 이와 유사한 용역
- 고용관계 없는 자가 다수인에게 강연을 하고, 강연료·강사료 등의 대가를 받는 용역
- 라디오·텔레비전 방송 등을 통하여 해설·계몽 또는 연기를 하거나 심사를 하고 사례금 또는 이와 유사한 성질의 대가를 받는 용역
- 작명·관상·점술 또는 이와 유사한 용역
- 개인이 일의 성과에 따라 수당 또는 이와 유사한 성질의 대가를 받는 용역

② 소득구분

(1) 기타소득과 구분되는 사업소득의 특성

① 독립성

사업자등록 유무를 불문하고 사업과 관련하여 다른 사업자에게 종속 또는 고용되지 아니하고 대외적으로 독립하여 자기계산과 자기책임하에 사업을 영위하는 것을 말한다.

② 계속·반복성

동종의 행위를 계속적으로 반복하는 것을 말한다. 애초에 계속적·반복적인 의사가 있었던 경우에도 사업소득으로 보는 것이다.

③ 영리목적성

경제적 이익을 얻기 위한 직업적 의도를 가지고 행하는 것을 의미한다.

(2) 실무상 유의사항(중요)

사업소득과 기타소득 구분기준은 "계속적·반복적" 여부이며 소득귀속자의 상태에 따라 달라지는 것으로 수차례, 수개월 또는 다수 연도에 걸쳐 반복적으로 인적용역을 제공하거나 직업으로 하는 경우에는 사업소득으로 구분하는 것이 실무상 편리하다.

가령 1개월 단기간에 인적용역을 제공했더라도 사업성을 띠고 반복적으로 제공하는 경우에는 소득자의 의사에 따라 사업소득으로 구분하고, 한두 번 우연한 기회에 영리 목적 없이 제공하는 인적용역은 기타소득으로 구분한다.

사업소득과 기타소득의 구분이 모호하여 <u>원천징수의무자가 기타소득으로 원천징수 하였더라도 해당 소득이 사업소득인 경우, 소득자는 종합소득세 확정 신고 시 기타소 득을 사업소득으로 신고하여야 사후에 불이익을 받지 않는다.</u>

사업소득과 기타소득의 구체적인 사례는 아래를 참조한다.

☞ 국세법령정보시스템 홈페이지(http://taxinfo.nts.go.kr) 〉 전자도서관 〉 발간책자 〉 소득 〉 '사업소득과 기타소득의 구분'

③ 소득구분 사례

① 강연 등의 인적용역 제공에 따른 소득구분(소법 §21 ① 19호)

| 강의에 대한 대가 |

구분	소득종류
학교에 강사로 근로계약에 의해 고용되어 지급받은 급여	근로소득
일시적으로 강의를 하고 지급받은 강사료	기타소득
독립된 자격으로 계속적·반복적으로 강의를 하고 받는 강사료	사업소득
강의를 하고 그 대가로 학원이 지급받는 금액	당해 학원의 사업소득

| 고문료 |

구분	소득종류
거주자가 근로계약에 의한 고용관계에 의하여 비상임 자문역으로 경영 자문용역을 제공하고 받는 소득(고용관계 여부는 근로계약 내용 등을 종합적으로 판단)	근로소득
전문직 또는 컨설팅 등을 전문적으로 하는 사업자가 독립적인 지위에서 사업상 또는 부수적인 용역인 경영자문용역을 계속적 또는 반복적으로 제공하고 얻는 소득	사업소득
근로소득 및 사업소득 외의 소득으로서 고용관계 없이 일시적으로 경영 자문용역을 제공하고 얻는 소득	기타소득

② 특허권 등의 양도 및 대여에 따른 소득구분(소법 §21 ① 7호)

광업권 등 무체재산권의 양도나 대여로 인하여 발생하는 소득은 사업적 목적을 갖고 계속적·반복적으로 발생하느냐 아니면 일시적·우발적으로 발생하느냐에 따라 사업소득 또는 기타소득으로 구분된다.

구분	소득종류
특허권 등 대여 시 당사자 간의 계약에 따라 일정기간 동안 계속적·반복적으로 사용하도록 하고 받는 대가	사업소득
일시적으로 특허권을 대여하고 받는 대가	기타소득
영업권 양도 시 개인사업자가 그 사업을 양도하는 경우 영업권(점포 임차권 포함)의 양도로 발생하는 소득	기타소득
개인사업자가 사업용 고정자산과 함께 양도하고 받는 소득	양도소득

③ 문예창작수입(원고료, 인세 등)의 소득구분(소법 §21 ① 15호)

| 문예창작소득 |

구분	소득종류
독립된 자격으로 계속적이고 직업적으로 창작활동을 하고 얻는 소득	사업소득
교수 등이 책을 저술하고 받는 고료 또는 인세, 문필을 전문으로 하는 사람이 전문분야에 대한 기고를 하고 받는 고료	
미술·음악 등 예술을 전문으로 하는 사람이 창작활동을 하고 받는 금액, 정기간행물 등에 창작물(만화, 삽화 등 포함)을 연재하고 받는 금액	
신문·잡지 등에 계속적으로 기고하고 받는 금액	
전문가를 대상으로 하는 문예창작 모집에 응하고 받는 상금 등	
일시적인 창작활동의 대가. 즉, 문필을 전문으로 하지 않는 사람이 신문·잡지 등에 일시적으로 기고하고 받는 고료	기타소득
신인발굴을 위한 문예창작현상모집에 응하고 지급받는 상금 등	
사원이 업무와 관계없이 독립된 자격으로 사내에서 발행하는 사보 등에 원고를 게재하고 받는 대가	

④ 재산권에 관한 알선수수료 소득구분(소법 §21 ① 16호)

| 알선수수료 소득|

구분	소득종류
알선행위가 고용관계 없이 독립된 자격으로 계속적·반복적으로 행해지는 경우의 알선수수료	사업소득
부동산 중개 알선행위가 사업활동으로 볼 수 있을 정도의 계속성과 반복성이 있는 경우의 매매알선 수수료	
부동산중개업자가 금융회사 등과 업무협약을 체결하고 그 계약내용에 따라 금융회사 등과 개인고객 사이에 대출알선 후 금융회사 등으로부터 받는 알선수수료	
알선행위가 고용관계 없이 일시적으로 행해지는 경우의 알선수수료	기타소득
일시적으로 부동산을 중개하고 지급받는 매매알선 수수료	

❹ 사업소득 원천징수 사례

위드미술학원을 개업한 C원장은 원생들의 창의력과 학습의욕 고취를 위해 2024년 11월 방송에도 출연한 바 있는 유명한 마술사를 초청하여 마술쇼 및 간단한 마술을 배워보는 자리를 마련했다.

○ K마술사에게 그 대가로 450만 원을 지급하기로 했다.

○ C원장은 11월 30일 450만 원을 지급하였다면, 어떻게 원천징수를 하여야 할까?

아래의 순서대로 따라해보자.

1) 먼저 K씨에게 지급한 돈을 어떤 소득으로 원천징수하여야 하는지를 판단한다.

우선 사업소득과 기타소득 구분기준은 "계속적·반복적" 여부이다.

K씨는 전문직업 마술사로 활동하므로 위드미술학원 외에서도 계속적·반복적으로 마술 인적용역을 제공하고 있다. 따라서 K씨의 소득은 사업소득으로 봄이 타당하다.

2) K씨의 사업소득세액의 계산방식은 아래와 같다.

① 지급액은 4,500,000원이다.

② 소득세(135,000원)는 다음과 같이 산정한다.

지급액 4,500,000 × 3% = 135,000원

③ 원천징수할 소득세는 135,000원이다.

④ 지방소득세는 13,500원이다(소득세의 10%를 적용한다).

3) 원천징수이행상황신고서 서식에 따라 작성한다.

① 신고구분						[√]원천징수이행상황신고서 [　]원천징수세액환급신청서		② 귀속연월	2024년 11월
매월	반기	수정	연말	소득처분	환급신청			③ 지급연월	2024년 11월

원천징수 의무자	법인명(상호)	위드미술학원	대표자(성명)	C원장	일괄납부 여부	여, 부
					사업자단위과세 여부	여, 부
	사업자(주민) 등록번호	123 - 23 - 12312	사업장 소재지	서울시 **구 **동 00 - 0	전화번호	02 - 000 - 0000
					전자우편주소	**@***

❶ 원천징수 명세 및 납부세액

(단위 : 원)

소득자 소득구분			코드	원천징수명세					납부세액		
				소득지급 (과세미달, 일부 비과세 포함)	징수세액				⑨ 당월 조정 환급세액	⑩ 소득세 등 (가산세 포함)	⑪ 농어촌 특별세
				④ 인원	⑤ 총지급액	⑥ 소득세 등	⑦ 농어촌 특별세	⑧ 가산세			
개인 · 거주자 · 비거주 자	근로소득	간이세액	A01								
		중도퇴사	A02								
		일용근로	A03								
		연말정산	A04								
		가감계	A10								
	퇴직소득	연금계좌	A21								
		그 외	A22								
		가감계	A20								
	사업소득	매월징수	A25	1	4,500,000	135,000					
		연말정산	A26								
		가감계	A30	1	4,500,000	135,000				135,000	
	기타소득	연금계좌	A41								
		그 외	A42								
		가감계	A40								
	연금소득	연금계좌	A48								
		공적연금(매월)	A45								
		연말정산	A46								
		가감계	A47								
	이자소득		A50								
	배당소득		A60								
	저축해지 추징세액 등		A69								
	비거주자 양도소득		A70								
법인	내·외국법인원천		A80								
수정신고(세액)			A90								
총 합 계			A99	1	4,500,000	135,000				135,000	

❷ 환급세액 조정

(단위 : 원)

전월 미환급 세액의 계산			당월 발생 환급세액					⑱ 조정대상 환급세액 (⑭+⑮+⑯+ ⑰)	⑲ 당월조정 환급 세액계	⑳ 차월이월 환급세액 (⑱-⑲)	㉑ 환급 신청액
⑫ 전월 미환급세액	⑬ 기환급 신청세액	⑭ 차감잔액 (⑫-⑬)	⑮ 일반 환급	⑯ 신탁재산 (금융 회사 등)	⑰ 그 밖의 환급세액						
					금융 회사등	합병 등					

원천징수의무자는 「소득세법 시행령」 제185조 제1항에 따라 위의 내용을 제출하며,
위 내용을 충분히 검토하였고 원천징수의무자가 알고 있는 사실 그대로를 정확하게
적었음을 확인합니다.

2024년 12월 10일

신고인　　　　　　　C원장 (서명 또는 인)

세무대리인은 조세전문자격자로서 위 신고서를 성실하고 공정하게 작성하였음을 확인합
니다.

세무대리인　　　　　　　　　　(서명 또는 인)

○○세무서장　귀하

신고서 부표 등 작성 여부		
※ 해당란에 "○" 표시를 합니다.		
부표(4~5쪽)	환급(7쪽~9쪽)	승계명세(10쪽)
세무대리인		
성 명		
사업자등록번호		
전화번호		
국세환급금 계좌신고 ※ 환급금액 2천만 원 미만인 경우에만 적습니다.		
예입처		
예금종류		
계좌번호		

210mm×297mm[백상지 80g/㎡(재활용품)]

(3쪽)

귀속 연도	2024년	**[✓]거주자의 사업소득 원천징수영수증** **[ ]거주자의 사업소득 지급명세서** ([✓]소득자 보관용 [ ]발행자 보관용)	내·외국인		내국인1 외국인9
			거주 지국	대한 민국	거주지국 코 드 KR

징 수 의무자	① 사업자등록번호 123-23-12312		② 법인명 또는 상호 위드미술학원	③ 성명 C원장
	④ 주민(법인)등록번호		⑤ 소재지 또는 주소 서울시 **구 **동 00-0	

소득자	⑥ 상 호		⑦ 사업자등록번호
	⑧ 사 업 장 소 재 지		
	⑨ 성 명 K마술		⑩ 주민등록번호 890513-1234567
	⑪ 주 소 서울시 **구 **동 11-1		

⑫ 업종구분 (940909)기타자영업 ※ 작성방법 참조

⑬ 지 급			⑭ 소득귀속		⑮ 지 급 총 액	⑯ 세율	원 천 징 수 세 액		
연	월	일	연	월			⑰ 소 득 세	⑱ 지방소득세	⑲ 계
2024	11	30	2024	11	4,500,000	3%	135,000	13,500	148,500

위의 원천징수세액(수입금액)을 정히 영수(지급)합니다.

2024 년 11 월 30 일

징수(보고)의무자

C원장 (서명 또는 인)

○○세무서장 귀하

작 성 방 법

1. 이 서식은 거주자가 사업소득이 발생한 경우에만 작성하며, 비거주자는 별지 제23호 서식(5)을 사용해야 합니다.
2. 징수의무자란의 ④ 주민(법인)등록번호는 소득자 보관용에는 적지 않습니다.
3. 세액이 소액 부징수에 해당하는 경우에는 ⑰·⑱·⑲란에 세액을 "0"으로 적습니다.
4. ⑫ 업종구분란에는 소득자의 업종에 해당하는 아래의 업종구분코드를 적어야 합니다.

업종코드	종목	업종코드	종목	업종코드	종목	업종코드	종목	업종코드	종목
940100	저술가	940305	성악가	940904	직업운동가	940910	다단계판매	940916	행사도우미
940200	화가관련	940500	연예보조	940905	봉사료수취자	940911	기타모집수당	940917	심부름용역
940301	작곡가	940600	자문·고문	940906	보험설계	940912	간병인	940918	퀵서비스
940302	배우	940901	바둑기사	940907	음료배달	940913	대리운전	940919	물품배달
940303	모델	940902	꽃꽂이교사	940908	방판.외판	940914	캐디	851101	병의원
940304	가수	940903	학원강사	940909	기타자영	940915	목욕관리사		

210mm×297mm[백상지 80g/㎡(재활용품)]

| 귀속연도 | 2024년 | **거주자의 사업소득 지급명세서(발행자 보고용)**
(사업소득 원천징수영수증 발행자 보관용 소득자별 연간집계표) | 관리번호 | |

❶ 원천징수의무자 인적사항 및 지급내용 합계사항

① 법인명 (상호, 성명)	② 사업자(주민) 등록번호	③ 소재지 (주소)	④ 연간 소득인원	⑤ 연간 총 지급건수	⑥ 연간 총 지급액 계	⑦세액 집계현황		
						⑧소득세	⑨지방소득세	⑩ 계
위드미술학원	123-23-12312	서울시 **구 **동	1	1	4,500,000	135,000	13,500	148,500

❷ 소득자 인적사항 및 연간 소득내용

일련 번호	⑪ 업종 구분코드	⑫ 소득자 성명(상호)	⑬ 주민 (사업자) 등록번호	⑭ 내· 외국인 (1·9)	⑮ 지급 년도	⑯ 지급 건수	⑰ (연간) 지급총액	⑱ 세율	⑲ 소득세	⑳ 지방 소득세	㉑ 계
	소득자별 연간소득 내용 합계										
	소액 부징수 연간 합계										
1	940909	K미술	890513- 1234567	1	2024	1	4,500,000	3%	135,000	13,500	148,500
2											
3											
4											
5											
6											
7											
8											
9											

작 성 방 법

1. 이 서식은 거주자가 사업소득이 발생한 경우에만 작성하며, 비거주자는 별지 제23호 서식(5)를 사용하여야 합니다.

2. 건별 소액 부징수되는 건수·금액은 "소액 부징수 연간합계"란에 적으며, 원천징수의무자가 지급하는 "연간 총지급액 계"와 "소득자별 연간소득내용(소액 부징수 포함) 합계"는 일치하여야 합니다.

3. ④연간 소득인원란은 ⑫소득자 성명의 인원을, ⑤연간 총지급건수란은 ⑯지급건수(소액 부징수를 포함합니다)의 합계를 각각 적으며, 소득자를 기준으로 합계하여 제출합니다.

4. ⑪업종코드란에는 소득자의 업종에 해당하는 아래의 업종구분코드를 적어야 합니다.

5. ⑭내·외국인란에는 내국인인 경우는 "1"을, 외국인인 경우는 "9"를 적습니다.

업종코드	종목	업종코드	종목	업종코드	종목	업종코드	종목	업종코드	종목
940100	저술가	940305	성악가	940904	직업운동가	940910	다단계판매	940916	행사도우미
940200	화가관련	940500	연예보조	940905	봉사료수취자	940911	기타모집수당	940917	심부름용역
940301	작곡가	940600	자문·고문	940906	보험설계	940912	간병인	940918	퀵서비스
940302	배우	940901	바둑기사	940907	음료배달	940913	대리운전	940919	물품배달
940303	모델	940902	꽃꽂이교사	940908	방판.외판	940914	캐디	851101	병의원
940304	가수	940903	학원강사	940909	기타자영업	940915	목욕관리사		

210mm×297mm[일반용지 60g/㎡(재활용품)]

기타소득 원천징수

① 원천징수 대상 기타소득

소득세법에 열거된 기타소득을 지급하는 경우, 지급하는 금액에서 필요경비를 차감한 금액의 20%를 원천징수하며, 기타소득의 종류는 소득세법 제21조에 열거되어 있다.

① 상금, 포상금, 당첨금품, 슬롯머신·사행행위 이익, 승마투표권 등 환급금, 유실물 습득 보상금
② 사례금, 재산권에 관한 알선수수료
③ 강연 등 일시적 인적용역 대가
④ 원고료, 인세, 문예창작수입
⑤ 저작권·방송필름·특허권·상표권·영업권 등의 양도 및 대여 또는 사용의 대가
⑥ 물품 또는 장소의 일시적 대여에 따른 사용료
⑦ 서화·골동품 양도소득(조각 제외) 등 (사업장을 갖추거나 사업자등록을 한 경우는 제외)
⑧ 공익사업과 관련하여 지역권·지상권(지하 또는 공중에 설정된 권리를 포함)을 설정하거나 대여함으로써 발생하는 소득(양도함으로써 발생하는 소득 제외)

- **원천징수대상이 아닌 기타소득에 해당하는 경우**
① 뇌물, 알선수재 및 배임수재에 의하여 받는 금품
② 위약금, 배상금(계약금이 위약금, 배상금으로 대체되는 경우에 한한다)
③ 가상자산을 양도하거나 대여함으로써 발생하는 소득(이하 "가상자산소득"이라 한다. 가상자산소득에 대한 과세는 2025년 1월 1일부터 시행될 예정)

② 기타소득의 필요경비

필요경비란 기타소득에 대응하는 지급증명이 있는 비용을 말한다.

단, 아래 예시의 특정 기타소득에 대해서는 지급증명이 없어도 60% 또는 80%를 필요경비로 인정하며, 실제 소요된 필요경비가 60%(또는 80%)에 상당하는 금액을 초과하면 그 초과하는 금액도 필요경비에 산입한다(소득자의 입증이 필요하다).

(1) 받은 금액의 60%

① 영업권, 산업재산권 등을 양도하거나 대여하고 받는 대가
② 원고료, 인세, 미술·음악 또는 사진에 속하는 창작품에 대한 대가
③ 고용관계 없이 다수인에게 강연을 하고 받는 강연료 등의 대가
④ 고용관계 없이 수당 또는 이와 유사한 성질의 대가를 받고 제공하는 용역
⑤ 공익사업과 관련하여 지역권·지상권을 설정하거나 대여함으로써 발생하는 소득

(2) 받은 금액의 80%

① 공익법인이 주무관청의 승인을 받아 지급하는 상금 및 부상과 다수가 순위 경쟁하는 대회에서 입상자가 받는 상금 및 부상
② 위약금과 배상금 중 주택입주 지체상금
③ 서화·골동품 양도소득(보유기간이 10년 이상인 경우이거나 받은 금액의 1억 원까지는 90%)

❸ 과세최저한

기타소득 지급 시 기타소득금액(기타소득에서 필요경비를 차감한 금액)이 건별 5만 원 이하인 경우에는 소득세를 과세하지 않는다.

과세최저한으로 소득세가 과세되지 않은 소득을 지급할 때는 원천징수를 하지 않는다. 다만, 원천징수이행상황신고서에는 납부할 세액이 없는 자에 대한 것도 포함하여 신고하여야 하므로 신고서상의 인원 및 총지급액란에는 이를 포함하여 신고한다.

과세최저한으로 소득세가 과세되지 않은 기타소득은 지급명세서 제출의무가 면제되나 소득세법 제21조 제1항 제15호(일시적 문예창작소득) 및 제19호(일시적 인적용역소득)의 기타소득은 지급명세서 제출의무가 면제되지 않는다.

해당 과세기간의 가상자산 소득금액이 250만 원 이하인 경우에도 소득세를 과세하지 않는다.

④ 기타소득 원천징수 사례

위드미술학원을 개업한 C원장은 두 분의 선생님들이 원생들에게 질 높은 교육을 할 수 있도록 2024년 11월 외부강사를 초빙하여 2주 과정으로 직무 교육과정을 운영했다.

외부강사인 L강사(전문강사 아님)에게 교육과정을 의뢰하면서, 해당과목의 교재원고 집필·시험출제 및 채점·강의를 함께 하기로 하고 원고료 3만 원, 출제 및 채점수당 2만 원, 강의료 5만 원을 별개의 건으로 일자를 달리하여 지급했다.

C원장은 2024년 11월 외부강사에게 지급한 10만 원을 어떻게 원천징수하여야 할까?

1) 과세최저한 적용 여부를 판단한다.

일시적으로 강의를 제공하고 1개 과정당 보통 1~2주 하는 직무교육과정을 운영함에 있어 강사에게 특정과목 교육과정을 의뢰하면서, 해당 과목의 교재원고 집필·시험 출제 및 채점·강의를 함께 하기로 하고 지급하는 원고료·출제 및 채점수당·강의료에 대해 각각을 별개의 건으로 일자를 달리하여 강사료 등을 지급하였다 하더라도, 동일 과정 전체를 1건으로 보아 소득세법 제84조의 과세최저한 적용 여부를 판단하는 것이다. 따라서 일시적으로 강의를 하고 지급받은 강사료인 당해 기타소득은 총지급액 10만 원에 대하여 과세최저한 적용 여부을 판단하여야 한다.

2) L강사의 기타소득세액은 아래와 같다(과세최저한에 해당).

강연료 10만 원 지급 시 필요경비는 지급금액의 60%에 해당하는 것으로 가정
→ 기타소득금액 4만 원 = 10만 원 − 10만 원 × 60%

위드미술학원을 개업한 C원장은 2024년 11월 원생들 50명의 사진을 찍어 앨범을 만들려고 한다.

○ 인근 어린이집 원장이면서 사진동호회 회원으로 활동하는 O원장에게 100만 원을 주기로 하고 원생들의 사진 촬영을 부탁했다.

○ C원장이 11월 30일 O원장에게 사진촬영에 대한 대가로 100만 원을 지급하였다면, 어떻게 원천징수를 하여야 할까?

아래의 순서대로 따라해 보자.

1) 먼저 O원장의 소득의 구분이 필요하다.

우선 사업소득과 기타소득 구분기준은 "계속적·반복적" 여부이다. O원장은 어린이집을 운영하는 사업자로서 당해 사진창작용역은 C원장님의 소개로 인하여 우연한 기회에 영리목적 없이 제공하는 인적용역으로 볼 것이다.

만약 원천징수의무자가 기타소득으로 원천징수하였다 하더라도 해당 소득이 사업소득인 경우 소득자는 5월 종합소득세 확정신고 시 기타소득을 사업소득으로 신고하여야 불이익을 받지 않을 것이다.

2) O원장의 기타소득세액은 아래와 같다.

① 지급액은 1,000,000원(1,000,000원 × 1회 = 1,000,000원)이다.

② 소득세(80,000원)는 다음과 같이 산정한다.

　　㉠ 기타소득금액 : 1,000,000원 − 600,000원 = 400,000원

　　　(필요경비 60%가 인정되는 기타소득에 해당한다)

　　㉡ 소득세 : 400,000원 × 20% = 80,000원

　　　(원천징수세율 20%를 적용한다)

　　　※ 약식계산 : (1,000,000원 × 8% = 80,000원)

　　㉢ 원천징수할 소득세는 기타소득세의 1회 합계액 80,000원이다.

③ 지방소득세는 8,000원(8,000원 × 1회)이다(소득세의 10%를 적용한다).

3) 원천징수이행상황신고서를 서식에 따라 작성한다.

■ 소득세법 시행규칙 [별지 제21호 서식] (2015.3.13. 개정) (10쪽 중 제1쪽)

① 신고구분						[√]원천징수이행상황신고서 [ ]원천징수세액환급신청서		② 귀속연월	2024년 11월
매월	반기	수정	연말	소득처분	환급신청			③ 지급연월	2024년 11월

원천징수 의무자	법인명(상호)	위드미술학원	대표자(성명)	C원장	일괄납부 여부	여, [부]
					사업자단위과세 여부	여, [부]
	사업자(주민) 등록번호	123-23-12312	사업장 소재지	서울시 **구 **동 00-0	전화번호	02-000-0000
					전자우편주소	**@***

❶ 원천징수 명세 및 납부세액 (단위 : 원)

소득자 소득구분			코드	원천징수명세						⑨ 당월 조정 환급세액	납부세액	
				소득지급 (과세 미달, 일부 비과세 포함)		징수세액					⑩ 소득세 등 (가산세 포함)	⑪ 농어촌 특별세
				④ 인원	⑤ 총지급액	⑥ 소득세 등	⑦ 농어촌 특별세	⑧ 가산세				
개인 (거주자· 비거주자)	근로소득	간이세액	A01									
		중도퇴사	A02									
		일용근로	A03									
		연말정산	A04									
		가감계	A10									
	퇴직소득	연금계좌	A21									
		그 외	A22									
		가감계	A20									
	사업소득	매월징수	A25									
		연말정산	A26									
		가감계	A30									
	기타소득	연금계좌	A41									
		그 외	A42	1	1,000,000	80,000						
		가감계	A40	1	1,000,000	80,000					80,000	
	연금소득	연금계좌	A48									
		공적연금(매월)	A45									
		연말정산	A46									
		가감계	A47									
	이자소득		A50									
	배당소득		A60									
	저축해지 추징세액 등		A69									
	비거주자 양도소득		A70									
법인	내·외국법인원천		A80									
수정신고(세액)			A90									
총 합 계			A99	1	1,000,000	80,000					80,000	

❷ 환급세액 조정 (단위 : 원)

전월 미환급 세액의 계산			당월 발생 환급세액				⑱ 조정대상 환급세액 (⑭+⑮+⑯+ ⑰)	⑲ 당월조정 환급 세액계	⑳ 차월이월 환급세액 (⑱-⑲)	㉑ 환급 신청액
⑫ 전월 미환급세액	⑬ 기환급 신청세액	⑭ 차감잔액 (⑫-⑬)	⑮ 일반 환급	⑯ 신탁재산 (금융 회사 등)	⑰ 그 밖의 환급세액					
					금융 회사 등	합병 등				

원천징수의무자는 「소득세법 시행령」 제185조 제1항에 따라 위의 내용을 제출하며, 위 내용을 충분히 검토하였고 원천징수의무자가 알고 있는 사실 그대로를 정확하게 적었음을 확인합니다.

2024 년 12 월 10 일

신고인   C원장 (서명 또는 인)

신고서 부표 등 작성 여부 ※ 해당란에 "○" 표시를 합니다.		
부표(4~5쪽)	환급(7~9쪽)	승계명세(10쪽)

세무대리인	
성 명	
사업자등록번호	
전화번호	

세무대리인은 조세전문자격자로서 위 신고서를 성실하고 공정하게 작성하였음을 확인합니다.

세무대리인   (서명 또는 인)

○○ 세 무 서 장 귀하

국세환급금 계좌신고 ※ 환급금액 2천만 원 미만인 경우에만 적습니다.	
예입처	
예금종류	
계좌번호	

210mm×297mm[백상지 80g/㎡(재활용품)]

귀속 연도	2024년

[√] 거주자의 기타소득 원천징수영수증
[ ] 거주자의 기타소득 지급명세서
([√] 소득자 보관용 [ ] 발행자 보관용)

소득자 구분		
내 · 외국인 구분	내국인1 외국인9	

징 수 의무자	① 사 업 자 등 록 번 호 123 − 23 − 12312		② 법인명 또는 상호 위드미술학원	③ 성 명 C원장
	④ 주 민(법인) 등 록 번 호 591001 − 1234567		⑤ 소재지 또는 주소 서울시 **구 **동 00 − 0	
소득자	⑥ 성 명 ○원장		⑦ 주민(사업자)등록번호 580414 − 2345678	
	⑧ 주 소 서울시 **구 **동 ○○−○			

⑨소득구분코드

* 해당코드에 √ 표시

68 비과세 기타소득, 69 분리과세 기타소득, 63 소기업소상공인공제부금 해지 소득,
60 필요경비 없는 기타소득(61, 63 제외), 61 주식매수선택권 행사이익 64 서화 · 골동품 양도소득
71 상금 및 부상 72 광업권 등 73 지역권 등 74 주택입주지체상금
75 원고료 등 76 강연료 등
62 그 밖에 필요경비 있는 기타소득(64 · 68 · 69 · 71〜76 제외)

⑩ 지급 연월일			⑪ 귀속 연월일		⑫ 지급 총액	⑬ 필요 경비	⑭ 소득 금액	⑮ 세율	원 천 징 수 세 액			
연	월	일	연	월					⑯ 소득세	⑰ 지방소득세	⑱ 농어촌특별세	⑲ 계
24	11	30	24	11	1,000,000	600,000	400,000	20%	80,000	8,000		88,000

위의 원천징수세액(수입금액)을 정히 영수(지급)합니다.

2024 년 11 월 30 일

징수(보고)의무자

C원장 (서명 또는 인)

귀하

작 성 방 법

1. 이 서식은 거주자에게 기타소득을 지급하는 경우에 사용하며, 이자 · 배당소득원천징수영수증[별지 제23호 서식(1)]의 작성 방법과 같습니다.
2. 징수의무자란의 ④ 주민(법인)등록번호는 소득자 보관용에는 적지 않습니다.
3. ⑯란부터 ⑲란까지 중 세액이 소액 부징수(1천 원 미만을 말합니다)에 해당하는 경우에는 세액을 "0"으로 적습니다.

210mm×297mm[백상지 80g/㎡(재활용품)]

■ 소득세법 시행규칙 [별지 제23호 서식(4)] (2014.3.14. 개정)　　　　　　　　　　　　　　　　　　　(4쪽 중 제1쪽)

| 귀속
연도 | 2024년 | **거주자의 기타소득 지급명세서(발행자 보고용)**
(거주자의 기타소득 원천징수영수증 발행자 보관용 소득자별 연간집계표) | 관리
번호 | |

❶ 원천징수의무자 인적사항 및 지급내용 합계 사항

① 법인명 (상호,성명)	② 사업자(주민) 등록번호	③ 소재지 (주소)	④ 연간 소득 인원	⑤ 연간 총지급 건수	⑥ 연간 총지급액 계	⑦ 연간 소득금액 계	⑧ 세액 집계현황			⑫ 계
							⑨ 소득세	⑩ 지방 소득세	⑪ 농어촌 특별세	
위드미술학원	123-23-12312	서울시 **구 **동	1	1	1,000,000	400,000	80,000	8,000		88,000

❷ 소득자 인적사항 및 연간 소득내용

일련 번호	⑬ 소득 구분코드	⑭ 소득자 성명(상호)	⑮ 주민(사업자) 등록번호	⑯ 내·외국 인	⑰ 지급 연도	⑱ 지급 건수	⑲ (연간) 지급총액	⑳ 필요 경비	㉑ 소득 금액	㉒ 세율	㉓ 소득세	㉔ 지방 소득세	㉕ 농어촌 특별세	㉖ 계
1	75	○원장	580414- 2345678	1	24	1	1,000,000	600,000	400,000	20%	80,000	8,000		88,000
2														
3														
4														
5														
6														
7														
8														
9														
10														

작 성 방 법

1. 이 서식은 거주자에게 기타소득을 지급하는 경우 작성하며, ⑬ 소득구분코드란은 제2쪽을 참조하여 해당 코드를 적습니다.

2. ㉓란부터 ㉖란까지 중 세액이 소액 부징수(1천 원 미만을 말합니다)에 해당하는 경우에는 세액을 "0"으로 적으며, 원천징수의무자가 지급하는 ⑥ 연간 총지급액계와 ⑦ 소득자별 연간소득금액(소액 부징수를 포함합니다)합계는 일치해야 합니다.

3. ④ 연간소득인원란은 ⑭ 소득자성명(상호)란의 인원을, ⑤ 연간총지급건수란은 ⑱ 지급건수(소액 부징수를 포함합니다)의 합계를 적으며, 연간 지급한 원천징수소득 중 소득자를 기준으로 합계하여 제출합니다.

4. ⑯ 내·외국인란은 내국인의 경우 "1"을 외국인의 경우 "9"를 각각 적습니다.

5. ㉑ 소득금액란은 ⑲ (연간)지급총액에서 ⑳ 필요경비를 뺀 금액을 적습니다.

210mm×297mm[백상지 80g/㎡(재활용품)]

① 발급시기

원천징수의무자는 소득자가 소득금액, 원천징수세액을 확인할 수 있도록 소득자에게 원천징수영수증을 반드시 발급하여야 한다.

(1) 근로 · 퇴직소득

1) 근로소득

① 계속근로자

원천징수의무자는 해당 과세기간의 다음 연도 2월 말일까지 근로소득 원천징수영수증을 근로소득자에게 발급

☛ 다만, 종된 근무지의 원천징수의무자는 주된 근무지에서 연말정산을 받고자 하는 자에게 원천징수영수증을 즉시 발급

② 중도퇴직자

퇴직일이 속하는 달까지의 근로소득에 대하여 그 퇴직일이 속하는 달의 근로소득 지급일이 속하는 달의 다음 달 말일까지 발급(원천징수시기 이연에 따라 퇴직소득에 대한 소득세를 원천징수하지 아니한 때에는 그 사유를 함께 적어 발급)

③ 일용근로자

지급일이 속하는 달의 다음 달 말일까지 발급

2) 퇴직소득

그 지급일의 다음 달 말일까지 발급

☛ 원천징수의무자는 퇴직소득의 지급일의 다음 달 말일까지 발급

(2) 그 외 4소득에 대한 원천징수영수증 발급시기

1) 이자소득 · 배당소득

지급하는 때

2) 사업소득

① 연말정산 대상소득

연말정산일이 속하는 달의 다음 달 말일까지

② 연말정산 대상 제외 소득

지급하는 때

3) 연금소득

지급하는 때(지급일이 속하는 과세기간의 다음 연도 2월 말일까지 연금소득 금액 등 통지하는 경우에는 원천징수영수증을 발급한 것으로 봄)

4) 기타소득

지급하는 때

❷ 지급명세서 제출

(1) 지급명세서 제출기한

소득세 납세의무가 있는 개인에게 소득을 국내에서 지급하는 자(법인, 소득세법 제127조 제5항에 따라 소득의 지급을 대리하거나 그 지급 권한을 위임 또는 위탁받은 자 및 같은 법 제7조 또는 「법인세법」 제9조에 따라 원천징수세액의 납세지를 본점 또는 주사무소의 소재지로 하는 자와 「부가가치세법」 제4조에 따른 사업자단위과세사업자를 포함한다)는 지급명세서를 그 지급일이 속하는 과세기간의 <u>다음 연도 2월 말일</u>(휴업 또는 폐업한 경우에는 휴업일 또는 폐업일이 속하는 달의 다음다음 달 말일)까지 원천징수 관할세무서장, 지방국세청장 또는 국세청장에게 제출하여야 한다. 다만, 다음 소득은 아래의 기한까지 제출하여야 한다.

1) 원천징수대상 사업소득, 근로소득, 퇴직소득, 봉사료

지급일이 속하는 과세기간의 다음 연도 3월 10일

2) 일용근로자의 근로소득

지급일(휴·폐업일 또는 해산일)이 속하는 달의 다음 달 말일

3) 금융투자소득

원천징수기간이 속하는 반기의 마지막 달의 다음 달 말일

(2) 간이지급명세서 제출기한

다음의 어느 하나에 해당하는 소득에 대해서는 간이지급명세서를 제출하여야 한다.

1) 일용근로자가 아닌 근로자에게 지급하는 근로소득

소득 지급일(휴·폐업일 또는 해산일)이 속하는 반기의 마지막 달의 다음 달 말일
※ 2026년 1월 1일 이후 지급하는 소득부터는 소득의 지급일이 속하는 달의 다음 달 말일

2) 원천징수대상 사업소득

소득의 지급일이 속하는 달의 다음 달 말일

3) 강연 등 일시적 인적용역의 대가에 해당하는 기타소득

소득의 지급일이 속하는 달의 다음 달 말일

(3) 지급명세서 제출 면제

다음의 어느 하나에 해당하는 소득에 대해서는 지급명세서 제출 규정을 적용하지 아니한다.

① 소득세법 제12조 제5호의 규정에 따라 비과세되는 기타소득
② 소득세법 제21조 제1항 제2호(복권, 경품권, 그 밖의 추첨권에 당첨되어 받는 금품)에 해당하는 기타소득으로서 1건당 당첨금품의 가액이 10만 원 이하인 경우
③ 소득세법 제21조 제1항 제4호에 해당하는 기타소득으로서 1건당 환급금이 200만 원 미만(체육진흥투표권의 경우 10만 원 이하)인 경우

④ 소득세법 제84조(기타소득 과세최저한) 규정에 의하여 소득세가 과세되지 아니하는 기타소득

다만, 다음에 해당하는 기타소득은 소득세법 제84조 규정을 적용받더라도 지급명세서를 제출하여야 한다.

구분	대상소득
소득세법 제21조 제1항 제15호	문예·학술·미술·음악 또는 사진에 속하는 창작품(『신문 등의 자유와 기능보장에 관한 법률』에 따른 정기간행물에 게재하는 삽화 및 만화와 우리나라의 창작품 또는 고전을 외국어로 번역하거나 국역하는 것을 포함한다)에 대한 원작자로서 받는 소득으로서 다음의 어느 하나에 해당하는 것 - 원고료 - 저작권사용료인 인세 - 미술·음악 또는 사진에 속하는 창작품에 대하여 받는 대가
소득세법 제21조 제1항 제19호	다음의 어느 하나에 해당하는 인적용역(소득세법 제21조 제1항 제15호부터 제17호까지의 규정을 적용받는 용역은 제외한다)을 일시적으로 제공하고 받는 대가 - 고용관계 없이 다수인에게 강연을 하고 강연료 등 대가를 받는 용역 - 라디오·텔레비전방송 등을 통하여 해설·계몽 또는 연기의 심사 등을 하고 보수 또는 이와 유사한 성질의 대가를 받는 용역 - 변호사, 공인회계사, 세무사, 건축사, 측량사, 변리사, 그 밖에 전문적 지식 또는 특별한 기능을 가진 자가 그 지식 또는 기능을 활용하여 보수 또는 그 밖의 대가를 받고 제공하는 용역 - 그 밖에 고용관계 없이 수당 또는 이와 유사한 성질의 대가를 받고 제공하는 용역

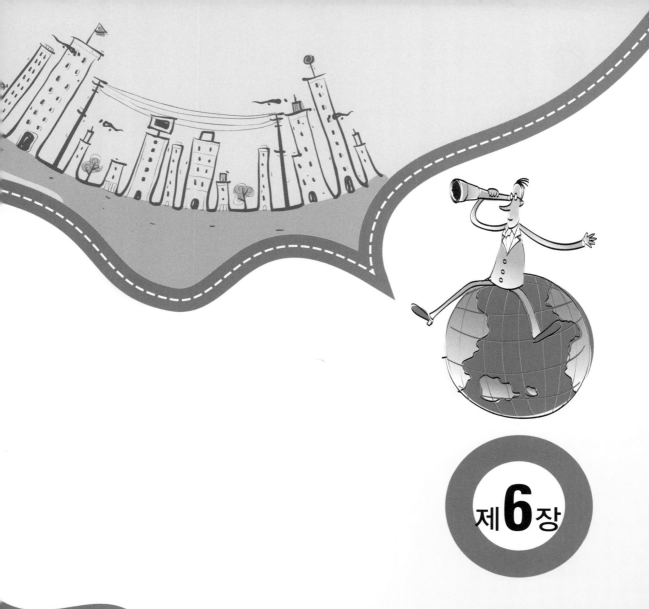

제**6**장

증빙관련제재와 사후관리

1 의의

(1) 개념

가산세는 세법에 규정하는 의무의 성실한 이행을 확보하기 위하여 그 세법에 의하여 산출한 세액에 가산하여 징수하는 금액을 말한다. 다만, 세법상의 의무를 위반하더라도 기한연장사유에 해당하거나 그 위반에 '정당한 사유'가 있는 경우에는 가산세를 면제하는 등 그 위반의 정도에 따라 제재의 범위는 다르다.

세법에서도 세금 부과, 징수 등과 같은 세무행정의 원활한 수행과 조세의 공평 부담을 실현하기 위하여 본래적 의미의 납세의무 이외에 과세표준 신고의무, 성실납부의무, 원천징수의무, 과세자료 제출의무 등의 여러 가지 협력의무를 부과하고 있다.

가산세 제도는 납세의무자로 하여금 간접적으로 의무 이행을 하도록 하고 성실한 의무이행자와의 공평성을 증대하는 역할을 한다.

(2) 가산세 등

1) 가산세와 가산금

2019년까지는 국세를 납부기한까지 납부하지 아니한 경우, 국세징수법에 의하여 고지세액에 가산하여 징수하는 가산금 제도가 있었다. 가산금은 이미 확정된 세액의 납부 지체라는 의무 위반에 대하여 부과되는 지연배상금(지연이자) 성격의 부대세의 일종으로, 납부기한이 경과함에 따라 당연히 발생하는 것으로써 의무불이행에 대한 제재인 가산세와 구분되어왔다.

그러나 가산세와 가산금의 구분이 쉽지 않고, 중첩적으로 운용하는 해외사례도 없기에 2018년 12월 31일 세법 개정으로 국세징수법에서 가산금 관련 규정은 삭제되고, 국세기본법의 '납부지연가산세'로 통합되었다. 이는 2020년 1월 1일 이후 납세의무가 성립하는 분부터 적용된다.

2) 가산세와 과태료

가산세는 세금의 형식으로, 과태료는 과태료의 형식으로 부과된다. 그 부과·징수 및 불복절차에서, 가산세는 일반 조세와 마찬가지로 주무행정기관인 과세관청의 부과처분에 의하여 부과되며 납부기한까지 완납하지 않을 때에는 국세징수법 및 지방세법 등에 의한 체납처분절차에 의하여 강제징수하고 그 부과처분에 불복이 있으면 행정심판을 거쳐 행정소송으로 다툴 수 있는 반면, 과태료는 과태료에 처할 자의 <u>주소지를 관할하는 지방법원의 결정으로 과하고</u> 이에 불복이 있는 검사와 당사자는 즉시 항고로 불복할 수 있는 한편 과태료의 재판은 검사의 명령으로 민사소송법 제7편의 규정에 따라 강제징수하게 된다(비송사건절차법 §247 내지 §251 참조). 2019.1.1. 이후 현금영수증 발급의무 위반 과태료는 거래대금의 50%에서 20%로 조정되었으며, 소득세법 및 법인세법가산세로 전환되었다.

3) 가산세와 형벌의 병과

가산세는 세법상의 의무불이행 또는 의무 위반에 대하여 조세의 형식으로 과징하지만, 조세벌은 세법상의 의무 위반에 대하여 형벌의 형식으로 과하는 제재이다. 세법상 하나의 의무위반 또는 의무불이행이 조세범의 구성요건과 가산세의 과징요건을 경합적으로 충족하기 때문에 조세벌과 가산세를 병과하는 경우가 있을 수 있다.

❷ 부과

(1) 요건

① 세법상의 의무 위반 또는 의무 불이행이 있어야 한다.

가산세는 가산세를 부과하기 위한 전제조건으로 먼저 납세자에게 부여된 세법상의 의무 위반이나 의무 불이행이라는 질서위반행위가 존재하여야 한다.

② <u>납세자에게 의무 위반이나 의무 불이행에 따른 귀책사유가 있어야 한다.</u>

가산세는 세법상의 의무 위반 또는 의무 불이행에 대한 제재이기 때문에 납세자의 의무 위반이나 의무 불이행이 '정당한 사유'로 볼 수 있는 경우 부과해서는 곤란하다.

③ 의무 위반이나 의무 불이행에 고의·과실을 요하지 않는다.

가산세는 과세권의 행사 및 조세채권의 실현을 용이하게 하기 위하여 납세자가 정당한 이유 없이 법에 규정된 신고 납세 등 각종 의무를 위반한 경우에 개별세법이 정하는 바에 따라 부과되는 행정상의 제재로서 납세자의 고의·과실은 고려되지 않는 것으로 보고 있다.

(2) 성립과 확정

가산세의 성립시기는 법정신고기한이 경과하는 때, 법정납부기한이 경과하는 때, 가산할 국세의 납세의무가 성립하는 때 등(국기법 §21 ① 11호) 구체적으로 국세기본법에서 규정하고 있으나, 가산세 납세의무의 확정에 관하여는 국세기본법에 명확하게 규정되어 있지 않다.

본 세가 신고납부방식의 조세이냐 부과과세방식의 조세이냐를 불문하고 국세기본법상의 일반적인 납세의무의 확정절차에 따라 과세표준과 세액을 정부가 결정하는 때, 즉 과세권자(국가 또는 지방자치단체)가 경정·결정하는 때에 확정된다. 다만, 납부지연가산세 및 원천징수 등 납부지연가산세(납부고지서에 따른 납부기한 후의 가산세에 한함)는 납세의무가 성립하는 때에 특별한 절차 없이 그 세액이 확정된다.

(3) 기산일

납부지연가산세와 같이 시간의 경과(무납부일수)에 따라 가산세액의 크기가 달라지는 경우에는 가산세의 기산일을 언제로 볼 것인가가 문제될 수 있다.

일반적인 경우에 있어서는 납부기한(소득세 익년 5월 31일 : 부가가치세 1기분 7월 25일, 2기분 익년 1월 25일)의 다음 날부터 자진납부일 또는 납부고지일까지의 기간에 대하여 납부지연가산세가 부과된다.

❸ 지급명세서 등 제출 불성실가산세

(1) 개요

소득세법에 의하여 지급명세서를 제출하여야 할 자가 당해 지급명세서를 제출기한 내에 제출하지 않았거나 제출된 지급명세서가 불분명한 때에 부과하며, 산출세액이 없는 경우에도 적용한다(소법 §81의 11).

(2) 계산

지급명세서 제출 불성실가산세	미제출 금액 또는 불분명한 지급금액 × 1/100 (제출기한이 지난 후 3개월 이내에 제출 5/1,000)
간이지급명세서 제출 불성실가산세	미제출 금액 또는 불분명한 지급금액 × 25/10,000 (제출기한이 지난 후 1개월 이내에 제출 × 125/100,000)
일용근로소득 지급명세서 제출 불성실가산세	미제출 금액 또는 불분명한 지급금액 × 25/10,000 (제출기한이 지난 후 1개월 이내에 제출 × 125/100,000)

(3) 지급명세서가 불분명한 경우

① 제출된 지급명세서에 지급자 또는 소득자의 주소·성명·납세번호(주민등록번호로 갈음하는 경우에는 주민등록번호)나 사업자등록번호·소득의 종류·소득의 귀속연도 또는 지급액을 기재하지 아니하였거나 잘못 기재하여 지급사실을 확인할 수 없는 경우

② 제출된 지급명세서 및 이자·배당소득 지급명세서에 유가증권 표준코드를 기재하지 아니하였거나 잘못 기재하여 유가증권의 발행자를 확인할 수 없는 경우

❹ 계산서 등 제출 불성실가산세

(1) 개요

사업자가 다음 중 어느 하나에 해당하는 경우에는 계산서 관련 가산세를 부과하며, 산출세액이 없는 경우에도 적용한다(소법 §81의 10).

단, 연말정산 대상 사업소득만 있는 자, 간편장부대상자로서 직전 과세기간의 사업소득의 수입금액이 4천8백만 원에 미달하는 사업자, 해당 과세기간에 신규로 사업을 개시한 사업자(이하 "소규모사업자"라 한다)에 대해서는 적용하지 않는다.

① 계산서를 발급하지 않은 경우 또는 발급한 계산서에 필요적 기재사항의 전부 또는 일부가 기재되지 않거나 사실과 다르게 기재된 경우

② 매출·매입처별계산서합계표를 기한 내에 제출하지 않은 경우 또는 제출한 합계표에 기재사항의 전부 또는 일부가 기재되지 않거나 사실과 다르게 기재된 경우

③ 전자계산서발급대상자가 종이계산서를 발급한 경우 또는 발급시기 이후 공급시기가 속하는 과세기간의 다음 연도 1월 25일까지 발급한 경우

(2) 계산

계산서불성실 가산세	지연발급·종이계산서 발급·불명금액 × 1/100, 매출미발급·가공수수 × 2/100 매입·매출처별계산서합계표 미제출·불명분 공급가액 × 5/1,000 (제출기한이 지난 후 1개월 이내에 제출하는 경우 3/1,000)

(3) 적용사례

1) 해석사례

① 계산서의 미발급 등에 대한 가산세 부과 여부

부가가치세가 면제되는 재화 또는 용역을 공급하는 사업자가 계산서를 교부하지 아니하고 매출처별계산서합계표만 제출한 경우에는 계산서미교부가산세 부과 대상이다(재경부 소득 46073-74, 1996.5.4.).

2) '정당한 사유'로 인정한 사례

① 매출처별계산서합계표의 기재내용과 같은 내용이 기재된 수입금액명세서를 제출한 경우

매출·매입처별계산서합계표에 기재하여야 할 거래처별 등록번호 및 공급가액 등 필요적 기재사항이 기재된 1998년 수입금액명세서를 제출하여 처분청이 매출처별계산서합계표를 제출하도록 한 목적은 달성된 것으로 볼 수 있으므로 청구인이 처분청에 대하여 납세자로서의 최소한의 의무는 이행한 것으로 보이는 반면, 세법에 규정하는 의무의 성실한 이행을 확보하기 위하여 의무위반자에게 부과되는 가산세제도의 취지에 비추어 보면 처분청이 청구인에게 매출처별계산서합계표 보고불성실가산세를 부과한 것은 부당하다(국심 2001서2281, 2001.11.23.).

② 세관장 발행의 수입계산서를 착오로 매입처별 세금계산서합계표에 기재하여 제출한 경우

부가가치세 과세사업자가 매입처별계산서합계표에 기재하여야 할, 세관장으로부터 교부받은 수입계산서를 단순 착오로 매입처별 세금계산서합계표에 기재하여 제출한

경우에는 소득세법 제81조 제7항 제2호에 규정된 보고불성실가산세를 적용하지 아니하는 것이다(서일 46011-11328, 2003.9.20.).

❺ 증명서류 수취 불성실가산세

(1) 개요

사업자(소규모사업자 및 소득금액이 추계되는 자 제외)가 사업과 관련하여 사업자(법인을 포함)로부터 재화 또는 용역을 공급받고 증명서류를 수취하지 아니하거나 사실과 다른 증명서류를 받은 경우에 부과하며, 산출세액이 없는 경우에도 적용한다(소법 §81의 6).

(2) 계산

증명서류 수취 불성실 가산세	계산서·세금계산서·신용카드매출전표 등 정규영수증 미수취 금액 × 2/100

(3) 적용 배제

① 경비 등의 지출증빙 수취 및 보관의무가 배제되는 경우(소법 §160의 2 ② 단서 및 소령 §208의 2 ①)
② 계산서·세금계산서 또는 신용카드매출전표를 발급받지 않고 지출한 기업업무추진비로서 필요경비불산입한 금액(소령 §147의 2 ①)

(4) 적용사례

1) 해석사례

① 지출증빙에 관한 질의 회신

복식부기의무자가 임가공용역을 공급받은 경우(법인 및 부가가치세법 제3조의 규정에 의한 일반과세자와의 거래를 제외한다) 공급받은 재화 또는 용역의 거래금액을 금융실명거래 및 비밀보장에 관한 법률 제2조 제1호의 규정에 의한 금융기관을 통하여 지급한 경우로서, 과세표준확정신고서에 송금사실을 기재한 경비 등의 송금명세서를 첨부하여 납세지 관할세무서장에게 제출하는 경우에는 소득세법 제81조 제8항의 규정에 의한 증빙불비가산세를 적용하지 않는다(소득 46011-389, 1999.11.25.).

② 비사업자로부터 재화 등을 공급받는 경우 증빙불비가산세 적용 여부

복식부기의무자가 사업과 관련하여 사업자(법인을 포함)로부터 재화 또는 용역을 공급받고 증빙서류로 소득세법 제160조의 2 제2항 각 호에 규정한 계산서, 세금계산서, 신용카드매출전표를 수취하지 아니한 경우에 '증빙불비가산세'를 부과하는 것이므로 사업자가 아닌 자로부터 재화 등을 공급받는 경우는 '증빙불비가산세'를 적용하지 아니한다(소득 46011-10171, 2001.2.27.).

③ 추계소득신고자에 대한 증빙불비가산세 등의 적용 여부

소득세법 제160조 제3항의 규정에 의한 복식부기의무자가 제70조 제4항 제6호의 규정에 의하여 종합소득과세표준확정신고서에 추계소득금액계산서를 첨부하여 종합소득과세표준신고를 하는 경우에도 제81조 제8항 및 제9항(증빙불비가산세 및 영수증수취명세서 미제출가산세) 규정의 적용대상이 된다(재경부 소득 46073-160, 2000.10.4.).

④ 거래사실이 확인되는 매입에 대하여 증빙수취를 하지 아니한 경우 증빙불비가산세 등의 적용 여부

복식부기의무자가 비치·기장하고 있는 외상매입장부를 증빙서류로 볼 수 있는지 여부는 외상매입장부상의 기록내용 등을 통해 사실판단할 사항이고, 거래사실이 객관적으로 확인되는 매입으로서 증빙서류를 수취하지 않은 금액에 대하여는 소득세법 제81조 제8항의 규정에 의하여 증빙불비가산세가 적용된다(재경부 소득 46073-178, 2002.12.16.).

⑤ 송금명세서를 미첨부한 경우 증빙불비가산세 적용 여부

부가가치세법 제25조의 규정을 적용받는 간이과세자로부터 부동산임대용역을 공급받은 경우에 그 거래금액을 금융기관을 통하여 지급하고 과세표준확정신고서에 그 송금명세서를 첨부하여 관할세무서장에게 제출한 경우에는 소득세법 제81조 제8항 단서 및 소득세법 시행규칙 제95조의 2 제9호의 규정에 의하여 증빙불비가산세를 적용하지 아니한다. 따라서 그 거래금액을 금융기관을 통하지 아니하고 지급한 경우에는 증빙불비가산세의 적용대상이 되는 것이나, 그 거래금액을 지급하지 아니하여 송금명세서를 첨부하지 못한 경우에는 증빙불비가산세의 적용대상에 해당하지 아니한다(제도 46011-11294, 2001.6.1.).

⑥ 일용근로자로부터 가내부업적 용역을 제공받는 경우 증빙불비가산세 적용 여부

사업소득이 있는 자가 사업과 관련하여 사업자(법인 포함)로부터 재화 또는 용역을 공급받고 그 대가를 지출하는 경우에는 소득세법 제160조의 2 제2항 각 호에 규정된 증빙서류를 수취하여야 하는 것이나, 소득세법 제14조 제3항 제2호에 의한 일용근로자로부터 가내부업적인 용역을 제공받고 그 대가를 지급하는 경우에는 지출증빙서류 수취대상에서 제외된다(소득 46011 – 10225, 2001.3.16.).

2) '정당한 사유'로 인정한 사례

① 가공세금계산서를 수취한 것으로 확인되어 매출원가를 부인한 경우

증빙불비가산세는 사업자의 경비지출내역의 투명성을 제고하고 거래상대방의 과세표준을 양성화시키기 위한 제도적인 장치로서, 사업자가 거래상대방으로부터 재화·용역을 공급받으면서 법령에서 정한 계산서, 세금계산서, 신용카드매출전표 등 정당한 증빙을 수취하지 않는 경우 증빙불비가산세를 적용하도록 한 입법취지에 비추어 볼 때, 복식부기 의무자인 청구인이 2000년 2기 과세기간 중 수취한 쟁점세금계산서상의 거래는 가공매입거래로서 거래 자체가 없어 정당한 증빙을 수취할 수 없는 것이므로 이를 매출원가 및 필요경비부인하여 과세표준을 다시 계산하고 신고불성실가산세 등을 과세하면 충분한 것이지 달리 증빙불비가산세를 부과할 수는 없다(국심 2002부347, 2002.9.2. ; 국심 2002서2894, 2003.2.5.).

3) '정당한 사유'로 인정하지 아니한 사례

① 당초 종합소득세 신고 시에는 계산서 미수취에 따라 신고내용에 포함시키지 아니하다가 수정신고하면서 스스로 매입사실을 인정하여 신고내용에 포함시킨 경우

증빙불비가산세규정은 2000년 귀속분부터 적용하도록 1998.12.28. 신설되었고, 2001.12.31. 개정된 소득세법 제81조 제8항은 증빙불비가산세율을 100분의 2로 인하하여 2001.12.31.이 속하는 과세기간에 재화 또는 용역을 공급받는 분부터 적용하도록 규정하고 있어, 청구인의 쟁점 매입액과 관련된 2000년에는 100분의 10이 적용되도록 되어 있다.

증빙불비가산세는 신설 당시인 2000년에는 다른 가산세에 비하여 납세자들에게 부과하는 율이 높은 것은 사실이지만 처분청이 법에서 정하는 바대로 청구인의 2000년도 증빙미수취에 대하여 100분의 10을 적용한 것은 위 규정의 도입초기 음성·탈루소득예

방과 사업자의 성실한 증빙수취 및 기장관행을 조기에 정착시키고자 하는 실효성을 확보하는 차원에서 인정한 것으로서 과잉금지의 원칙에 위배되는 것은 아니라고 할 것이다.

위의 사실관계와 관련법령을 종합해 볼 때, 복식부기의무자인 청구인이 쟁점 매입액에 대하여 계산서를 수취한 사실이 없이 2000년도 중에 거래한 사실이 객관적으로 확인되고 있으므로, 당시의 소득세법령이 정하는 바에 따라 처분청이 증빙불비가산세를 부과한 처분은 달리 잘못이 없다고 판단된다(국심 2004서386, 2004.4.14.).

② 소득금액을 추계조사결정하는 경우 무자료매입금액

소득세법 제81조 제8항의 증빙불비가산세 제도는 음성·탈루소득에 대한 과세를 강화하고 사업자의 성실한 증빙수취 및 기장관행을 정착하기 위해 도입된 것으로, 소득금액을 추계로 결정하였다 하여 달리 볼 것은 아니므로 매입세금계산서를 교부받지 아니하고 매입한 쟁점매입액에 대하여 증빙불비가산세를 부과한 처분은 잘못이 없다. 또한 소득세법 제81조 제8항의 증빙불비가산세는 세법이 정하는 위 증빙 외의 지출증빙을 수취한 경우뿐만 아니라 지출증빙을 전혀 수취하지 아니한 경우에 대해서도 동 가산세가 적용된다(국심 2003서267, 2003.4.10.).

❻ 영수증 수취명세서 제출·작성 불성실가산세

(1) 개요

사업자(소규모사업자 및 소득금액이 추계되는 자 제외)가 사업과 관련하여 사업자(법인 포함)로부터 재화 또는 용역을 공급받고 영수증 등을 수취한 경우로서 영수증 수취명세서를 과세표준 확정신고기한 내에 제출하지 않거나 제출한 영수증 수취명세서가 불분명한 경우에 부과하며, 산출세액이 없는 경우에도 적용한다(소법 §81). 증빙불비가산세와 중복적용된다.

(2) 계산

영수증수취명세서 미제출가산세	미제출금액 또는 불분명한 금액 × 1/100

(3) 영수증수취명세서가 불분명한 경우

제출된 영수증수취명세서에 거래상대방의 상호, 성명, 사업자등록번호(주민등록번호로 갈음하는 경우에는 주민등록번호), 거래일 및 지급금액을 기재하지 아니하였거나 사실과 다르게 기재하여 거래사실을 확인할 수 없는 경우(소령 §147 ③)

(4) 적용사례

① 영수증 수취명세서 제출·작성 불성실가산세의 적용

복식부기의무자가 사업과 관련하여 사업자(법인을 포함한다)로부터 재화 또는 용역을 공급받고 소득세법 제160조의 2 제2항 각 호의 증빙(세금계산서·계산서·신용카드매출전표 등)외의 증빙을 수취한 경우 및 같은법 제70조 제4항 제5호의 규정에 의한 영수증수취명세서를 과세표준확정신고기한 내에 제출하지 아니하는 경우에는 같은법 제81조 제8항의 증빙불비가산세 및 제9항의 영수증수취명세서 미제출가산세를 결정세액에 가산하는 것입니다(서면1팀-771, 2006.6.13.).

② 영수증수취명세서 제출·작성 불성실가산세의 미적용

부동산임대소득·사업소득 또는 산림소득이 있는 자가 사업과 관련하여 소득세법 시행령 제20조에 규정하는 일용근로자로부터 근로를 제공받고 그 대가를 지급하는 경우에는 소득세법 제81조 및 같은 법 시행령 제147조의 2에 규정한 증빙불비가산세 및 영수증수취명세서 미제출가산세를 적용하지 않는다(소득 46011-438, 1999.12.4.).

❼ 매입처별 세금계산서합계표 등 관련 불성실가산세

(1) 개요

1) 매입세금계산서 지연수취

사업자가 재화 또는 용역의 공급시기 이후에 발급받은 세금계산서로서 당해 공급시기가 속하는 과세기간에 대한 확정신고기한 내에 세금계산서를 발급받아 세금계산서 또는 매입처별 세금계산서합계표에 의하여 매입세액을 공제받는 경우에 부과한다(부법 §60 ⑦ 1호).

2) 매입처별 세금계산서합계표 미제출

사업자가 발급받은 세금계산서에 대한 매입처별 세금계산서합계표를 예정신고·확정신고 시 또는 예정신고누락분을 확정신고 시에 제출하지 아니하고 경정하는 때 세금계산서에 의하여 매입세액공제(경정기관의 확인을 거쳐 경정기관에 제출)를 받는 경우에 부과한다(부법 §60 ⑦ 2호).

다만, 다음의 경우에는 매입처별 세금계산서합계표 미제출가산세를 적용하지 아니한다.

① 발급받은 세금계산서에 대한 매입처별 세금계산서합계표 또는 신용카드매출전표 등의 수취명세서를 국세기본법 시행령 제25조 제1항의 규정에 의하여 과세표준수정신고서와 함께 제출하는 경우

② 발급받은 세금계산서에 대한 매입처별 세금계산서합계표 또는 신용카드매출전표 등의 수취명세서를 국세기본법 시행령 제25조의 3의 규정에 의하여 경정청구서와 함께 제출하여 경정기관이 경정하는 경우

③ 발급받은 세금계산서에 대한 매입처별 세금계산서합계표 또는 신용카드매출전표 등의 수취명세서를 국세기본법 시행령 제25조의 4의 규정에 의한 기한후과세표준신고서와 함께 제출하여 관할세무서장이 결정하여 매입세액을 공제하는 경우

3) 매입처별 세금계산서합계표 기재불성실 및 사실과 다른 경우

사업자가 제출한 매입처별 세금계산서합계표의 기재사항 중 거래처별 등록번호 또는 공급가액의 전부 또는 일부가 기재되지 아니하거나 사실과 다르게 기재된 경우에 부과한다(부법 §60 ⑦ 2호). 다만, 기재사항이 착오로 기재된 경우로서 발급받은 세금계산서에 의하여 거래사실이 확인되는 경우에는 가산세를 적용하지 아니한다(부법 §60 ⑦ 2호 단서).

4) 매입처별 세금계산서 합계표의 공급가액 과다 기재

사업자가 예정신고·확정신고 시 또는 예정신고누락분을 확정신고 시에 제출한 매입처별 세금계산서합계표의 기재사항 중 공급가액을 사실과 다르게 과다하게 기재하여 신고한 경우에 부과한다(부법 §60 ⑦ 3호).

(2) 계산

매입처별 세금계산서합계표 등 관련 불성실가산세	지연수취·미제출·부실기재 공급가액 × 5/1,000

(3) 적용사례

1) 해석사례

① 예정신고기간분의 매입처별 세금계산서합계표를 당해 과세기간의 확정신고와 함께 제출 시 가산세 적용 여부

부가가치세법 제18조의 규정에 의하여 예정신고를 하는 사업자가 예정신고기간에 교부받은 세금계산서에 의한 매입처별 세금계산서합계표를 예정신고와 함께 제출하지 못하고 당해 예정신고기간이 속하는 과세기간의 확정신고와 함께 제출하는 경우에는 매입처별 세금계산서합계표 지연제출가산세를 적용하지 아니한다(부가 46015－808, 1995.5.1.).

② 경정청구 시 매입처별 세금계산서합계표 가산세 적용 여부

사업자가 자기의 사업과 관련하여 교부받은 세금계산서에 대한 매입처별 세금계산서합계표를 국세기본법 제45조의 2의 규정에 의한 경정청구 시에 제출하여 매입세액을 공제받는 경우에는 부가가치세법 제22조 제4항의 규정에 의한 가산세를 적용하지 아니한다(부가 46015－1791, 1995.9.29.).

③ 매입처별 세금계산서합계표상 매입처를 다른 매입처와 착오로 합계하여 기재한 경우 가산세 적용 여부

사업자가 부가가치세법 제18조의 규정에 의한 예정신고를 하면서 제출한 매입처별 세금계산서합계표상 거래처 "A"로부터 교부받은 세금계산서 중 일부를 착오로 거래처 "B"로부터 교부받은 세금계산서에 포함하여 매입처별 세금계산서합계표를 작성하여 신고한 경우 이를 바로잡아 국세기본법 제45조의 규정에 의한 수정신고와 함께 제출하는 때에는 부가가치세법 제22조 제4항 규정의 가산세를 적용하지 않는다(부가 46015－112, 1996.1.19.).

④ 2기분 거래분의 수입세금계산서를 1기분 확정신고 시 제출하는 경우 가산세 적용 여부

제1기분 부가가치세 확정신고 시에 제2기분 매입세금계산서를 매입처별 세금계산서합계표에 기재하여 신고한 경우 부가가치세법 제22조 제4항 및 제5항의 규정에 의하여 매입처별 세금계산서합계표 불성실가산세와 신고납부불성실가산세를 납부세액에 가산하거나 환급세액에서 공제한다(부가 46015-2276, 1997.10.2.).

⑤ 반품한 매입 세금계산서를 신고 누락한 경우 매입처별 세금계산서합계표 가산세 부과여부

사업자가 재화를 반품하고 당초 재화의 공급자로부터 교부받은 세금계산서(매입감액 세금계산서)를 신고누락한 후 국세기본법 제45조의 규정에 의한 수정신고와 함께 매입처별 세금계산서합계표를 수정·작성하여 제출하는 경우에도 부가가치세법 제22조 제4항 제2호의 규정에 의하여 매입처별 세금계산서합계표 가산세가 부과된다(부가 46015-413, 1999.2.12.).

⑥ 반품한 재화에 대하여 수정세금계산서를 교부받지 못한 경우 매입처별 세금계산서합계표 관련 가산세 부과 여부

사업자가 재화를 공급받고 세금계산서를 교부받은 후 당해 재화의 일부를 반품하였으나 당초 재화의 공급자로부터 수정세금계산서를 교부받지 못한 경우에는 부가가치세법 제22조 제4항에 규정한 가산세가 부과되지 않는다(부가 46015-4021, 1999.9.30.).

⑦ 가사용 재화를 취득하고 교부받은 세금계산서에 대해 매입세액을 공제·신고한 경우 매입처별 세금계산서합계표가산세 적용 여부

사업과 관련 없는 세금계산서를 교부받아 매입세액공제 대상으로 신고한 후 수정신고하더라도 매입처별 세금계산서합계표의 기재사항 중 공급가액을 사실과 다르게 과다하게 기재하여 신고한 것이므로 부가가치세법 제22조 제4항 제3호(매입처별 세금계산서합계표 불성실가산세)의 규정이 적용된다(재경부소비 46016-83, 2002.3.27.).

2) '정당한 사유'로 인정한 사례

① 예정신고 시 제출한 매입세금계산서를 확정신고 시 착오로 매입처별 세금계산서합계표에 이중기재한 경우

부가가치세법 제22조 제4항 단서 규정에서 정하고 있는 매입처별 세금계산서합계표의 기재사항이 착오로 기재된 경우라 함은, 당해 과세기간에 속하는 매입세금계산서와 관련된 합계표의 기재사항이 착오로 기재된 경우라 할 것이다. 청구법인이 쟁점 매입

액을 2001년 제2기분 부가가치세 예정신고 시 제출한 매입처별 세금계산서합계표에 기
재하고, 이를 같은 과세기간인 2001년 제2기분 부가가치세 확정신고 시 제출한 매입처
별 세금계산서합계표에 기재한 것이 착오기재로 인정되므로 처분청이 이 건 매입처별
세금계산서합계표 공급가액 과다기재 신고가산세 ○○○원을 부과한 처분은 부당하다
(국심 2003광1850, 2003.9.22.).

② 과세와 면세 겸용부동산을 인수하면서 공급자의 착오로 과세분 공급가액이 과다
하게 기재된 세금계산서를 교부받은 경우

쟁점 건물매매와 관련하여 청구법인이 매입세액을 과다환급받은 주요원인이 공급자
인 청구 외 법인이 쟁점건물의 과세·면세 사용비율을 착오한 데 기인한 것으로, 매입
세액을 과다환급받은 데에 대하여 청구법인의 귀책사유가 없었던 것으로 보여지므로
이건 신고불성실 및 매입처별 세금계산서합계표 불성실가산세 부과처분은 이를 취소
하는 것이 타당하다(국심 2003구459, 2003.7.10.).

③ 수입신고일이 속하는 과세기간에 매입세액공제하여 신고하였으나 수입세금계산
서를 지연교부받은 경우

수입재화의 부가가치세법상의 공급시기는 수입신고일이며, 처분청이 처분의 근거로
삼는 기본통칙 17－0－8(수입세금계산서에 의한 매입세액 공제)은 수입일과 수입세금계
산서 발행일이 속하는 과세기간이 상이한 경우 그 수입세금계산서 발행일이 속하는 과세
기간의 매입세액으로도 공제받을 수 있도록 허용하자는 취지이므로, 이를 근거로 하여
수입세금계산서 교부일을 공급시기로 볼 것은 아니라 할 것이다. 그러므로 청구법인이
재화를 수입하고 수입세금계산서를 지연교부받은 이 건의 경우, 수입신고일을 공급시기
로 보아 수입신고일이 속하는 과세기간에 매입처별 세금계산서합계표를 제출한 것은 부
가가치세법 제22조 제4항 제3호의 매입처별 세금계산서합계표를 "사실과 다르게 과다
하게 기재한 경우"에 해당되지 아니하며, 처분청이 쟁점금액의 관련매입세액을 수입세
금계산서를 교부받은 날이 속하는 과세기간의 매입세액으로 공제하더라도 세관장이 지
연교부한 수입세금계산서를 청구법인이 정당한 과세기간(직전과세기간)에 매입처별
세금계산서합계표에 기재하여 제출한 것을 해당 과세기간에 매입처별 세금계산서합계
표에 기재하지 아니한 경우로 볼 수는 없는 것으로 판단된다(국심 2003중493, 2003.6.21.).

3) '정당한 사유'로 인정하지 아니한 사례

① 가공거래로 인한 가공의 매출금액과 가공의 매입금액을 매출·매입처별 세금계산서합계표에 기재하여 신고한 경우

의무해태를 탓할 수 없는 '정당한 사유'가 있는 경우에는 가산세를 부과할 수 없는 것이나, 부가가치세법 제22조 제3항 및 제4항 소정의 매출·매입처별 세금계산서합계표 부실기재가산세는, 과세권의 행사와 조세채권의 실현을 용이하게 하기 위하여 부가가치세 납세의무를 지는 사업자에게 세금계산서합계표의 기재사항을 사실대로 정확하게 기재하여 과세관청에 제출할 의무를 부과하고, 사업자가 정당한 이유 없이 이에 위배하여 세금계산서합계표의 기재사항 중 거래처별 등록번호 또는 공급가액의 전부 또는 일부를 기재하지 아니하거나 사실과 다르게 기재한 때에 사업자의 고의·과실을 고려함이 없이 행정상 제재로 부과되는 가산세이고, 또한 가산세는 징수절차의 편의상 당해 세법이 정하는 국세의 세목으로 하여 그 세법에 의하여 산출된 본세의 세액에 가산하여 함께 징수하는 것일 뿐, 세법이 정하는 바에 의하여 성립·확정되는 국세와 본질적으로 그 성질이 다른 것이므로, 재화를 공급하는 사업자가 가공거래로 인한 가공의 매출금액과 가공의 매입금액을 각 합산하여 기재함으로써 매출·매입처별 세금계산서합계표의 공급가액을 사실과 다르게 기재하였다면, 사업자는 그 가공거래부분에 대하여 부가가치세 납세의무를 부담하는지 여부와는 상관없이 사실과 다르게 기재된 세금계산서합계표의 공급가액에 대하여 매출·매입처별 세금계산서합계표 부실기재가산세를 납부할 의무가 있는 것이므로 가공세금계산서를 수수한 청구법인은 동 부실기재가산세의 적용대상이 된다 할 것이다(국심 2004서2474, 2005.3.18.).

② 간이과세자로부터 세금계산서를 교부받아 매입처별 세금계산서합계표를 제출한 경우

부가가치세는 납세의무자가 과세표준과 세액을 정부에 신고하는 때에 확정되는 세목으로 청구법인은 간이과세자로부터 교부받아 적법한 세금계산서가 아닌 이 건 세금계산서의 매입세액을 공제하여 신고함으로써 신고한 환급세액이 신고하여야 할 환급세액을 초과하여 신고하였고, 공급가액 전부가 사실과 다르게 과다하게 기재된 매입처별 세금계산서합계표를 제출하였으므로 부가가치세법 제22조 제5항 제1호 및 같은 법 제22조 제4항 제2호에 의해 신고불성실가산세 및 매입처별 세금계산서합계표 불성실가산세 적용대상이라고 판단되므로 동 가산세를 부과한 처분은 달리 잘못이 없다(국심 2000중2583, 2001.3.19.).

❽ 그 밖의 가산세 유형 및 계산방법

| 각 세법별 주요 가산세 |

세법명	종 류	주요내용
국 세 기본법 (모든 국세)	무신고가산세	• 법인세·복식부기의무자의 소득세 Max(부당무신고 산출세액 × 40%, 부당무신고 수입금액 × 14/10,000) + Max(일반무신고 산출세액 × 20%, 일반무신고 수입금액 × 7/10,000) • 법인세·복식부기의무자의 소득세 외 부당무신고 산출세액 × 40%, 일반무신고 산출세액 × 20% <u>(2015.1.1. 이후 개시 사업연도부터 산출세액 ⇒ 예정고지 등 차감한 무신고납부세액으로 적용)</u> • 영세율 과세표준 무신고 및 첨부서류미제출 <u>과세표준 × 0.5%</u>
	과소신고가산세	• 법인세·복식부기의무자의 소득세 Max(①, ②) + 일반과소신고 산출세액 × 10% ① 부당과소신고 산출세액 × 40% ② 부당과소신고 수입금액 × 14/10,000 • 법인세·복식부기의무자의 소득세 외 부당과소신고 산출세액 × 40%, 일반과소신고 산출세액 × 10% <u>(2015.1.1. 이후 개시 사업연도부터 산출세액 ⇒ 예정고지 등 차감한 과소신고납부세액 등으로 적용)</u> • 영세율 과소신고 과세표준 × 0.5%
	초과환급신고가산세	• 부당초과환급신고한 세액 × 40% • 일반초과환급신고한 세액 × 10%
	납부지연가산세	• 미납세액 × 경과일수 × 가산세율(1일 2.2/10,000) + 납부고지 후 미납세액 × 3% (가산세율 인하는 시행령 시행일이후~신고·부과분부터, 가산금통합은 2020.1.1. 이후~납세성립분부터 적용)
	원천징수 등 납부지연가산세	• ① + ②한 금액(미납세액의 10% 한도) ① 미납세액 × 3% ② 미납세액 × 일수 × 2.2/10,000

세법명	종 류	주요내용
부가가치세법	환급불성실가산세	• 초과환급세액 × 경과일수 × 가산세율(1일 2.2/10,000)
	미등록가산세	• 공급가액 × 1%(간이과세자 0.5%)
	타인명의등록가산세	• 공급가액 × 1%(간이과세자 0.5%)
	세금계산서발급불성실가산세	• 공급가액 × 1% 지연발급, 필요적 기재사항 미기재·부실기재, 전자세금계산서발급대상자가 종이세금계산서 발급 • 공급가액 × 2% 미발급, 위장발급·수취, 공급가액 과다기재 • 공급가액 × 3% 가공발급·수취(사업자가 아닌 경우도 포함)
	세금계산서 등 경정제출확인매입세액공제가산세	• 공급가액 × 0.5%
	매출처별 세금계산서합계표불성실가산세	• 공급가액 × 0.5% 미제출, 거래처등록번호 및 공급가액 미기재·부실기재 * 지연제출 : 공급가액 × 0.3% • 공급가액 × 0.3% 거래처등록번호와 공급가액 외의 사항 미기재·부실기재
	공급시기 이후 세금계산서 수취로 인한 가산세	• 공급가액 × 0.5% 동일과세기간의 확정신고기한 이내 수취, 확정신고기한 경과후 1년 이내 수취 및 경정청구 또는 결정·경정되는 경우
	매입처별 세금계산서합계표불성실가산세	• 공급가액 × 0.5% 미제출(수정신고 및 경정청구와 함께 제출 시는 제외), 거래처등록번호와 공급가액 미기재·부실기재, 공급가액 과다기재
	현금매출명세서제출불성실가산세	• 수입금액 × 1% * 제출대상자 : 예식장업, 부동산중개업, 병원과 의원으로 한정하는 보건업, 약사, 수의사, 변호사, 변리사, 법무사, 세무사 등
소득세법	사업장현황신고불성실가산세	• 미신고·미달신고 수입금액 × 0.5% * 의료업, 수의업, 약사에 관한 업을 행하는 사업자에 한함.
	공동사업장등록불성실가산세	• 미등록·허위등록 해당 과세기간 총수입금액 × 0.5% • 필요사항 미신고·허위신고 해당 과세기간 총수입금액 × 0.1%

세법명	종 류	주요내용
소득세법	무기장가산세	• 무기장 · 미달기장 산출세액 × 20% * 소규모사업자 제외
	사업용계좌미사용 가산세	• 미사용금액 × 0.2% 또는 미개설(미신고) 과세기간 총수입금액 × 0.2%
	신용카드매출전표 미발급가산세	• 발급거부 · 허위발급 금액 × 5%(건별 최하 5천 원)
	기부금영수증불성실 가산세	• 불성실 발급금액 × 5% • 기부자별 발급내역 미작성(미보관) 금액 × 0.2%

	현금영수증미발급
	가산세
		• 미가맹 해당 과세기간 총수입금액 × 1%
		• 발급거부 · 허위발급 금액 × 5%(건별 최하 5천 원)
		• 미발급 금액 × 20%
		
		* 현금영수증 의무발행업종(p.85 참조)의 사업자가 건당 거래
		  금액 10만 원 이상인 재화 또는 용역을 공급하고 그 대금을
		  현금으로 받았으나 현금영수증을 발급하지 않은 경우에 한함.

법인세법	무기장가산세 (비영리내국법인 제외)	Max(①, ②) ① 산출세액 × 20% ② 수입금액 × 0.07%
	주식변동상황명세서 제출불성실가산세	• 미제출 · 누락제출 · 불분명제출 주식액면가액 × 1% * 1월 내 제출 시 0.5%
	기부금영수증불성실 가산세 * 비영리내국법인에 한함.	• 불성실 발급금액 × 5% * 기부법인별 발급내역 미작성 · 미보관은 0.2%

❾ 중과(重課)되는 부당신고가산세(40%) 부과기준

부정한 방법으로 신고의무를 위반한 경우 가산세를 중과(40%)함으로써 성실신고 유도 및 탈세 방지

(1) 부정 행위(조처법 §3 ⑥)의 유형

조세의 부과와 징수를 불가능하게 하거나 현저히 곤란하게 하는 적극적 행위로 다음의 어느 하나에 해당하는 것
- 이중장부의 작성 등 장부의 거짓기장
- 거짓증빙·거짓문서의 작성 및 수취
- 장부와 기록의 파기
- 재산을 은닉, 소득·수익·행위·거래의 조작 또는 은폐
- 고의적으로 장부를 작성하지 아니하거나 비치하지 아니하는 행위 또는 계산서, 세금계산서 또는 계산서합계표, 세금계산서합계표의 조작
- 「조세특례제한법」 제24조 제1항 제4호에 따른 전사적 기업자원관리설비의 조작 또는 전자세금계산서의 조작
- 그 밖에 위계(僞計)에 의한 행위 또는 부정한 행위

(2) 용어의 정의

1) 주요 세법별 장부의 정의

① 국세기본법

㉠ 납세자는 각 세법이 규정하는 바에 따라 모든 거래에 관한 장부 및 증빙서류를 작성·비치하여야 하며, 그 거래사실이 속하는 과세기간에 대한 당해 국세의 법정신고기한이 경과한 날부터 5년간 보존하여야 한다(국기법 §85의 3 ①·②).

㉡ 납세자는 장부와 증빙서류의 전부 또는 일부를 전산조직을 이용하여 작성할 수 있다. 이 경우 그 처리과정 등을 대통령령이 정하는 기준에 따라 자기테이프·디스켓 기타 정보보존장치에 의하여 보존하여야 한다(국기법 §85의 3 ③).

　☞ 장부와 증빙서류로 인정할 수 있는 정보보존장치를 국기령 §65의 7에서 규정하고 있음.

② **소득세법**

　㉠ 장부라 함은 사업의 재산상태와 그 손익거래내용의 변동을 빠짐없이 이중으로 기록하여 계산하는 부기형식의 장부를 말한다(소령 §208 ①).

　㉡ 이중으로 대차평균하게 기표된 전표와 이에 대한 증빙서류가 완비되어 사업의 재산상태와 손익거래내용의 변동을 빠짐없이 기록한 때, 장부 또는 전표와 이에 대한 증빙서류를 전산처리된 테이프 또는 디스크 등으로 보관한 때에도 장부를 비치·기장한 것으로 본다(소령 §208 ②).

　㉢ 매매거래의 기록을 거래별로 하지 아니하고 세금계산서·영수증·지불증을 일계 또는 월계로 기록하여도 정당한 기장을 한 것으로 본다(소기통 160-1).

③ **법인세법**

　㉠ 복식부기에 의한 기장은 법인의 재산과 자본의 변동을 빠짐없이 이중기록하여 계산하는 정규의 부기형식에 의하여 기장하는 것으로 한다(법령 §155).

　㉡ 대차평균 원리에 의해 작성된 보조장부(매출·매입처별 거래원장, 재고자산 수불부 등)와 전표식 또는 카드식에 의한 장부와 전산조직에 의한 장부 등 그 명칭이나 형식에 불구하고 대차평균의 원리에 따라 이중기록한 것도 장부로 볼 수 있다(법기통 112-155…2).

④ **부가가치세법**

　㉠ 사업자는 자기의 납부세액 또는 환급세액과 관계되는 모든 거래사실을 장부에 기록하고 사업장에 비치하여야 한다(부법 §71 ①).

　㉡ 사업자는 장부·세금계산서 또는 영수증을 정보처리장치·전산테이프 또는 디스켓 등의 전자적 보존형태로 보존할 수 있다(부령 §117 ④).

2) '사기 기타 부정한 행위'의 관련 판례 등

> **관련판례**
>
> • '사기 기타 부정한 행위'란 조세의 부과·징수를 불가능하게 하거나 현저히 곤란하게 하는 위계 기타 부정한 적극적 행위(재조세 46019-137, 2003.4.7.)
> * 위계(僞計) : 행위자의 행위목적을 이루기 위하여 상대방에게 오인·착각·부지를

일으키게 하여 그 오인·착각·부지를 이용하는 것

- 우월적 입장에 있는 거래상대방이 제시하는 비공식적인 리베이트제공 요구조건을 충족시켜 거래 그 자체를 성립시키기 위해서 부득이하게 수수료 수입금액을 누락한 것은 '위계나 기타 부정한 적극적인 행위'로 볼 수 없음(국심 2003서752, 2006.6.5.).

- 태풍으로 일부 장부 및 증빙서류가 유실되어 별도 이중장부를 비치하지 않았으며, 거래상대방의 세금계산서 수취 거부로 세금계산서를 발행하지 못해 매출누락한 경우에는 단순 신고누락 행위로 '사기 기타 부정한 행위'인 적극적 기만행위에 해당되지 않음(국심 2004중3046, 2005.10.17.).

- 자료상 혐의자로부터 세금계산서를 수취하여 매입세액을 공제받은 경우는 조세포탈을 위한 '사기 기타 부정한 행위'로 10년의 부과제척기간을 적용함(국심 2004서4100, 2005.1.19. : 국심 2003중2839, 2003.12.19.).

- 과세표준을 제대로 신고하는 등 조세의 확정에는 아무런 지장을 초래하진 않았지만 그 조세의 징수를 불가능하게 하거나 현저히 곤란하게 하거나 그것이 조세의 징수를 면할 것을 목적으로 하는 것임(대법원 2005도9546, 2007.2.15.)

- '사기 기타 부정한 행위'란 조세의 부과·징수를 불가능하게 하거나 현저히 곤란하게 하는 위계 기타 부정한 적극적 행위가 있을 것을 요하는 것이지, 납세자에게 조세를 회피하거나 포탈할 목적까지 가질 것을 요하는 것은 아님. 즉, 납세의무자가 자기의 행위가 사기 기타 부정한 행위에 해당하는 것을 인식하고, 그 행위로 인하여 조세포탈의 결과가 발생한다는 사실을 인식하면서 부정행위를 감행하거나 하려고 하는 것을 말함(대법원 2004도817, 2006.6.29.).

- 조세범처벌법 제9조 제1항에서 말하는 '사기 기타 부정한 행위'라 함은 조세의 부과와 징수를 불가능하게 하거나 현저히 곤란하게 하는 위계 기타 부정한 적극적인 행위를 말하고, 다른 어떤 행위를 수반함이 없이 단순히 세법상의 신고를 하지 아니하거나 허위의 신고를 함에 그치는 것은 여기에 해당하지 아니하는 것임(대법원 2001도3797, 2003.2.14.).

- 비용의 허위계상 또는 과다계상의 방법으로 공금을 정식경리에서 제외한 뒤 그 금액상당액을 손금 처리한 경우 '사기 기타 부정한 행위'에 해당함(대법원 2002도2569, 2002.9.24.).

- 조세범처벌법 제9조의 2 제1호는 법에 의한 소득금액결정에 있어서 세무회계와 기업회계와의 차이로 인하여 생긴 금액은 '사기 기타 부정한 행위'로 인하여 생긴 소득금액으로 보지 아니하는 것임. 다만, 부당행위계산에 해당하는 거래임을 은폐하기 위하여 적극적으로 서류를 조작하고 장부상 허위기재하는 경우에는 '사기 기타 부정한 행위'에 해당함(대법원 1999도2814, 2002.6.11.).

- 토지미등기전매업자가 매매계약체결 후 양도소득신고 없는 경우 '사기 기타 부정한 행위'에 해당됨(대법원 1991도318, 1991.6.25.).

- 허위의 매입매출장을 작성하여 세무신고한 행위는 '사기 기타 부정한 행위'에 해당됨(대법원 1989도283, 1989.9.26.).

> • 어떤 다른 행위의 수반됨이 없이 단순한 세법상의 신고를 아니하거나 허위의 신고 또는 고지를 하는 것은 '사기 기타 부정한 행위'에 해당되지 않음(대법원 1986도998, 1988.12.27.).
> • 조세포탈 의도로 실제 거래증빙을 소각 등의 방법으로 없애버리고, 일부 매출에 대하여 세금계산서를 미교부하고 이를 신고누락한 경우 '사기 기타 부정한 행위'에 해당함 (대법원 1985도1518, 1988.3.8.).
> • 정당하게 발급된 출고증을 회수하고 납세증지를 영업소별로 안내하여 허위의 출고증을 각 영업소에 송부하여 이를 세무서에 제출케 한 경우 '사기 기타 부정한 행위'에 해당함(대법원 1985도1043, 1985.12.10.).

3) 기타 용어의 정의

① 허위문서

사실이 아닌 것을 사실처럼 작성한 문서(예시)

㉠ 위조(변조)계약서, 통정에 의한 허위계약서

㉡ 기타 이와 유사한 문서의 허위 작성

② 허위증빙

사실이 아닌 것을 거짓으로 꾸며 사실처럼 작성한 증빙(예시)

㉠ 사실과 다른 세금계산서 또는 계산서(위장·가공자료)

㉡ 허위의 신용카드매출전표 또는 현금영수증

㉢ 장부 작성과 관련된 허위의 전표·거래명세서 등

③ 장부와 기록

㉠ 장부 : 전술한 1)의 '장부'의 정의를 참고

㉡ 기록 : 장부에 기장하거나, 법인의 재산과 자본의 변동 및 손익 계산에 기초가 되는 문서를 작성하는 것

④ 재산의 은닉

상대방과 통정하거나 작위에 의해 재산을 숨기는 것

⑤ 소득 등의 조작 은폐

조세를 탈루하기 위하여 소득·수익·행위·거래의 귀속을 변경하거나, 상대방과 통정 및 작위에 의해 소득 등을 숨기는 것

❿ 가산세의 면제, 감면

(1) 면제

국세기본법 또는 각 세법에 따라 부과하였거나 부과할 가산세에 다음의 사유가 있는 경우에는 가산세를 부과하지 아니한다(국기법 §48 ①).

 - 그 부과의 원인이 되는 사유가 천재지변 등으로 인한 기한연장사유에 해당하는 경우
 - 납세자가 의무를 불이행한 것에 대하여 정당한 사유가 있는 경우

1) 기한연장 사유에 해당하는 경우

천재지변 등 기한연장 사유에 해당하는 때에는 해당 가산세를 감면

> **기한연장사유**
> ① 납세자가 화재·전화 기타 재해를 입거나 도난을 당한 때
> ② 납세자 또는 그 동거가족이 질병으로 위중하거나 사망하여 상중인 때
> ③ 정전, 프로그램의 오류 기타 부득이한 사유로 한국은행(그 대리점을 포함) 및 체신관서의 정보통신망의 정상적인 가동이 불가능한 때
> ④ 금융기관(한국은행 국고대리점 및 국고수납대리점인 금융기관에 한함) 또는 체신관서의 휴무 그 밖에 부득이한 사유로 인하여 정상적인 세금납부가 곤란하다고 국세청장이 인정하는 때
> ⑤ 권한 있는 기관에 장부·서류가 압수 또는 영치된 때
> ⑥ 「세무사법」 제2조 제3호에 따라 납세자의 장부 작성을 대행하는 세무사(같은 법 제16조의 4에 따라 등록한 세무법인을 포함한다) 또는 같은 법 제20조의 2에 따른 공인회계사(「공인회계사법」 제24조에 따라 등록한 회계법인을 포함한다)가 화재, 전화, 그 밖의 재해를 입거나 도난을 당한 경우
> ⑦ ①, ②, ⑤에 준하는 사유가 있는 때

2) 의무불이행에 정당한 사유가 있는 경우

납세자가 의무를 불이행한 것에 대하여 정당한 사유가 있는 때에는 가산세를 부과하지 않는다.

① 정당한 사유에 대한 대법원판례의 입장

유형구분	주요내용
① 법률의 부지·착오 등	가산세는 고의나 과실의 유무와는 관련 없이 의무위반 사실만 있으면 가산세 부과요건이 성립되는 것이므로 – 고의나 과실 및 납세자의 세법에 대한 부지·착오는 정당한 사유에 해당되지 아니함.
② 사실관계의 부지·오해	납세자에 있어서 진정으로 어쩔 수 없는 사정이 있고 가산세를 부과하는 것이 부당 또는 가혹한 경우에만 정당한 사유를 인정 – 과세객체(소득금액·상속재산 등)에 직접 관계되는 사실 등에 한정되고 – 신고할 과세표준이나 세액 등의 단순한 계산상의 오류나 착오문제는 이에 해당되지 않는 것임.
③ 과세관청 언동의 경우 ＊일관된 태도는 아니나 과세관청의 언동(또는 행위)과 납세자의 귀책사유와의 경중을 비교하여 과세관청의 귀책사유가 중한 경우에는 '정당한 사유'를 인정	민법 및 국세기본법의 '신의성실의 원칙'과도 부합되는 것으로 현행 대부분의 세목이 신고납세제도로서 – 과세관청에 상담·질의 등의 조언을 구하는 경우가 많아지는데 이러한 경우 납세자에게 한 회신이나 납세지도가 잘못된 경우 – 과세관청의 태도변경 및 부작위에 대하여 대법원은 정당한 사유를 인정할 수 있다고 판시하고 있음.

② '정당한 사유'의 적용사례

인용사례
- 국세청 질의회신을 근거로 양도소득세 감면신청의 예정신고를 하였고 과세관청이 이를 받아들이는 결정을 하였음에도, 이 후 감사원 지적사항을 이유로 감면세액을 추징하는 경우 '정당한 사유'가 인정됨.
- 토지양도 후 개별공시지가가 경정되어 소급적용되는 경우, 양도소득세 납세의무자에게 토지양도 후에 경정된 개별공시지가를 기준으로 양도소득세를 신고·납부할 것을 기대하는 것은 사회통념상 무리가 있으므로, 납세의무자가 종전 개별공시지가를 기준으로 신고·납부함으로써 결과적으로 과소신고납부한 데 대하여는 '정당한 사유'가 있음.
- 세법규정이 단순한 법률상의 부지나 오해의 범위를 넘어 기술적이어서 그 해석이 극히 어렵고, 세법 해석상 견해의 대립이 생길 수 있는 경우 납세의무자가 정부(궁극적으로는 법원의 판단)의 견해와 다른 견해를 취하였다 하여 가산세의 부과요건에 해당

하게 된다고 본다면 납세의무자에게 너무 가혹함.

- 종전까지는 어떤 의무가 면제되어 왔으나 후에 이르러 사정변경으로 그 의무를 이행할 입장이 되었는데 납세자가 이를 알기 어려웠던 관계로 종전의 관행을 계속하였고 과세관청도 이에 대하여 아무런 이의나 시정지시 없이 받아들인 경우에는 가산세를 납부하지 않은 데 대한 '정당한 사유'가 있음.
- 납세의무자가 결산을 확정하여 과세표준확정신고를 하는 데 있어 필요한 장부와 증빙서류가 수사기관이나 과세관청에 압수 또는 영치되어 있는 관계로 법인세법 소정의 기간 내에 결산을 확정하지 못하고 신고를 하지 못한 경우 위 신고기간을 도과한 데 대한 '정당한 사유'가 있음.
- 의무 이행이 수용, 도시계획이나 법률의 규정 때문에 불가능한 경우에는 '정당한 사유'가 있음.[12]

불인용사례

- 대법원과 다른 견해에 선 국세심판소의 결정취지를 납세자가 그대로 믿어 법에 규정된 신고·납부 의무 등을 해태하게 되었다 하더라도 그 의무의 해태를 탓할 수 없는 '정당한 사유'가 있다고 할 수 없음.[13]
- 신고기한 내에 상속재산을 신고하였으나 그 평가상의 차이로 인하여 미납부한 세액이라고 하더라도 신고·납부불성실가산세의 부과 대상에서 제외된다고 할 수 없고, 그 미달하게 납부한 데 대하여 '정당한 사유'가 있다고 볼 수 없음.[14]
- 세무공무원의 잘못된 설명을 믿고 그 신고납부 의무를 이행하지 아니하였다 하더라도 그것이 관계법령에 어긋나는 것임이 명백한 때에는 그러한 사유만으로 '정당한 사유'가 있다고 볼 수 없음.[15]
- 국세청장의 회신을 자신의 귀책사유로 인하여 자신의 재산취득에 관한 증여세 비과세 회신으로 믿는 경우에도 '정당한 사유'로 인정할 수 없음.[16]
- 개별공시지가가 높다는 이유로 관할시장에게 재조사청구를 하였으나 양도소득에 대한 과세표준확정신고 기한 이후에야 비로소 하향 경정결정되었다 하더라도 그와 같은

---

12) 대법원 1987누115, 1987.7.21. ; 대법원 1985누597, 1986.1.21. ; 대법원 1996누266, 1987.2.10.
13) 대법원 1999두3515, 1999.8.20. : 세법의 해석에 대립이 있다 하더라도 대법원의 견해가 일관되어, 확립된 판례가 있다고 볼 수 있는 경우 그와 다른 견해를 취한 때에는 '정당한 사유'를 인정하기 어려움.
14) 대법원 1996누16308, 1998.11.27. ; 다만, 1993.12.31. 법률 제4662호로 개정된 상속세법 제26조 제1항에서 본문에서는, 신고한 상속재산으로서 그 평가가액의 차이로 인하여 신고하여야 할 과세표준에 미달한 금액을 제외한다고 규정하여 재산평가상의 차이로 인한 과소신고액에 대하여는 신고불성실가산세를 부과하지 아니하도록 개정되었음.
15) 대법원 1996누15404, 1997.8.22. ; 대법원 1993누15939, 1993.11.23. ; 대법원 1985누660, 1985.11.26.
16) 대법원 1991누9848, 1992.4.28.

사정은 양도소득세에 대한 과세표준확정 신고의무를 해태한 데에 대한 '정당한 사유' 가 되지 아니함.[17]

- 본세에 대한 과세처분 취소소송을 제기하였다고 하여 쟁송 중인 세액에 대하여 납부 의무의 이행을 기대할 수 없다거나 또는 회사정리절차개시 단계에 있었다 하여 귀속 불명 소득에 대한 소득금액변동통지에 따른 납부의무를 이행하지 아니한 것이 정당하 다고 볼 수는 없음.[18]
- 과세관청이 기재누락을 시정할 수 있었다 하더라도 납세자 측의 과실로 근로소득원천 징수영수증에 소득자의 주소나 주민등록번호를 기재할 의무를 제대로 이행하지 못한 경우에는 '정당한 사유'가 있다고 볼 수 없음.[19]

③ '정당한 사유'의 주장 및 입증책임

가산세를 면제하는 '정당한 사유'란 세법상 협력의무를 불이행 또는 해태한 것에 불 가피한 사정이 있어서 결과적으로 그 의무해태자에게 가산세를 부과하는 것이 가혹함 을 의미하는 것으로서 그에 대한 주장 또는 입증책임은 납세자가 부담한다.

☞ 일반적으로 과세요건 해당사실에 대하여는 조세채권의 존재를 주장하는 과세관청에서 그 주 장·입증책임을 부담하고, 납세자는 과세에 대한 감면사유의 주장·입증책임을 부담하는 것임.

(2) 감면

다음의 어느 하나에 해당하는 경우 국세기본법 또는 세법에 따른 해당 가산세의 100 분의 90에서 10까지에 상당하는 금액을 감면(국기법 §48 ②)

구분	감면대상 가산세
법정신고기한 경과 후 　1개월 이내 수정신고 한 경우 : 90% 　1개월 초과 3개월 이내 : 75% 　3개월 초과 6개월 이내 : 50% 　6개월 초과 1년 이내 : 30% 　1년 초과 1년 6개월 이내 : 20% 　1년 6개월 초과 2년 이내 : 10%	• 과소신고가산세 및 초과환급신고가산세 　＊ 예정신고 및 중간신고를 하였으나 과소 신고하거나 초과 신고한 경우로서 확정신고기한까지 과세표준을 수정하여 신고한 경우는 50% 　＊ 해당 국세에 관하여 세무공무원이 과세표준과 세액을 경정할 것을 미리 알고 수정신고한 경우 감면 배제

---

17) 대법원 1995누14602, 1997.5.16.
18) 대법원 1993누6744, 1993.6.8.
19) 대법원 1980누83, 1980.12.9.

구분	감면대상 가산세
법정신고기한 경과 후 1월 이내 기한 후 신고를 한 경우 : 50% 1개월 초과 3개월 이내 : 30% 3개월 초과 6개월 이내 : 20%	• 무신고가산세 ＊예정신고 및 중간신고를 하지 아니하였으나 확정신고기한까지 과세표준신고를 한 경우는 50% ＊해당 국세에 관하여 세무공무원이 과세표준과 세액을 경정할 것을 미리 알고 기한 후 신고한 경우 감면 배제
과세 전 적부심사 결정·통지기간 내에 그 결과를 통지하지 아니한 경우 : 50%	• 결정·통지가 지연됨으로써 해당 기간에 부과되는 납부지연가산세 ＊결정·통지기간은 발송일 기준으로 기간계산하며, 보정기간은 결정기간에 산입하지 않음.
세법에 따른 제출·신고·가입·등록·개설(이하 제출 등)의 기한이 경과한 후 1월 이내에 해당 세법에 따른 제출 등의 의무를 이행하는 경우 : 50%	• 제출 등의 의무 위반에 대하여 세법에 따라 부과되는 가산세 ＊종전 법인세·소득세법상 감면을 부가가치세 등 다른 세목·유형에 확대

(3) 가산세의 면제 또는 감면의 신청

1) 신청방법

가산세를 면제 또는 감면을 받으려는 자는 관할세무서장(세관장, 지방자치단체장 포함)에게 가산세 감면신청서를 제출하여야 한다(국기령 §28 ②).

☞ 납세자가 감면 등의 신청을 하지 않은 경우에도 감면 등의 사유에 해당하는 경우 가산세를 면제·감면

2) 승인 및 통지

가산세 감면신청서를 받은 관할세무서장 등은 그 승인 여부를 통지하여야 한다(국기령 §28 ④).

3) 직권에 의한 가산세 감면

천재지변 등 기타 사유나 정당한 사유가 집단적으로 발생한 경우에는 국세기본법 제 48조(가산세의 감면 등) 제1항에서 규정하는 가산세의 감면은 납세자의 신청이 없다 하더라도 세무서장이 조사하여 직권으로 가산세를 감면할 수 있다.

⑪ 가산세의 한도

세법상 단순 협력의무 위반에 대한 가산세는 그 협력의무를 위반한 해당 가산세 종류별로 각각 1억 원(중소기업법상 중소기업은 5천만 원)을 한도로 부과한다.

다만, 당해 협력의무를 고의적으로 위반한 경우에는 제외한다(국기법 §49).

(1) 가산세 한도의 적용기간(국기령 §29의 2 ②)

구분	감면대상 가산세
부가가치세 소득세 법인세	• 과세기간 단위로 구분
상속세 증여세	• 의무를 이행하여야 할 기간 단위로 구분
조세특례제한법	• 창업자금사용명세서제출불성실가산세는 동 법에 따라 의무를 이행하여야 할 기간 단위로 구분 • 세금우대자료제출불성실가산세는 소득세 과세기간 단위로 구분

(2) 한도가 적용되는 협력의무의 종류(국기법 §49 ①)

구분	협력의무의 종류	
부가가치세	• 사업자등록 • 세금계산서발급의무	• 매출(입)처별 세금계산서합계표 제출 • 현금매출명세서제출의무 등
소득세 법인세	• 지급명세서 제출 • 영수증수취명세서 제출 • 기부금영수증 발급 • 특정외국법인의 유보소득 계산명세서 제출	• 계산서발급의무·증명서류수취 • 주식변동상황명세서 제출 • 사업장현황신고서 제출
상속세 증여세	• 공익법인출연재산보고서 제출 • 공익법인출연재산의 공익목적 사용 여부 외부확인 및 보고서 제출	
조세특례제한법	• 창업자금사용명세서 제출 • 세금우대자료 제출	

(3) 한도(1억 원)가 적용되는 가산세

① 「소득세법」 제81조, 제81조의 3, 제81조의 6, 제81조의 7, 제81조의 10, 제81조의 11 및 제81조의 13에 따른 가산세

② 「법인세법」 제75조의 2, 제75조의 4, 제75조의 5, 제75조의 7, 제75조의 8(같은 조 제1항 제4호에 따른 가산세는 같은 호 가목에 해당하는 가산세 중 계산서의 발급 시기가 지난 후 해당 재화 또는 용역의 공급시기가 속하는 사업연도 말의 다음 달 25일까지 계산서를 발급한 경우에 부과되는 가산세만 해당한다) 및 제75조의 9에 따른 가산세

③ 「부가가치세법」 제60조 제1항(같은 법 제68조제2항에서 준용되는 경우를 포함한 다), 같은 조 제2항 제1호·제3호부터 제5호까지 및 같은 조 제5항부터 제8항까지 의 규정에 따른 가산세

④ 「상속세 및 증여세법」 제78조 제3항·제5항(같은 법 제50조 제1항 및 제2항에 따 른 의무를 위반한 경우만 해당한다)·제12항·제13항 및 제14항에 따른 가산세

⑤ 「조세특례제한법」 제30조의 5 제5항 및 제90조의 2 제1항에 따른 가산세

(4) 가산세 한도의 적용배제

세법상 단순 협력의무 위반에 대한 가산세는 그 협력의무를 위반한 해당 가산세 종류 별로 각각 1억 원(중소기업법상 중소기업은 5천만 원)을 한도로 부과하나, 당해 협력의 무를 고의적으로 위반한 경우는 가산세 한도(1억 원)의 적용을 배제(국기법 §49 ① 단서)

제 2 절 부가가치세법상 매입세액불공제

사업자가 자기의 사업을 위하여 사용하였거나 사용할 목적으로 공급받은 재화 또는 용역 및 재화의 수입에 대한 부가가치세액은 매출세액에서 공제되지만, 아래의 경우에는 거래징수당한 사실이 세금계산서 등에 의하여 입증된다 하더라도 그 매입세액은 자기의 매출세액에서 공제하지 아니한다.

1. 합계표의 미제출·부실기재에 대한 매입세액
2. 세금계산서 미수취·부실기재에 대한 매입세액
3. 사업과 직접 관련이 없는 지출에 대한 매입세액
4. 개별소비세법 제1조 제2항 제3호 자동차의 구입, 임차, 유지에 관한 매입세액
5. 기업업무추진비 및 이와 유사한 비용의 지출과 관련된 매입세액
6. 면세사업 등에 관련된 매입세액과 토지 관련 매입세액
7. 등록 전 매입세액
8. 금, 구리 스크랩 등 거래계좌 미사용 관련 매입세액

❶ 매입처별세금계산서합계표의 미제출·부실기재에 대한 매입세액 (부법 §39 ① 1호)

신고 시 매입처별세금계산서합계표를 미제출한 경우와 제출하였으나 기재사항 중 거래처별 등록번호 또는 공급가액의 전부 또는 일부가 기재되지 아니한 경우 및 사실과 다르게 기재된 매입세액

(1) 매입세액으로 공제 가능한 경우(법 §39 ① 1호 단서, 영 §74)

① 매입처별 세금계산서합계표 또는 신용카드매출전표 등 수령명세서를 수정신고, 경정청구, 기한 후 신고 시 제출하는 경우(영 §74 1호, 2호, 3호)

② 매입처별 세금계산서합계표의 거래처별등록번호 또는 공급가액이 착오로 사실과 다르게 적힌 경우로서 발급받은 세금계산서에 의하여 거래사실이 확인되는 경우 (영 §74 4호)

③ 사업자가 발급받은 세금계산서 또는 신용카드매출전표 등을 경정기관의 확인을 거쳐 해당 경정기관에 제출하는 경우(영 §74 5호)

(2) 관련예규

① 매입처별 세금계산서합계표를 착오로 잘못 기재한 경우(부가 46015 - 1967, 1998.8. 31.)
매입처별 세금계산서합계표의 거래처별 등록번호가 착오 기재된 경우 교부받은 세금계산서에 의해 거래사실 확인 시는 매입세액 공제됨.
② 수기로 작성된 쟁점세금계산서가 공급시기가 속하는 과세기간에 발급된 것인지 여부(심사부가 2014 - 158, 2015.1.27.)
청구법인이 수령한 세금계산서가 전자세금계산서가 아니라 종이세금계산서인 점, 청구법인이 매입세액을 지급하지 않은 점, 청구법인과 공급자 모두 매입, 매출세액 신고를 누락한 점으로 미루어 공급시기가 속한 과세기간 내 세금계산서를 발급받았다고 보기 어려움.

❷ 세금계산서 미수취·부실기재에 대한 매입세액(부법 §39 ① 2호)

세금계산서를 발급받지 아니한 경우 또는 발급받은 세금계산서에 필요적 기재사항의 전부 또는 일부가 기재되지 아니하였거나 사실과 다르게 기재된 경우의 매입세액

(1) 매입세액으로 공제 가능한 경우(법 §39 ① 2호 단서, 영 §75)

① 사업자등록을 신청한 사업자가 사업자등록증 발급일까지의 거래에 대하여 해당 사업자 또는 대표자의 주민등록번호를 적어 발급받은 경우(영 §75 1호)
② 발급받은 세금계산서의 필요적 기재사항 중 일부가 착오로 적혔으나 해당 세금계산서의 그 밖의 필요적 기재사항 또는 임의적 기재사항으로 보아 거래사실이 확인되는 경우(영 §75 2호)
③ 공급시기 이후에 발급받은 세금계산서로서 해당 공급시기가 속하는 <u>과세기간의 확정신고기한까지</u> 발급받은 경우(영 §75 3호)
④ 법 제32조 제2항에 따라 발급받은 전자세금계산서로서 국세청장에 전송되지 아니하였으나 발급한 사실이 확인되는 경우(영 §75 4호)

⑤ 법 제32조 제2항에 따른 전자세금계산서 외의 세금계산서로서 공급시기가 속하는 과세기간에 대한 확정신고기한까지 발급받았고, 거래사실도 확인되는 경우(영 §75 5호)

⑥ 실제로 재화 또는 용역을 공급하거나 공급받은 사업장이 아닌 사업장을 적은 세금계산서를 발급받았더라도 그 사업장이 법 제51조 제1항에 따라 총괄하여 납부하거나 사업자단위과세사업자에 해당하는 사업장인 경우로서, 그 재화나 용역을 실제로 공급한 사업자가 법 제48조·제49조 또는 제66조·제67조에 따라 납세지 관할 세무서장에게 해당 과세기간에 대한 납부세액을 신고하고 납부한 경우(영 §75 6호)

⑦ 재화 또는 용역의 공급시기가 속하는 과세기간에 대한 확정신고기한이 지난 후 세금계산서를 발급받았더라도 그 세금계산서의 발급일이 확정신고기한 다음 날부터 1년 이내이고 다음 각 목의 어느 하나에 해당하는 경우(영 §75 7호)

　가.「국세기본법 시행령」제25조 제1항에 따른 과세표준수정신고서와 같은 영 제25조의 3에 따른 경정 청구서를 세금계산서와 함께 제출하는 경우

　나. 해당 거래사실이 확인되어 법 제57조에 따라 납세지 관할 세무서장, 납세지 관할 지방국세청장 또는 국세청장(이하 이 조에서 "납세지 관할 세무서장등"이라 한다)이 결정 또는 경정하는 경우

　　→ 2022.2.14.까지 공급하거나 공급받은 분에 대해서는 그 세금계산서의 발급일이 확정신고기한 다음 날부터 6개월 이내인 경우에만 적용 가능함.

⑧ 재화 또는 용역의 공급시기 전에 세금계산서를 발급받았더라도 재화 또는 용역의 공급시기가 그 세금계산서의 발급일부터 6개월 이내에 도래하고 해당 거래사실이 확인되어 법 제57조에 따라 납세지 관할 세무서장등이 결정 또는 경정하는 경우(영 §75 8호)

⑨ 다음 각 목의 경우로서 그 거래사실이 확인되고 거래 당사자가 법 제48조·제49조 또는 제66조·제67조에 따라 납세지 관할 세무서장에게 해당 납부세액을 신고하고 납부한 경우(영 §75 9호)

　가. 거래의 실질이 위탁매매 또는 대리인에 의한 매매에 해당함에도 불구하고 거래 당사자 간 계약에 따라 위탁매매 또는 대리인에 의한 매매가 아닌 거래로 하여 세금계산서를 발급받은 경우

　나. 거래의 실질이 위탁매매 또는 대리인에 의한 매매에 해당하지 않음에도 불구

하고 거래 당사자 간 계약에 따라 위탁매매 또는 대리인에 의한 매매로 하여 세금계산서를 발급받은 경우

다. 거래의 실질이 용역의 공급에 대한 주선·중개에 해당함에도 불구하고 거래 당사자 간 계약에 따라 용역의 공급에 대한 주선·중개가 아닌 거래로 하여 세금계산서를 발급받은 경우

라. 거래의 실질이 용역의 공급에 대한 주선·중개에 해당하지 않음에도 불구하고 거래 당사자 간 계약에 따라 용역의 공급에 대한 주선·중개로 하여 세금계산서를 발급받은 경우

마. 다른 사업자로부터 사업(용역을 공급하는 사업으로 한정한다. 이하 이 호에서 같다)을 위탁받아 수행하는 사업자가 위탁받은 사업의 수행에 필요한 비용을 사업을 위탁한 사업자로부터 지급받아 지출한 경우로서 해당 비용을 공급가액에 포함해야 함에도 불구하고 거래 당사자 간 계약에 따라 이를 공급가액에서 제외하여 세금계산서를 발급받은 경우

바. 다른 사업자로부터 사업을 위탁받아 수행하는 사업자가 위탁받은 사업의 수행에 필요한 비용을 사업을 위탁한 사업자로부터 지급받아 지출한 경우로서 해당 비용을 공급가액에서 제외해야 함에도 불구하고 거래 당사자 간 계약에 따라 이를 공급가액에 포함하여 세금계산서를 발급받은 경우

⑩ 법 제3조 제2항에 따라 부가가치세를 납부해야 하는 수탁자가 위탁자를 재화 또는 용역을 공급받는 자로 하여 발급된 세금계산서의 부가가치세액을 매출세액에서 공제받으려는 경우로서 그 거래사실이 확인되고 재화 또는 용역을 공급한 자가 법 제48조·제49조 또는 제66조·제67조에 따라 납세지 관할 세무서장에게 해당 납부세액을 신고하고 납부한 경우(영 §75 11호)

⑪ 법 제3조 제3항에 따라 부가가치세를 납부해야 하는 위탁자가 수탁자를 재화 또는 용역을 공급받는 자로 하여 발급된 세금계산서의 부가가치세액을 매출세액에서 공제받으려는 경우로서 그 거래사실이 확인되고 재화 또는 용역을 공급한 자가 법 제48조·제49조 또는 제66조·제67조에 따라 납세지 관할 세무서장에게 해당 납부세액을 신고하고 납부한 경우(영 §75 12호)

(2) 관련예규

① 면세사업자로부터 교부받은 세금계산서는 불공제(제도 46015 - 11363, 2001.6.5.)

부가가치세법상 과세사업자로 등록하지 않고 소득·법인세법상 면세로 등록한 사업자로부터 과세되는 재화를 공급받고 세금계산서를 교부받아 공제받은 매입세액은 추징되며 관련 가산세 부과됨.

② 지연수취한 세금계산서의 작성 연월일과 실제 공급시기가 다른 경우 매입세액 공제 여부(부가 - 455, 2021.10.18.)

세금계산서의 작성 연월일을 착오하여 착오한 공급시기를 작성연월일로 하는 세금계산서를 확정신고기한 다음 날부터 6개월 이내 발급받은 경우 매입세액을 공제 받을 수 있음.

→ 2022.2.15. 개정으로 현재는 그 세금계산서의 발급일이 확정신고기한 다음 날부터 1년 이내인 경우 공제가능

❸ 사업과 직접 관련 없는 지출에 대한 매입세액(부법 §39 ① 4호)

사업과 직접 관련이 없는 지출에 대한 매입세액은 매출세액에서 공제하지 아니하며, 사업과 직접 관련이 없는 지출의 범위는 소득세법 시행령 제78조 또는 법인세법 시행령 제48조, 제49조 제3항 및 제50조의 규정에 의한다(영 §77).

(1) 사업과 직접 관련 없는 매입세액의 범위

① 사업자가 그 업무와 관련 없는 자산을 취득·관리함으로써 발생하는 취득비·유지비·수선비와 이와 관련되는 필요경비

② 사업자가 그 사업에 직접 사용하지 아니하고 타인(종업원을 제외한다)이 주로 사용하는 토지·건물 등의 유지비·수선비·사용료와 이와 관련되는 지출금

③ 사업자가 그 업무와 관련 없는 자산을 취득하기 위하여 차입한 금액에 대한 지급이자

④ 사업자가 사업과 관련 없이 지출한 기업업무추진비

④-2 사업자가 공여한 「형법」에 따른 뇌물 또는 「국제상거래에 있어서 외국공무원에 대한 뇌물방지법」상 뇌물에 해당하는 금전과 금전 외의 자산 및 경제적 이익의 합계액

④-3 사업자가 「노동조합 및 노동관계 조정법」 제24조 제2항 및 제4항을 위반하여
  지급하는 급여

⑤ ① 내지 ④-3에 준하는 지출금으로서 기획재정부령이 정하는 것

☞ 사업과 관련하여 사용인에게 실비변상적이거나 복리후생적인 목적으로 지급되는 재화에
  대하여는 재화의 공급으로 보지 아니하며 당해 재화의 구입과 관련된 매입세액은 공제됨.
    - 직원들의 야유회, 어버이날 위안잔치와 관련된 매입세액
    - 사용인에게 무상으로 공급된 작업복, 작업모, 면장갑 등과 관련된 매입세액

☞ 개인적 공급과 유사한 점이 있으므로 유의

☞ 사업상 피해재산의 복구와 관련된 매입세액 공제
  사업자가 자기사업과 관련하여 타인의 재산에 손해를 입혀 해당 피해재산의 수리에 관련된
  매입세액은 법 제38조 제1항(구법 §17 ①)에 따라 매출세액에서 공제한다(통칙 38-0-1).

(2) 관련예규

① 이동통신 대리점이 고객의 가입비를 통신회사에 대납하고 받은 신용카드 매출전
  표상의 매입세액은 공제하지 아니함(법규과-147, 2013.2.8.).
  이동통신 단말기 판매대리점을 운영하는 사업자가 단말기 판매촉진을 위해 이동
  통신 가입고객이 해당 통신회사에 납부할 가입비를 대신 납부하기로 하고 그 가
  입비 상당금액을 해당 사업자의 신용카드로 결제하는 경우 그 신용카드 매출전표
  에 적힌 매입세액은 공제하지 아니하는 것임.

② 보유주식 매각과 관련한 매입세액의 공제 여부(부가가치세과-3066, 2008.9.16.)
  주식의 매각은 부가가치세 과세대상인 재화 또는 용역의 공급에 해당하지 아니하
  므로 사업자가 보유주식의 매각과 관련하여 지출한 수수료에 대한 매입세액은 사
  업과 관련이 없는 매입세액으로 매출세액에서 공제되지 아니하는 것임.

③ 기부채납 조건으로 과세사업 허가를 받은 경우 매입세액 공제(재부가-534, 2007.7.13.)
  사업자가 부가가치세가 과세되는 주택개발사업을 수행하기 위하여 기반시설 등
  을 신축하여 지방자치단체에 기부채납하는 조건으로 인허가를 득한 경우, 동 시
  설의 건설과 관련된 매입세액은 공제할 수 있는 것임. 다만, 당해 매입세액이 토지
  의 조성 등을 위한 자본적 지출과 관련된 매입세액에 해당하는 경우에는 공제되
  지 아니하는 것임.
    → 2007.7.13. 이후 공급받는 분부터 적용함.

④ 외국 수출업체가 부담한 부가가치세에 대한 매입세액(상담3팀-2234, 2005.12.8.)

국내사업자가 외국 수출업체로부터 재화를 수입함에 있어 당해 재화의 수입주체가 실질적으로 외국 수출업체로서, 수입에 관련된 관세 및 부가가치세를 외국 수출업체가 납부하는 경우에는, 국내사업자가 수취한 수입세금계산서의 매입세액은 공제할 수 없는 것이나 다만, 국내사업자가 당해 재화를 자기의 과세사업을 위하여 사용하고 실질적인 수입의 주체로서 수입과 관련한 관세 및 부가가치세를 납부하는 경우에는 세관장으로부터 수취한 수입세금계산서의 매입세액은 매출세액에서 공제받을 수 있는 것임.

⑤ 외국 수출업자가 부가가치세 대납 시 매입세액 공제 여부(부가-823, 2014.10.6.)

수입자인 국내사업자가 외국법인과 계약에 의거 원자재를 무환조건으로 수입통관하여 제조가공 후 외국법인에게 수출하는 경우에 원자재를 무환으로 수입하면서 부가가치세를 외국법인이 부담하는 경우 동 원자재 수입의 실질적인 주체가 해당 사업자이고 수입한 부품이 해당 사업자의 사업을 위하여 사용되었거나 사용될 경우에는 법 제38조 제1항 제2호에 따라 매출세액에서 공제할 수 있는 것임.

⑥ 유지보수서비스 부품수입 부가가치세에 대한 매입세액 공제 여부(부가-976, 2012.9.27.)

내국법인이 국내사업장이 없는 국외관계사와의 계약에 따라 국외관계사가 그 국내파트너사에게 제공하는 유지보수서비스를 지원하기로 하고 국외로부터 수리용 부품을 무환으로 수입하면서 부담한 부가가치세액은 유지보수서비스의 주체가 무환으로 부품을 수입 통관한 내국법인이 아닌 경우에는 내국법인의 매출세액에서 공제할 수 없는 것임.

→ 유지보수계약이 국외사업자와 된 것이라면 용역대행 매출세액에서 공제되지 않고, 유지보수계약을 구매자와 하였고 관련 부품에 대하여 원가계상 등 구매자에 대한 유지보수 책임이 국내사업자에게 있는 경우 공제 가능함.

⑦ 부부 공동명의로 구입한 부동산관련 매입세액의 공제가능 여부(서삼 46015-10984, 2003.6.20.)

약국을 운영하는 사업자가 다른 장소에 당해 사업자의 부인과 공동으로 사업용 건물을 취득하면서 약국사업자 명의로 세금계산서를 교부받은 경우 당해 매입세액은 약국사업자의 매출세액에서 공제되지 아니하는 것임.

공동명의로 취득한 사업용 건물의 소유지분 일부를 양도하고 새로 지분을 취득한 자와 공동으로 사업을 영위하는 경우에는 출자지분의 양도로서 재화의 공급에 해당하지 아니하는 것이나, 새로 지분을 취득한 자가 소유지분의 부동산을 공동사업에 공하지 아니하고 독립하여 별도의 사업을 영위하는 경우에는 재화의 공급에 해당되어 지분양도에 대하여는 당해 공동사업자의 명의로 세금계산서를 교부하여야 하는 것임.

⑧ 피해차량의 수리를 위하여 지출한 매입세액(부가 46015 – 3861, 2000.11.28.)

음식점을 영위하는 사업자가 음식점 이용 고객의 주차를 대행하는 과정에서 당해 차량을 손상하여 당해 사업자의 책임과 계산하에 수리하여 주고 세금계산서를 받은 경우 당해 세금계산서의 매입세액은 매출세액에서 공제받을 수 있는 것임.

⑨ 사업장 이전 목적으로 건물 취득 후 부동산임대업으로 별도 사업자등록을 한 경우 과세 여부(부가가치세과 – 417, 2011.4.19.)

사업장을 임차하여 음식업을 영위하던 사업자가 사업장을 이전하기 위하여 다른 장소에 건물을 신축 중에, 법인을 설립하여 신축 중인 건물과 토지를 제외하고 음식업을 법인에게 양도한 후 신설사업장은 부동산임대업으로 전환하는 경우에, 당해 신설사업장은 신규로 사업자등록을 한 경우 기존사업장에서 공제받은 신설사업장 관련 매입세액에 대하여는 부가가치세가 과세되지 아니하는 것임.

⑩ 기존사업과 관련 없이 타 지역 부동산 취득 시 매입세액 공제(부가 22601 – 2121, 1985. 10.30.)

사업자가 사업장의 이전·확장을 목적으로 타 지역에 건물을 신규로 취득하는 경우에 동 건물 취득에 대한 매입세액은 기존의 사업장에서 공제받을 수 있으나, 기존 사업장에서 영위하고 있는 사업과 관련 없이 취득하는 건물에 대한 매입세액은 사업과 관련 없는 매입세액에 해당되어 공제받을 수 없는 것임.

④ 개별소비세법 제1조 제2항 제3호에 따른 자동차(운수업, 자동차판매업 등 영 제78조에서 정하는 업종에 직접 영업으로 사용되는 것 제외)의 구입·임차 및 유지에 관련된 매입세액(부법 §39 ① 5호)

사업자가 개별소비세법 제1조 제2항 제3호에 따른 자동차(운수업, 자동차판매업 등 영 제78조에서 정하는 업종에 직접 영업으로 사용되는 것 제외)를 구입 또는 임차하거나 유지(경유나 휘발유 등 유종에 관계없음)에 관련된 매입세액은 공제되지 아니한다(비영업용 소형승용자동차의 용어를 알기 쉬운 표현으로 2011.12.31. 개정).

(1) 영 제78조에서 정하는 업종에 직접 영업으로 사용되지 아니하는 자동차

개별소비세법 제1조 제2항 제3호에 따른 자동차로서 영 제19조에 따른 운수업, 자동차판매업, 자동차임대업, 운전학원업, 경비업법 제2조 제1호 라목에 따른 기계경비업무를 하는 경비업(경비업법 제16조의 3에 따른 출동차량에 한정하여 적용) 및 이와 유사한 업종에서와 같이 자동차를 직접 영업에 사용하는 것 외의 목적으로 사용하는 자동차를 말한다(2010.12.30. 운전학원업 추가 개정)(영 §78에서 영 §19 준용).

(2) 개별소비세법 제1조 제2항 제3호에 따른 자동차의 범위

개별소비세법 제1조 제2항 제3호에 규정하는 자동차는 아래와 같다(개별소비세법 제1조 제6항, 개별소비세법 시행령 제1조 별표 1 중 5호를 말함).

- <u>8인승 이하의 일반형 승용자동차</u>(배기량이 1,000cc 이하로서 길이 3.6미터 이하이고 폭이 1.6미터 이하인 경차 제외)
- 지프형 자동차
- 내연기관은 125CC 초과, 내연기관 외는 정격출력 12킬로와트 초과 2륜 자동차(국방용 또는 경찰용으로서 해당 기관의 장이 증명하는 것 제외)
- 캠핑용 자동차(캠핑용 트레일러 포함)
- 8인승 이하의 승용전기자동차(길이 3.6미터 이하이고 폭이 1.6미터 이하 제외)
    ☞ 별첨 승용자동차 예시 참조(밴 차량은 화물차로 공제 가능)

(3) 관련예규

① 제조업자가 제품의 성능 시험목적으로 구입한 소형승용자동차 매입세액 공제 여부(부가-1277, 2010.9.29.)

차량용 내비게이션 등을 제조하는 사업자가 제품의 성능을 시험하기 위하여 「개별소비세법」 제1조 제2항 제3호 및 같은 법 시행령 [별표 1]에 해당하는 소형승용자동차를 구입 또는 임차하는 경우 그 구입과 임차 및 유지에 관한 매입세액은 「부가가치세법」 제17조 제2항 제4호에 따라 매출세액에서 공제하지 아니하는 것임.

② 고객대여용 소형승용자동차의 매입세액 공제 여부(상담3팀-1156, 2008.6.10.)

자동차 제조·판매 및 차량정비사업을 영위하는 사업자가 구매고객에게 판매한 자동차에 대해 수리용역을 제공하는 기간 동안 대체 사용할 소형승용자동차를 제조 또는 구입하는 경우, 당해 소형승용자동차와 그 유지를 위한 재화는 자가공급에 해당하지 아니하는 것으로 관련 매입세액은 공제받을 수 있는 것임.

③ 렌터카업자로부터 임차한 승용차를 대가를 받고 대여하는 경우(상담3팀-120, 2008.1.15.)

해운대리점업을 영위하는 사업자가 자동차 대여업자로부터 비영업용 소형자동차를 임차하여 타인에게 대여하고(자기가 업무용으로 사용하는 경우 제외) 그 대가를 받는 경우 동 임차료에 대한 매입세액은 공제 가능한 것임.

④ 시승·전시용으로 구입한 승용자동차의 매입세액공제 가능(서삼 46015-11912, 2002.11.7.)

승용자동차를 판매하는 사업자가 당해 차량의 판매촉진을 위하여 시승 및 전시용으로 구입한 승용자동차와 관련된 매입세액은 자기의 매출세액에서 공제할 수 있는 것임.

⑤ 고객의 차량을 망실하여 지급한 수리비용의 매입세액 공제(부가 22601-3861, 2000.11.28.)

음식점업자가 고객의 주차를 대행하다가 당해 차량을 망실하여 당해 사업자의 책임과 계산하에 수리하여 주고 세금계산서를 받는 경우 당해 매입세액은 공제받을 수 있는 것임.

⑥ 매입세액 불공제된 비영업용 소형승용차 매각 시 과세됨(부가 46015-1146, 1994. 6.7.)

매입 시에 매입세액을 공제받지 못한 비영업용 소형승용차를 매각하는 경우에는 재화의 공급으로 과세되는 것임.

⑦ 주차료·유류대 등 비영업용 소형승용차 유지비용은 공제 안 됨(부가 46015-290, 1989. 2.28.)

사업자가 비영업용 소형승용자동차 전용주차장을 임차하여 사용하고 주차장 임차료 또는 주차장관리비를 지급하는 경우 이와 관련된 매입세액은 매출세액에서 공제하지 아니함.

참고 영업용이 아닌 업무용 승용자동차 예시

회사별	명칭	정원	공제여부	차종	종류
현 대	아반떼, 쏘나타	5	×	승용	
	아이오닉, 넥쏘	5	×	승용	
	제네시스쿠페	4	×	승용	
	그랜저, 제네시스	5	×	승용	
	캐스퍼	4	○	승용	경차
	베뉴, 코나, 투싼	5	×	승용	
	싼타페	7	×	승용	
	스타리아 7인승	7	×	승용	
	팰리세이드	8	×	승용	
	스타리아	9, 11	○	승합	
	스타리아(카고)	3, 5	○	화물	
	마이티, 포터Ⅱ	2~7	○	화물	
기 아	모닝, 레이	5	○	승용	경차
	EV3, EV6, EV9	5	×	승용	
	셀토스, 니로	5	×	승용	
	K3, K5, K8, K9	5	×	승용	
	스포티지, 쏘렌토	5	×	승용	
	모하비	7	×	승용	
	카니발	7	×	승용	
	카니발	9, 11	○	승합	
	봉고트럭	3, 6	○	화물	
	그랜버드	28~45	○	승합	
한국지엠 (쉐보레)	트레블레이저	5	×	승용	
	트랙스 크로스오버	5	×	승용	
	트래버스, 타호	7	×	승용	

회사별	명칭	정원	공제여부	차종	종류
쌍 용	티볼리, 코란도, 토레스	5	×	승용	
	렉스턴	5, 7	×	승용	
	렉스턴스포츠	5	○	화물	
르노삼성	SM6, 아르카나	5	×	승용	
	QM6, 콜레오스	5	×	승용	

☞ '영업용'의 의미

　－운수업, 자동차판매업, 자동차임대업, 운전학원업, 경비업법 제2조 제1호 라목에 따른 기계경
　　비업무를 하는 경비업(경비업법 제16조의 3에 따른 출동차량에 한정하여 적용) 및 유사한 업
　　종에 직접 영업으로 사용하는 것

☞ 매입세액이 공제되지 아니하는 승용자동차의 구분

　－개별소비세가 과세되는 승용자동차 ⇒ 매입세액 불공제 대상(부가－627, 2012.5.31.)
　－개별소비세가 과세되지 않는 소형승용자동차 ⇒ 매입세액 공제대상

❺ 기업업무추진비 지출과 관련된 매입세액(부법 §39 ① 6호)

　소득세법 제35조 및 법인세법 제25조에 규정하는 기업업무추진비 및 이와 유사한 비용의 지출에 대한 매입세액은 불공제된다(법 §36 ① 6호, 영 §79).

① 골프회원권 양도의 과세 여부 및 골프회원권 취득 시 매입세액 공제 여부(상담3팀－1640, 2007.6.1.)

　사업자가 골프장 회원권을 양도하는 경우의 부가가치세 과세표준은 부가가치세법 기본통칙 4－0－6 규정에 의하여 골프장 회원권의 양도가액으로 하는 것이며 사업자가 취득한 골프장 회원권이 자기의 사업과 관련하여 종업원의 복리후생이 목적인 경우에는 매입세액공제가 가능한 것이나, 거래처 등에 대한 접대목적인 경우에는 매입세액으로 공제되지 아니하는 것임.

→ 통칙 4－0－6 (골프장 입회금 등)

　㉠ 골프장·테니스장 경영자가 동 장소 이용자로부터 받는 입회금으로서 일정기간 거치 후 반환하지 아니하는 입회금은 과세대상이 된다. 다만, 일정기간 거치 후 반환하는 입회금은 그러하지 아니한다.

　㉡ 사업자가 골프장·테니스장 시설이용권을 양도하는 경우에 부가가치세 과세표준은 골프장·테니스장 시설이용권의 양도가액으로 한다.

② 기업업무추진비 관련 매입세액은 불공제됨(서삼 46015 - 10017, 2001.8.27.).

음식・숙박업을 영위하는 과세사업자가 자기의 사업과 관련하여 사업장 내에서 그 사용인에게 음식용역을 무상으로 제공하는 경우에 당해 음식용역에 관련하여 발생한 매입세액은 매출세액에서 공제하는 것이나, 접대비 및 이와 유사한 비용의 지출에 관련된 매입세액은 매출세액에서 공제할 수 없는 것임.

❻ 면세사업 등[20](면세사업 등을 위한 투자에 관련된 매입세액 포함)에 관련된 매입세액과 토지 관련 매입세액(부법 §39 ① 7호)

면세사업 등에 관련된 매입세액(면세사업 등을 위한 투자에 관련된 매입세액 포함)과 대통령령으로 정하는 토지 관련 매입세액은 불공제된다.

☞ 농・어업용 면세유류 판매업자는 안분계산하지 아니하고 전액 공제 가능(2008.7.1. 이후 공급분)

(1) 면세사업자("과세되지 아니하는 사업자" 포함)의 매입세액

① 부가가치세가 '면제되는'에 '과세되지 아니하는'을 포함하도록 2011.12.31. 개정
② 면세사업자는 부가가치세 납부의무가 없는 사업자이므로 공급받을 때 거래징수 당한 매입세액을 공제받지 못하며, 면세사업자의 경우 매입세액은 취득원가를 구성하여 감가상각을 통해 제조원가 또는 매출원가에 산입하여 최종소비자에 전가된다.
③ 공통매입세액 안분계산
면세사업과 과세사업을 겸용하는 사업자는 과세사업과 관련된 매입세액을 공제하기 위해 매입세액을 당해 과세기간 공급가액・총매입가액・총예정공급가액 또는 총예정공급면적에 의해 안분계산과 정산을 통해 매입세액을 공제한다.

---

20) 면세사업 등 : 면세사업 및 부가가치세가 과세되지 아니하는 재화 또는 용역을 공급하는 사업(법 §29 ⑧)

(2) 대통령령이 정하는 토지관련 매입세액의 범위(영 §80)

| 대통령령이 정하는 토지관련 매입세액의 범위 |

> 토지의 조성 등을 위한 자본적 지출에 관련된 매입세액으로서 다음의 어느 하나에 해당
> 하는 경우를 말함.
> 가. 토지의 취득 및 형질변경, 공장부지 및 택지의 조성 등에 관련된 매입세액
> 나. 건축물이 있는 토지를 취득하여 그 건축물을 철거하고 토지만을 사용하는 경우에는
> 철거한 건축물의 취득 및 철거비용과 관련된 매입세액
> 다. 토지의 가치를 현실적으로 증가시켜 토지의 취득원가를 구성하는 비용에 관련된 매
> 입세액

(3) 토지의 가치 증가(자본적 지출)의 연혁 및 개념

① 2000.7.29.(부가 46015-1855, 2000.7.29.) 법령심사협의회에서 부가가치세 예규를 변경
하여 과세사업을 영위하기 위한 사업자가 국가 소유의 토지에 진입도로를 개설,
포장하여 기부채납한 경우 해당 매입세액을 토지관련 매입세액으로 보지 않는다
고 결정하였다. 예규변경일인 2000.7.29. 이후 최초로 공급받는 분부터 적용한다.

② 국세예규심사위원회 결정(재부가-72, 2010.2.4.)으로 자본적 지출의 개념은 소유 개
념을 전제로 함에 따라 임차한 토지에 골프코스 조성 매입세액은 공제 가능하도
록 변경되었고 이후 해당 거래를 다시 두 개의 거래로 구분하는 예규(기획재정부
부가가치세제과-786, 2011.12.13.)가 생성되어 임차인은 토지주에 토지조성용역을 제
공하고 관련 매입세액을 공제받고, 토지주는 토지조성 매입세액에 대하여 토지관
련 매입세액으로 불공제받게 되었다.

③ 2011.11.23.(재부가-801) 예규에서 국가나 지방자치단체의 사업 승인 또는 인허가
를 얻는 조건으로 진입도로를 건설하는 경우 토지의 효용가치를 증가시키는 데
기여하므로 토지관련 매입세액으로 결정하였다.

④ 만약 진입도로의 소유가 국가나 지방자치단체라면 타인이 제공한 토지에 대한 가
치 상승분도 타인의 토지관련 매입세액으로 불공제하는 것으로 해석함으로써 자
본적 지출의 기여를 본인이든 누구든 가치상승이 발생되었다면 토지의 자본적 지
출로 볼 수 있다. 다만, 하나의 거래를 두 개의 거래로 구분하는 예규(재부가-786,

2011.12.13.)의 논리를 적용할 경우 결국 최종적으로는 소유주가 불공제하는 것이 타당할 것이다.

(4) 관련예규

① 기부채납 진입도로 건설 관련 비용의 매입세액 공제 여부(부가-183, 2012.2.22.)

사업계획 승인 또는 인허가 조건으로 사업장 인근에 진입도로를 건설하여 지방자치단체에 무상으로 귀속시킨 경우 진입도로 건설비용 관련 매입세액은 토지의 조성 등을 위한 자본적 지출에 관련된 매입세액에 해당함.

② 사옥 신축을 위하여 건물이 있는 토지를 매입한 경우 기존 건물 취득과 관련한 매입세액 공제 여부(부가-1320, 2011.10.24.)

사업자가 건물을 신축할 목적으로 건물이 있는 토지를 일괄 매입하여 기존 건물을 철거하고 토지만을 사용하는 경우로서, 기존 건물의 철거 전까지 일시적으로 임대하는 경우 기존 건물의 취득과 관련한 매입세액은 「부가가치세법」 제17조 제2항 제6호에 따라 매출세액에서 공제할 수 없는 것이며, 이때 기존 건물을 철거하고 토지만을 사용하기 위하여 취득한 것인지 여부는 사실관계를 종합하여 판단하여야 할 사항임.

③ 철거 예정 건축물을 취득하고 상당기간 부동산임대업에 실제 공하는 경우 매입세액 공제 여부(부가-313, 2013.4.9.)

사업자가 부동산개발업과 부동산임대업을 사업목적으로 사업자등록 후 부동산개발을 위해 철거 예정 건축물을 취득하고 부동산개발사업 절차가 확정될 때까지 상당기간이 소요되어 그 기간까지 부동산임대에 사용하면서 실제 임대차계약 내용대로 임대업에 공하는 경우, 당해 건축물을 취득하면서 지출한 매입세액에 대해서는 「부가가치세법」 제17조 제2항에 따른 매입세액을 제외하고는 자기의 매출세액에서 공제할 수 있는 것임.

귀 질의의 경우 부동산개발 목적을 위한 토지 관련 매입세액인지 부동산임대 용역 제공에 사용될 매입세액인지는 관련내용 등을 종합하여 사실판단하여야 할 사항임.

④ 조경의 유지 및 관리용역에 대한 매입세액 공제 여부(부가가치세과-1063, 2010.8.13.)

과세사업을 영위하는 사업자가 사업장 및 사택(주주 등이 아닌 임원과 소액주주 등인 임원 및 사용인이 사용하는 것에 한함)에 조경공사를 완료한 후 기존 식재된 수목과 잔디에 대한 조경 유지 및 관리용역과 관련된 매입세액은 토지관련 매입세액에 해당하지 아니함.

⑤ 면세유류 판매업자는 공통매입세액 안분계산하지 않음(부가가치세과-349, 2009.3.17.)
   조세특례제한법 제106조의 2 규정에 의한 면세유류 판매와 관련된 면세유류 매입세액 및 공통경비 등에 대한 매입세액은 공통매입세액으로 안분계산하지 아니하고 전액 공제 가능함.

⑥ 부동산 취득 시 중개수수료 등에 대한 매입세액 공제(부가가치세과-2552, 2008. 8.13.)
   토지 및 건물 취득 시 사업자가 지급한 부대비용(중개수수료 등)의 매입세액 중 토지 취득에 관련한 매입세액은 공제되지 아니하는 것이며, 토지 관련 매입세액이 구분되지 아니하는 경우에는 공통매입세액으로 안분계산하는 것임.

⑦ 골재채취허가를 위한 환경영향평가 관련 매입세액 공제여부(상담3팀-2956, 2007. 10.31.)
   사업자가 골재 및 토석채취사업을 영위하기 위하여 환경영향평가용역을 제공받고 부담한 매입세액은 토지관련 매입세액에 해당하지 않는 것임. 다만, 당해 매입세액이 골재 및 토석채취사업과 관련된 매입세액인지 토지의 조성 등을 위한 자본적 지출에 관련된 매입세액인지는 당해 용역의 사용목적 등을 종합하여 사실 판단할 사항임.

⑧ 택지조성관련 문화재 발굴비용의 매입세액 공제(상담3팀-743, 2007.3.8.)
   사업자가 택지의 조성과 관련하여 문화재지표조사 및 시·발굴용역을 제공받고 지출한 매입세액은 토지관련 매입세액으로 공제되지 아니하는 것임.

⑨ 토지 취득 후에 지출된 교통 영향평가 등의 매입세액(재부가-421, 2007.6.1.)
   사업자가 토지를 분양받아 과세사업에 사용될 건물을 신축하기 위하여 지출하는 교통영향평가 용역을 제공받고 수취한 매입세액은 공제가능한 것임.

⑩ 건물을 신축하기 위하여 매입한 건물의 취득 및 철거 관련 매입세액(재소비-208, 2004.2.24.)
   과세사업에 공하기 위한 건물을 신축하기 위하여 건축물이 있는 토지를 취득하고 그 건축물을 철거하는 경우 철거한 건축물의 취득가액과 철거비용은 토지의 자본적 지출에 해당하므로 관련 매입세액은 공제되지 않음.

→ 과세사업에 사용하던 기존 건물을 철거하고 과세사업에 사용하기 위한 건물을 신축하는 경우 철거비용 관련 매입세액은 공제가능함(상담3팀-2528, 2007.9. 6.).

⑪ 골프장 코스 조성공사 비용(서삼 46015-11929, 2003.12.10. ; 부가-115, 2013.2.4.)

골프장 조성 시 토지와 일체가 되어 코스를 구성하는 시설조성 관련 매입세액은 불공제되나, 건물·구축물 공사관련 매입세액은 공제대상임.

⑫ 지방자치단체가 무상으로 건물 임대용역 제공 시에도 관련 비용의 매입세액 공제가 가능한지(부가가치세과-952, 2013.10.16.)

국가, 지방자치단체 등이 부동산임대업을 영위하기 위하여 건물을 개보수하면서 매입세금계산서를 수취하였으나, 임차자에게 그 임대차 부동산과 관련한 관리비 등을 지원하면서 임대료를 받지 않거나 임대료를 받는 경우에도 그 임대료가 관리비 등의 지원금보다 적어 실질적으로 임대의 대가를 받는 정도가 아닌 임대차 계약을 체결한 경우에는 용역의 공급으로 보지 않으므로 관련 매입세액은 공제받을 수 없는 것임.

7 등록 전 매입세액(부법 §39 ① 8호)

법 제8조에 따른 사업자등록을 하기 전의 매입세액은 매출세액에서 공제하지 아니한다. 다만, 공급시기가 속하는 과세기간이 끝난 후 20일 이내에 등록을 신청한 경우 등록신청일부터 공급시기가 속하는 과세기간 기산일(제5조 제1항에 따른 과세기간의 기산일을 말한다)까지 역산한 기간 이내의 매입세액은 공제 가능하다(법 §39 ① 8호).

(예시) 사업자등록을 2022.7.20. 신청한 경우 공급시기가 2022.1.1.~2022.7.20. 매입분에 대하여 해당 공급시기에 사업자 또는 대표자의 주민등록번호를 기재하여 세금계산서를 발급받았거나 법 제46조 제3항의 신용카드매출전표 등을 수취한 경우 해당 과세기간에 매입세액 공제 가능

① 면세사업자로 교부받은 매입세금계산서의 공제 여부(부가-441, 2014.5.15.)

부가가치세 면세되는 사업자로 등록한 자가 부가가치세가 과세되는 사업을 영위하는 때에는 과세사업자에 대한 사업자등록을 사업개시일부터 20일 이내에 사업장 관할세무서장에게 신청하여야 하며 등록하기 이전의 매입세액은 공제하지 아니함.

② 지점 사업자등록 전 임차료 세금계산서를 본점에서 발급받은 경우 매입세액공제 여부(부가-1075, 2011.9.8.)

법인사업자가 본점소재지와 다른 장소에서 부동산임대업을 영위하기 위하여 관련 세금계산서를 지점 사업자등록 전에 본점 명의로 교부받은 경우 당해 세금계산서 상의 매입세액은 매출세액에서 공제할 수 있는 것임.

❽ 금, 구리 스크랩 등 거래계좌 미사용 관련 매입세액
(조특법 §106의 4 ⑥, §106의 9 ⑤)

금 관련제품, 구리 스크랩 등을 공급받는 사업자가 금, 구리 스크랩 등 거래계좌를 통하여 공급을 받은 날의 다음날(부가가치세액 입금기한)까지 부가가치세액을 입금하지 아니한 경우에는 금 관련제품, 구리 스크랩 등을 공급한 사업자에게서 발급받은 세금계산서에 적힌 세액은 매입세액으로 공제되지 아니한다.

제3절 지출증명서류의 보관

1. 법인이 사업자로부터 재화 또는 용역을 공급받고 그 대가를 지급하는 경우 시행령 또는 시행규칙에서 별도로 정하는 경우를 제외하고는 정규지출증빙을 수취하여 <u>법인세 과세표준 신고기한이 경과한 날로부터 5년간 보관</u>하여야 하며, 제13조 제1 항 제1호에 따라 각 사업연도 개시일 전 5년이 되는 날 이전에 개시한 사업연도에 서 발생한 결손금을 각 사업연도의 소득에서 공제하려는 법인은 <u>해당 결손금이 발 생한 사업연도의 증명서류를 공제되는 소득의 귀속사업연도의 제60조에 따른 신 고기한부터 1년이 되는 날까지 보관</u>하여야 한다.

   - 사업자가 아닌 자 등과의 거래로 인하여 정규지출증빙을 수취하지 아니한 경우 에도 영수증, 입금표, 거래명세서 등 기타증빙에 의하여 거래사실을 입증하여야 하며 보관의무가 면제되는 것은 아니다(서이 46012 - 10467, 2001.11.5. ; 서이 46012 - 10334, 2001.10.10. 참조).

증빙서류의 보존에 관한 해석사례

• 회사의 업무상 비용을 법인신용카드로 지출하고 신용카드사로부터 신용카드 거래정 보를 전송받아 ERP(Enterprise Resource Planning) 시스템에 보관하는 경우

   - 당해 신용카드거래정보가 신용카드매출전표의 내용을 포함하고 임의적인 수정, 추 가 및 삭제가 불가능하도록 수정, 추가 및 삭제 시 그 사실과 내용이 확인 가능한 형태로 보관되는 등 국세기본법 시행령 제65조의 7의 요건을 충족하면 법인세법 제116조 제2항 제1호의 "신용카드매출전표"로 인정되어 원본은 보관하지 않아도 되는 것임(재경부 법인 46012 - 141, 2002.9.5.).

• 장부와 증빙서류가 전산조직에 의해서 작성되고 그 전자기록이 정보보존장치에 저장 되어 있는 경우 국세기본법 제85조의 3(장부 등의 비치 및 보존)에 의거 보존하는 것 이며 그 전자기록을 별도로 출력하여 보존하여야 하는지에 대하여는 법령상 규정된 바 없음.

   - 그러나 문서로 작성된 장부 및 문서 형태의 증빙서류를 전산조직에 의거 처리하고 정보보존장치에 입력한 경우 문서에 의한 원본 장부 및 증빙서류와 정보보존장치를 국세기본법 제85조의 3에 의거 함께 보존하여야 하는 것임(징세 46101 - 435, 2002.9.4.).

• 법인이 사업과 관련하여 거래증빙서류(신용카드매출전표 등)를 수취하여 스캐너나

키보드를 통해 전산입력하여 정보보존장치에 보존하는 경우에도 증빙서류의 원본은 법인세법 제116조의 규정에 의하여 보관하여야 하는 것이나,

- 여신전문금융업법에 의한 신용카드업자로부터 신용카드 거래정보를 전송받아 동 거래정보를 국세기본법 시행령 제65조의 7의 규정에서 정하는 기준에 적합하도록 정보보존장치에 보관하는 경우에는 법인세법 시행령 제158조 제4항의 규정에 의하여 신용카드매출전표 원본을 보관하고 있는 것으로 보는 것임(서삼 46019 – 11334. 2003.8.20.).

2. 거주자(국내사업장이 있거나 국내원천 부동산소득이 있는 비거주자 포함)가 사업소득금액 또는 기타소득금액을 계산함에 있어서 소득세법 규정에 의한 필요경비를 계산하고자 하는 경우에는 그 비용의 지출에 대한 증빙서류를 수취하고 이를 확정신고기간 종료일로부터 5년간 보관하여야 한다.

이 경우 거래와 관련된 증빙서류인 계산서·세금계산서·신용카드매출전표와 영수증 수취분을 구분하여 보관·관리하여야 한다.

3. 법인 중 직전 사업연도 수입금액 30억 원 이상인 법인은 지출증명서류 합계표를 작성 및 보관하여야 한다(법령 §158 ⑥).

제**7**장

성실신고확인제도에서의
지출증명

❶ 도입취지

　최근 정부의 검증시스템은 사후검증보다는 상대적으로 인력과 행정비용이 적은 사전검증제도를 도입하는 추세이다. 이러한 사전검증제도의 일환으로 성실신고 확인제도가 도입되었으며, 수입금액이 업종별로 일정 규모 이상인 개인사업자가 종합소득세를 신고할 때 장부기장 내용의 정확성 여부 등을 세무대리인에게 확인받은 후 신고하게 함으로써 사전에 개인사업자의 성실한 신고를 유도하기 위해 도입되었다.

❷ 적용시기

　성실신고 확인제도는 2011년 소득분에 대한 종합소득세 신고부터 적용되고 있다. 신고기한으로 보면 2012년 5월 종합소득세 신고부터 적용되고 있는 것이다.

제 2 절 대상사업자

① 대상자

해당 과세기간의 수입금액이 다음과 같이 업종별로 정한 일정규모 이상의 개인사업자를 대상으로 한다(2014년 귀속분부터).

업종	연도별 기준 수입금액	
	17년까지	18년 이후
농업·임업 및 어업, 광업, 도매 및 소매업(상품중개업 제외), 부동산매매업, 기타 업종	해당연도 수입금액 20억 원 이상	해당연도 수입금액 15억 원 이상
제조업, 숙박 및 음식점업, 전기·가스·증기 및 수도사업, 하수·폐기물처리·원료재생 및 환경복원업, 건설업(비주거용 건물 건설업은 제외하고, 주거용 건물 개발 및 공급업을 포함한다), 운수업, 출판·영상·방송통신 및 정보서비스업, 금융 및 보험업, 상품중개업	해당연도 수입금액 10억 원 이상	해당연도 수입금액 7.5억 원 이상
부동산임대업, 부동산관련 서비스업, 임대업(부동산임대업 제외), 전문·과학 및 기술 서비스업, 사업시설관리 및 사업지원 서비스업, 교육 서비스업, 보건업 및 사회복지 서비스업, 예술·스포츠 및 여가관련 서비스업, 협회 및 단체, 수리 및 기타 개인 서비스업, 가구 내 고용활동	해당연도 수입금액 5억 원 이상	해당연도 수입금액 5억 원 이상

☞ (주의) 기장의무, 외부조정 기준 → 직전 과세기간의 수입금액으로 판단

성실신고확인제도 적용 기준 → 해당 과세기간의 수입금액으로 판단

☞ 업종 : 소득세법 제19조 제1항 각 호에 따른 사업의 범위에 관하여는 이 법에 특별한 규정이 있는 경우 외에는 「통계법」 제22조에 따라 통계청장이 고시하는 한국표준산업분류에 따른다(소득-436, 2013.7.17.).

업 종	성실신고	외부조정	복식부기의무자
농업·임업 및 어업, 광업, 도매 및 소매업(상품중개업 제외), 부동산매매업, 기타 업종	해당연도 수입금액 15억 원 이상	직전연도 수입금액 6억 원 이상	직전연도 수입금액 3억 원 이상
제조업, 숙박 및 음식점업, 전기·가스·증기 및 수도사업, 하수·폐기물처리·원료재생 및 환경복원업, 건설업(비주거용 건물 건설업은 제외하고, 주거용 건물 개발 및 공급업을 포함한다), 운수업, 출판·영상·방송통신 및 정보서비스업, 금융 및 보험업, 상품중개업	해당연도 수입금액 7.5억 원 이상	직전연도 수입금액 3억 원 이상	직전연도 수입금액 1억5천만 원 이상
부동산 임대업, 부동산관련 서비스업, 임대업(부동산임대업 제외), 전문·과학 및 기술 서비스업, 사업시설관리 및 사업지원 서비스업, 교육 서비스업, 보건업 및 사회복지 서비스업, 예술·스포츠 및 여가관련 서비스업, 협회 및 단체, 수리 및 기타 개인 서비스업, 가구 내 고용활동	해당연도 수입금액 5억 원 이상	직전연도 수입금액 1억5천만 원 이상	직전연도 수입금액 7천5백만 원 이상

☞ 수입금액 적용·대상 과세기간의 차이
- 복식부기의무자와 외부조정대상자 : 직전 과세기간 기준
- 성실신고확인대상자 : 해당 과세기간 기준

☞ 복식부기의무자인 개인은 업무용 승용차 유지비용 필요경비 불산입 등의 규정 적용의 경우 2015년 귀속 성실신고확인대상사업자에 대하여 2016년부터 적용하도록 하고 있으므로 주의를 요한다.

(1) 성실신고확인대상 판단기준 수입금액의 의미

성실신고확인대상인지 판단의 기준이 되는 수입금액은 소득세법상 수입금액을 의미하는 것이므로, 일반적인 수입금액뿐만 아니라 간주임대료, 판매장려금, 신용카드세액공제액, 사업양수도 시 재고자산의 시가 상당액을 포함하는 것이다.

그러나, 수입금액에서 제외되는 간주임대료*, 유형자산을 양도함으로써 발생한 수입금액은 포함하지 아니한다.

* 건설비상당액 차감으로 인한 수입금액 조정금액

(2) 성실신고확인대상자 수입금액 기준 적용방법

성실신고확인제도는 해당 과세기간의 수입금액이 업종별로 정한 일정규모 이상의 사업자를 대상으로 하며, 둘 이상의 업종을 겸영하거나 사업장이 2 이상인 경우 주업종 기준으로 환산하여 계산한 수입금액에 의해 판단한다.

$$\frac{주업종의}{수입금액} + \frac{주업종 \ 외의}{업종의 \ 수입금액} \times \frac{주업종의 \ 기준수입금액}{주업종 \ 외의 \ 업종의 \ 기준수입금액}$$

☞ 주업종 : 수입금액이 가장 큰 업종을 말함.

(3) 확인대상 여부 판단 시 비과세 소득의 수입금액 포함 여부

성실신고확인대상 여부 판정 시 농가부업소득 등 비과세 소득의 수입금액은 포함하지 아니한다.

(4) 공동사업장의 성실신고확인대상 여부

공동사업장은 1거주자로 보아 해당 사업장의 수입금액에 의해 확인 여부를 판단하는 것이며, 구성원이 동일한 공동사업장이 2 이상인 경우 공동사업장 전체의 수입금액 합계액을 기준으로 대상 여부를 판단한다.

☞ 공동으로 운영하는 성형외과 등이 구성원 변동 없이 2011.7.1.부로 과세전환된 경우 면세, 과세사업장 수입금액을 합산하여 판단한다.

(5) 공동사업에서 단독사업으로 변경한 경우 성실신고 확인방법

공동사업을 운영하다가 단독사업으로 변경한 경우 공동사업장은 변경일 전날에 폐업한 것으로 보아 소득금액을 계산하는 것이며, 폐업 시 재고자산의 시가 상당액을 수입금액에 산입하여 확인대상 여부를 판단한다.

단독사업장은 공동사업장과 별개로 해당 사업장 수입금액에 의해 대상자 여부를 판단하는 것이다.

② 성실신고확인대상 판정사례

과세기간별 수입금액	대상판정	산정이유
① 제조업 10억 원 (2014.5. 신규사업자)	대상	제조업 수입금액이 기준금액(10억 원) 이상 * 신규사업자 등록 여부와 무관
② 부동산임대업 4억 원 (전년도 제조 50억 원인 경우)	대상 아님	부동산임대업 수입금액이 기준금액(5억 원) 미만 * 전년도 업종 및 수입금액과 무관
③ 음식업(6.30. 폐업) (9억 원) 도매업(10.1. 개업) (5억 원)	대상	주업종으로 환산한 수입금액이 기준금액(음식 10억 원) 이상 * 음식 9억 원+음식환산 2.5억 원(5억 원×10/20)
④ 제조업 9억 원 (7.1. 법인전환하였으며, 법인전환할 때까지의 수입금액임)	대상 아님	제조업 수입금액이 기준금액(10억 원) 미만 * 폐업, 법인전환해도 환산하지 않음.
⑤ 도매업 18억 원, 제조업 1억 원	대상	주업종으로 환산한 수입금액이 기준금액(도매 20억 원) 이상 * 도매 18억 원+도매환산 2억 원(1억 원×20/10)
⑥ 음식점 9억 원, 부동산임대 1억 원	대상	주업종으로 환산한 수입금액이 기준금액(음식 10억 원) 이상 * 음식 9억 원+음식환산 2억 원(1억 원×10/5)
⑦ A사업장(제조 5억 원, 도매 2억 원) B사업장(제조 3억 원, 도매 2억 원)	대상	주업종으로 환산한 수입금액이 기준금액(제조 10억 원) 이상 * 제조 8억 원+제조환산 2억 원(4억 원×10/20)
⑧ A사업장(도매 10억 원) B사업장(부동산임대 5억 원)	대상	주업종으로 환산한 수입금액이 기준금액(도매 20억 원) 이상 * 도매 10억 원+도매환산 20억 원(5억 원×20/5)

③ 공동사업장이 있는 경우 판정 사례

과세기간별 수입금액	대상판정	산정이유
① 공동사업장 서비스업 8억 원 [손익분배비율 50%]	대상	주업종으로 환산한 공동사업장의 수입금액이 기준금액(서비스 5억 원) 이상 * 공동사업장별로 판단, 손익분배비율과 무관
② 공동사업장 부동산임대업 4억 원 [손익분배비율 80%], 단독사업장 제조업 9억 원	대상 아님	공동사업은 공동사업장별로 판단, 임대업 수입금액이 기준금액(5억 원) 미만 단독사업은 제조업 수입금액이 기준금액(10억 원) 미만
③ 공동사업장 A 부동산임대업 8억 원 [공동사업자 갑, 을], 단독사업장 B 부동산임대업 2억 원 단독사업장 C 소매업 1억 원	공동 사업장만 대상	공동사업은 공동사업장별로 판단, 임대업 수입금액이 기준금액(5억 원) 이상 단독사업은 부동산임대업으로 환산한 수입금액 2.25억 원 * 임대 2억 원+임대환산 0.25억 원(1억 원×5/20)
④ 공동사업장 A 제조 12억 원 [공동사업자 갑, 을], 공동사업장 B 제조 4억 원 [공동사업자 갑, 병]	A사업장만 대상	공동사업장 A는 수입금액이 기준금액(제조 10억 원) 이상 공동사업장 B는 수입금액이 기준금액(제조 10억 원) 미만 * 공동사업은 공동사업장별로 판단
⑤ 공동사업장 A 제조 10억 원 [공동사업자 갑, 을], 공동사업장 B 제조 4억 원 [공동사업자 갑, 을]	A, B 사업장 모두 대상	구성원이 일치하는 공동사업장의 수입금액이 기준금액(제조 10억 원) 이상 * 구성원이 일치하는 공동사업장은 1공동사업장으로 보아 판단

1 성실신고확인자

세무사, 공인회계사, 세무법인, 회계법인이 성실신고확인을 할 수 있다.

신고납세제도의 기본 틀을 유지하면서 사업자의 장부기장 내역과 과세소득의 계산 등 성실성을 확인하기 위해서는 세무전문가의 공공성과 전문성을 필요로 하기 때문이다.

2 성실신고확인서 구성내용

성실신고확인서는 성실신고확인대상사업자와 성실신고확인자인 세무대리인이 서명 또는 날인하여 제출하는 표지와 구체적인 성실신고 확인내용이 담긴 첨부서류로 구성 된다.

성실신고확인자가 작성하는 부분인 「성실신고 확인결과 주요항목 명세서」에는 사업 장현황, 주요 사업내역, 수입금액 검토, 필요경비에 대한 적격증빙 수취 여부 등이 포함 되고 「성실신고 확인결과 특이사항 기술서」에는 성실신고 확인과정에서 나타난 특이 사항을 종합적으로 서술한다.

성실신고확인대상사업자가 작성하는 「성실신고확인결과 사업자 확인사항」은 항목 별 내용을 확인하여 서명하는 것이다.

3 제출시기

성실신고확인대상사업자는 종합소득세 확정신고를 할 때 「성실신고확인서」를 납세 지 관할세무서장에게 제출하여야 하며 종합소득세 확정신고는 5.1.~6.30.까지 한다.

☞ 종합소득세 확정신고 기간보다 1개월 후인 6월 말까지 가능함.

④ 기타 검토사항

(1) 성실신고확인서 작성 단위

「성실신고확인서」는 장부작성 단위별로 작성하여야 한다.

소득세법상 장부작성단위 : 소법 §160 ④ · ⑤, §161

○ 소득별(부동산임대의 사업소득, 부동산임대 외의 사업소득)로 각각 작성하고 소득구분에 부동산임대 또는 사업으로 구분하여 기재

○ 둘 이상의 사업장을 가진 사업자는 표준재무제표 작성과 일치시켜 사업장별 또는 통합하여 작성(단, 사업장별로 감면을 달리 적용받는 경우 사업장별로 작성)

○ 공동사업자는 공동사업장별로 작성하며, 주된 공동사업자 1명만 납세지 관할 세무서장에게 제출

---

(2) 성실신고확인자 선임신고제도는 20년 이후 성실신고 하는 분부터 폐지되었다.

성실신고확인비용에 대한 세액공제와 의료비·교육비 소득공제를 적용받을 수 있다.

❶ 성실신고확인비용에 대한 세액공제

① 성실신고확인대상사업자가 「성실신고확인서」를 제출하는 경우 성실신고 확인에 직접 사용한 비용의 60%를 120만 원 한도(내국법인은 150만 원 한도)에서 해당 과세연도의 사업소득에 대한 소득세에서 공제받을 수 있다

　성실신고확인비용에 대한 세액공제를 받고자 하는 때는 종합소득세 신고시 또는 법인세 신고시 「성실신고확인서」를 제출할 때 「성실신고비용세액공제신청서」에 의해 납세지 관할 세무서장에게 세액공제신청을 하여야 한다.

　성실신고확인비용은 전액 필요경비로 공제가능하다.

② 세액공제를 받은 사업자가 해당 과세연도의 사업소득금액을 과소신고한 경우로서 그 과소신고한 사업소득금액이 경정(수정신고로 인한 경우를 포함한다)된 사업소

금액의 100분의 10 이상인 경우 세액공제액이 전액 추징된다.

　과소신고로 세액공제액이 추징된 사업자에 대하여는 추징일이 속하는 과세연도의 다음 과세연도부터 3개 과세연도 동안 성실신고 확인비용에 대한 세액공제를 허용하지 않는다.

③ 성실신고 세액공제는 농어촌특별세와 최저한세에 해당되지 않으며, 결손 등으로 공제받지 못한 경우 이월공제된다.

❷ 성실신고확인대상사업자의 의료비·교육비·월세 세액공제

① 성실신고확인대상사업자로서 「성실신고확인서」를 제출한 사람이 소득세법 제52조 제2항 및 제3항에 따른 의료비 및 교육비를 2026년 12월 31일이 속하는 과세연도까지 지출한 경우 그 지출한 금액의 100분의 15(미숙아 및 선천성 이상아 의료

비는 20%, 난임시술지원비는 30%)에 해당하는 금액을 해당 과세연도의 소득세(사업소득에 대한 소득세만 해당한다)에서 공제한다.(2023.12.31. 개정)

② 월세 세액공제는 성실신고확인대상사업자가 제95조의 2에 따른 월세액을 2026년 12월 31일이 속하는 과세연도까지 지급하는 경우 100분의 17에 해당하는 금액(이하 이 조에서 "월세세액공제금액"이라 한다)을 해당 과세연도의 소득세에서 공제한다. 다만, 해당 월세액이 1천만 원을 초과하는 경우 그 초과하는 금액은 없는 것으로 한다.(2023.12.31. 개정)

③ 의료비 등을 공제받은 성실신고확인대상사업자가 다음 중 하나에 해당하는 경우 공제받은 세액을 전액 추징한다.
　㉠ 해당 과세기간에 대하여 과소 신고한 수입금액이 경정(수정신고로 인한 경우 포함)된 수입금액의 20% 이상인 경우
　㉡ 해당 과세기간에 대한 사업소득금액 계산 시 과대계상한 필요경비가 경정(수정신고로 인한 경우 포함)된 필요경비의 20% 이상인 경우

④ 의료비 등 공제액이 추징된 성실신고확인대상사업자는 추징일이 속하는 다음 과세기간부터 3개 과세기간 동안 의료비 등 공제를 적용하지 아니한다.

⑤ 의료비, 교육비 세액공제는 농어촌특별세(20%)와 최저한세에 해당되며 결손 등으로 공제받지 못한 경우에도 이월공제는 없다.

위반에 대한 제재

❶ 가산세

사업자에 대한 가산세 부과는 다음과 같다.

① 성실신고확인대상사업자가 성실신고확인대상 과세기간의 다음 연도 6월 30일까지
「성실신고확인서」를 납세지 관할 세무서장에게 제출하지 아니한 경우 다음의 금액
중 큰 금액을 가산세로 해당 과세기간의 종합소득 결정세액에 더하여 납부하여야
한다.

  1. 해당 사업소득금액이 종합소득금액에서 차지하는 비율(1보다 큰 경우에는 1
로, 0보다 작은 경우에는 0으로 한다)을 종합소득산출세액에 곱하여 계산한
금액의 5/100를 결정세액에 가산한다.

    * 산출세액 × (미제출 사업장의 소득금액 / 종합소득금액) × 5%

  2. 해당 과세기간 사업소득의 총수입금액에 1만분의 2를 곱한 금액

② 무신고, 신고불성실 가산세, 무기장 가산세와 성실신고 미확인 가산세가 동시에
해당되는 경우 2018년 사업연도부터는 중복하여 적용된다. (2017년도까지는 성실
신고확인대상사업자가 무신고한 경우 성실신고확인서 미제출가산세와 무기장가
산세가 동시에 적용될 때는 각각 그중 큰 금액에 해당하는 가산세만을 적용하고
가산세액이 같으면 무기장가산세만 적용하였다)

❷ 세무조사

성실신고확인대상사업자가 「성실신고확인서」 제출 등의 납세협력의무를 이행하지
아니한 경우 세무조사대상으로 선정될 수 있다.

❸ 성실신고 확인자에 대한 제재

추후 세무조사 등을 통해 성실신고확인 세무사가 확인을 제대로 하지 못한 사실이
밝혀지는 경우 성실신고확인 세무사 등에게 징계책임이 있다.

참고 **성실신고확인제도와 공동사업자**

1. 공동사업자의 성실신고서 및 성실신고 선임 신고는 공동사업자 중 대표자의 납세지 관할세무서에 한다.

2. 납세자가 공동사업장과 단독사업장이 있는 경우
   (1) 동업기업으로 배분받은 사업소득금액은 성실신고 확인대상 사업자 판정 시 단독 사업장의 수입금액 합계액에 포함하지 아니하는 것이다. 즉, 공동사업장의 수입금 액과 단독사업장의 수입금액을 따로 산정하여 성실신고확인대상사업자 해당 여부 를 각각 판단하는 것이다(법규소득 2013-214, 2013.7.1. ; 소득세과-296, 2014.5.26.).
   (2) 공동사업장과 단독사업장 중 어느 한 사업장이 성실신고 확인대상인 경우 신고 기한은 6월 30일까지이다.
   (3) 공동사업장의 한 구성원이 성실신고확인대상이라고 해도 당해 공동사업장이 성 실신고확인대상이 아니라면 다른 구성원은 종합소득세과세표준 확정신고기한의 연장을 적용할 수 없는 것이다(소득세과-335, 2012.4.21.).

3. 공동사업에서 단독사업으로 전환한 경우
   공동사업장을 1거주자로 보고 성실신고확인대상사업자 해당 여부를 판단하고, 단독 사업장의 수입금액의 합계액으로 단독사업자의 성실신고확인대상사업자 해당 여부를 판단하는 것이다.

4. 구성원이 동일한 공동사업장이 2 이상인 경우
   공동사업장 전체의 수입금액 합계액을 기준으로 판단한다(소득세과-182, 2012.3.6.).

5. 성실신고확인비용 세액공제
   성실신고확인비용에 대한 세액공제는 구성원별로 계산하는 것이며, 당해 구성원별로 100만 원을 한도로 하는 것이다(소득세과-461, 2012.6.1.).

성실신고확인제도 관련예규

1. 성실신고확인대상사업자가 소득세법 제70조의 2와 같은 법 시행령 제133조의 규정에 의하여 "성실신고확인서"를 제출하는 경우, 동 규정에 의하여 "성실신고확인서"에 첨부하는 "성실신고확인 결과 주요항목 명세서"는 신고대상 사업연도에 발생한 수입금액과 필요경비를 대상으로 작성하는 것임(소득세과-348, 2012.4.25.).

2. 소득세법 제19조 제1항 각 호에 따른 사업의 범위에 관하여는 이 법에 특별한 규정이 있는 경우 외에는 「통계법」 제22조에 따라 통계청장이 고시하는 한국표준산업분류에 따르는 것이며, 성실신고확인대상사업자 판단 시 소득세법 시행령 제133조 제1항의 규정을 적용하는 것임(소득세과-436, 2013.7.17.).

3. 부동산관리업(업종코드 : 702003)은 성실신고확인 대상 수입금액 계산 시 「소득세법 시행령」 제133조 제1항 제1호의 규정을 적용하는 것이나, 사업활동이 부동산관리업에 해당하는지 여부는 사실판단할 사항임(소득세과-420, 2012.5.18.).

4. 산업용 운송장비 임대업은 한국표준산업분류상 기타 운송장비 임대업에 해당하므로 성실신고확인대상 수입금액 계산 시 소득세법 시행령 제133조 제1항 제1호의 규정을 적용하는 것임(소득세과-365, 2012.4.30.).

5. 「고용보험법 시행령」 제12조에 따른 우선지원 대상기업인 중소기업에 해당하는 참여기업이 소속 근로자의 직업능력개발훈련을 고용노동부의 중소기업직업훈련컨소시엄 지원사업을 위탁수행하는 한국산업인력공단이 선정한 운영기관에 위탁하여 실시한 후, 고용노동부에서 제정·고시(2009.12.30.)한 「중소기업훈련컨소시엄 실시규정」 제14조 제1항에 따라 해당 훈련비용지원금을 관할지방노동청으로부터 직접 받지 아니하고 같은 규정 같은 조 제2항에 따라 위탁훈련비 지원 동의서를 관할지방노동청에 제출하여 공단이 참여기업 명의로 훈련비용지원금을 운영기관에 입금시키는 경우, 해당 훈련비용지원금은 참여기업이 수입금액과 필요경비에 산입하고 성실신고확인대상사업자 수입금액에 포함되는 것임(소득세과-496, 2012.6.15.).

제6절 성실신고확인서

1 성실신고확인서

(년 귀속) 성 실 신 고 확 인 서							
1. 성실신고확인대상사업자							
① 성 명	홍길동			② 주민등록번호	9 0 0 9 0 1 - 2		
③ 주 소	서울특별시 용산구						
④ 성실신고확인대상사업장							
번호	사업자등록번호	상 호	소득구분	번호	사업자등록번호	상 호	소득구분
1	106-00-00000	홍길동상사	사업	2			
3				4			
5				6			
7				8			
9				10			
2. 성실신고확인자(세무사, 공인회계사, 세무법인, 회계법인)							
⑤ 상호(법인명)	홍동길세무사사무실			⑥ 사업자등록번호	- -		
⑦ 성명(대표자)	홍동길			⑧ 관 리 번 호	-		
⑨ 사업장소재지	서울특별시 용산구						

3. 확인내용

위 성실신고확인대상사업자의 비치·기록된 장부와 증명서류에 의하여 계산한 수입금액 및 필요경비의 계상 등 소득금액에 대하여 「소득세법」 제70조의 2 제1항의 규정에 따라 성실하게 확인하였습니다.

202×년   06월   30일

성실신고확인자   홍동길   (서명 또는 인)

신고인은 「소득세법」 제70조의 2 제1항의 규정에 따라 위 성실신고확인자로부터 성실신고확인을 받고 그 확인서를 제출합니다.

202×년   06월   30일

성실신고확인대상사업자   홍길동   (서명 또는 인)

용산   **세무서장** 귀하

※ 첨부서류 : 1. 성실신고확인 결과 주요항목 명세서
               2. 성실신고확인 결과 특이사항 기술서
               3. 성실신고확인 결과 사업자 확인사항

※ 작성방법 : 소득세법 제160조에 따라 구분하여 작성된 장부별로 작성
① 둘 이상의 사업장을 가진 사업자는 재무제표 작성과 일치시켜 사업장별 또는 통합하여 작성 선택 가능 (단, 사업장별로 조세감면을 달리 적용받는 경우에는 사업장별로 작성)
② 소득별(부동산임대의 사업소득, 부동산임대 외의 사업소득)로 첨부서류를 각각 별지로 작성하고 "④ 성실신고확인대상사업장"의 "소득구분"에 "부동산임대" 또는 "사업"으로 구분하여 기재
③ 공동사업자는 공동사업장별로 작성하며, 주된 공동사업자 1명만 납세지관할세무서장에게 제출
④ 성실신고확인대상사업장이 10개를 초과하는 경우 별지에 동일한 표양식으로 작성

210㎜×297㎜(신문용지 54g/㎡(재활용품))

❷ 성실신고확인 결과 주요항목 명세서

(1) 사업장 현황

* 둘 이상의 사업장을 통합하여 작성하는 경우 가. 사업장 등록사항, 나. 사업장 기본사항의 표 양식을 하단에 복사하여 작성

1) 사업장 등록사항

상 호	홍길동상사	업 종	도소매업
사업장 소재지	서울특별시 용산구		
개업일	202×-06-20	폐업일	

2) 사업장 기본사항

소유구분	건 물		건물면적		임차 보증금	월 세	종업원 수	차 량
	지하층	지상층	바닥면적	연면적				
자가·타가	층	1층	100㎡	100㎡	50,000천 원	2,000천 원	3명	1대

* 사업장 기본사항은 과세기간 종료일 현재 기준으로 작성(과세기간 중 폐업자는 폐업일 기준)

(2) 주요 사업내역 현황

1) 주요 매출처(전체 매출액 대비 5% 이상 금액의 매출처 중 상위 5개)

(단위 : 천 원)

상 호 (법인명)	성 명 (대표자)	사업자등록번호	거래금액	거래품목
동글상사	김동글	000 - 00 - 00000	500,000	컴퓨터 부품

1. 매출처가 최종소비자인 경우 최종소비자와의 거래분 전체를 1거래처로 보아 작성
2. 매출처가 사업자등록을 하지 않은 경우 사업자등록번호란에는 주민등록번호를 기입

2) 주요 매입처(전체 매입액 대비 5% 이상 금액의 매입처 중 상위 5개)

(단위 : 천 원)

상 호 (법인명)	성 명 (대표자)	사업자등록번호	거래금액	거래품목
방글상사	최방글	000 - 00 - 00000	200,000	컴퓨터 부품

* 매입처가 사업자등록을 하지 않은 경우 사업자등록번호란에는 주민등록번호를 기입

3) 주요 유형자산 명세

(단위 : 천 원)

계정과목	자산내역 (품명)	수 량	취득가액	연간 리스료	취득일
시설장치	인테리어	1	60,000		202×-06-20

작성대상 : 1. 건별 또는 세트당 취득가격이 과세기간 종료일 현재 5천만 원 이상인 유형자산
(차량운반구는 제외)

2. 리스자산인 경우 모두 작성하고, 자산내역란에 금융리스 여부를 구분하여 작성

4) 차입금 및 지급이자 확인

(단위 : 천 원)

계정과목	차입처	차입금 용도	차입금액	연간 지급이자	차입일	상환일
장기차입금	길동은행	원재료매입	50,000	2,000	202×-06-20	202×-06-19

1. 차입금 건별로 과세기간 종료일 현재 1천만 원 이상의 차입금에 대해서만 작성하되, 사업과 관련 없는 개인적인 차입금은 작성 제외
2. 차입금 용도 작성 예시 : 매입자금용, 시설투자용, 원재료매입용 등으로 작성

(3) 수입금액 검토

1) 수입금액 신고 현황

(단위 : 천 원)

총수입금액 (①)	부가가치세 과세표준 신고분				사업장현황 신고분(③)	차이금액 [①-(②+③)]
	소계(②)	과세분	영세율분	면세분		
1,865,000	1,865,000	1,865,000				
차이원인						

* 총수입금액(①)은 종합소득세 과세표준 확정신고서의 첨부서류인 "조정 후 총수입금액명세서"의 "총수입금액"과 일치하여 작성(조정 후 총수입금액이 아님)

2) 매출증빙발행 현황

(단위 : 천 원)

총수입금액 (①)	매출증빙발행 금액(②)						차이금액 (①-②)
	세금계산서 (㉮)	계산서 (㉯)	신용·선불 직불(체크) 카드(㉰)	현금영수증 (㉱)	지 로 (GIRO) (㉲)	원천징수 대상 사업소득 (㉳)	
1,865,000	1,800,000		50,000	10,000			5,000
차이원인	(5,000)현금소매매출						

1. 총수입금액(①)은 상기 "1) 수입금액 신고 현황"의 총수입금액(①)과 일치하여 작성

2. ㉮와 ㉰, ㉱, ㉲가 중복될 경우 ㉮에 기재하고, ㉯와 ㉰, ㉱, ㉲가 중복될 경우 ㉯에 기재하며, ㉳와 ㉮, ㉯, ㉰, ㉱, ㉲가 중복될 경우 ㉳에 기재하여 ㉮부터 ㉳ 항목 간의 금액이 중복 기재하지 않도록 작성

3. 지로(GIRO)(㉲)는 학원사업자가 수강료 등을 지로(GIRO)의 방식으로 수납한 금액에 한하여 작성

4. 원천징수대상 사업소득(㉳)은 「소득세법」 제127조 제1항 제3호에 따라 원천징수되는 사업소득에 대한 사업소득 지급명세서상의 지급총액을 기재

5. 차이금액 및 차이원인에는 매출증빙발행 금액(②)의 증빙서류 외의 영수증 등(예시 : 영수증, 간이계산서 등)으로 발행한 매출 및 증빙서류 없는 매출의 금액과 원인을 기재

3) 원천징수대상 봉사료 신고사항 등 검토

(「소득세법」 제127조 제1항 제8호에 해당하는 봉사료 발생 사업자만 작성)

가. 원천징수대상 봉사료 신고 현황

(단위 : 천 원)

공급가액 (공급대가)(①)	봉사료 (②)	공급가액 (공급대가)의 100분의 20 초과 봉사료(③)	원천징수이행상황 신고서의 봉사료 지급액 (④)	차이금액 (④ - ③)
차이원인				

① : 봉사료를 제외한 금액으로 일반과세자는 공급가액, 간이과세자의 경우는 공급대가를 기재

② : 세금계산서, 계산서, 영수증, 신용카드매출전표 등에 구분기재된 봉사료 총액

③ : ② 봉사료 내역 중 봉사료 가액이 공급가액(공급대가) (① 금액)의 100분의 20을 초과하는 경우 봉사료 총액

④ : ③ 봉사료에 대하여 원천징수이행상황신고서의 사업소득 또는 기타소득으로 신고한 총지급액의 합계

나. 원천징수대상 봉사료에 대한 지급명세서 제출 현황

(단위 : 천 원)

원천징수이행상황신고서의 봉사료 지급액(①)	지급명세서 금액 (②)	차이금액 (② - ①)
차이원인		

① : "가. 원천징수대상 봉사료 신고 현황"의 "원천징수이행상황신고서의 봉사료 지급액"과 동일한 금액

② : 사업소득지급명세서 또는 기타소득지급명세서 중 봉사료 지급분에 대한 지급명세서의 총 지급액 합계

다. 연간 부가가치세 및 개별소비세 과세표준 비교(과세유흥장소만 작성)

(단위 : 천 원)

부가가치세 신고과표 (①)	개별소비세 신고과표 (②)	환산과표 (③=② × 1.13)	차이 (③ - ①)
차이원인			

(4) 필요경비에 대한 적격증빙 수취 여부 등 검토

1) 표준손익계산서[1] 항목

(단위 : 천 원)

항 목	당기 계상액	적격증빙[2] 수취의무 제외		적격증빙 수취의무			
		건당 3만 원 이하	기타[3]	계	적격증빙	적격증빙 외의 증빙	증빙불비
① 당기매입액	1,300,000			1,300,000	1,300,000		
② 의약품비							
③ 복리후생비	2,764	402		2,362	2,362		
④ 여비교통비	1,248		162	1,085	1,000		85
⑤ 임차료							
⑥ 보험료	21,200		21,200				
⑦ 수선비							
⑧ 접대비	22,000		6,000	16,000	16,000		
⑨ 광고선전비	33,600			33,600	33,600		
⑩ 운반비	5,500			5,500	5,500		
⑪ 차량유지비	10,500			10,500	10,450		50
⑫ 지급수수료	28,500	780		27,720	27,720		
⑬ 판매수수료							
⑭ 소모품비	37,000	200		36,800	36,800		
⑮ 인적용역비	25,000		25,000				
⑯ 기타 판매비 및 관리비	2,800	50	100	2,650	2,650		
⑰ 영업외비용	2,000		2,000				
차이원인							

1) 광업, 채굴업, 제조업, 건설업 그 밖에 별도의 원가계산이 필요한 업종은 다음 페이지의 2) 표준원가명세서를 먼저 작성한 후 표준원가명세서에 기재된 각 항목 비용 외의 비용만 표준손익계산서에 기재

2) 적격증빙 : (매입자발행) 세금계산서, 계산서, 현금영수증, 사업(기타)소득 지급명세서, 「소득세법 시행령」 제84조 제5항 각 호에 따른 신용(직불・체크・선불)카드매출전표

3) 「소득세법 시행령」 제208조의 2 제1항 제2호부터 제9호 및 같은 법 시행령 제83조 제6항 각 호・제84조 제4항 각 호에 열거하는 것에 한함.

| 표준손익계산서상 급여지급현황 |

(단위 : 천 원)

항 목	당기 계상액(①)	비과세 · 과세대상 제외[1) (②)	지급명세서 제출금액			차이금액 [①-(②+③)]
			계(③)	근로소득[2) (연말정산)	근로소득 (일용근로)	
급여와 임금 · 제 수당	180,000		180,000	150,000	30,000	
차이원인						

1) 「소득세법」 제12조 제3호의 근로소득 비과세금액 중 지급명세서 제출이 제외되는 금액과 같
   은 법 시행령 제38조의 근로소득에서 제외되는 금액을 기재
2) 근로소득(연말정산) 금액은 성실신고확인대상사업장에서 지급받은 금액에 한하여 작성

2) 표준원가명세서[1) 항목

(단위 : 천 원)

항 목	당기 계상액	적격증빙[2) 수취의무 제외		적격증빙 수취의무			
		건당 3만 원 이하	기타[3)	계	적격증빙	적격증빙 외의 증빙	증빙불비
① 당기재료매입액							
② 운임							
③ 수선비							
④ 소모품비							
⑤ 임차료							
⑥ 보험료							
⑦ 복리후생비							
⑧ 여비교통비							
⑨ 접대비							
⑩ 차량유지비							
⑪ 외주가공비							
⑫ 기타경비							
차이원인							

1) 작성대상 : 광업, 채굴업, 제조업, 건설업 그 밖에 별도의 원가계산이 필요한 업종
2) 적격증빙 : (매입자발행) 세금계산서, 계산서, 현금영수증, 사업(기타)소득 지급명세서, 「소득
   세법 시행령」 제84조 제5항 각 호에 따른 신용(직불·체크·선불)카드매출전표

3) 「소득세법 시행령」 제208조의 2 제1항 제2호부터 제9호 및 같은 법 시행령 제83조 제6항 각 호 · 제84조 제4항 각 호에 열거하는 것에 한함.

| 표준원가명세서상 급여지급현황 |

(단위 : 천 원)

항 목	당기 계상액(①)	비과세 · 과세대상제외[1] (②)	지급명세서 제출금액			차이금액 [① – (② + ③)]
			계(③)	근로소득[2] (연말정산)	근로소득 (일용근로)	
급여와 임금 · 제 수당						
차이원인						

1) 「소득세법」 제12조 제3호의 근로소득 비과세금액 중 지급명세서 제출이 제외되는 금액과 같은 법 시행령 제38조의 근로소득에서 제외되는 금액을 기재
2) 근로소득(연말정산) 금액은 성실신고확인대상사업장에서 지급받은 금액에 한하여 작성

(5) 3만 원 초과 거래에 대해 적격증빙이 없는 비용의 명세

(단위 : 천 원)

계정 과목	매입처					증빙불비 원인
	거래일자	상호 (법인명)	성명 (대표자)	금액	거래내용	
여비교통비	202×-06-20	숙박	김숙박	85	출장숙박비	법적증빙 미수취
차량유지비	202×-06-30	세차	손세차	50	세차비	법적증빙 미수취
계						

* 표준손익계산서 및 표준원가명세서의 적격증빙수취의무가 있으나 적격증빙을 수취하지 않은 거래내역 기재(영수증 등 적격증빙 외의 증빙서류를 수취하고 「소득세법 시행규칙」 별지 제40호의 5 서식 「영수증수취명세서」에 거래내역을 작성하여 신고한 경우에는 기재하지 않음)

(6) 배우자 및 직계존비속 등과의 거래 검토

1) 사업자인 배우자 및 직계존비속과의 거래내역(인건비 제외)

(단위 : 천 원)

성명	사업자등록번호	관계	거래금액

* 배우자, 직계존비속이 사업자등록을 하지 않은 경우 사업자등록번호란에는 주민등록번호를 기입

2) 대표자가 본인, 배우자, 직계존비속인 법인과의 거래내역

(단위 : 천 원)

성명	사업자등록번호	관계	거래금액

* 법인이 사업자등록을 하지 않은 경우 사업자등록번호란에는 대표자의 주민등록번호를 기입

3) 배우자 및 직계존비속에 대한 인건비(일용직, 아르바이트 직원 포함) 지급명세

(단위 : 천 원)

성명	주민등록번호	관계	입사일 (퇴사일)	담당 직무	지급액	비과세 · 과세대상 제외[1]	지급명세서 제출금액[2]

1) 「소득세법」 제12조 제3호의 근로소득 비과세금액 중 지급명세서 제출이 제외되는 금액과 같은 법 시행령 제38조의 근로소득에서 제외되는 금액을 기재

2) 지급명세서 제출금액은 성실신고확인대상사업장에서 지급받은 금액에 한하여 작성

(7) 차량운영현황(업무용에 한함)

(단위 : 천 원)

차종	배기량	차량번호	취득일	보험계약서의 소유자	용도	취득금액
승용차	2,987	000가0000	202×-06-20	9009012××××××	업무용	40,000

* 보험계약서의 소유자가 사업자 본인인지 여부와는 관계없이 표준손익계산서 및 표준원가명세서상 차량유지비가 발생한 업무용 차량에 대하여 작성

(8) 사업용 계좌별 잔액현황

(단위 : 천 원)

번호	사업용 계좌		기초잔액	기말잔액
	개설은행	계좌번호		
1	부자은행	11111111111	56,000	68,000
2				
3				
4				
5				
6				
7				
8				
9				
10				

* 사업용 계좌가 10개를 초과하는 경우 별지에 동일한 표양식으로 작성 가능

③ 성실신고확인 결과 특이사항 기술서

항목	특이사항	비고
사업현황		
수입금액		
적격 증빙 비용	〈3만 원 초과 거래에 대한 적격증빙 비치 여부〉	
	〈3만 원 초과 거래에 대한 장부상 금액과 적격증빙금액 일치 여부〉	
	〈소득세법 시행규칙 별지 제40호의 5 서식 「영수증수취명세서」 작성 시 적격증빙 없는 비용에 대한 내역 누락 여부〉	
	〈현금지출 항목 또는 적격증빙 없는 항목에 대한 업무무관 여부〉	
인건비	(예시) • 사업자의 배우자 및 직계존비속에게 지급한 인건비 • 사업자의 배우자 및 직계존비속 중 재학, 해외 유학 또는 군복무 중인 자에게 지급한 인건비	
차량유지비	(예시) • 사업용 차량 수를 고려할 때 과다계상된 주유비 • 사업규모·근무자 수에 비해 과다한 차량에 대한 주유비 • 사업자의 배우자 및 직계존비속 소유의 차량에 대한 주유비	
통신비	(예시) • 가족·친척 등의 명의로 지급한 통신비 • 업무와 관련 없는 통신기기에서 발생하는 통신비	
복리후생비	(예시) • 접대성 경비를 복리후생비로 계상 • 가족 및 개인용도로 지출한 비용을 복리후생비로 계상	
접대비	(예시) • 국내관광지 및 해외 여행 지출 경비 • 업무와 관련이 없는 유흥주점 지출 경비	
이자비용	(예시) • 채권자가 불분명한 차입금에 대해 계상한 이자비용 • 업무무관자산을 취득하기 위한 차입금에 대해 계상한 이자비용	
감가상각비	(예시) • 업무와 관련이 없는 자산에 대한 감가상각비 계상	
건물관리비	(예시) • 사업자의 배우자 및 직계존비속이 사용하는 건물의 관리비 계상	
지급수수료	(예시) • 종업원의 봉사료와 관련하여 계상된 카드수수료 • 업무와 관련 없는 부동산 취득에 따른 관련 수수료	
성실신고 확인자 종합의견		

④ 성실신고확인 결과 사업자 확인사항

구분		확인내용	사업자확인 (예, 아니오)	비고
수입금액확인	공통	매출채권의 장부상 잔액과 거래처 잔액이 일치함을 확인합니다.		
		신고 시 수입금액을 누락하거나 이와 관련하여 장부에 계상하지 않은 비용은 없음을 확인합니다.		
		재고자산의 실제 재고와 장부상 재고가 일치함을 확인합니다.(차이가 있는 경우 매출 및 재고누락, 사적 사용 등 원인을 기재하시기 바랍니다)		
		사업과 관련하여 재화·용역을 공급받거나 공급하는 거래로서 거래의 대금을 금융회사 등을 통하여 결제하거나 결제받는 경우 사업용 계좌를 사용하였음을 확인합니다.		
		사업용 계좌 외 친인척, 종업원 등 타인 명의의 계좌에 입금된 수입금액을 장부에 누락한 사실이 없음을 확인합니다.		
	업종별	(현금영수증 의무발급업종) 30만 원 이상 현금거래에 대하여 현금영수증 의무발급이 누락된 사실이 없음을 확인합니다.		
		(현금수입업종) 수입금액에서 제외한 종업원의 봉사료는 실질에 맞게 구분기재하고 실제 지급하였음을 확인합니다.		
		(전문인적용역) 협회 등에 신고한 수임 건에 대한 수입금액을 신고수입금액에 포함하였음을 확인합니다.		
		(전문인적용역) 종료된 사건에 대한 성공보수금을 장부에 누락한 사실이 없음을 확인합니다.		
		(의료업종) 비보험 수입을 신고수입금액에 포함하였음을 확인합니다.		
		(의료업종) 보관하고 있는 일일수입금액집계표, 현금출납부 및 매출원장 등이 서로 일치함을 확인합니다.		

위 확인내용은 사실과 다름없음을 확인합니다.

성실신고확인대상사업자 　　　　　　　　　　(서명 또는 인)

1. 사업자확인은 "예" 또는 "아니오"로 기재하고, "아니오"인 경우에는 비고란에 차이금액 및 사유 등을 기재하시기 바랍니다.
2. 수입금액 확인(업종별)은 신고인에 해당되는 업종에 대해서만 확인합니다.

⑤ 성실신고 확인비용세액공제신청서

■ 조세특례제한법 시행규칙 [별지 제78호 서식] (2022. 3. 18. 개정)

성실신고 확인비용세액공제신청서

※ 아래의 작성방법을 읽고 작성하시기 바랍니다.

접수번호		접수일자		처리기간	즉시
신청인	상호 또는 법인명		사업자등록번호		
	대표자 성명		생 년 월 일		
	업 종				
	사업장 또는 본점 소재지				

1. 당기분 공제대상세액 계산

(단위: 원)

신청내용	과세연도	년 월 일부터 년 월 일까지	
	공제세액 계산	① 성실신고확인비용	
		② 공제가능액(① × 60/100)	
		③ 공제한도액	
		④ 당기분 공제대상 세액(② 또는 ③ 중 적은 금액)	

2. 당기 공제세액(=⑱) :　　　　　　　원

(단위: 원)

과세 연도	⑤ 당기분 (=④)	공제 대상세액						⑯ 계 (⑤+⑥+⑦+ ⑧+⑨+⑩+ ⑪+⑫+⑬+ ⑭+⑮)	⑰ 결손 등 사유로 미공제액	⑱ 공제 세액 (⑯-⑰)	⑲ 소멸	이월액 (⑯-⑱- ⑲)
			이월분									
		⑥1차연도	⑦2차연도	⑧3차연도	⑨4차연도	⑩5차연도						
		⑪6차연도	⑫7차연도	⑬8차연도	⑭9차연도	⑮10차연도						
합 계												

「조세특례제한법 시행령」제121조의 6 제2항에 따라 위와 같이 성실신고 확인비용세액공제신청서를 제출합니다.

년　　월　　일

(서명 또는 인)

신청인

세무서장 귀하

작 성 방 법

1. 이 서식은 거주자별로 작성합니다.
2. "① 성실신고확인비용"란은 세무사 등 성실신고 확인자에게 실제 지급한 성실신고 확인비용을 적습니다.
3. "③ 공제한도액"란은 다음의 금액을 적용합니다.
　- 「소득세법」제70조의 2 제1항에 따른 성실신고확인대상사업자 : 120만원
　- 「법인세법」제60조의 2 제1항에 따른 성실신고확인대상 내국법인　: 150만원

210mm×297mm[백상지 80g/㎡ 또는 중질지 80g/㎡]

⑥ 표준손익계산서 항목 및 영수증수취명세서

영수증수취명세서 ⑪ (⑮~㉟ 형태 지출분)

세금계산서, 계산서, 현금영수증, 신용카드 사용거래

영수증수취명세서 ⑫ 2%가산세 대상

손금불산입 (상여 등)

단위(원)

항 목	당기 계상액	적격증빙 수취의무 제외		적격증빙 수취의무			
		건당 3만 원 이하	기타	계	적격증빙	적격증빙 외의 증빙	증빙불비
① 당기매입액	2,781,018,921			2,781,018,921	2,781,018,921		
② 의약품비							
③ 복리후생비	3,288,630	2,462,930	522,840	302,860	302,860		
④ 여비교통비	400,000			400,000	400,000		
⑤ 임차료	79,258,070			79,258,070	79,258,070		
⑥ 보험료	4,297,686	285,100	4,012,586				
⑦ 수선비	1,830,000			1,830,000	1,830,000		
⑧ 접대비	10,481,450	327,800		10,153,650	10,153,650		
⑨ 광고선전비	43,081,008	450,000	1,350,000	41,281,008	41,281,008		
⑩ 운반비	225,350	185,350		40,000		40,000	
⑪ 차량유지비	7,747,790	1,914,587		5,833,203	5,739,203	94,000	
⑫ 지급수수료	10,127,288	3,600		10,123,688	9,182,258	941,430	
⑬ 판매수수료							
⑭ 소모품비	2,263,860	586,030		1,677,830	1,417,830	260,000	
⑮ 인적용역비							
⑯ 기타판매비 및 관리비	33,195,496	13,030	965,820	32,216,646	32,216,646		
⑰ 영업외비용	14	14					

차이원인	

※ 기타와 증빙불비 부분은 영수증수취명세서의 11번과 12번란과 관련된 금액입니다.
(두 항목이 동일한 금액은 아닙니다. 영수증수취명세서의 경우 세금과 공과 등이 포함된 금액이며 표준손익계산서 항목은 세금과 공과 등이 포함되지 아니한 금액입니다.)

■ 소득세법 시행규칙 [별지 제40호의 5 서식] (2015. 3. 13. 개정)

영수증수취명세서(1)

※ 제2쪽의 작성방법을 읽고 작성하시기 바랍니다.

(3쪽 중 제1쪽)

① 상 호	위드상사	② 사업자등록번호	1 0 6 − 1 7 − 3 7 5 6 6
③ 성 명	김칠웅	④ 생년월일	1975.10.13.
⑤ 주 소	서울특별시 용산구 한강로 2		(전화번호 :)
⑥ 사업장소재지	서울특별시 용산구 한강로 2		(전화번호 :)
⑦ 업 태	도매업	⑧ 종 목	식자재

1. 세금계산서·계산서·신용카드 등 미사용 내역

⑨ 구 분	3만 원 초과 거래분		
	⑩ 총 계	⑪ 명세서제출제외대상	⑫ 명세서제출대상(⑩−⑪)
⑬ 건 수	103	86	17
⑭ 금 액	10,275,136	8,939,706	1,335,430

2. 3만 원 초과 거래분 명세서제출 제외대상 내역

구 분	건 수	금 액	구 분	건 수	금 액
⑮ 읍·면지역소재			㉖ 부동산구입		
⑯ 금융·보험용역	5	2,901,396	㉗ 주택임대용역		
⑰ 비거주자와의 거래			㉘ 택시운송용역		
⑱ 농어민과의 거래			㉙ 전산발매통합관리시스템 가입자와의 거래		
⑲ 국가·지방자치단체 또는 지방자체단체조합과의 거래	39	3,722,490	㉚ 항공기항행용역		
⑳ 비영리법인과의 거래	30	1,350,000	㉛ 간주임대료		
㉑ 원천징수대상사업소득			㉜ 연체이자지급분		
㉒ 사업의 양도			㉝ 송금명세서제출분		
㉓ 전기통신·방송용역	12	965,820	㉞ 접대비필요경비부인분		
㉔ 국외에서의 공급			㉟ 유료도로 통행료		
㉕ 공매·경매·수용			㊱ 합 계	86	8,939,706

「소득세법」 제70조 제4항 제5호 및 같은 법 시행령 제132조 제3항에 따라 영수증수취명세서를 제출합니다.

년 월 일

신 고 인 김 칠 웅 (서명 또는 인)

세무대리인 홍 길 동 (서명 또는 인)

(관리번호 : *−****−*)

용산 **세무서장** 귀하

210㎜×297㎜(백상지80g/㎡(재활용품))

제 7 절 ▶ 법인의 성실신고 확인서

❶ 개요

법인의 성실한 납세를 위하여 다음의 대상법인에 해당하는 내국법인은 법인세의 과세표준과 세액을 신고할 때 법인세 과세표준 및 세액조정계산서와 재무제표 등 제출서류에 더하여 비치·기록된 장부와 증명서류에 의하여 계산한 과세표준금액의 적정성을 세무사 등이 확인하고 작성한 확인서("성실신고확인서")를 납세지 관할 세무서장에게 제출하여야 한다. 다만, 「주식회사의 외부감사에 관한 법률」 제4조에 따라 감사인에 의한 감사를 받은 법인은 이를 제출하지 아니할 수 있다(법법 §60의 2 ①).

❷ 대상법인

(1) 부동산임대업을 주된 사업으로 하는 등 일정한 요건에 해당하는 내국법인

① 해당 사업연도 종료일 현재 내국법인의 지배주주 등이 보유한 주식 등의 합계가 해당 내국법인의 발행주식총수 또는 출자총액의 100분의 50을 초과할 것

② 해당 사업연도에 부동산 임대업을 주된 사업으로 하거나 다음의 금액 합계가 기업회계기준에 따라 계산한 매출액(㉠부터 ㉢까지의 금액이 포함되지 않은 경우에는 이를 포함하여 계산한다)의 100분의 70 이상일 것

㉠ 부동산 또는 부동산상의 권리의 대여로 인하여 발생하는 수입금액(간주임대료 포함한다)

㉡ 이자소득의 금액

㉢ 배당소득의 금액

③ 해당 사업연도의 상시근로자 수가 5명 미만일 것

(2) 성실신고확인대상사업자가 내국법인으로 전환한 경우

소득세법에 따른 성실신고확인대상사업자가 사업용고정자산을 현물출자 및 사업의

양도·양수 하는 등의 방법에 따라 내국법인으로 전환한 내국법인 (사업연도 종료일 현재 법인으로 전환한 후 3년 이내의 내국법인으로 한정)

여기서 말하는 성실신고확인대상사업자는 해당 내국법인의 설립일이 속하는 연도 또는 직전 연도에 「소득세법」에 따른 성실신고확인대상사업자에 해당하는 경우를 말한다.

(3) (2)의 내국법인을 다른 내국법인으로 전환한 경우

(2)번에 따라 전환한 내국법인이 경영하던 사업을 (2)와 같은 방법으로 인수한 다른 내국법인((2)에 따른 전환일부터 3년 이내인 경우로서 그 다른 내국법인의 사업연도 종료일 현재 인수한 사업을 계속 경영하고 있는 경우로 한정한다)(2022년 1월 1일 이후 사업을 인수하는 경우부터 적용함. 2021년 12월 21일 신설)

(4) 적용제외

「주식회사의 외부감사에 관한 법률」 제4조에 따라 감사인에 의한 감사를 받은 법인은 이를 제출하지 아니할 수 있다(법법 §60의 2 ①).

③ 절차

(1) 성실신고확인 세무사 등의 선임제도는 20년 이후 성실신고 하는 분부터 폐지되었다.

(2) 신고기한

성실신고확인서를 제출하는 경우에는 제60조 제1항에도 불구하고 법인세의 과세표준과 세액을 각 사업연도의 종료일이 속하는 달의 말일부터 4개월 이내에 납세지 관할 세무서장에게 신고하여야 한다(법법 §60의 2 ②).

④ 지원제도

성실신고확인대상 내국법인이 성실신고확인서를 제출하는 경우에는 성실신고 확인에 직접 사용한 비용의 60%에 해당하는 금액을 150만 원의 한도 내에서 해당 사업연도의 법인세에서 공제한다.

세액공제를 적용받은 성실신고확인대상 내국법인이 해당 사업연도의 과세표준("사업소득금액 등")을 과소 신고한 경우로서 그 과소 신고한 사업소득금액 등이 경정(수정신고로 인한 경우를 포함한다)된 사업소득금액등의 10% 이상인 경우에는 공제받은 금액에 상당하는 세액을 전액 추징한다.

또한 사업소득금액 등이 경정된 성실신고확인대상자에 대해서는 경정일이 속하는 사업연도의 다음 사업연도부터 3개 사업연도 동안 성실신고 확인비용에 대한 세액공제를 하지 아니한다(조특법 §126의 6 ③).

⑤ 위반에 대한 제재

성실신고 확인대상 내국법인이 각 사업연도의 종료일이 속하는 달의 말일부터 4개월 이내에 성실신고확인서를 납세지 관할 세무서장에게 제출하지 아니한 경우에는 법인세 산출세액에 5%를 곱하여 계산한 금액과 수입금액의 1만분의 2중 큰 금액을 납부할 세액에 더한다. 이 경우 법인세 산출세액이 경정으로 0보다 크게 된 경우에는 성실신고확인서 미제출 가산세를 납부할 세액에 더한다. 가산세는 산출세액이 없는 경우에도 적용한다(법법 §75).

6 성실신고 확인서

■ 법인세법 시행규칙 [별지 제63호의 16 서식(1)] (2018. 3. 21. 신설)

사 업 연 도	・ ・ ・ ~ ・ ・ ・	성실신고확인서	법 인 명	
			사업자등록 번 호	

1. 성실신고확인대상법인

① 법인명		② 사업자등록번호	
③ 대표자성명		④ 법인등록번호	－
⑤ 업 종		(주업종코드 :)	
⑥ 소재지			

2. 성실신고확인자(세무사, 공인회계사, 세무법인, 회계법인)

⑥ 상 호		⑦ 사업자등록번호	
⑧ 성 명		⑨ 관 리 번 호	
⑩ 소재지			

3. 확인내용

위 성실신고확인대상 법인의 비치·기록된 장부와 증명서류에 의하여 계산한 수입금액, 비용의 계상 등 과세표준과 세액에 대하여 「법인세법」 제60조의 2 제1항에 따라 성실하게 확인하였음을 확인합니다.

년   월   일

성실신고확인자   (서명 또는 인)

신고인은 「법인세법」 제60조의 2 제1항에 따라 위 성실신고확인자로부터 성실신고확인을 받고 그 확인서를 제출합니다.

년   월   일

성실신고확인대상 법인   (서명 또는 인)

세무서장 귀하

첨부서류	1. 성실신고 확인결과 주요항목 명세서 2. 성실신고 확인결과 특이사항 기술서 3. 성실신고 확인결과 법인사업자 확인사항

210mm×297mm[백상지 80g/㎡ 또는 중질지 80g/㎡]

성실신고 확인결과 주요항목 명세서

(단위 : 원)

1. 사업장 기본사항

| 사 업 자 등록번호 | 소유 구분 | 건 물 | | 건물면적 | | 임차 보증금 | 월 세 | 종업원수 | 차 량 |
		지하층	지상층	바닥면적	연면적				
	자가 · 타가	층	층	㎡	㎡			명	대

* 사업장 기본사항은 사업연도 종료일 현재 기준으로 사업자등록된 본점, 지점, 사업자등록되지 않은 사업장 순으로 작성(과세기간 중 폐업자는 폐업일 기준)

2. 주요 거래처 현황

① 주요 매출처 (전체 매출액 대비 5퍼센트 이상 금액의 매출처 중 상위 5개)

상 호 (법인명)	성 명 (대표자)	사업자등록번호 (또는 주민등록번호)	거래금액	거래품목

* 매출처가 최종소비자인 경우 최종소비자와의 거래분 전체를 1 거래처로 보아 작성
* 매출처가 사업자등록을 하지 않은 경우 사업자등록번호 란에는 주민등록번호를 기입

② 주요 매입처 (전체 매입액 대비 5퍼센트 이상 금액의 매입처 중 상위 5개)

상 호 (법인명)	성 명 (대표자)	사업자등록번호 (또는 주민등록번호)	거래금액	거래품목

* 매입처가 사업자등록을 하지 않은 경우 사업자등록번호 란에는 주민등록번호를 기입

210mm×297mm[백상지 80g/㎡ 또는 중질지 80g/㎡]

성실신고 확인결과 주요항목 명세서

(단위 : 원)

3. 주요 유형자산 명세

취득일자	계정과목	자산내역 (품명)	소재지	수 량	취득가액

* 건별 또는 세트당 취득가격이 사업연도 종료일 현재 5천만 원 이상인 유형자산 (업무용승용차 제외)

4. 차입금 및 지급이자 명세

계정과목	차입처명	차입금 용도	차입금액	연간 지급이자	차입일	상환일

* 차입금 건별로 사업연도 종료일 현재 1천만 원 이상의 차입금에 대해서 작성
* "차입금 용도" 작성 예시 : 운용자금용, 시설투자용, 원재료매입용 등으로 작성

5. 대여금 및 이자수익 명세

계정과목	대여처명	대여 사유	대여금액	연간 이자수익	대여일	만기일

* 건별로 사업연도 종료일 현재 1천만 원 이상의 대여금에 대해서만 작성
* "대여 사유" 작성 예시 : 관계회사의 운용자금용, 시설투자용, 원재료매입용, 직원 주택구입자금용 등으로 작성

210mm×297mm[백상지 80g/㎡ 또는 중질지 80g/㎡]

성실신고 확인결과 주요항목 명세서

(단위 : 원)

6. 매출채권 및 매입채무 명세

매출채권				매입채무			
계정과목	거래처명	잔액	비고	계정과목	거래처명	잔액	비고

* 건별로 과세기간 종료일 현재 1천만 원 이상의 채권, 채무만 작성
* 과세기간 종료일 현재 매출채권 및 매입채무의 회수기일, 변제기일이 1년이 경과한 경우 최근의 회수기일 또는 변제기일을 '비고' 란에 기재

7. 선급금 및 선수금 명세

선급금				선수금			
계정과목	거래처명	잔액	용도	계정과목	거래처명	잔액	용도

* 건별로 과세기간 종료일 현재 1천만 원 이상의 선급금, 선수금만 작성
* 용도 : 시설투자용, 원재료매입용, 기계장치 제작용 보증금 등

8. 임원 현황

성명	출생년월	직위	등기임원 여부	상근 여부	담당업무

* 사업연도 종료일 현재 기준으로 작성

210mm×297mm[백상지 80g/㎡ 또는 중질지 80g/㎡]

성실신고 확인결과 주요항목 명세서

(단위 : 원)

9. 수입금액 매출증빙 발행 현황

① 총수입금액	② 매출증빙발행 금액					차이금액 (①-②)
	㉮ 세금계산서	㉯ 계산서	㉰ 신용·선불 직불(체크) 카드	㉱ 현금영수증	㉲ 지 로 (GIRO)	
차이원인						

* 총수입금액은 「법인세법 시행규칙」 별지 제1호 서식인 "법인세 과세표준 및 세액신고서"상 ㉝ 총수입금액과 일치하여 작성
* ㉮와 ㉰,㉱,㉲가 중복될 경우 ㉮에 기재하고, ㉯와 ㉰,㉱,㉲가 중복될 경우 ㉯에 기재하여 ㉮부터 ㉲항목간의 금액이 중복 기재하지 않도록 작성
* 차이금액 및 차이원인에는 매출증빙발행 금액(②)의 증빙서류외의 영수증 등(예시 : 영수증, 간이계산서 등)으로 발행한 매출 및 증빙서류 없는 매출의 금액과 원인을 기재

10. 특수관계인에게 지출한 인건비(일용직 등 포함) 지급 명세

종류	성명	주민등록번호	관계	입사일 (퇴사일)	담당 직무	지급액	비과세· 과세대상 제외 1)	지급명세서 제출금액

* 지급명세서 종류(근로, 퇴직, 일용, 사업, 기타)를 기재
* 「소득세법」 제12조 제3호의 근로소득 비과세금액 중 지급명세서 제출이 제외되는 금액과 같은 법 시행령 제38조의 근로소득에서 제외되는 금액을 기재
* 지급명세서 제출금액은 각종 지급명세서에 기재된 지급총액(세전)을 기재

11. 특수관계인에게 제공한 보증 및 담보 내역

특수관계인		관계	지급보증금액 (또는 담보제공금액)	내역	여신금융기관
법인명 (성명)	사업자등록번호 (또는 주민등록번호)				

* 내역란에는 채무보증, 부동산담보, 예금담보 등 보증 및 담보내용을 기재

210mm×297mm[백상지 80g/㎡ 또는 중질지 80g/㎡]

성실신고 확인결과 주요항목 명세서

(단위 : 원)

12. 지출증명서류 합계표

(1) 표준재무상태표 계정과목별 지출증명서류 수취금액

계정과목			지출증명서류 수취금액						⑩ 수취제외대상금액	⑪ 차이 (③-④-⑩)
① 코드	② 과목명	③ 금액	④ 계 (⑤+⑥+⑦ +⑧+⑨)	신용카드 등		⑦ 현금영수증	⑧ 세금계산서	⑨ 계산서		
				⑤ 법인	⑥ 개인					
⑫ 소 계										

(2) 표준손익계산서 계정과목별 지출증명서류 수취금액

계정과목			지출증명서류 수취금액						㉒ 수취제외대상금액	㉓ 차이 (⑮-⑯ -㉒)
⑬ 코드	⑭ 과목명	⑮ 금액	⑯ 계 (⑰+⑱ +⑲+⑳+㉑)	신용카드 등		⑲ 현금영수증	⑳ 세금계산서	㉑ 계산서		
				⑰ 법인	⑱ 개인					
㉔ 소 계										

(3) 표준손익계산서부속명세서(제조·공사원가 등) 계정과목별 지출증명서류 수취금액

계정과목				지출증명서류 수취금액						㉟ 수취제외대상금액	㊱ 차이 (㉘-㉙ -㉟)
㉕ 구분	㉖ 코드	㉗ 과목명	㉘ 금액	㉙ 계 (㉚+㉛+㉜+ ㉝+㉞)	신용카드 등		㉜ 현금영수증	㉝ 세금계산서	㉞ 계산서		
					㉚ 법인	㉛ 개인					
㉟ 소 계											

(4) 합계금액

㊳ 합 계((1)+(2)+(3))										

* 작성요령은 「법인세법 시행규칙」 별지 제77호 서식인 지출증명서류 합계표와 동일

210mm×297mm[백상지 80g/㎡ 또는 중질지 80g/㎡]

성실신고 확인결과 주요항목 명세서

(단위 : 원)

13. 3만 원 초과 거래에 대해 적격증빙 없는 매입거래분에 대한 명세

| 계정
과목 | 매입처 | | | | | 증빙불비
원인 |
	거래일자	상호 (법인명)	성명 (대표자)	금액	거래내용	
계						

* 증빙불비 원인란에는 「법인세법 시행령」 제158조 제2항 각 호의 규정을 아래와 같이 번호로 기재
  – ①: 법령 §158 ② (2), ②: 법령 §158 ② (3), ③: 법령 §158 ② (4), ④: 법령 §158 ② (5), ⑤: 기타(구체적 사유 기재)

14. 금융계좌 잔액 명세

개설은행	계좌번호	구분	기초 잔액	기말 잔액

* 구분란에는 정기예금, 보통예금 등을 기재

15. 상품권·기프트카드·선불카드 구매 명세

구매일자	발행자명	발행금액	매수	구매금액	사용 용도	구분

* 사용 용도란에는 거래처 접대, 복리후생 등을 기재
* 구분란에는 「법인세법 시행규칙」 별지 제23호 서식의 기업업무추진비 조정명세서(갑) 중 ① 기업업무추진비 해당 금액에 포함된 경우 '기업업무추진비', 근로소득세 등 원천징수한 경우는 '원천징수', 법인세 신고 시 상여처분 등 귀속자에게 소득처분한 경우는 '소득처분'으로 표시

210mm×297mm[백상지 80g/㎡ 또는 중질지 80g/㎡]

■ 법인세법 시행규칙 [별지 제63호의 16 서식(3)] (2023. 3. 20. 개정)

성실신고 확인결과 특이사항 기술서

항 목	특 이 사 항		비 고
사업장 기본사항			
수 입 금 액	(예시)	• 현금 수입금액 누락 여부	
유 형 자 산	(예시)	• 해당 법인 이외 타인이 주로 사용하는지 여부	
대 여 금	(예시)	• 특수관계인에게 업무와 관계없이 대여하는지 여부	
매 출 채 권 및 매 입 채 무	(예시)	• 특수관계인 채권 지연회수 여부 • 원재료, 소모품 등 구매한 물품의 실물이 없는 매입채무 존재 여부	
선급금 및 선수금	(예시)	• 특별한 사유없이 선급금으로 계상하였는지 여부 • 실제 매출이 발생하였음에도 선수금으로 계상하였는지 여부	
지출증명서류 합 계 표	(예시)	• 3만 원 초과 거래에 대한 적격증빙 비치 여부 • 3만 원 초과 거래에 대한 장부상 금액과 적격증빙금액 일치 여부 • 현금지출 항목 또는 적격증빙 없는 항목에 대한 업무무관 여부	
인 건 비	(예시)	• 실제 근무하지 않은 특수관계인에게 지급한 인건비 해당 여부	
차 량 유 지 비	(예시)	• 업무용 차량수를 고려할 때 과다계상된 주유비 지출 여부 • 사업규모·근무자 수에 비해 과다한 차량에 대한 주유비 지출 여부 • 법인의 특수관계인의 소유 차량에 대한 주유비 지출 여부	
통 신 비	(예시)	• 특수관계인 등의 명의로 지급한 통신비 해당 여부 • 업무와 관련 없는 통신기기에서 발생하는 통신비 해당 여부	
복 리 후 생 비	(예시)	• 접대성 경비를 복리후생비로 계상 여부 • 특수관계인의 개인용도로 지출한 비용을 복리후생비로 계상 여부 • 접대 목적 또는 대표자 사적 사용한 상품권 해당 여부	
기업업무추진비	(예시)	• 국내관광지 및 해외 여행 지출 경비 해당 여부 • 업무와 관련이 없는 유흥주점 지출 경비 해당 여부	
이 자 비 용	(예시)	• 채권자가 불분명한 차입금에 대해 계상한 이자비용 여부 • 업무무관자산을 취득하기 위한 차입금에 대해 계상한 이자비용 여부	
감 가 상 각 비	(예시)	• 업무와 관련이 없는 자산에 대한 감가상각비 계상 여부	
건 물 관 리 비	(예시)	• 특수관계인이 사용하는 건물의 관리비 계상 여부	
지 급 수 수 료	(예시)	• 업무와 관련 없는 부동산 취득에 따른 관련 수수료 여부	
성실신고 확 인 자 종합의견			

210mm×297mm[백상지 80g/㎡ 또는 중질지 80g/㎡]

성실신고 확인결과 사업자 확인사항

구 분	확인내용	사업자확인 (예, 아니오)	비 고
수 입 금 액 확 인	매출채권의 장부상 잔액과 거래처 잔액이 일치함을 확인합니다.		
	신고 시 수입금액을 누락하거나 이와 관련하여 장부에 계상하지 않은 비용은 없음을 확인합니다.		
	재고자산의 실제 재고와 장부상 재고가 일치함을 확인합니다. (차이가 있는 경우 매출 및 재고누락, 사적사용 등 원인을 기재하시기 바랍니다)		
	법인계좌 외 대표자, 대주주, 기타 특수관계인, 종업원 등 타인 명의의 계좌에 입금된 수입금액을 장부에 누락한 사실이 없음을 확인합니다.		
	(현금영수증 의무발급업종) 10만 원 이상 현금거래에 대하여 현금영수증 의무발급이 누락된 사실이 없음을 확인합니다.		
	(현금수입업종) 법인세 신고서상 현금 수입분에 대하여 누락된 사실이 없음을 확인합니다.		
	(현금수입업종) 수입금액에서 제외한 종업원의 봉사료는 실질에 맞게 구분기재하고 실제 지급하였음을 확인합니다.		
	(전문인적용역) 협회 등에 신고한 수임 건에 대한 수입금액을 신고수입금액에 포함하였음을 확인합니다.		
	(전문인적용역) 종료된 사건에 대한 성공보수금을 장부에 누락한 사실이 없음을 확인합니다.		
	(보건업종) 비보험 수입을 신고수입금액에 포함하였음을 확인합니다.		
	(보건업종) 보관하고 있는 일일수입금액집계표, 현금출납부 및 매출원장 등이 서로 일치함을 확인합니다.		

* 사업자확인은 "예" 또는 "아니오"로 기재하고, "아니오"인 경우에는 비고란에 차이금액 및 사유 등을 기재하시기 바랍니다.
* 수입금액 확인(업종별)은 신고인에 해당되는 업종에 대해서만 확인합니다.

위 확인내용은 사실과 다름없음을 확인합니다.

성실신고확인대상사업자 　　　　　　(서명 또는 인)

210mm×297mm[백상지 80g/㎡ 또는 중질지 80g/㎡]

제8장

계정과목별 지출증명서류와
실무사례

1 유가증권

(1) 의의

유가증권이란 일정한 금전이나 화물 등의 유가물에 대해 청구할 수 있는 권리가 표시된 증서로 수표, 어음, 국·공채 등이다. 유가증권은 재화나 용역에 해당하지 아니하므로 정규영수증 수취대상이 아니다.

 실무맛보기

---

① 취득 시 : 취득원가

■ 회사는 (주)위드컴퓨터의 주식 10,000주(액면가 5,000원, 실거래가 5,000원)를 매입하였다. 증권회사 수수료는 300,000원 소요되었다.

(차)	단 기 매 매 증 권	50,000,000	(대)	현 금	50,300,000
	지 급 수 수 료	300,000			

② 보유 시 : 평가손익

■ 회사는 (주)위드컴퓨터의 주식 10,000주(액면가 5,000원, 실거래가 5,000원)를 매입 후 결산일 12월 31일의 평가액이 주당 5,500원인 것을 확인하였다.

(차)	단 기 매 매 증 권	5,000,000	(대)	단기매매증권평가이익	5,000,000

③ 처분 시 : 처분손익

■ 회사는 (주)위드컴퓨터의 주식 10,000주(액면가 5,000원, 실거래가 5,000원)를 매입 후 결산일 12월 31일의 평가액이 5,500원인 것을 확인하였다.
그 이후 5월 15일에 주당 5,600원에 매각하였다. 증권회사 수수료는 300,000원 발생되었다.

(차)	현 금	55,700,000	(대)	단 기 매 매 증 권	55,000,000
				단기매매증권처분이익	700,000

(2) 지출증명서류 실무

1) 유가증권처리

유가증권(수표, 어음 등의 화폐대용증권과 국, 공채 등)의 매입은 부가가치세법상 재화나 용역에 해당되지 아니하므로 정규영수증 수취대상이 아니다. 따라서, 지급사실을 입증할 수 있는 영수증을 수취·보관하면 된다.

금융기관을 통해 취득한 경우는 금융기관에서 발행한 증명서를, 금융기관 외의 자와의 거래는 입금표나 입금증 외의 증빙을 수취하면 된다.

다만, 유가증권 중 상품권의 접대비 사용의 경우에는 신용카드매출전표나 현금영수증을 반드시 수취해야만 한다.

정규영수증의 수취의무는 사업자와의 거래로서 재화 또는 용역을 공급받고 그 대가를 지출하는 경우에만 적용된다. 즉, 재화나 용역의 공급대가가 아닌 거래의 지출에 대하여는 정규영수증의 수취의무가 없다.

2) 세무상 유가증권 평가방법

	평가방법	평가방법 무신고 시	기말평가방법
주식	총평균법, 이동평균법	총평균법	원가법(평가안함)
채권	개별법, 총평균법, 이동평균법	총평균법	원가법(평가안함)

세법에서는 유가증권의 기말평가를 인정하지 않는다. 그렇기 때문에 회계에서 평가손익을 인식한 경우 세무조정이 발생하게 된다.

단순하게 표현하면 평가이익은 익금불산입하고 평가손실은 손금불산입하는 것이며 처분하는 경우에는 이때 한 세무조정의 반대 세무조정을 하게 된다.

	기업회계기준상 처리	세법상 처리	세무조정
평가 시	공정가액으로 평가인정	평가 인정 안함	평가손익을 인정하지 않는 세무조정 발생
처분 시	처분가액과 장부가액 차이만큼 손익발생	처분가액과 취득원가 차이만큼 손익발생	위에서 했던 세무조정의 반대 세무조정 발생

❷ 재고자산

(1) 의의

재고자산이란 정상적인 기업활동과정에서 판매하기 위하여 보유하는 자산이나 또는 판매를 목적으로 제조과정 중에 있는 것이다.

■ **거래처에서 상품 매입에 대한 회계처리**

(주)위드컴퓨터는 TC컴퓨터로부터 컴퓨터 150대를 공급가액 78,450,000원에 구입하였다.

(청 색)

전 자 세 금 계 산 서(공급받는자 보관용)							책번호		권		호
							일련번호			-	

<table>
<tr><td rowspan="4">공급자</td><td>등 록 번 호</td><td colspan="3">1 0 6 - 0 1 - 1 7 0 7 1</td><td rowspan="4">공급받는자</td><td>등 록 번 호</td><td colspan="3">1 1 6 - 8 1 - 0 3 8 9 5</td></tr>
<tr><td>상호(법인명)</td><td>TC컴퓨터</td><td>성 명</td><td>박마리</td><td>상호(법인명)</td><td>(주)위드컴퓨터</td><td>성 명</td><td>김상공</td></tr>
<tr><td>사업장주소</td><td colspan="3">서울시 용산구 한강로 80</td><td>사업장주소</td><td colspan="3">서울 영등포구 문래동 1가 25</td></tr>
<tr><td>업 태</td><td>도 매</td><td>종 목</td><td>컴 퓨 터</td><td>업 태</td><td>도소매업</td><td>종 목</td><td>컴퓨터</td></tr>
</table>

작 성			공 급 가 액											세 액											비 고	
년	월	일	공란수	십	억	천	백	십	만	천	백	십	일	십	억	천	백	십	만	천	백	십	일		
2×	02	28	2			7	8	4	5	0	0	0	0				7	8	4	5	0	0	0		

월	일	품 목	규 격	수 량	단 가	공 급 가 액	세 액	비 고
02	28	컴퓨터		150	523,000	78,450,000	7,845,000	

합계금액	현금	수표	어음	외상미수금	이금액을	영수 함
86,295,000				86,295,000		청구

(차) 상   품   78,450,000   (대) 외 상 매 입 금   86,295,000
　　　부가세대급금   7,845,000

(2) 지출증명서류 실무

① 상품, 원재료 등의 재고자산을 매입 시 3만 원을 초과하는 경우 지출증명수취특례의 경우를 제외하고는 정규영수증을 반드시 수취하여야 한다.

② 세무상 재고자산 평가방법

세법상 재고자산의 평가방법은 원가법과 저가법이 있다.

내국법인은 각 사업연도의 소득금액 계산에 적용할 재고자산의 평가방법을 당해 법인의 설립일(또는 수익사업개시일)이 속하는 사업연도의 과세표준 신고기한 내에 세무서에 신고하여야 한다. 신고한 재고자산 평가방법을 변경하고자 할 때에는 변경할 평가방법을 적용하고자 하는 사업연도의 종료일 이전 3개월이 되는 날까지 정부에 신고하여야 한다. 그리고 저가법을 신고할 때에는 반드시 저가와 비교될 원가법의 종류를 기재해야 한다.

신고 기한 내에 재고자산의 평가방법을 신고하지 아니한 경우 선입선출법(매매목적 부동산 : 개별법)에 의하여 재고자산을 평가한다.

㉠ 원가법 : 아래의 방법에 의하여 산출한 취득가액으로 기말재고액을 평가하는 방법이다.

개별법, 선입선출법, 후입선출법, 총평균법, 이동평균법, 매출가격환원법의 6가지 방법이다.

㉡ 저가법 : 재고자산을 위의 원가법과 기업회계기준이 정하는 바에 따라 시가로 평가한 가액 중 낮은 가액으로 평가하는 방법이다.

❸ 유형자산

(1) 의의

유형자산이란 구체적인 존재형태를 가지는 비유동자산을 말한다. 토지·건물·기계장치 등이 유형자산에 해당한다.

취득 시 취득가액이 건당 3만 원을 초과하는 경우에는 정규영수증을 수취하여야 한다.

■ 사무실 분양에 관한 회계처리

1. ㈜위드컴퓨터는 JH건설사로부터 총 공급액 496,909,400원(대지가격 186,606,000원, 건물가격 282,094,000원, 부가가치세 28,209,400원)에 사무실을 분양받기로 하였다. 부동산 중개수수료 3,520,000원이 발생하였다.

(1) 건설사로부터 받은 세금계산서

(청 색)

전자세금계산서(공급받는자 보관용)						책번호		권		호				
						일련번호		-						

공급자	등록번호	1 0 6 - 0 1 - 1 7 0 7 1			공급받는자	등록번호	1 1 6 - 8 1 - 0 3 8 9 5		
	상호(법인명)	JH건설사	성 명	김준하		상호(법인명)	(주)위드컴퓨터	성 명	김상공
	사업장주소	서울시 용산구 한강로 80				사업장주소	서울 영등포구 문래동 1가 25		
	업 태	도 매	종 목	컴 퓨 터		업 태	도소매업	종 목	컴퓨터

작성			공 급 가 액											세 액									비 고
년	월	일	공란수	십	억	천	백	십	만	천	백	십	일	십	억	천	백	십	만	천	백	십	일
2×	03	28	1			2	8	2	0	9	4	0	0	0			2	8	2	0	9	4	0 0

월	일	품 목	규 격	수 량	단 가	공 급 가 액	세 액	비 고
03	28	1804호				282,094,000	28,209,400	

합계금액	현금	수표	어음	외상미수금	이금액을	영수
310,303,400				310,303,400		함 청구

(차) 건   물   282,094,000   (대) 미 지 급 금   310,303,400
     부가세대급금   28,209,400

(차) 토   지   186,606,000   (대) 미 지 급 금   186,606,000

(2) 사무실 구입 중개수수료 현금영수증

(공인중개사업의 경우 10만 원 이상의 금액에 관하여는 현금영수증 의무발행업종임)

현 금 영 수 증 (지 출 증 빙 용)
CASH RECEIPT

사업자등록번호		201 - 91 - 12349					
현금영수증가맹점명		위드 부동산 중개					
대표자		최부자					
주소 /전화번호		서울 관악구 신림동 25/1544 - 7766					

품명	중개수수료		승인번호		12345
거래일시	202×.03.28		취소일자		

단위		백			천			원
금액 AMOUNT		3	2	0	0	0	0	0
부가세 V.A.T			3	2	0	0	0	0
봉사료 TIPS								
합계 TOTAL		3	5	2	0	0	0	0

(차) 건　　　　물　　　　1,998,293　　　　(대) 현　　　　금　　　　3,520,000

　　　토　　　지　　　　1,321,878

　　　부가세 대급금　　　 199,829

☞ 산정근거

　　건물 : 3,200,000×310,303,400÷496,909,400 ＝ 1,998,293

　　토지 : 1,201,717(3,200,000×186,606,000÷496,909,400)+120,171(토지분 부가세)

　　　　 ＝ 1,321,878

■ 법인 차량구입에 관한 회계처리

1. ㈜위드컴퓨터는 1월 21일 ㈜JH자동차로부터 고급승용차량을 구매하였다.

   차량가격은 39,211,201원, 취득세 2,495,220원, 공채할인 등 부대비용 222,430원이 발생하였다.

   계약금은 500,000원이었다.

(청 색)

전 자 세 금 계 산 서(공급받는자 보관용)								책 번 호			권			호			
								일련번호			-						

<table>
<tr><td rowspan="4">공급자</td><td>등 록 번 호</td><td colspan="6">1 0 6 - 8 6 - 2 7 9 5 1</td><td rowspan="4">공급받는자</td><td>등 록 번 호</td><td colspan="4">1 1 6 - 8 1 - 0 3 8 9 5</td></tr>
<tr><td>상호(법인명)</td><td colspan="2">㈜JH자동차</td><td>성 명</td><td colspan="3">김준하</td><td>상호(법인명)</td><td colspan="2">㈜위드컴퓨터</td><td>성 명</td><td>김상공</td></tr>
<tr><td>사업장주소</td><td colspan="6">서울시 용산구 한강로 80</td><td>사업장주소</td><td colspan="4">서울 영등포구 문래동 1가 25</td></tr>
<tr><td>업 태</td><td colspan="2">제 조</td><td>종 목</td><td colspan="3">자동차</td><td>업 태</td><td>도소매업</td><td>종 목</td><td colspan="2">컴퓨터</td></tr>
</table>

작 성			공 급 가 액									세 액							비 고
년	월	일	공란수	십	억	천	백	십	만	천	백	십	일	십	억	천	백	십	만
2×	01	21					3	5	6	4	6	5	4	6					3

월	일	품 목	규 격	수 량	단 가	공 급 가 액	세 액	비 고
01	21	차량				35,646,546	3,564,655	

합계금액	현금	수표	어음	외상미수금	이금액을	영수 함
39,211,201				39,211,201		청구

(차)	선 급 금	500,000		(대)	보 통 예 금	500,000
(차)	차 량	41,928,851		(대)	보 통 예 금	41,428,851
					선 급 금	500,000

☞ 고급승용차의 부가세는 매입세액불공제대상이므로 차량가액에 합산하여 회계처리하도록 한다.

2. 202×.12.31. 차량 감가상각 회계처리

(차)	감 가 상 각 비	8,385,770	(대)	감가상각누계액	8,385,770

☞ 산정근거 : 감가상각비 = 41,928,851 ÷ 5년 = 8,385,770

* 참고 2016년부터 세법상 승용차 감가상각비 한도액은 8,000,000이다.

(2) 지출증명서류 실무

유형자산의 취득 시 취득가액이 건당 3만 원을 초과하는 경우에는 정규영수증 수취대상이 된다. 다음의 경우에는 정규영수증 수취대상에서 제외된다.

① 부가가치세법 제6조의 규정에 의하여 재화의 공급으로 보지 아니하는 사업의 포괄양도, 양수에 의하여 취득하는 경우

② 공매, 경매 또는 수용에 의하여 취득하는 경우

③ 토지 또는 주택을 구입하는 경우

④ 건물(토지와 함께 공급받는 경우에는 당해 토지 포함, 주택 제외)을 구입하는 경우로서 거래내용이 확인되는 매매계약서 사본을 법인세 확정신고기한까지 제출한 경우

⑤ 농어민으로부터 재화, 용역을 직접 공급받은 경우

1) 토지

토지를 구입하는 경우에는 매매계약서나 분양계약서가 작성되고 대금지급 영수증을 구비하면 된다. 2002년 1월 1일 이후로 토지를 공급하는 분부터는 계산서의 작성, 교부의무가 면제되었으므로 계산서를 수취하지 아니하고 영수증을 수취하면 된다.

이는 토지의 매매는 사업성 여부의 판단이 어려우며 소유권 이전등기로 인하여 세원누락의 소지가 없으므로 정규영수증 수취의무가 없는 것으로 판단된다.

2) 건물(주택 제외)

① 법인이나 개인사업자로부터 구입하는 경우

세금계산서를 수취해야 한다.

② 사업자가 아닌 개인으로부터 구입하는 경우

매매대금 지급의 증명이 가능한 송금영수증, 입금표를 수취해야 한다.

3) 주택(부속토지 포함)

주택을 구입하는 경우에는 매매계약서나 분양계약서, 대금지급영수증을 구비하면 된다.

4) 토지, 건물 구입 시 부대비용

① 취득세

정규영수증 수취의무 없으며 납부영수증을 수취한다.

② 법무사 수수료

건당 3만 원 초과 시 세금계산서 등 정규영수증을 수취한다.

③ 부동산중개수수료

건당 3만 원 초과 시 세금계산서 외 정규영수증을 수취한다. 다만, 중개사가 간이과세자의 경우 금융기관을 통해 지급하고 경비 등 송금명세서를 제출하면 된다.

5) 차량운반구

① 법인이나 개인사업자로부터 구입하는 경우 세금계산서를 수취해야 한다.
② 사업자가 아닌 개인으로부터 구입하는 경우 영수증, 입금표를 수취하면 된다.

6) 건설 중인 자산

① 자체제작의 경우 재료비, 경비에 대한 정규영수증과 노무비에 대한 원천징수영수증을 수취해야 한다.
② 외주제작의 경우 대가에 대한 세금계산서 외 정규영수증을 수취해야 한다.

 참고 **자산처리하지 아니하고 바로 비용처리 가능한 즉시상각 의제**

(1) 취득 시 즉시 비용처리 가능

1. 다음의 것을 제외하고 그 취득가액이 거래단위별로 100만 원 이하인 감가상각자산에 대하여는 이를 그 사업에 사용한 날이 속하는 사업연도의 손금으로 계상한 것에 한하여 이를 손금에 산입한다.
   ① 그 고유업무의 성질상 대량으로 보유하는 자산
   ② 그 사업의 개시 또는 확장을 위하여 취득한 자산
2. 다음의 자산에 대해서는 이를 그 사업에 사용한 날이 속하는 사업연도의 손금으로 계상한 것에 한하여 이를 손금에 산입한다.
   ① 어업에 사용되는 어구(어선용구를 포함한다)
   ② 영화필름, 공구, 가구, 전기기구, 가스기기, 가정용 기구·비품, 시계, 시험기기, 측정기기 및 간판(공구 중 금형은 20년 개정으로 제외)

③ 대여사업용 비디오테이프 및 음악용 콤팩트디스크로서 개별자산의 취득가액이 30만 원 미만인 것

④ 전화기(휴대용 전화기를 포함한다) 및 개인용 컴퓨터(그 주변기기를 포함한다)

(2) 수선비 중 즉시 비용처리 가능

① 개별자산별로 수선비로 지출한 금액이 600만 원 미만인 경우

② 개별자산별로 수선비로 지출한 금액이 직전 사업연도 종료일 현재 재무상태표상의 자산가액(취득가액에서 감가상각누계액상당액을 차감한 금액을 말한다)의 100분의 5에 미달하는 경우

③ 3년 미만의 기간마다 주기적인 수선을 위하여 지출하는 경우

(3) 시설 개체, 사업의 폐지등으로 비용처리 가능

① 시설의 개체 또는 기술의 낙후로 인하여 생산설비의 일부를 폐기한 경우

② 사업의 폐지 또는 사업장의 이전으로 임대차 계약에 따라 임차한 사업장의 원상회복을 위하여 시설물을 철거하는 경우

④ 무형자산

(1) 의의

자산구분의 일종으로 고정자산 중 실체를 갖지 않는 유상으로 취득한 경제상의 지위 또는 법률상의 권리를 말한다. 산업재산권(특허권, 상표권, 실용신안권, 디자인권, 상호권 및 상품명), 광업권, 어업권, 라이선스와 프랜차이즈, 저작권, 컴퓨터소프트웨어, 개발비, 임차권리금, 사용수익기부자산 등이 무형자산에 해당한다.

무형자산은 재화에 해당하므로 거래상대방이 법인이거나 개인사업자인 경우 세금계산서를 수취하여야 한다.

실무맛보기

■ 영업권 구입에 관한 회계처리

1. ㈜위드제조는 TC제조로부터 영업권을 공급가액 30,000,000원에 구입하였다.

TC제조는 ㈜위드제조에게 용역을 공급하는 것이므로 ① 세금계산서를 발행하도록 하고 부가세 신고 시 신고서 하단에 수입금액제외란에 기타소득으로 기재하여 30,000,000원

을 소득세법상 사업소득 수입금액에서 제외되도록 신고한다. 이와 동시에 ② ㈜위드제조는 33,000,000원을 지급할 때 기타소득에 대한 지급으로 원천징수 의무가 생기게 되어 기타소득 필요경비 60%를 제외한 기타소득금액에 세율 20%(지방소득세 2%)를 원천징수하여야 한다. 이렇듯 한 가지 거래에 두 가지 지출증빙(세금계산서와 기타소득 지급조서)이 발생하므로 회계담당자 입장에서는 당혹스러울 수 있으나 올바른 세무 처리이다. 그 이유는 영업권 양도는 용역의 공급으로 세금계산서 발행대상이며, 또한 특허권 양도는 소득세법상 기타소득에 해당되어 20% 원천징수 대상이기 때문이다.

①
(청 색)

전 자 세 금 계 산 서(공급받는자 보관용)							책 번 호		권		호	
							일련번호			-		

공급자

등 록 번 호	1 0 6 - 0 1 - 1 7 0 7 1
상호(법인명) TC제조	성 명 최그림
사업장주소	서울시 용산구 한강로 80
업 태 제조	종 목 화장품

공급받는자

등 록 번 호	1 1 6 - 8 1 - 0 3 8 9 5
상호(법인명) ㈜위드제조	성 명 김준하
사업장주소	서울 영등포구 문래동 1가 25
업 태 제조	종 목 화장품

작 성			공 급 가 액							세 액								비 고	
년	월	일	공란 수	십	억	천	백	십	만	천	백	십	일	십	억	천	백	십	만	천	백	십	일	
2×	07	28	2			3	0	0	0	0	0	0	0				3	0	0	0	0	0	0	

월	일	품 목	규 격	수 량	단 가	공 급 가 액	세 액	비 고
07	28	영업권				30,000,000	3,000,000	

합계금액	현금	수표	어음	외상미수금	이금액을	영수 함 청구
33,000,000				33,000,000		

(차)	영 업 권	30,000,000	(대)	미 지 급 금	33,000,000
	부가세대급금	3,000,000			

2. 202×년 12월 31일 감가상각 회계처리

(차)	무 형 자 산 감 가 상 각 비	6,000,000	(대)	영 업 권	6,000,000

(2) 지출증명서류 실무

영업권, 특허권, 실용신안권, 디자인권, 상표권, 건설업면허 등의 무체재산권은 재화에 해당하므로 거래상대방이 법인이거나 개인사업자인 경우 세금계산서를 수취하여야 한다.

다만, 개인사업자가 광업권, 어업권, 산업재산권, 산업정보, 산업상 비밀, 상표권, 영업권, 토사석의 채취허가에 따른 권리, 지하수의 개발·이용권, 그 밖에 이와 유사한 자산이나 권리를 공급받는 경우에는 소득세과세표준확정신고서에 송금사실을 기재한 경비 등의 송금명세서를 첨부하여 납세지 관할세무서장에게 제출하면 정규영수증을 수취하지 아니하여도 된다(소칙 §95의 3 9호).

1) 특허권

특허권이란 특허법에 의해 특정한 발명을 20년간 독점적으로 이용할 수 있는 권리이다. 특허권의 취득원가는 특허권 등록비, 변리사수수료 등이다.

특허권 등록비는 관련 영수증을 구비하고, 변리사수수료 등은 정규영수증을 수취하면 된다.

2) 상표권, 실용신안권, 의장권

특허권에 준하여 증명서류를 수취하면 된다.

3) 개발비

내부적으로 창출된 무형자산으로 아래의 기업회계기준서 제3호의 자산인식요건을 충족하는 경우에 개발비로 자산처리한다.

개발비의 원가를 구성하는 연구원의 인건비는 급여대장, 원천징수영수증을 보관하면 된다.

기타 지출액은 정규영수증을 수취해야 한다.

☞ 개발비의 자산인식요건

개발단계에서 발생한 지출은 다음의 조건을 모두 충족하는 경우에만 무형자산으로 인식하고, 그 외의 경우에는 경상개발비의 과목으로 하여 발생한 기간의 비용으로 인식한다.

① 무형자산을 사용 또는 판매하기 위해 그 자산을 완성시킬 수 있는 기술적 실현가능성을 제시할 수 있다.

② 무형자산을 완성해 그것을 사용하거나 판매하려는 기업의 의도가 있다.

③ 완성된 무형자산을 사용하거나 판매할 수 있는 기업의 능력을 제시할 수 있다.

④ 무형자산이 어떻게 미래 경제적 효익을 창출할 것인가를 보여줄 수 있다. 예를 들면, 무형자산의 산출물, 그 무형자산에 대한 시장의 존재 또는 무형자산이 내부적으로 사

용될 것이라면 그 유용성을 제시하여야 한다.

⑤ 무형자산의 개발을 완료하고 그것을 판매 또는 사용하는 데 필요한 기술적, 금전적 자원을 충분히 확보하고 있다는 사실을 제시할 수 있다.

⑥ 개발단계에서 발생한 무형자산 관련 지출을 신뢰성 있게 구분하여 측정할 수 있다.

4) 법인세법 - 무형자산의 감가상각처리 시 내용연수

[별표 3] (2019.3.20. 개정)

| 무형고정자산의 내용연수표(제15조 제2항 관련) |

구분	내용연수	무형고정자산
1	5년	영업권, 디자인권, 실용신안권, 상표권
2	7년	특허권
3	10년	어업권, 「해저광물자원 개발법」에 따른 채취권(생산량비례법 선택 적용), 유료도로관리권, 수리권, 전기가스공급시설이용권, 공업용수도시설이용권, 수도시설이용권, 열공급시설이용권
4	20년	광업권(생산량비례법 선택 적용), 전신전화전용시설이용권, 전용측선이용권, 하수종말처리장시설관리권, 수도시설관리권
5	50년	댐사용권

⑤ 투자자산 및 기타 비유동자산

(1) 의의

투자자산이란 기업 본래의 판매활동 이외의 장기간에 걸쳐 투자이익을 얻을 목적으로 보유하고 있는 자산을 말한다.

비유동자산이란 기업에서 화폐의 형태로 복구하는 데 1년 이상의 장기간을 요하는 자산을 말하며, 유동자산에 대응되는 개념이다.

■ 사무실 임차 시 보증금에 관한 회계처리

㈜위드상사는 사무실 임차계약을 마치고 계약에 따라 계약금과 잔금을 차례로 지급하였다.

(사 무 실) 월 세 계 약 서						■ 임 대 인 용 □ 임 차 인 용 □ 사무소보관용	

부동산의 표시	소재지	서울 용산구 새창로12 준하빌딩 25층 19호					
	구 조	철근콘크리트조	용도	사무실	면적	108㎡ 평	

월 세 보 증 금	금 60,000,000원정	월세 2,000,000원정 (VAT 별도)

제 1 조   위 부동산의 임대인과 임차인 합의하에 아래와 같이 계약함.
제 2 조   위 부동산의 임대차에 있어 임차인은 보증금을 아래와 같이 지불키로 함.

계 약 금	6,000,000원정은 계약 시에 지불하고
중 도 금	원정은 년 월 일 지불하며
잔 금	54,000,000원정은 202×년 5월 25일 중개업자 입회하에 지불함.

제 3 조   위 부동산의 명도는   202×년   5월   25일로 함.
제 4 조   임대차 기간은   202×년   5월   25일로부터 (24)개월로 함.
제 5 조   월세금액은 매월(30)일에 지불키로 하되 만약 기일내에 지불치 못할 시에는 보증금액에서
　　　　　공제키로 함.
제 6 조   임차인은 임대인의 승인하에 개축 또는 변조할 수 있으나 계약 대상물을 명도 시에는 임차인이 일
　　　　　체비용을 부담하여 원상복구하여야 함.
제 7 조   임대인과 중개업자는 별첨 중개물건 확인설명서를 작성하여 서명 날인하고 임차인은 이를 확인 수
　　　　　령함. 다만, 임대인은 중개물건 확인설명에 필요한 자료를 중개업자에게 제공하거나 자료수집에 따
　　　　　른 법령에 규정한 실비를 지급하고 대행케하여야 함.
제 8 조   본 계약을 임대인이 위약 시는 계약금의 배액을 변상하며 임차인이 위약 시는 계약금은 무효로 하
　　　　　고 반환을 청구할 수 없음.
제 9 조   부동산 중개업법 제20조 규정에 의하여 중개료는 계약당시 쌍방에서 법정수수료를 중개인에게 지
　　　　　불하여야 함.
　　　　　단 :

위 계약조건을 확실히 하고 후일에 증하기 위하여 본 계약서를 작성하고 각 1통씩 보관한다.
202×년   5월   02일

임 대 인	주 소	서울 용산구 새창로12 준하빌딩 25층 19호					
	사업자등록번호	106 - 01 - 57587	전화번호	02 - 749 - 7854	성명	김 준 하 ㉙	
임 차 인	주 소	서울 영등포구 문래동 123					
	사업자등록번호	106 - 05 - 67809	전화번호	02 - 3795 - 8510	성명	(주)위드상사 ㉙	
중개업자	주 소	서울 용산구 새창로 12 삼구빌딩 110호		허가번호	82648070 - 001		
	상 호	WT공인중개사사무소	전화번호	02 - 3785 - 5959	성명	한바탕 ㉙	

① 계약금지급 시

| (차) | 선 급 금 | 6,000,000 | (대) | 보 통 예 금 | 6,000,000 |

② 잔금지급 시

| (차) | 임 차 보 증 금 | 60,000,000 | (대) | 선 급 금 | 6,000,000 |
| | | | | 보 통 예 금 | 54,000,000 |

(2) 지출증명서류 실무

1) 장기투자자산

투자유가증권 등 국·공채는 정규영수증 수취대상이 아니므로 지급사실 입증 가능한 영수증, 입금표를 수취하면 된다.

2) 기타 비유동자산

전세권, 전신전화가입권, 임차보증금, 영업보증금 등은 재화나 용역이 아니므로 정규영수증 수취대상이 아니다. 지급사실을 입증할 수 있는 임대차계약서 및 입금표, 영수증 등 증빙을 수취하면 된다.

6 리스자산(금융리스와 운용리스)

(1) 의의

실무적으로 차량 등을 구매할 때 리스를 이용하는 경우가 많아지고 있으므로 리스에 관하여 자세히 알아보고자 한다.

금융리스의 경우 회계처리와 정규영수증이 할부매입과 거래상대방만 다를 뿐 매우 비슷한 양상을 보이며, 운용리스는 대여하여 사용하는 형태이다.

(2) 리스자산의 구분

리스자산은 금융리스와 운용리스로 나눌 수 있는데 금융리스의 요건에 맞는 리스를 금융리스, 그 외의 리스를 운용리스로 보고 있다.

1) 금융리스의 범위

① 리스기간[계약해지금지조건이 부가된 기간(명시적인 계약해지금지조건은 없으나 실질적으로 계약해지금지조건이 부가된 것으로 볼 수 있는 기간을 포함한다)을 말하며, 기간 종료시점에서 계약해지금지조건이 부가된 갱신계약의 약정이 있는 경우에는 그 약정에 따른 기간을 포함한다. 이하 같다] 종료 시 또는 그 이전에 리스이용자에게 해당 리스의 자산(이하 "리스자산"이라 한다)의 소유권을 무상 또는 당초 계약 시 정한 금액으로 이전할 것을 약정한 경우

② 리스기간 종료 시 리스자산을 취득가액의 100분의 10 이하의 금액으로 구매할 수 있는 권리가 리스실행일 현재 리스이용자에게 주어진 경우 또는 취득가액의 100분의 10 이하의 금액을 갱신계약의 원금으로 하여 리스계약을 갱신할 수 있는 권리가 리스실행일 현재 리스이용자에게 주어진 경우

③ 리스기간이 「법인세법 시행규칙」 별표 5 및 별표 6에 규정된 리스자산의 자산별·업종별(리스이용자의 업종에 의한다) 기준내용연수의 100분의 75 이상인 경우

④ 리스실행일 현재 최소리스료를 기업회계기준에 따라 현재가치로 평가한 가액이 해당 리스자산의 장부가액의 100분의 90 이상인 경우

⑤ 리스자산의 용도가 리스이용자만의 특정 목적에 한정되어 있고, 다른 용도로의 전용(轉用)에 과다한 비용이 발생하여 사실상 전용이 불가능한 경우

> **참고** **리스의 회계처리(법기통 23 – 24…1)**
>
> **23 – 24…1 【리스의 회계처리】**
> ① 금융리스의 회계처리는 다음 각 호에 따른다. (2019.12.23. 개정)
> 1. 임대인(리스회사)의 경우에 있어서는 해당 리스물건의 리스실행일 현재의 취득가액 상당액을 임차인에게 금전으로 대여한 것으로 보아 대금결제조건에 따라 영수하기로 한 리스료 수입 중 이자상당액을 각 사업연도 소득금액 계산상 익금에 산입한다. (2024.3.15. 개정)
> 2. 임차인의 경우에 있어서는 해당 리스물건의 리스실행일 현재의 취득가액 상당액을 임대인으로부터 차입하여 동 리스물건을 구입(설치비 등 취득부대비용 포함)한 것으로 보아 소유자산과 동일한 방법으로 감가상각한 해당 리스자산의 감가상각비와 대금결제조건에 따라 지급하기로 한 리스료 중 차입금에 대한 이자상당액을 각 사업연도 소득금액 계산상 손금에 산입한다. 이 경우 동 이자상당액은 금융보험업자에게 지급하는 이자로 보아 이자소득에 대한 법인세를 원천징수하지 아니한다.

(2024.3.15. 개정)

3. 제1호와 제2호의 적용에 있어 각 사업연도 소득금액 계산상 익금 또는 손금으로 산입할 이자상당액은 리스실행일 현재의 계약과 관련하여 최소리스료 중 이자율법에 의하여 계산한 이자상당액과 금액이 확정되지는 않았지만 기간경과 외의 요소의 미래발생분을 기초로 결정되는 리스료 부분(이하 "조정리스료"라 한다)으로 한다. (2009.11.10. 개정)

② 금융리스 이외의 리스(이하 "운용리스"라 한다)의 회계처리는 다음 각 호에 따른다. (2019.12.23. 개정)

1. 임대인의 경우에 있어서는 대금결제조건에 따라 영수할 최소리스료와 조정리스료를 각 사업연도의 소득금액 계산상 익금에 산입한다. (2009.11.10. 개정)

2. 임차인의 경우에 있어서는 대금결제조건에 따라 지급할 최소리스료와 조정리스료를 각 사업연도의 소득금액 계산상 손금에 산입한다. (2009.11.10. 개정)

3. 임대인의 리스자산에 대한 감가상각비는 영 제26조에 따라 계산한 금액을 한도로 손금산입한다. 이 경우 리스자산에 대한 내용연수는 규칙 별표 5의 건축물 등 및 별표 6의 업종별 자산의 기준내용연수 및 내용연수범위를 적용한다. (2019.12.23. 개정)

4. 제1호 및 제2호의 규정을 적용함에 있어 외화로 표시된 리스계약의 경우 최소리스료는 외화금액을 기준으로 한다. (2009.11.10. 개정)

5. 임대인이 리스자산을 취득함에 따라 소요된 건설자금의 이자에 대하여는 영 제52조 규정에 따라 자본적 지출로 계상한다. (2001.11.1. 개정)

6. 임차인이 리스물건 취득가액의 일부를 부담할 경우 임차인은 동 금액을 선급비용으로 계상하고, 리스기간에 안분하여 손금에 산입한다.

③ 리스계약이 중도해지된 경우 임대인(리스회사)의 회계처리는 다음 각호에 따른다. (2001.11.1. 개정)

1. 금융리스의 경우
리스계약의 해지로 회수한 해당 리스자산의 가액은 해지일 이후에 회수기일이 도래하는 금융리스채권액으로 하며, 해당 리스계약의 해지와 관련하여 임차인 및 보증인 등으로부터 회수가능한 금액은 익금에 산입한다. 다만, 회수된 리스자산의 시가가 그 금융리스채권액에 미달하는 경우에는 그 차액을 손금에 산입한다. (2024.3.15. 개정)

2. 운용리스의 경우
해당 리스계약과 관련하여 임차인 또는 보증인으로부터 회수가능한 금액을 익금에 산입한다. (2024.3.15. 개정)

④ 제1항 내지 제3항의 규정을 적용함에 있어서 리스료 등의 익금과 손금의 귀속사업연도는 「주식회사 등의 외부감사에 관한 법률」 제5조에 따라 제정된 기업회계기준이 정하는 바에 의한다. 다만, 한국채택국제회계기준을 적용하는 법인의 영 제24조 제5항에 따른 금융리스 외의 리스자산에 대한 리스료의 경우에는 리스기간에 걸쳐 정액

기준으로 손금에 산입한다. (2024.3.15. 개정)

⑤ 리스에 관련한 임대인과 임차인의 외화자산·부채의 평가차손익은 영 제76조의 규정에 의하여 처리한다. (2001.11.1. 개정)

⑥ 법 제34조 및 영 제61조의 대손충당금 설정대상금액은 다음과 같다. (2001.11.1. 개정)

1. 금융리스의 경우
   금융리스채권의 미회수잔액과 약정에 의한 지급일이 경과한 이자상당액의 미수금 합계액

2. 운용리스의 경우
   약정에 의한 지급일이 경과한 리스료 미회수액

⑦ 취득 또는 사용하던 자산을 리스회사에 매각하고 리스거래를 통하여 재사용하는 "판매 후 리스거래"의 경우 회계처리는 다음 각호에 의한다. (2001.11.1. 신설)

1. 금융리스에 해당하는 판매후 리스거래의 경우 매매에 따른 손익을 리스실행일에 인식하지 아니하고 해당 리스자산의 감가상각기간 동안 이연하여 균등하게 상각 또는 환입한다. (2009.11.10. 개정)

2. 판매 후 리스거래가 운용리스에 해당하고 리스료 및 판매가격이 시가에 근거하여 결정된 경우 제1호 및 제2호의 규정에 불구하고 해당 매매와 관련된 손익을 인식할 수 있다. (2024.3.15. 개정)

⑧ 임대인 또는 임차인이 리스의 구분을 제1항 및 제2항의 규정에 의하지 아니한 경우에는 다음 각호에 따라 처리한다. (2001.11.1. 신설)

1. 금융리스를 운용리스로 처리한 경우
   가. 임대인에 있어서는 리스물건의 취득가액 상당액을 금전으로 대여한 것으로 보아 수익으로 계상한 리스료 중 제1항 제3호에 상당하는 금액만 익금에 산입하고 원금회수액은 이를 익금불산입하며 손비로 계상한 감가상각비는 이를 손금불산입한다.
   나. 임차인에 있어서는 리스물건의 취득가액 상당액을 자산으로 계상하고 손금에 산입한 리스료 중 제1항 제3호에 상당하는 금액을 손금에 산입하되, 동 금액을 초과하여 손금에 산입한 금액은 이를 감가상각한 것으로 보아 시부인한다.

2. 운용리스를 금융리스로 처리한 경우
   가. 임대인에 있어서는 리스물건의 취득가액을 자산으로 계상하고 리스료 중 대여금의 회수로 처리한 금액은 이를 제2항 제1호의 리스료 수입으로 보아 익금에 산입한다. 이 경우 손금으로 계상하지 아니한 해당 자산에 대한 감가상각비는 세무조정으로 이를 손금에 산입할 수 없다. (2024.3.15. 개정)
   나. 임차인에 있어서는 리스료지급액 전액을 손금에 산입하고 해당 자산에 대하여 손금에 산입한 감가상각비는 이를 손금에 산입하지 아니한다. (2024.3.15. 개정)

⑨ 이 통칙은 제1항 및 제2항의 리스거래 이외의 렌탈거래·임대차거래에 대하여는

원칙적으로 이를 적용하지 아니하며, 동 거래에 대하여는 그 거래의 실질내용에 따라 자산의 임대차·판매거래 또는 금전소비대차거래로 구분하여 처리한다. 따라서, 렌탈 계약 등이 사실상 장기할부조건의 자산취득에 해당하는 경우에는 그 임차료를 자산의 취득가액으로 본다. (2001.11.1. 신설)

차량을 운용리스로 사용하는 경우 매월 계산서를 받아 처리하여야 한다.

이용자 명의 리스는 차량의 소유권은 리스사에게 차량의 명의는 개인(사업자)에게 있는 것을 말한다. 이 경우 리스자산을 공급자 또는 세관장으로부터 직접 인도받는 경우에는 공급자 또는 세관장으로부터 세금계산서를 수령한다.

■ 차량리스에 관한 회계처리

㈜위드상사는 차량(9인승 승합차)을 운용리스로 이용하기로 하고 차량을 직접 인도받으면서 공급자로부터 세금계산서를 교부받았다. 이후 리스회사는 차량의 부가세를 30회에 안분하여 매달 리스료에 포함시킨 금액을 계산서로 발행하고 있다.

①   (청 색)

전 자 세 금 계 산 서(공급받는자 보관용)

책 번 호	권	호
일련번호		

공급자	등 록 번 호	1 0 6 - 8 5 - 1 7 0 7 1			공급받는자	등 록 번 호	1 1 6 - 8 1 - 6 4 8 9 7		
	상호(법인명)	㈜JH자동차	성 명	김준하		상호(법인명)	(주)위드	성 명	박미례
	사업장주소	서울시 용산구 한강로 80				사업장주소	서울 용산구 새창로12		
	업 태	제 조	종 목	자 동 차		업 태	도소매	종 목	컴퓨터

작 성			공 급 가 액	세 액	비 고
년	월	일	공란수	십 억 천 백 십 만 천 백 십 일	십 억 천 백 십 만 천 백 십 일	
2×	05	25	2	3 0 0 0 0 0 0 0	3 0 0 0 0 0 0	

월	일	품 목	규 격	수 량	단 가	공 급 가 액	세 액	비 고
05	25	차량3058				30,000,000	3,000,000	

합계금액	현 금	수 표	어 음	외상미수금	이금액을	영수 함
33,000,000				33,000,000		청구

(차)　부가세대급금　　　　3,000,000　　　(대)　미 지 급 금　　　　3,000,000
　　　　　　　　　　　　　　　　　　　　　　　　　(JH자동차)

②   (청 색)

계산서(공급받는자 보관용)						승인번호			

	등록번호	116-81-32228	종사업장 번호			등록번호	106-81-64897	종사업장 번호	
공 급 자	상호	부자리스	성 명 (대표자)	이부자	공 급 받 는 자	상호	(주)위드상사	성 명 (대표자)	박미례
	사업장 주소	서울 광진구 광장동 12				사업장 주소	서울 용산구 새창로12		
	업태	금융업,부동산	종목	할부금융, 시설대여업		업태	도소매	종목	컴퓨터

비고		수정사유	
작성일자	202×.06.25	공급가액	1,300,000

월	일	품 목	규격	수량	단가	공 급 가 액	비 고
06	25	차량3058				1,300,000	

합 계 금 액	현 금	수 표	어 음	외 상 미 수 금	이 금액을 청구함
1,300,000				1,300,000	

(차) 리 스 료   1,200,000   (대) 미 지 급 금   1,300,000
                                                (부 자 리 스)

     미 지 급 금   100,000*
     (J H 자 동 차)

     * 미지급금 30회 분할 지급 시 3,000,000/30회 = 100,000

(3) 지출증명서류 실무

1) 리스자산 취득 시

① 리스자산을 공급자 또는 세관장으로부터 직접 인도받는 경우에 공급자 또는 세관
  장으로부터 세금계산서를 교부받는다.

② 취득세는 영수증만 수취하고 설치·운반·시운전비 등은 정규영수증을 수취한다.

> **관련해석**
>
> **제도 46015-11499, 2001.6.14. ; 부가 46015-2593, 1994.12.22.**
> 납세의무있는 사업자가 시설대여업법에 의하여 인가를 받은 시설대여회사로부터 시설
> 등을 임차하고 당해 시설 등을 공급자 또는 세관장으로부터 직접 인도받는 경우에는 부
> 가가치세법 시행령 제21조 제3항의 규정에 의하여 당해 사업자가 공급자로부터 재화를

공급받거나 외국으로부터 재화를 직접 수입한 것으로 보아 공급자 또는 세관장으로부터 세금계산서를 교부받는 것임.

2) 리스료의 지출

① 운용리스료 : 기본리스료와 조정리스료의 지출에 대하여는 계산서를 수취한다.
② 금융리스료 : 납부내역서, 송금증 등 일반영수증을 수취한다.

관련해석

법기통 121 - 164…6 [시설대여업자의 계산서 작성 · 교부의무]
「여신전문금융업법」에 의한 시설대여업자가 규칙 제13조의 규정에 의한 금융리스 이외의 리스(운용리스)를 실행하고 리스이용자로부터 리스료를 수취하는 경우에는 계산서를 작성하여 리스이용자에게 교부하여야 한다.

3) 리스자산의 반환과 소유권 재판매

① 운용리스자산 : 임대차용 자산의 반환이므로 계산서교부대상거래가 아니다.
② 금융리스자산 : 반환 시 또는 소유권 재판매 시 시설대여업자 또는 매입자에게 세금계산서를 교부한다.

관련해석

1. 리스계약의 중도해지에 따른 회계처리 등(서면 인터넷방문상담2팀-1658, 2005.10.17.)
　① 사업자가 「여신전문금융업법」에 의하여 등록한 시설대여업자로부터 금융리스 조건으로 리스자산을 임차하고 공급자로부터 직접 인도받아 사용하다가 시설대여 계약이 해지되어 당해 시설대여업자에게 당해 리스자산을 반환하는 것은 「부가가치세법」 제6조 제1항의 규정에 의한 재화의 공급에 해당하며, 당해 사업자는 당해 리스자산을 반환하는 때에 시설대여업자에게 세금계산서를 교부하여야 하는 것이며,
　② 사업자가 「여신전문금융업법」에 의하여 등록한 시설대여업자로부터 운용리스 조건으로 리스자산을 임차하여 사용하다가 시설대여 계약이 해지되어 당해 시설대여업자에게 당해 리스자산을 반환하는 것은 임대차용 자산을 반환하는 것이므로 「법인세법」 제121조의 규정에 의한 계산서 교부대상 거래에 해당하지 않는 것임.

2. **리스자산을 새로운 리스이용자에게 인도 시 세무처리방법**(재부가 22601－21, 1991.1.8.)

[요지] 운용리스의 경우 새로운 리스이용자에게 리스자산을 넘겨주는 것은 재화의 공급에 해당하지 아니하나, 공급자가 새로운 리스이용자에게 대가를 받고 세금계산서를 교부하지 아니하고 양도하는 경우에는 과세되며, 금융리스의 경우는 부가가치세 과세되는 것임.

[내용] 납세의무있는 사업자가 시설대여산업육성법에 의하여 인가를 받은 시설대여회사로부터 시설 등을 임차하고 당해시설 등을 공급자 또는 세관장으로부터 직접 인도받아 사용하던 중 시설대여회사의 동의를 얻어 새로운 리스이용자에게 당해 리스자산을 넘겨주는 경우 다음과 같이 처리함.

가) 운용리스의 경우 리스이용자가 새로운 리스이용자에게 당해 리스자산을 넘겨주는 것은 부가가치세법 제6조에 의한 재화의 공급에 해당하지 아니하며, 공급자 또는 세관장은 새로운 리스이용자에게 세금계산서를 교부하지 아니함. 다만, 새로운 리스이용자에게 대가를 받고 임차인의 지위를 양도하는 경우 그 대가에 대하여는 동 법 제6조의 규정에 의하여 부가가치세가 과세됨.

나) 금융리스의 경우 리스이용자가 새로운 리스이용자에게 당해 리스자산을 넘겨주는 것은 자산의 양도로서 동 법 제6조의 규정에 의하여 부가가치세가 과세되며, 리스이용자는 새로운 리스이용자에게 세금계산서를 교부하여야 함.

❶ 인건비

(1) 의의

인건비는 급여, 상여, 퇴직급여, 잡급 등 노무에 대한 대가 또는 노무와 관련하여 지급되는 일체의 경비를 말한다.

(2) 지출증명서류 실무

1) 급여(상여금, 제 수당 포함)

급여는 임금, 이익분배금, 상여금 등을 말하고 임원급여와 직원급여로 나뉘며, 임원과 직원의 퇴직금 산정기준이 되기도 한다.

임직원에게 지급하는 급여 등은 소득세법의 규정에 의한 소득세와 직원부담 건강보험료, 연금보험료, 고용보험료가 원천징수되며 세금계산서 등 정규영수증의 수취대상이 아니다. 급여대장, 개인별 근로소득원천징수부, 근로소득지급명세서, 근로소득세납부영수증 등을 비치하면 된다.

<u>외화로 급여를 지급받는 경우에는 정기지급일 이전에 받는 경우에는 받는 날 현재의기준환율 등에 의해 환산하고 정기지급일 이후에 지급받는 경우에는 정기지급일 현재기준 환율 등에 의해 환산한 금액을 근로소득으로 본다</u>(소칙 §16 ①).

임원의 정의

다음 각 목의 어느 하나의 직무에 종사하는 자를 "임원"이라 한다(법령 §40 ① 4호).

가. 법인의 회장, 사장, 부사장, 이사장, 대표이사, 전무이사 및 상무이사 등 이사회의 구성원 전원과 청산인

나. 합명회사, 합자회사 및 유한회사의 업무집행사원 또는 이사

다. 유한책임회사의 업무집행자

라. 감사

마. 그 밖에 가목부터 라목까지의 규정에 준하는 직무에 종사하는 자

임직원에게 지급하는 급여에 대한 급여명세와 회계처리

㈜위드상사는 직원에게 급여를 지급하였다.(기본급 : 2,500,000, 식대 200,000)

개인별 급여명세서

2024년도 2월분

사 원 정 보					
사 번			성 명		김연봉

급여지급내역	항 목	금 액	공제내역	항 목	금 액
	기 본 급	2,500,000원		국 민 연 금	112,500원
	식 대	200,000원		건 강 보 험 료	88,620원
	직 책 수 당			고 용 보 험 료	22,500원
	체 력 단 련 비			장 기 요 양 보 험 료	11,470원
				소 득 세	35,600원
				지 방 소 득 세	3,560원
실수령액					2,425,750원

귀하의 노고에 감사드립니다.

상공컴퓨터(주)

(차)	직 원 급 여	2,700,000	(대)	예 수 금	112,500
				예 수 금	88,620
				예 수 금	22,500
				예 수 금	11,470
				예 수 금	35,600
				예 수 금	3,560
				미 지 급 금	2,425,750

2) 상여(법령 §43)

① 법인이 그 임원 또는 사용인에게 이익처분에 의하여 지급하는 상여금은 이를 손금에 산입하지 아니한다. 이 경우 합명회사 또는 합자회사의 노무출자사원에게 지급하는 보수는 이익처분에 의한 상여로 본다.

② 법인이 임원에게 지급하는 상여금 중 정관·주주총회·사원총회 또는 이사회의 결의에 의하여 결정된 급여지급기준에 의하여 지급하는 금액을 초과하여 지급한 경우 그 초과금액은 이를 손금에 산입하지 아니한다.

③ 법인이 지배주주 등(특수관계에 있는 자를 포함한다. 이하 이 항에서 같다)인 임원 또는 사용인에게 정당한 사유 없이 동일 직위에 있는 지배주주 등 외의 임원 또는 직원에게 지급하는 금액을 초과하여 보수를 지급한 경우 그 초과금액은 이를 손금에 산입하지 아니한다.

④ 상근이 아닌 법인의 임원에게 지급하는 보수는 법 제52조에 해당하는 경우를 제외하고 이를 손금에 산입한다.

⑤ 법인의 해산에 의하여 퇴직하는 임원 또는 직원에게 지급하는 해산수당 또는 퇴직위로금 등은 최종 사업연도의 손금으로 한다.

3) 퇴직급여

세법상 퇴직급여는 명칭에 관계없이 근로의 대가로서 현실적인 퇴직을 원인으로 지급받는 대가이다. 직원이 퇴직한 경우 퇴직급여를 지급하며 직원에게는 퇴직소득이 되므로 퇴직소득으로 원천징수하면 된다. 확정기여형인 경우에는 금융기관에서 지급 시 원천징수하므로 회사는 원천징수하지 않는다. 2017.1.1. 이후 임원의 연봉제 전환으로 인한 퇴직금 중간정산이 퇴직금 중간지급사유에서 삭제되었다(소령 §43, 법령 §44).

■ **근로자에게 지급하는 퇴직급여에 대한 회계처리**

㈜위드상사는 근로자에게 퇴직급여를 지급하였다.(퇴직급여 : 4,000,000)

(차) 퇴 직 급 여	4,000,000	(대) 예 수 금	120,000
		미 지 급 금	3,880,000

 **퇴직연금제도**

구분	확정급여형(DB형)	확정기여형(DC형)
주요내용	근로자 퇴직연금이 사전에 결정	기업의 퇴직급여가 사전에 결정
운용위험부담	기업이 적립금 운용실적 위험을 부담	근로자가 적립금 운용실적 위험을 부담
납입	퇴직금상당액의 60%~80%	총급여/12
회계처리	퇴직연금운용자산(충당부채 인식)	퇴직급여 비용(결산분개 없음)

실무맛보기

■ **확정기여형(DC형) 퇴직연금에 대한 회계처리**

㈜위드상사는 확정기여형 퇴직연금(1,200,000)을 가입하고 보통예금으로 납입하였다.(납입금 1%는 보험회사 사업비)

(차)	퇴 직 급 여	1,188,000	(대)	보 통 예 금	1,200,000
	지 급 수 수 료	12,000			

■ **확정급여형(DB형) 퇴직연금에 대한 회계처리**

㈜위드상사는 확정급여형 퇴직연금(1,200,000)을 가입하고 보통예금으로 납입하였다.(납입금 1%는 보험회사 사업비)

(차)	퇴직연금운용자산	1,188,000	(대)	보 통 예 금	1,200,000
	지 급 수 수 료	12,000			

☞ 퇴직연금운용자산은 재무상태표의 퇴직급여충당부채와 퇴직연금미지급금의 차감계정임.

㈜위드상사는 결산 시 납부한 퇴직연금 상당액을 퇴직급여충당부채로 설정하였다.

(차)	퇴 직 급 여	1,188,000	(대)	퇴직급여충당부채	1,188,000

㈜위드상사는 퇴직연금에서 수익이 발생하여 입금(50,000)되었다.

(차)	퇴직연금운용자산	50,000	(대)	이 자 수 익	50,000

4) 자가운전보조금

종업원이 소유하거나 본인 명의로 임차한 차량을 종업원이 직접 운전하여 사용자의 업무수행에 이용하고 시내출장 등에 소요된 실제여비를 받는 대신에 그 소요경비를 해당 사업체의 규칙 등으로 정하여진 지급기준에 따라 받는 금액을 자가운전보조금이라 한다. 월 20만 원 이내의 자가운전보조금은 비과세 근로소득이므로 갑근세를 부담하지 않으며, 이러한 자가운전보조금은 전표처리에 있어 급여에 해당하며 세금계산서 등의 정규영수증의 수취대상이 아니다. 만일 월 20만 원 초과 지급 시에는 20만 원을 초과한 금액을 과세 근로소득에 합산하여 원천징수하면 된다.

구분	지출증명서류
① 자가운전보조금(월 20만 원 이내 금액)	비과세근로소득이므로 지출결의서나 전표 작성·보관
② 자가운전보조금(월 20만 원 이내 금액) + 시내교통비(실제경비를 증명서류에 의해 지급받음)	㉠ 자가운전보조금 　근로소득이므로 과세, 원천징수영수증 ㉡ 시내교통비 　지출결의서나 여비교통비명세서
③ 자가운전보조금(월 20만 원 이내 금액) + 시외출장비(실제경비를 증명서류에 의해 지급받음)	㉠ 자가운전보조금 　비과세근로소득이므로 전표 작성·보관 ㉡ 시외출장비 　지출결의서나 여비교통비명세서

5) 식대

구분	지출증명서류
① 식대	㉠ 월 20만 원 이내 금액 : 비과세근로소득이므로 전표 작성·보관하면 됨. ㉡ 월 20만 원 초과 금액 : 원천징수영수증(지급명세서)
② 식사	지출상대방이 음식점 등이므로 3만 원(2008년 이후)초과 시 세금계산서 등 정규영수증 수취하여야 함.
③ 식대+식사	㉠ 식대 : 원천징수영수증(지급명세서) ㉡ 식사 : 지출상대방이 음식업자 등이므로 3만 원(2008년 이후)초과 시 세금계산서 등 정규영수증 수취하여야 함.
④ 식권 제공	지출상대방이 음식점 등이므로 3만 원(2008년 이후) 초과 시 세금계산서 등 정규영수증 수취하여야 함.
⑤ 식대+야근식대	㉠ 식대 　• 20만 원 이내 : 비과세근로소득이므로 전표 작성·보관하면 됨. 　• 20만 원 초과 : 원천징수영수증(지급명세서) ㉡ 야근식대 　현물은 실비로 전액 비과세근로소득이므로 지출결의서나 전표 작성·보관하면 됨.

6) 기밀비 · 판공비

기밀비(판공비 포함) · 교재비 기타 이와 유사한 명목으로 받는 것으로서 업무를 위하여 사용된 것이 분명하지 아니한 급여는 과세 근로소득에 해당하므로 원천징수의 대상이 되며 정규영수증의 수취대상이 아니다. 급여대장 등을 비치하면 된다.

7) 잡급(일용근로자에 지급하는 것)

일용근로자에 대한 급여는 근로소득세가 원천징수되므로 정규영수증의 수취대상이 아니다. 내부적으로 일용노무비 지급명세서, 주민등록등본이나 신분증사본을 전표 또는 지출결의서에 첨부하며, 외부적으로 원천징수영수증(지급명세서), 개인별 근로소득 원천징수부, 근로소득지급명세서 등을 보관하면 된다. 또한 근로복지공단에도 일용직 근로내역확인서를 제출해야 하며, 일용직 근로내역확인서로 일용직 지급명세서 제출을 갈음하여도 된다.

일용근로소득에 대한 지급명세서의 제출

일용근로소득을 지급하는 자(개인 또는 법인)는 일용근로자의 근로소득을 지급하는 날이 속하는 달의 다음 달 말일까지 지급명세서를 제출하여야 한다.

[제출기한 예시]

① 1.1.~1.31. 지급분 : 2.28.

② 4.1.~4.30. 지급분 : 5.31.

③ 12.1~12.31. 지급분 : 다음 연도 1월 31일

 *12월 귀속분이 12월 31일까지 미지급된 경우, 12월 31일에 지급된 것으로 봄.

■ 일용근로자에게 지급하는 급여에 대한 회계처리

㈜위드상사는 일용근로자에게 급여를 지급하였다.(급여 : 900,000)

(차) 잡 급	900,000	(대) 예 수 금	5,850
		미 지 급 금	894,150

② 복리후생비

(1) 의의

임직원의 근로의욕을 향상시키고 복리를 증진시키기 위하여 기업이 지출하는 비용을 말한다.

■ **복리후생비에 대한 지출증명서류와 부가가치세 매입세액에 관한 회계처리**

㈜위드상사는 임직원 연말 송년회에서 회식비를 법인카드로 지출하였다.
(공급가액 : 200,000원, 부가세 : 20,000원)

단말기번호	******** ****** ******	전표번호
카드종류	신한비자	
회원번호	****_****_****_****	
유효기간	거 래 일 시	취소시당초거래일
2025/09	2024/12/27 18:32	
거래유형	신용승인	
결제방법	일시불	금 액 AMOUNT	200 000
매장명		부가세 VAT	20 000
판매자		봉사료 S/C	
은행확인	신한카드		
대표자		합 계 TOTAL	220 000
알림/NOTICE	제출	승인번호	*******
가맹점주소	서울 용산구 한강로2가 15-2	
가맹점번호	**********	
사업자등록번호	***_**_*****	
가맹점명	**레스토랑	
	서명/SIGNATURE	

(차)	복 리 후 생 비	200,000	(대)	미 지 급 금	220,000
	부가세대급금	20,000			

(2) 지출증명서류 실무

세무상 근로소득에 해당하는 지출은 원천징수영수증을 보관하고, 복리후생비에 해당하는 경우에는 정규영수증을 수취하여야 한다.

1) 사용자가 부담하는 건강보험료, 고용보험료

사용자가 부담하는 건강보험료, 고용보험료는 재화나 용역의 공급대가가 아니고 세무상 복리후생비에 해당하므로 원천징수대상이 아니고 세금계산서 등 정규영수증 수취대상은 아니며 납부고지서를 보관하면 충분하다.

2) 직장체육비, 직장연예비 등 사내행사비

직장연예비, 직장체육대회 행사비, 산행대회 행사비 기타 회사가 주관하는 행사비는 그 거래의 상대방이 사업자인 경우는 세금계산서 등 정규영수증을 수취하여야 한다. 직장연예비 등으로 지출한 비용은 근로소득이 아니므로 원천징수 대상이 되지 않는다.

3) 경조사비

회사의 내부규정에 의한 지출액이면 지출결의서 또는 경조사비 지급내역서 등에 청첩장, 부고장을 첨부하는 것만으로 충분하며 세금계산서 등 정규영수증을 수취하지 않아도 된다. 거래처에 대한 경조사비는 기업업무추진비에 해당한다.

4) 임직원에게 지급하는 선물대

창립기념일, 명절, 생일 기타 이와 유사한 때에 임직원에게 지급하는 선물용품 또는 현금은 근로소득에 해당되므로 근로소득으로 과세하는 경우에는 세금계산서 등의 정규영수증의 수취가 필요 없으며 원천징수영수증을 보관하면 된다.

사업자가 자기의 사업과 관련하여 구입한 부가가치세가 과세되는 재화를 임직원의 선물 등으로 지급하는 것은 개인적 공급으로 부가가치세가 과세되며, 이 경우 부가가치세과세표준은 그 재화의 시가이고 세금계산서는 작성·발급하지 아니한다. 다만, 법인이 자기사업과 관련하여 실비변상적이거나 복리후생 목적으로 작업복, 작업화, 작업모 또는 직장체육비, 직장연예비와 관련된 재화를 무상으로 공급 시에는 부가가치세가 과세되지 아니한다.

5) 각종 시상금

① 업무와 관련된 시상금

회사업무와 관련하여 지급하는 시상금은 회계처리 계정과목에 불구하고 동 임직원의 근로소득에 해당되어 근로소득세를 원천징수하므로 정규영수증의 수취는 불필요하며 근로소득원천징수영수증은 보관해야 한다.

② 업무와 관련 없는 시상금

회사업무와 관련 없는 시상금은 소득세법상 기타소득이어서 지급액의 8.8%(지방소득세 포함)에 해당하는 소득세를 원천징수하므로 정규영수증의 수취는 불필요하며 기타소득원천징수영수증은 보관해야 한다. 다만, 다음의 상금은 소득세가 비과세된다.

ㄱ) 품질경영 및 공산품안전관리법에 의하여 품질명장으로 선정된 자(분임을 포함한다)가 받는 상금과 부상

ㄴ) 직장새마을운동·산업재해예방운동 등 정부시책의 추진실적에 따라 중앙행정기관장 이상의 표창을 받은 종업원이나 관계중앙행정기관의 장이 인정하는 국내외 기능경기대회에 입상한 종업원이 그 표창 또는 입상과 관련하여 사용자로부터 받는 상금 중 1인당 15만 원 이내의 금액

ㄷ) 종업원이 직무와 관련된 우수발명으로 발명진흥법에 의한 직무발명에 대하여 사용자로부터 받는 보상금(출원·등록·실시보상 등 포함)으로서 700만 원 이하의 보상금

* 2017.1.1. 이후 발생하는 소득분부터 근로소득으로 구분하며 연간 700만 원까지 비과세한다. 다만 퇴직 후 지급 시에는 기타소득으로 본다.

6) 학자금보조액

임직원 또는 그 자녀의 학자금보조액은 원칙적으로 과세 근로소득에 해당되어 근로소득세를 원천징수하므로 정규영수증의 수취는 불필요하며 근로소득원천징수영수증은 보관해야 한다. 연말정산 시 당해 학자금 중 세법상 요건이 충족되는 금액은 교육비 세액공제를 받을 수 있다. 근로자 본인의 학자금으로서 법정요건(업무관련, 지급기준 근거, 교육기간초과 근무 외 반납조건)에 해당하는 입학금, 수업료, 수강료 기타 공납금은 비과세 근로소득에 해당한다.

7) 미등록사업자와의 거래

법인의 직원이 미등록 식당으로부터 식사용역을 제공받은 경우 신용카드매출전표·세금계산서 또는 계산서를 그 증명서류로 수취하여야 하며 이를 수취하지 아니한 경우에는 증명서류 수취 불성실가산세를 법인세로 징수한다. 다만, 법인이 업무와 관련하여 지출한 비용에 대하여 위 증명서류를 수취하지 아니한 경우에도 다른 객관적인 자료 (영수증, 입금표 등)에 의하여 그 지급사실이 확인되는 경우에는 법인의 각 사업연도 소득금액 계산상 이를 손금에 산입하는 것이다.

8) 각종 동호회활동비

사내에서 조직된 임의 단체에 지출하는 금액은 지급규정, 지급사유 등을 확인할 수 있는 서류와 송금영수증 등 거래사실을 입증할 수 있는 객관적인 증명서류만 갖추면 된다.

관련해석

1. **단체 등에 지출한 금품의 처리**(법인세 집행기준 19-19-9)
   ① 법인의 직장민방위대를 위하여 지출하는 금품의 가액은 지급하는 경비의 성질(예 : 직장체육비, 교통비, 복리후생비 등)에 따라 해당 법인의 경리의 일부로 본다.
   ② 법인의 종업원으로 구성된 노동조합 지부에 지출한 보조금 등은 해당 노동조합 지부가 법인인 때에는 이를 접대비로 보고, 법인이 아닌 때에는 그 법인의 경리의 일부로 본다.
   ③ 법인이 임의로 조직한 공제회 등에 보험목적으로 지급한 금액은 「보험업법」에 의한 보험료에 해당하지 아니하므로 소득금액 계산상 손금에 산입하지 아니한다. 다만, 주무부장관의 허가를 받은 공제회에 지급한 금액으로서 만기 또는 해약 시 납입금을 반환받지 아니하는 경우의 동 지급액은 지급일이 속하는 사업연도의 소득금액 계산상 손금에 산입한다.

2. **사용인의 복리후생을 위한 사내운동부 유지비용은 복리후생비에 해당하는지**(법인 22601-903, 1987.4.14.).
   [요약] 사용인의 복리후생을 위한 사내운동부 유지비용은 복리후생비에 해당하는 것임.
   [회신] 사용인의 복리후생을 위하여 사내운동부를 조직하고 동 운동부의 유지와 관련하여 지출되는 비용은 법인세법 시행령 제13조(현행 법인세법 시행령 제45조)의 복리후생비에 해당되는 것임.

3. 종업원을 위한 복지기금출연금에 대한 회계처리방법(법인 22601-3443, 1987.12.23.)

법인이 사용인의 복지후생조직인 임의단체에 기금으로 지출한 금액은 당해기금이 사용인의 복리후생증진목적으로 운영되는 경우 법인세법 시행령 제13조 제1항 제7호의 복리후생비에 해당하는 것임.

제 3 절 기타 판매비와 관리비

① 기업업무추진비

(1) 의의

직접 또는 간접적으로 업무와 관련이 있는 자와 업무를 원활하게 진행하기 위하여 지출하는 경비로서 경조사비·식대·선물·주대 등을 말한다. 건당 3만 원(경조사비 20만 원) 초과금액에 대해서는 정규영수증 수취대상이다.

■ 기업업무추진비에 대한 부가가치세 매입세액에 관한 회계처리

㈜위드상사는 거래처에게 선물할 물품을 법인카드로 구입하였다.
(공급가액 : 200,000원, 부가세 : 20,000원)

단말기번호	******** ****** ******	전표번호
카드종류	신한비자	
회원번호	****－****－****－****	
유효기간	거 래 일 시	취소시당초거래일
2022/09	2024/7/27 19:18	
거래유형	신용승인	

		금 액 AMOUNT	200 000
결제방법	일시불		
매장명		부가세 VAT	20 000
판매자		봉사료 S/C	
은행확인	신한카드		
대표자		합 계 TOTAL	220 000
알림/NOTICE	제출	승인번호	********

가맹점주소	서울 용산구 한강로2가 15－2
가맹점번호	**********
사업자등록번호	***－**－*****
가맹점명	**전자

서명/SIGNATURE

| (차) 기업업무추진비 | 220,000 | (대) 미 지 급 금 | 220,000 |

(2) 지출증명서류 실무

1) 일반기업업무추진비

법인카드 전표 등 정규영수증이 없는 경우 기업업무추진비를 손금불산입(비용 불인정)하고, 대표이사 또는 그 사용자에 대한 상여 등으로 처분하나, 정규영수증은 아니더라도 관련 영수증을 구비하여 둔 경우 세무조정 시 기업업무추진비를 손금불산입(비용 불인정)하고, 그 소득처분은 기타사외유출로 할 수 있다. <u>기업업무추진비는 정규영수증을 수취하지 못하면 비용을 인정받을 수 없기 때문에 상품권을 접대용으로 사용하기 위해서는 카드를 사용하여 구매해야 한다.</u>

정규영수증 적용	기업업무추진비	기업업무추진비 이외의 비용
금액기준	건당 3만 원(경조사비의 경우 20만 원) 초과 지출	건당 3만 원 초과 지출
개인카드 사용분	법인은 손금불산입 (개인은 필요경비임)	업무와 관련된 지출인 경우 손금으로 인정
정규영수증 미수취 시	손금불산입	업무 관련인 경우에는 손금으로 인정하되, 지출금액의 2%를 가산세로 부과

2) 현물기업업무추진비

1회의 접대에 지출된 기업업무추진비 중 3만 원(경조사비의 경우 20만 원)을 초과하는 기업업무추진비로서 법인이 직접 생산한 제품 등으로 제공한 기업업무추진비는 정규영수증 미수취에 따른 손금불산입 대상에서 제외된다.

3) 매출채권 포기금액

약정에 의하여 채권의 전부 또는 일부를 포기하는 경우에도 이를 대손금으로 보지 아니하며 기부금 또는 기업업무추진비로 본다. 다만, 특수관계인 외의 자와의 거래에서 발생한 채권으로서 채무자의 부도발생 등으로 장래에 회수가 불확실한 어음·수표상의 채권 등을 조기에 회수하기 위하여 당해 채권의 일부를 불가피하게 포기한 경우, 동 채권의 일부를 포기하거나 면제한 행위에 객관적으로 정당한 사유가 있는 때에는 동 채권포기액을 손금에 산입한다(법집행 19의 2-19의 2-8).

4) 국외기업업무추진비

기업업무추진비가 국외에서 발생하는 경우 기업업무추진비가 지출된 장소(해당 장소가 소재한 인근 지역 안의 유사한 장소를 포함)에서 현금 외에 다른 지출수단이 없어 정규영수증을 구비하기 어려운 경우의 해당 국외지역에서의 지출은 정규영수증은 구비하지 아니하여도 되는 것이며, 그 외의 경우에는 정규영수증을 수취하여야 한다.

❷ 여비교통비

(1) 의의

임직원이 업무상 출장과 관련된 활동에 사용한 여비 및 교통비를 말한다.

■ **여비교통비에 대한 회계처리**

㈜위드상사의 직원이 거래처 방문을 위하여 택시를 이용하였다.
(공급가액 : 10,000원, 부가세 : 1,000원)

여비 교통비 청구서

결재	담당	과장	소장

신청자 :   신청일 :   년   월   일

사용일	사용자	목적	출발지	행선지	금액	영수인	비고
	김직원	거래처방문	사무실	거래처	11,000		

(차)	여 비 교 통 비	11,000	(대)	현 금	11,000

(2) 지출증명서류 실무

여비교통비 지출에 대한 지급규정을 작성하여 운영하는 것이 바람직하며, 지급규정이 있다 하더라도 그 지출에 대하여 정규영수증을 수취하여야 하며 정규영수증을 수취할 수 없는 경우에는 지출결의서, 여비교통비명세서, 출장신청서, 출장계획서 등에 의하여 지출을 증명하여야 한다.

① 시내교통비

택시요금, 시내버스요금, 지하철요금, 시외버스요금, 고속버스요금 등으로 영수증, 승차권 등을 수취, 정규영수증 수취의무가 없으며, 회사 관리 목적으로 영수증, 승차권의 수취와 함께 목적지나 업무내용이 기재된 "지출결의서"나 "여비교통비명세서"를 제출한다.

② 국내출장비

숙박비, 식사비, 항공요금, 고속버스요금, 철도요금, 고속도로 통행료 등으로 영수증, 항공권, 승차권 등을 수취하며, 일반적으로 회사의 출장비규정에 의해 정액으로 일비가 지급되며, 정규영수증 수취의무가 없다. 회사관리목적으로 "지출결의서"나 "여비교통비명세서"를 제출한다.

③ 해외출장비

숙박비, 식사비, 항공요금 등으로 영수증, 항공권 등을 수취하며, 항공권 요금을 제외하고는 회사의 출장비규정에 의해 정액으로 지급되며, 정규영수증 수취의무가 없다. 국외에서 재화 또는 용역을 공급받은 경우 및 항공기의 항행용역을 제공받은 경우는 세금계산서 등의 정규영수증 수취의무가 없다.

④ 주차료

국가 또는 지방자치단체에서 운영하는 주차장의 경우에는 정규영수증이 필요 없다. 하지만 간이사업자와 거래 시에도 건당 3만 원을 초과하는 경우는 세금계산서는 수취 못하더라도 신용카드매출전표, 현금영수증 등의 지출증명서류를 수취하여야 한다.

⑤ 국외여행사의 여행용역(여행알선수수료)

영수증을 수취하며 국외에서 제공받은 재화와 용역에 대해서는 세금계산서 등 정규영수증 수취의무가 없다.

⑥ 국내여행사의 여행용역(여행알선수수료, 비자발급대행수수료)

지출증명서류(세금계산서 등)를 수취하며 여행업은 영수증교부대상 사업자에 해당하는 것이나 그 공급을 받는 자가 사업자등록증을 제시하고 세금계산서의 발급을 요구하는 경우에는 세금계산서를 발급하여야 하므로 세금계산서를 수취할 수 있다.

⑦ 렌터카 대여비용

정규영수증(세금계산서 등)를 수취하며 렌터카업은 영수증교부대상 사업자에 해당하는 것이나 자동차를 빌리는 자가 사업자등록증을 제시하고 세금계산서의 발급을 요구하는 때에는 세금계산서를 발급하여야 하므로 세금계산서를 수취할 수 있다.

⑧ 고속도로통행료, 고속도로통행카드 구입, 하이패스카드 구입, 고속도로통행카드와 하이패스카드 충전료

영수증을 수취하며 2008.1.1.부터 유료도로의 통행요금에 대해서 전국적으로 전산관리집계가 노출되므로 「유료도로법」에 따른 유료도로를 이용하고 통행요금을 지불하는 경우 정규영수증을 수취하지 않아도 된다.

참고로 한국도로공사의 고속도로 이용료는 부가가치세가 면제되어 공제대상이 아닌 것이나, 한국도로공사 이외의 사업자(민자고속도로 등)가 징수하는 통행료의 경우는 부가가치세를 과세하는 것이므로 후불교통카드 또는 후불전자카드로 수납하면서 신용카드가맹점 및 이용자의 카드정보가 포함된 영수증을 교부받는 경우 매입세액 공제를 받을 수 있다.

> **관련해석**
>
> **1. 부가 1265 – 2713, 1984.12.19.**
> 관광사업법에 의한 여행알선업자가 여행객에게 여행의 목적지와 여행기간만을 제시하고 여행객으로부터 여행자가 부담하여야 할 비용의 종류별 금액과 여행알선수수료를 구분하지 아니하고 대가를 받는 경우에는 그 대가 전액이 부가가치세 과세표준이 되는 것이나, 여행알선업자가 교통비, 숙박비, 주요방문지의 입장료, 식대 등의 소요비용과 여행알선수수료를 각각 구분하여 받는 경우에는 여행알선수수료에 대하여만 부가가치세를 과세함.
>
> **2. 부가 46015 – 1296, 2000.6.2.**
> 관광진흥법에 의한 일반여행업을 영위하는 사업자가 여행객에게 여행용역을 제공하고 그 대가를 받는 경우에 부가가치세 과세표준은 여행객으로부터 받는 대금·요금·수

수료 기타 명목 여하에 불구하고 대가관계에 있는 모든 금전적 가치있는 것을 포함하는 것이나, 여행알선수수료와 여행객이 부담하여야 하는 숙박비, 교통비, 식사비, 입장료 등을 구분 계약하여 그 대가를 받는 경우에는 당해 숙박비 등은 부가가치세 과세표준에 포함하지 아니하는 것이며, 당해 숙박비 등에 대하여는 「부가가치세법」 제16조 제1항의 규정에 의한 세금계산서를 여행객에게 교부할 수 없는 것임.

③ 지급임차료

(1) 의의

회사가 물건을 빌려 이용하고 내는 돈을 말한다. 회사가 업무에 사용할 토지나 사무실 건물, 제조용 기계를 사지 않고 빌려서 사용하게 되면 이에 대한 대가를 지불해야 된다. 토지나 건물 같은 부동산 내지는 기계장치 같은 동산을 빌리는 데 들어간 비용을 말한다.

■ 지급임차료에 대한 부가가치세 매입세액에 관한 회계처리

㈜위드상사는 사무실을 임차하여 사용하고 있다.
(공급가액 : 2,000,000원, 부가세 : 200,000원)

(청 색)

| 전자세금계산서(공급받는자 보관용) | | | | | | | | | 승인번호 | | |

	등록번호	*** - ** - *****					등록번호	*** - ** - *****		
공급자	상호	㈜위드빌딩	성명(대표자)	이 건	공급받는자	상호	㈜위드상사	성명(대표자)	김상사
	사업장주소	서울시 송파구 문정1동 35				사업장주소	서울 용산구 한강로 1가 25		
	업태	부동산업	종사업장번호			업태	도소매업	종사업장번호	
	종목	임대				종목	잡화		

비고			수정사유		
작성일자	2024.12.24.	공급가액	2,000,000	세액	200,000

월	일	품 목	규격	수량	단가	공 급 가 액	세 액	비 고
12	24	임대료				2,000,000	200,000	

합 계 금 액	현 금	수 표	어 음	외 상 미 수 금	이 금액을 청구함
2,200,000				2,200,000	

| (차) | 지 급 임 차 료 | 2,000,000 | (대) | 보 통 예 금 | 2,200,000 |
| | 부가세대급금 | 200,000 | | | |

(2) 지출증명서류 실무

① 사무실 임차료

㉠ 임대자가 법인이나 개인 일반과세자인 경우 정규영수증(세금계산서 등)을 받아야 한다.

㉡ 임대자가 간이과세자인 경우 금융기관을 통하여 기재한 "경비 등 송금명세서"를 제출한다.

㉢ 임대자가 미등록사업자나 개인인 경우 정규영수증을 수취하기가 현실적으로 불가능하므로, 임대차계약서 등에 의해 손금으로 인정받고 증명서류 수취 불성실가산세를 납부해야 한다.

② 주택임차료나 사택임차료

영수증, 계약서, 관리비 납부고지서를 수취하며, 정규영수증 수취의무는 없다.

주주 또는 출자자가 아닌 임원, 임원이 아닌 종업원, 국가·지방자치단체로부터 근로소득을 지급받는 사람이 사택을 제공받는 경우에는 근로소득에 해당하지 않는다.

여기서 사택이란, 사용자(회사)가 소유하고 있는 주택을 같은 종업원 등에게 무상 또는 저가로 제공하거나, 사용자가 직접 임차하여 종업원 등에게 무상으로 제공하는 주택을 말한다.

회사가 직접 임차하여 무상으로 사용하게 하는 경우에는 사용자가 부담하는 주택의 임차비용은 사택제공이익에 포함하여 해당 직원의 근로소득으로 보지 아니하는 것이나, 근로자가 해당 주택소유자와 임차 계약하고 사용자가 임차료를 대신 지급하는 경우에는 해당 직원의 과세대상 근로소득으로 보아 근로소득세 등을 원천징수 한다.

③ 복사기·팩스임차료, 기계장치임차료, 장비임차료, 전산CPU임차료, 차량임차료

건당 금액이 3만 원을 초과하는 경우 정규영수증(세금계산서 등)을 수취하여야 한다.

4 지급수수료

(1) 의의

서비스를 제공받고 대가를 지급하는 경우로 은행관련 수수료, 법률 자문 수수료, 신용카드 결제수수료 등을 말한다. 금융보험수수료, 사전 약정에 따라 협회 등에 지급한 수수료 등은 영수증, 명세서 등을 수취한다.

실무맛보기

■ **지급수수료에 대한 부가가치세 매입세액에 관한 회계처리**

㈜위드상사는 변호사에게 법률 자문을 받고 수수료를 지급하였다.
(공급가액 : 500,000원, 부가세 : 50,000원)

(청 색)

전자세금계산서(공급받는자 보관용)							승인번호		
공급자	등록번호	*** - ** - *****			공급받는자	등록번호	*** - ** - *****		
	상호	㈜위드법무법인	성명(대표자)	이 법		상호	㈜위드상사	성명(대표자)	김상사
	사업장주소	서울시 강남구 테헤란로 35				사업장주소	서울 용산구 한강로 1가 25		
	업태	서비스업	종사업장번호			업태	도소매업	종사업장번호	
	종목	변호사				종목	잡화		
비고					수정사유				
작성일자	2024.1.25.				공급가액	500,000	세액	50,000	

월	일	품 목	규격	수량	단가	공급가액	세액	비고
1	25	자문료				500,000	50,000	

합계금액	현금	수표	어음	외상미수금	이 금액을 청구함
500,000				50,000	

(차)	지 급 수 수 료	500,000	(대)	현 금	550,000
	부가세대급금	50,000			

☞ 전문용역 수수료, 프랜차이즈 수수료, 전기안전검사수수료, 전산유지보수료, 공인인증서발급비용, 각종 업무대행수수료 등은 정규영수증을 수취한다.

(2) 지출증명서류 실무

① 금융기관 등의 지급수수료

정규영수증 수취대상이 아니므로 당해 금융기관에서 발행하는 영수증 또는 계산서를 수취하면 된다.

② 전문용역 수수료

공인회계사, 세무사, 변호사, 법무사, 건축사 등이 제공하는 용역은 부가가치세 과세 대상이므로 세금계산서를 수취한다.

③ 해외로부터의 기술도입비용(로열티)

국내사업장이 없는 비거주자 또는 외국법인에게 지급하는 로열티(기술도입비용) 등은 원천징수대상 소득이므로 조세조약이나 관련법령에 의하여 원천징수하면 되고 정규영수증 수취대상이 아니다. 다만, <u>학원이나 병원 등 면세사업자 등이 과세용역의 대가를 지급하는 경우에는 부가가치세법상의 대리납부의무를 이행해야 한다.</u>

④ 부동산중개수수료
- 공인중개사가 일반과세자인 경우
  - 건당 금액이 3만 원을 초과하는 경우는 세금계산서 등 정규영수증을 수취해야 한다.
  - 금융기관을 통하여 기재한 "경비 등 송금명세서"를 제출해도 된다.
- 공인중개사가 간이과세자인 경우
  - 금융기관을 통하여 기재한 "경비 등 송금명세서"(공인중개사가 세금계산서 발급의무대상 간이과세자인 경우에는 세금계산서 등 정규영수증을 수취해야 함)를 제출한다.

⑤ 기타용역수수료
- 일반청소용역비, 사무실경비용역비, 전산유지보수료, 시험검사수수료 등은 부가가치세 과세대상용역이므로 세금계산서를 수취하면 된다.
- 한편 분뇨의 수집·운반·처리 및 정화조 청소용역, 소독용역, 적출물처리용역, 일반폐기물처리용역, 작업환경측정용역 등은 부가가치세가 면제되는 용역이므로 계산서를 수취하면 된다.

－거래상대방이 사업자등록이 안 되어 있는 개인인 경우에는 지급액의 3.3%에 상당하는 사업소득세 및 지방소득세를 원천징수하면 된다.

5 교육훈련비

(1) 의의

교육훈련비는 직무와 관련하여 임직원의 사내·외 교육을 위하여 지출하는 비용으로 사원채용 및 오리엔테이션 경비, 수련회·학원·강습소 지출비용 등을 말한다.

실무맛보기

■ 교육훈련비에 관한 회계처리

㈜위드상사는 강사를 초청하여 직원 교육을 실시하였다.(공급가액 : 100,000원)

(청 색)

계산서(공급받는자 보관용)						승인번호	
공급자	등록번호	***－92－*****	종사업장 번호		공급받는자	등록번호	***－**－*****	종사업장 번호	
	상호	위드학원	성 명 (대표자)	김공부		상호	(주)위드상사	성 명 (대표자)	김상사
	사업장 주소	서울 강남구 대치동 143－10				사업장 주소	서울 용산구 한강로 1가 25		
	업태	서비스	종목	학원		업태	도소매업	종목	잡화
비고				수정사유			
작성일자	2019.2.25			공급가액	100,000		

월	일	품 목	규 격	수 량	단 가	공 급 가 액	비 고
2	25	강의료				100,000	

합 계 금 액	현 금	수 표	어 음	외 상 미 수 금	이 금액을 청구함
100,000				100,000	

(차) 교육훈련비　　　100,000　　　(대) 현　　　금　　　100,000

347

(2) 지출증명서류 실무

① 위탁교육비

위탁교육훈련기관이 부가가치세가 면제되는 사업자이기 때문에 정규영수증으로 계산서를 수취하여야 한다.

② 사내강사료

회사소속 직원에게 회사가 지불하는 강사료는 해당 직원의 급여로 처리하여 급여지급 시 근로소득세를 원천징수하고 원천징수영수증을 보관해야 한다.

③ 외부강사료

학원에 소속된 강사의 경우 강사료가 당해 학원에 귀속되는 경우에는 학원으로부터 정규영수증으로 계산서를 수취하면 되고, 개인자격으로 강의하는 강사의 경우 계속적·반복적으로 강사활동을 하는지 일시적 강사활동을 하는지 판단 후 계속적·반복적으로 강사활동을 할 경우, 사업소득세 및 지방소득세를 원천징수하고 원천징수영수증을 보관한다. 일시적 강사활동의 경우 기타소득세 및 지방소득세를 원천징수하고 원천징수영수증을 보관한다.

④ 워크숍비용, 연수원임차료, 교육용 책자와 매뉴얼 인쇄비, 교육 시 식대·숙박비·교통비

건당 3만 원 초과 지출 시는 세금계산서 등 정규영수증을 수취해야 한다.

⑤ 외국인에게 외국어 교습을 받는 경우

외국인 강사가 국내사업장이 없는 비거주자에 해당하는 경우에는 정규영수증을 받지 않더라도 증명서류 수취 불성실가산세를 부담하지 않는 것이며, 금액, 강사이름, 국적, 여권번호 등을 기재한 지출사실을 증명할 수 있는 서류만 있으면 된다. 원천징수 대상이 되는 경우도 있다.

❻ 세금과 공과

(1) 의의

세금이란 국가 등의 재정수요에 충당하기 위하여 세법에 따라 부과하는 자동차세·

인지세·면허세·재산세 등을 말하며, 공과금이란 공공단체가 고유사업의 경비충당을 목적으로 부과하며, 상공회의소 회비·협회비, 국민연금 회사부담금 등을 말한다. 또한 법규의 위반으로 납부하는 벌금, 과료, 과태료 등도 포함한다.

📗 재산세 납부에 대한 회계처리

㈜위드상사는 건물에 대한 재산세(토지분) 2,000,000원을 납부하였다.

(차)	세 금 과 공 과	2,000,000	(대)	현　　　　　금	2,000,000

📗 자동차세 납부에 대한 회계처리

㈜위드상사는 회사차량의 자동차세 1년분 500,000원을 선납할인 10%를 적용받아 450,000원을 납부하였다.

(차)	세 금 과 공 과	500,000	(대)	현　　　　　금	450,000
				잡　　이　　익	50,000

👉 회사차량을 보유하면서 납부하는 자동차세는 세금과 공과로 처리한다.

👉 자동차세를 선납하는 경우 할인을 받게 되는데 할인액은 잡이익으로 처리한다.

(2) 지출증명서류 실무

① 국세, 지방세납부액

국가와의 거래에 해당하므로 정규영수증 수취대상이 아니므로 정규영수증이 필요 없고, 국가 또는 지방자치단체에서 발행하는 납부영수증 등을 보관하면 된다.

② 공과금

정규영수증이 필요 없고, 납부영수증·입금표·거래명세서 등 기타 지출증명을 갖추어 거래사실을 입증한다(서이 - 1335, 2004.6.25.). 법인의 자본금을 증자하기 위해서 발생하는 공과금 등은 주식할인발행차금에 해당하여 자본의 차감항목이며, 손금에 해당하지 않는다.

③ 법인과 관련된 조세

법인이 납부하였거나 납부할 조세는 그것이 업무와 관련된 것인 한 원칙적으로 손금 인정된다. 다만, 일정한 경우에는 손금인정이 되지 않는 세금과공과가 있는데 요약하면 다음과 같다.

구분	세부항목	회계상 처리	세무상 처리	세무조정
조세	면허세, 인지세	세금과 공과 (판매비와 관리비)	손금항목	세무조정 없음
	자동차세			
	주민세재산분			
	재산세			
	취득세	해당계정의 취득원가에 가산 (유형자산)	취득원가 가산 후 추후 감가상각을 통하여 손금처리	세무조정 없음
	법인세, 소득할 주민세 (법인세의 10%) 농어촌특별세(법인세 감면세액의 20%)	법인세비용 (영업외비용)	손금항목이 아님	손금불산입 (기타 사외유출)
공과금	상공회의소회비	세금과 공과 (판매비와 관리비)	손금항목	세무조정 없음
	국민연금 회사부담금			
	환경개선부담금			
	도로교통부담금			
	수입부담금			
	장애인고용부담금			
	교통유발부담금			
	연체료, 연체가산금			
	지체상금			
	벌금, 벌과금, 과태료	세금과 공과 (판매비와 관리비)	손금항목이 아님	손금불산입 (기타 사외유출)
	체납처분비			
	폐수배출부담금			

④ 부가가치세

<u>부가가치세 본세는 부가세예수금이나 부가세대급금으로</u> 비용항목이 아니며, 가산세

등은 세금과 공과이나 세법상 손금불산입(기타 사외유출)된다.

⑦ 차량유지비

(1) 의의

차량을 유지하기 위해 부담하는 유류비, 수선비, 통행료, 안전협회비, 주차비, 엔진오일교환대 등을 말하며 정규영수증 수취대상이다.

■ 주유비에 대한 회계처리

대표이사가 출퇴근용으로 사용하는 법인소유 대형승용차에 대한 주유비 88,000원을 카드결제하였다.

단말기번호	******** ****** ******		전표번호
카드종류	신한비자		
회원번호	**** _ **** _ **** _ ****		
유효기간	거 래 일 시	취소 시 당초거래일	
20×2/09	20×2/7/27 19:18		
거래유형	신용승인		
결제방법	일시불	금 액 AMOUNT	80,000
매장명		부가세 VAT	8,000
판매자		봉사료 S/C	
은행확인	신한카드		
대표자		합 계 TOTAL	88,000
알림/NOTICE	제출	승인번호	*******
가맹점주소	서울 용산구 한강로2가 15-2		
가맹점번호	**********		
사업자등록번호	*** _ ** _ *****		
가맹점명	SK네트웍스 직영 주유소		
	서명/SIGNATURE		

(차) 차 량 유 지 비   88,000   (대) 미 지 급 금   88,000

(2) 지출증명서류 실무

① 회사차량 고장 등으로 인한 견인료

정규영수증 수취대상이 아니며, 납부영수증 등을 수취하면 된다.

② 렌터카 이용료, 차량 타이어 등 부품교체비, 차량 엔진오일교환비용, 주유비, 세차비, 주차비

건당 지출금액이 3만 원 초과 시 세금계산서 등 지출증명서류를 수취하여야 한다.

③ 차량보험료, 차량검사료, 안전협회비

정규영수증 수취대상이 아니며, 보험회사와의 보험계약서와 차량정비회사의 영수증, 입금표 등을 갖추면 된다.

④ 자가운전보조금

비과세에 해당하는 자가운전보조금은 급여로 회계처리하지만 복리후생비, 차량유지비 등 어떠한 계정과목으로 처리하든 정규영수증 수취대상은 아니다.

⑤ 부가가치세법상 매입세액불공제

개별소비세 과세대상 승용차와 관련한 유지비용은 매입세액불공제대상이므로 부가가치세를 포함한 금액을 비용으로 처리한다.

8 통신비

(1) 의의

업무용으로 사용하는 전신·전화·우편요금·인터넷사용요금 등을 말하며 정규영수증 수취대상이다.

전화요금에 대한 회계처리

㈜위드상사는 전화요금청구서를 6월 16일에 수취하였고, 매월 25일(6월 25일) 국한은행 보통예금에서 자동이체된다.

• 작성일자			6월 15일
• 전화요금	전화요금계	10,980	
	할인 전 요금 소계	12,030	
	할인내역 소계	1,050	
	자동이체할인	75	
	부가세	1,090	
	전화요금 합계		11,995

• 공급받는 자란에 공급받는 자의 사업자등록번호가 기재되어 있음.

① 6월 15일 전화요금청구서 수취 시(작성일자 기준으로 회계처리)

(차) 통　신　비　　10,905　　(대) 미　지　급　금　　11,995
　　부가가치세대급금　　1,090

② 6월 25일 전화요금자동 이체 시

(차) 미　지　급　금　　11,995　　(대) 보　통　예　금　　11,990
　　　　　　　　　　　　　　　　잡　　이　　익　　　　5

☞ 원 단위 미만 절사금액인 5는 잡이익으로 처리함.

(2) 지출증명서류 실무

① 전신, 전화요금, 핸드폰요금, 인터넷사용료, 팩스사용료

일반세금계산서 양식은 아니나, 국세청으로부터 승인을 받은 세금계산서인 청구서(공급가액과 부가세가 구분하여 기재됨)를 수령한다.

② 우편요금 등기우편료(등기우편반송료 포함), 일반우편료, 소포비, 국제특급우편(EMS)

우체국은 우편업무를 맡아보는 정부기관으로 국가 및 지방자치단체와의 거래 시는 정규영수증 수취 규정이 적용되지 않으므로 우편물수령증 등의 영수증을 수령한다. 다만, 우정사업조직으로부터 소포우편물을 방문접수하여 배달하는 용역을 제공받은 경우에는 정규영수증을 수취한다.

③ **국제전화선불카드**

국제전화선불카드의 구입비용은 정규영수증 수취대상이 아니므로 영수증 등을 수취한다(법인 46012－179, 2001.1.19.).

④ **사업자명의(법인명의 포함)의 핸드폰을 임직원이 업무상 사용하게 하고 사용료를 사업자가 지급하는 경우**

핸드폰사용명세서의 사용금액을 사업자가 부담하는 경우에 업무수행상 관련성이 인정되는 부분은 통신비로 처리한다.

⑤ <u>임직원 소유의 핸드폰을 업무상 사용하게 하고 사용료를 사업자가 지급하는 경우</u>

임직원 소유의 핸드폰을 업무상 사용하게 하고 사용료를 사업자가 지급하는 경우에는 업무상 관련성을 입증하기가 현실적으로 어려우므로 <u>회사비용으로 인정받기 위해서 해당 임직원의 급여로 처리 후 소득세를 원천징수하거나 통신비지급규정에 따라 지급된 금액을 통신비로 처리한다.</u>

⑥ **부가가치세법상 매입세액공제**

청구서에 공급가액과 부가가치세가 구분하여 기재되어 있고, 해당 전화국 등에 사업자등록증을 제출해서 공급받는 자의 사업자등록번호가 표기되어 있는 경우 부가가치세 매입세액 공제를 받을 수 있다.

⑨ 수도광열비

(1) 의의

수도광열비는 상·하수도요금, 도시가스요금, 냉·난방용 유류비, 냉·난방용 가스요금, 전기료 등을 말하며 정규영수증 수취대상이다.

■ 도시가스요금에 대한 회계처리

㈜위드상사는 도시가스요금 청구서를 6월 16일에 수취하였고, 매월 25일(6월 25일) 국한은행 보통예금에서 자동이체된다.

- 도시가스요금 청구서 작성일자 : 6월 15일
- 도시가스요금 : 12,083원(공급가액 : 10,985원, 부가가치세 : 1,098원)
- 도시가스요금 청구서가 ㈜위드상사 명의로 되어 있으며, 공급받는 자란에 공급받는 자의 사업자등록번호가 기재되어 있음.

① 도시가스요금청구서 수취 시(작성일자 기준으로 회계처리함. 위의 사례는 6월 15일이 작성일자임)

(차) 수 도 광 열 비	10,985	(대) 미 지 급 금	12,083
부가가치세대급금	1,098		

☞ 임직원이 부담해야 할 수도광열비에 해당하는 경우 회사가 대신 부담하는 경우에는 임직원의 급여로 처리한 후 소득세를 원천징수하여야 한다.

② 6월 25일 도시가스요금 자동 이체 시

(차) 미 지 급 금	12,083	(대) 보 통 예 금	12,080
		잡 이 익	3

☞ 원 단위 미만 절사금액인 3은 잡이익으로 처리함.

(2) 지출증명서류 실무

① 도시가스요금, 전기요금

일반세금계산서 양식은 아니나, 국세청으로부터 승인을 받은 세금계산서인 청구서를 수령한다.

② 상하수도요금

일반계산서 양식은 아니나, 국세청으로부터 승인을 받은 계산서인 청구서를 수령한다.

③ 냉난방용 가스비(LPG), 유류비(경유)

건당 지출액이 3만 원을 초과하는 경우는 세금계산서, 신용카드매출전표 등 정규 영수증을 수취하여야 한다.

④ 임직원이 부담한 사택관련 수도광열비

임직원이 사택과 관련하여 수도광열비를 부담하는 경우 회사는 예수금 처리 후 납부 시 예수금을 차감하거나 급여대장에서 공제항목에 반영한다. 이 경우 회사는 관련 청구서 등만 구비하면 된다.

> **관련해석**
>
> **1. 법인 46012 - 3960, 1995.10.24.**
>
> [질의]
>
> 1. 비출자임원이나 직원이 경기도 소재 근무처에서 제주사업본부로 전보되어 사업용 주택에 거주케 하고 동 입주사택의 유지비, 관리비, 사용료를 회사가 부담하는 경우 동 비용이 업무와 관련하여 지출한 비용인지 여부 및 입주자의 근로소득 해당 여부
> 2. 사업장 구내에 소재하는 직원합숙소에 동 사업장에 근무하는 제주도 비연고 독신직원을 거주케 하고 동 합숙소운영 관련비용을 회사가 부담하는 경우 업무관련비용 인정 여부 및 근로소득 해당 여부
>
> [회신]
>
> 질의의 경우 출자자 또는 출연자가 아닌 임원(상장법인의 소액주주 포함)과 종업원이 사용하는 사택 또는 합숙소의 유지비, 관리비, 사용료와 이에 관련되는 지출금은 법인세법 시행령 제30조 제3호의 업무무관지출에 해당되지 아니하는 것이며, 출자자 또는 출연자가 아닌 임원(상장법인의 소액주주 포함)과 종업원이 자기의 주된 생활근거지가 아닌 지역에 소재하는 공장 등에 근무하게 되어 사택 또는 합숙소를 제공받음으로써 얻는 이익은 소득세법 시행령 제43조 제5호의 2 단서의 규정에 의하여 근로소득에서 제외되는 것이나, 해당 근로소득자의 생활과 관련된 사적 비용(냉난방비, 전기·수도·가스·전화요금 등)으로 지출되는 금액은 근로소득에 해당되는 것임.

⑤ 부가가치세법상 매입세액공제

청구서에 공급가액과 부가세가 구분하여 기재되어 있고, 도시가스공사나 전력공사에 사업자등록증을 제출해서 공급받는 자의 사업자등록번호가 표기되어 있는 경우 부가가치세 매입세액 공제를 받을 수 있다.

⑩ 광고선전비

(1) 의의

상품판매를 위한 신문, 라디오, 광고판 등의 판촉비용 등을 말하며 정규영수증 수취 대상이다.

■ **경품에 대한 회계처리**

㈜위드상사는 길거리 행사에서 추첨에 당첨된 소비자에게 경품을 지급(부가세 및 소득세 등 제세공과금은 당첨자 본인 부담)하기로 광고하였다. 당첨된 소비자에게 500,000원(부가세 별도) 상당의 경품을 구입하여 지급하였다.

① 경품지급용 물품 구입·경품지급 시

(차) 광 고 선 전 비	500,000	(대) 현 금	550,000
부 가 세 대 급 금	50,000		

② 당첨자로부터 소득세 징수 시

(차) 현 금	110,000	(대) 예 수 금	110,000

☞ 예수금 : 500,000 × 22%(지방소득세 포함) = 110,000원

경품은 수령자 개인의 기타소득으로 보아 지급액의 22%(지방소득세 포함)의 소득세를 원천징수하여야 한다. 이 경우 경품가액이 5만 원 이하이면 과세하지 아니한다.

■ **광고에 대한 회계처리**

㈜위드상사의 홍보부는 새로 출시한 상품을 광고하기 위하여 선종일보에 광고를 게재하고 대금 5,000,000원(부가세 별도)을 보통예금에서 이체하였다.

(차) 광 고 선 전 비	5,000,000	(대) 보 통 예 금	5,500,000
부 가 세 대 급 금	500,000		

(2) 지출증명서류 실무

① 신문, 방송, 잡지, 버스, 지하철, 택시

건당 지출액이 3만 원을 초과하는 경우는 세금계산서, 신용카드매출전표 등 정규
영수증을 수취하여야 한다.

② 학생회지, 동문회지, 지역행사 후원비

정규영수증 수취대상이 아니며, 납부영수증 등을 수취하면 된다.

③ 광고용 유형자산을 구입한 경우

네온탑, 빌딩옥상설치광고탑, 간판 등을 구입한 경우 건당 지출액이 3만 원을
초과하는 경우는 세금계산서, 신용카드매출전표 등 정규영수증을 수취하여야
한다.

④ 광고선전물의 배포

사업자가 자기생산·취득재화를 광고선전 목적으로 불특정 다수인에게 무상으로
배포하는 경우(직매장·대리점을 통하여 배포하는 경우를 포함한다)에는 재화의
공급으로 보지 아니한다.

⑤ 간판

간판을 구입하고 비용(손금)으로 계상한 경우 금액에 상관없이 손금으로 인정한
다.

⑥ 법인세법

특정고객에게 제공한 경우에는 원칙적으로 기업업무추진비로 처리하나 물품당
금액이 3만 원을 초과하는 경우에는 1인당 연간 50,000원 한도 내에서는 판매부
대비용으로서 전액 손금으로 인정될 수 있다.

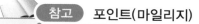

요즘에는 포인트제도가 활성화 되어서 포인트적립을 통해서 물건을 구매하거나 영화를 보는 경우도 나타나고 있습니다.

이러한 포인트제도가 생기게 된 이유는 조금이라도 자기 회사의 제품을 구매해 달라는 뜻에서 만들어지게 된 것입니다.

따라서 판매자의 입장에서 포인트에 대한 처리는 판매촉진비 또는 매출환입에누리라는 계정과목으로 처리하게 됩니다. 단, 부가가치세법상 포인트 누적금액만 받고 물품을 지급하는 경우에는 사업상증여로 보아서 부가가치세가 과세되는 점을 주의해야 합니다.

① 법인이 해당 고객에 대해 마일리지 적립한 사실과 그 마일리지로 대가 결제한 사실을 법인의 내부자료로 입증하면 된다.

② 마일리지 결제분에 대해서는 세금계산서 또는 영수증을 발행하여야 하며 영수증 발행시 기타매출로 신고하면 된다.

③ 판매장려금은 정규영수증 수취대상은 아니므로 동 거래가 법인의 사업과 관련하여 지출된 판매장려금임을 계약서 약정내용, 사전공지 사항, 법인의 내부 판매장려금 지급규정 등을 통해 입증하면 된다.

④ 자기 적립 마일리지* 등으로 결제한 금액은 부가가치세 과세제외한다(2017년 4월 1일 이후 공급하거나 공급받는 분부터 적용예정).

　* 당초 재화·용역 공급 후 마일리지를 적립해준 사업자에게서 구입 시에만 사용가능한 마일리지

⑤ ④ 외의 마일리지 등으로 결제한 금액은 사업자가 실제 받을 대가*만큼 부가가치세를 과세한다.

　* 사업자가 마일리지로 결제받은 부분에 대해 신용카드사 등으로부터 보전받을 금액

⑪ 소모품비

(1) 의의

각종 소모용 사무용품 등을 구입하기 위하여 지출하는 비용으로서 각종 필기구, 사무용 용지, 복사용지비, 기타 사무용 소모품 구입비용 등을 말하는데 정규영수증 수취대상이다.

■ **보조키 설치에 대한 회계처리**

㈜위드상사는 간이과세자(세금계산서 발급불가자)인 열쇠업자로부터 사무실에 보조키를 설치하면서 신용카드로 100,000원(부가세 별도)을 결제해주었다.

| (차) | 소 모 품 비 | 110,000 | (대) | 미 지 급 금 | 110,000 |

☞ 간이과세자로(세금계산서 발급불가자)부터 구입 시에는 세금계산서를 수취할 수 없으므로 신용카드로 결제하여 신용카드매출전표를 수취해야 적법한 증빙으로 인정받을 수 있다.

■ **사무용품구입에 대한 회계처리**

㈜모닝글로리에서 사무용 소모품을 구입하고 신용카드로 100,000원(부가세 별도)을 결제하면서 장부상 전액 비용으로 처리하였다.

| (차) | 소 모 품 비 | 100,000 | (대) | 미 지 급 금 | 110,000 |
| | 부가세대급금 | 10,000 | | | |

☞ 사무용품, 복사지 등의 경우에는 실무상 사무용품비로 처리하기도 한다.

■ **노트북구입에 대한 회계처리**

삼성전자 대리점에서 사무용 노트북을 구입하고 신용카드로 800,000원(부가세 별도)을 결제하면서 장부상 전액 비용으로 처리하였다.

| (차) | 비품 또는 소모품비 | 800,000 | (대) | 미 지 급 금 | 880,000 |
| | 부 가 세 대 급 금 | 80,000 | | | |

☞ 실무상 비품으로 처리하는 것이 원칙이나 거래단위별로 100만 원 이하인 감가상각자산에 대하여는 그 사업에 사용한 날이 속하는 사업연도의 비용(손금)으로 계상한 경우 인정되므로 소모품비로 처리할 수도 있다.

(2) 지출증명서류 실무

① 사무용품, 복사지, 팩스용지, 커피 등

건당 지출액이 3만 원을 초과하는 경우는 세금계산서, 신용카드매출전표 등 정규영수증을 수취하여야 한다.

② 100만 원 이하의 비품, 간판, 전화기기 등

건당 지출액이 3만 원을 초과하는 경우는 세금계산서, 신용카드매출전표 등 정규영수증을 수취하여야 한다.

③ **부가가치세 매입세액공제**

업무와 관련하여 세금계산서 등을 수령한 경우 부가가치세 매입세액 공제를 받을 수 있다.

⑫ 연구비, 경상개발비

(1) 의의

프로젝트의 연구단계에서는 미래 경제적 효익을 창출할 무형자산이 존재한다는 것을 입증할 수 없기 때문에 연구단계에서 발생한 지출은 연구비로 처리하며 정규영수증 수취대상이다.

■ **연구비에 대한 회계처리**

㈜위드컴퓨터는 소프트웨어 프로젝트 연구단계에서 아래와 같은 비용이 발생하였다.

전자세금계산서(공급받는 자 보관용)					승 인 번 호			

	사 업 자 등 록 번 호	106-01-17071	종 사 업 장 번 호			사 업 자 등 록 번 호	116-81-03895	종 사 업 장 번 호	
공 급 자	상 호 (법인명)	미래산업	성 명 (대표자)	김준하	공 급 받 는 자	상 호 (법인명)	㈜위드컴퓨터	성 명	김상공
	사 업 장 주 소	서울시 용산구 한강로 80				사 업 장 주 소	서울 영등포구 문래동 1가 25		
	업 태	도매	종 목	컴퓨터		업 태	도소매업	종 목	컴퓨터
	이 메 일					이 메 일			

작 성 일 자	공 급 가 액	세 액	수 정 사 유			
×2-03-28	600,000	60,000				
비 고						

월	일	품 목	규 격	수 량	단 가	공 급 가 액	세 액	비 고
03	28	시약				600,000	60,000	

합 계 금 액	현 금	수 표	어 음	외 상 미 수 금	이 금액을 영수 함 청구
660,000				660,000	

| (차) | 연　구　비 | 600,000 | (대) | 미　지　급　금 | 660,000 |
| | 부가세대급금 | 60,000 | | | |

(2) 지출증빙실무

① 연구원 급여, 상여금 등

인건비는 근로소득으로 원천징수한다.

② 외주연구개발비, 시험재료비 등

건당 지출액이 3만 원을 초과하는 경우는 세금계산서, 신용카드매출전표 등 정규영수증을 수취하여야 한다.

⑬ 보험료

(1) 의의

산재보험료, 자동차보험료, 화재보험료, 보증보험료, 책임보험료 등을 납부 시에는 보험료계정으로 처리하는데 정규영수증 수취대상이 아니므로, 입금증, 영수증, 통장상 이체내역 등을 갖춘다.

실무맛보기

■ 화재보험료에 대한 회계처리

- 2××1년 7월 1일 건물 화재보험료 1년분 1,200,000원을 보통예금에서 이체하였다. (보험기간 : 2××1.7.1.~2××2.6.30.)

① 2××1년 7월 1일 건물화재보험료 납부 시

| (차) | 보　험　료 | 1,200,000 | (대) | 현　　　　금 | 1,200,000 |

👉 선급비용으로 처리한 후 결산 시에 당기에 해당하는 보험료를 비용으로 인식할 수도 있다.

② 2××1년 12월 31일 미경과보험료 계상 시

| (차) | 선　급　비　용 | 595,068 | (대) | 보　험　료 | 595,068 |

👉 보험료(1,200,000원) × 미경과일수(1.1~6.30 : 181일)/365일 ＝ 595,068원

③ 2××1년 12월 31일 경과보험료 계상 시

(차) 보　험　료　　　　601,932　　　(대) 선　급　비　용　　　　601,932

 보험료(1,200,000원) × 경과일수(7.1~12.31 : 184일)/365일 = 601,932원

(2) 지출증명서류 실무

① 화재보험, 각종 손해보험(해상보험, 자동차보험, 운전자보험), 보증보험료

금융·보험용역에 해당하므로 정규영수증 수취대상이 아니며, 납부영수증, 보험증권 등을 수취하면 된다.

② 고용보험, 산재보험료

국가 등과의 거래에 해당하므로 정규영수증 수취대상이 아니며, 납부영수증 등을 수취하면 된다.

③ 부가가치세

금융·보험용역에 해당하므로 부가가치세법상 과세대상이 아니다.

④ 법인세법

종업원을 수익자로 하는 보험료(선원보험료, 단체정기재해보험료, 상해보험료, 신원보증보험료 등)는 퇴직보험료 등과 「국민건강보험법」 및 「고용보험법」에 따라 사용자로서 법인이 부담하는 보험료를 제외하고 이를 종업원에 대한 급여로 본다. 다만, 임원 또는 사용인의 퇴직금을 지급하기 위하여 불입하는 보험료 중 확정기여형 퇴직연금 및 개인퇴직계좌의 부담금을 제외한 금액은 한도 내의 보험료를 손금에 산입하고 한도를 초과하는 보험료는 이를 손금에 산입하지 아니한다 (법인세 집행기준 19-19-4).

> **참고**　**경영자정기보험**(서면-2018-법인-1779 [법인세과-1880], 2018.7.18.)
>
> **1. 사실관계**
>
> 질의법인은 대표이사를 피보험자로 하는 만기환급금이 없는 보장성보험에 가입하였으며 계약 형태는 계약자 및 수익자는 법인, 피보험자는 대표이사로 하여 월 300만 원 납입, 90세 만기 납부로 질의법인의 경우 대표이사의 퇴직시점에 대한 언급은 없음.

2. 질의내용

내국법인이 대표이사를 피보험자로 하고, 법인을 보험계약자 및 수익자로 하는 만기환급금이 없는 보장성보험에 가입하는 경우 보험료의 세무처리 방법

3. 회신

내국법인이 대표이사를 피보험자로 하고 계약자와 수익자를 법인으로 하는 보장성보험에 가입한 경우, 법인이 납입한 보험료 중 만기환급금에 상당하는 보험료 상당액은 자산으로 계상하고 기타의 부분은 이를 보험기간의 경과에 따라 손금에 산입하는 것으로 피보험자인 대표이사의 퇴직기한이 정해지지 않아 사전에 해지환급금을 산정할 수 없어 만기환급금에 상당하는 보험료 상당액이 없는 경우에는 내국법인이 납입한 해당 보험료를 보험기간의 경과에 따라 손금에 산입하는 것이며, 상기 보장성보험의 해약으로 지급받는 해약환급금은 해약일이 속하는 사업연도의 소득금액 계산 시 익금에 산입하는 것임.

⑭ 운반비

(1) 의의

제조 또는 자산취득과 관련 없는 택배비, 퀵비, 기타 운반비는 운반비계정으로 처리한다.

■ **택배(퀵서비스)비 지급에 대한 회계처리**

거래처에 제품견본을 택배로 발송하면서 택배비 20,000원을 현금으로 지급하였다.

(차) 운 반 비   20,000   (대) 현   금   20,000

(2) 지출증명서류 실무

① 일반적인 운반비

건당 지출액이 3만 원을 초과하는 경우는 세금계산서, 신용카드매출전표 등 정규영수증을 수취하여야 한다.

② 화물운송용역 등

ⓖ 간이과세자의 경우 금융기관을 통하여 송금하고 "경비 등 송금명세서"를 제출하여야 한다.

ⓛ 일반과세자인 경우 건당 지출액이 3만 원을 초과하는 경우는 세금계산서, 신용카드매출전표 등 정규영수증을 수취하여야 한다.

③ 대리운전비용

거래처와 관련하여 지출한 경우 기업업무추진비로 처리하고 회사업무와 관련한 경우에는 3만 원을 초과하는 금액에 대하여 세금계산서 등의 정규영수증을 수취하지 아니한 경우 증명서류수취불성실가산세(세금계산서 등의 지출증명서류를 받지 아니한 경우에는 그 받지 아니한 금액의 100분의 2)가 부과된다.

제도46011-11668, 2001.06.23

⑮ 도서인쇄비

(1) 의의

신문구독료, 도서, 인쇄대금, 사진현상료, 복사대금, 명함, 고무인 등의 대금지급은 도서인쇄비로 처리하며 정규영수증 수취대상이다.

■ **도서구입에 대한 회계처리**

회계부 직원의 교육을 위해 교보문고에서 책을 25,000원 현금 지급하여 구입하고, 영수증을 수취한 후, 비용으로 처리했다.

(차) 도 서 인 쇄 비	25,000	(대) 현 금	25,000

(2) 지출증명서류 실무

① 일반적인 경우

건당 지출액이 3만 원을 초과하는 경우는 세금계산서, 신용카드매출전표 등 정규영수증을 수취하여야 한다.

② **면세대상 도서구입 등**

면세사업자로부터 도서 등을 구입하는 경우 건당 지출액이 3만 원을 초과하는 경우는 전자(종이)계산서, 신용카드매출전표 등을 정규영수증으로 수취하여야 한다.

① 이자비용

(1) 의의

채권자로부터 빌린 차입금에 대한 발생이자와 받을 어음을 금융기관에서 할인함에 따라 지급하는 할인료 및 회사채를 발행하여 자금을 빌리면서 지급하는 이자를 말하는 데, 금융보험기관에 지출한 이자비용은 정규영수증 수취의무가 없으므로 영수증 등을 수취하여야 한다.

■ 이자지급에 대한 회계처리

㈜위드상사는 회사자금 부족으로 대표이사 홍길동으로부터 1억 원을 차입하여 보통예금통 장으로 입금받았다.

㈜위드상사가 홍길동에게 이자를 지급하면서 이자비용 30,000원 중 비영업대금의 이자소득 세인 8,250원(27.5% : 소득세 25%, 지방소득세 2.5%)을 제외한 나머지 21,750원을 보통 예금에서 이체해주었다.

① 개인사채 차입 시

(차) 보 통 예 금	100,000,000	(대) 단 기 차 입 금	100,000,000

② 이자비용 지급 시

(차) 이 자 비 용	30,000	(대) 보 통 예 금	21,750
		예 수 금	8,250

☞ 예수금 : 이자소득원천징수액임.

☞ 개인사채(私債)의 차입 및 그 이자 지급 : 회사는 이자 지급 시 비영업대금의 이자소득 으로 총액×25%(지방소득세 포함 27.5%)를 원천징수하고, 다음 달 10일까지 관할세무 서장에게 납부해야 한다.

(2) 지출증명서류 실무

① 금융·보험기관에 지출한 이자비용

정규영수증 수취대상이 아니며, 납부영수증 등을 수취하면 된다.

② 금융기관 이외의 자에게 지출한 이자

비영업대금이익으로서 원천징수하므로 이자소득원천징수영수증을 수취한다.

③ 부가가치세

금융보험용역에 해당하므로 부가가치세법상 과세대상이 아니다.

④ 소득세 – 원천징수 신고 및 지급명세서 제출

회사와 특수관계인 간에 이자지급에 관한 약정이 있는 차입금인 경우 임직원이 법인에 지급하는 이자에 대하여 법인세 원천징수의무가 있는 것이며, 비영업대금의 이익의 원천징수시기 및 수입시기는 약정에 의한 이자지급일이다. 또한 해당 이자소득에 대한 지급명세서를 약정에 의한 지급일의 다음 연도 2월 말일까지 제출하여야 한다.

⑤ 법인세법 – 가지급금인정이자

법인이 특수관계인에게 업무무관 가지급금을 무상 또는 낮은 이자율로 대여한 경우에는 인정이자율[가중평균차입이자율 또는 당좌대출이자율(4.6%)]로 계산한 이자상당액과 실제 수입이자와의 차액을 익금산입하고, 귀속자에게 소득처분한다. 단, 시가와 거래가액과의 차액이 5%에 상당하는 금액 이상이거나 3억 원 이상인 경우에 한하여 부당행위계산부인의 부인규정을 적용한다.

$$\text{가지급금인정이자} = \text{가지급금 적수} \times \text{인정이자율} \times \frac{1}{365(366)}$$

② 기부금

(1) 의의

사업과는 관련 없이 무상으로 지출하며 사회단체나 종교단체 등에 납부한 성금을 말하는데 기부금영수증을 수취하여야 한다.

 실무맛보기

■ **현물기부에 대한 회계처리**

㈜위드상사는 원가 1,000,000원(시가 : 1,500,000원)인 제품을 사회복지시설에 기부하였다.

| (차) 기 부 금 | 1,000,000 | (대) 제 품 | 1,000,000 |

☞ 현물기부금은 회계상 원가로 회계처리한다.

(2) 지출증명서류 실무

① **국가 또는 지방자치단체에 대한 기부금(특례기부금)**

재화 또는 용역의 공급에 따른 대가관계 없이 지급하는 기부금은 정규영수증 수취의무는 없으며 기부금 영수증을 수령하면 된다.

② **종교단체기부금, 사회복지단체 등의 기부금(일반기부금)**

재화 또는 용역의 공급에 따른 대가관계 없이 지급하는 기부금은 정규영수증 수취의무는 없으며 기부금 영수증을 수령하면 된다.

③ **동창회, 향우회 등에 대한 기부금(기타기부금)**

재화 또는 용역의 공급에 따른 대가관계 없이 지급하는 기부금은 정규영수증 수취의무는 없으며 기부금 영수증을 수령하면 된다. 법인세법, 소득세법에서는 비용으로 인정하지 아니함에 유의하여야 한다.

④ **법인세법, 소득세법 – 기부금한도액**

특례기부금 및 일반기부금은 세법상 한도액까지만 비용(손금, 필요경비)으로 인정된다. 다만, 기타기부금에 해당하는 경우에는 비용으로 인정하지 아니함에 유의하여야 한다.

③ 잡손실

(1) 의의

영업의 목적과 관계없이 지출된 손실을 말한다. 잡손실계정으로 들어갈 거래내용은 다음과 같다.

> ① 보상금 등의 지급 - 계약위반배상금 지급, 교통사고배상금 지급, 보상금(배상금) 지급, 합의금 지급, 위약금 지급, 지체상금 지급
> ② 벌금, 벌과금, 과태료, 가산금, 체납처분비
> ③ 경미한 도난손실
> ④ 계약금 몰수
> ⑤ 연체료
> ⑥ 원인불명 현금시재의 부족액
> ⑦ 면책금

■ 합의금에 대한 회계처리

㈜위드상사의 구 과장은 업무 중 차량 접촉사고를 일으켜 피해합의금 500,000원이 발생하였다. 직원의 업무 중 발생한 사고로 피해합의금은 회사가 부담하기로 하였다.

(차) 잡 손 실   500,000   (대) 현   금   500,000

(2) 지출증명서류 실무

① 거래의 해약으로 인한 위약금, 손해배상금, 변상금

재화 또는 용역의 공급에 따른 대가관계 없이 지급하는 위약금은 정규영수증 수취의무는 없으며 위약금을 지급한 근거와 입금증 등을 보관하면 된다.

② 보상금 등의 지급 - 계약위반배상금 지급, 교통사고배상금 지급, 보상금(배상금) 지급, 합의금 지급

재화 또는 용역의 공급에 따른 대가관계 없이 지급하는 보상금 등은 정규영수증

수취의무는 없으며 보상금 등을 지급한 근거와 입금증 등을 보관하면 된다.

☞ 보상금이 법적 지급의무 없는 합의금이라면 기타소득으로 보아 원천징수대상이 된다(서일−1218, 2004.9.1.).

④ 매출채권처분손실

(1) 의의

기업은 받을 어음이 만기일이 되기까지는 상당한 시일이 소요되므로 유동성 문제로 인하여 자금이 부족한 경우가 있다. 이 경우 기업은 받을 어음의 만기일 이전에 금융기관에 일정한 이자와 수수료를 공제한 잔액을 받을 수 있는데 이를 어음의 할인이라 한다. 매출채권을 양도하거나 할인한 경우 매출채권의 장부가액과 처분가액의 차액을 매출채권처분손실(영업외비용)로 인식한다.

실무맛보기

■ 어음 할인에 대한 회계처리

㈜위드상사는 받을 어음 30,000,000원을 은행에서 할인받았다(할인율 : 12%, 할인기간 : 121일). 할인료 1,193,424원을 공제한 28,806,576원이 보통예금통장으로 입금되었다.

① 외상판매 시

(차) 외 상 매 출 금　　30,000,000　　　　(대) 매　　　　　　출　　27,272,727
　　　　　　　　　　　　　　　　　　　　　　　부 가 세 예 수 금　　 2,727,273

* 할인료 = 어음의 만기가치(무이자부 어음일 경우 액면가액) × 할인율 × 할인기간
　　　　 = 30,000,000 × 0.12 × 121/365 = 1,193,424원

② 받을 어음으로 대체 시

(차) 받 을 어 음　　30,000,000　　　　(대) 외 상 매 출 금　　30,000,000

③ 어음할인 시

(차) 받 을 어 음　　30,000,000　　　　(대) 외 상 매 출 금　　30,000,000

(차) 보 통 예 금　　28,806,576　　　　　(대) 받 을 어 음　　　30,000,000
　　　매출채권처분손실　　1,193,424

*할인료 = 어음의 만기가치(무이자부 어음일 경우 액면가액) × 할인율 × 할인기간
　　　　 = 30,000,000 × 0.12 × 121/365 = 1,193,424원

(2) 지출증명서류 실무

① 어음 등의 할인

전자어음의 경우 거래내역서, 종이어음의 경우 어음사본 및 입금내역증을 구비하면 된다.

② 부가가치세

매출채권(어음) 할인비용은 재화나 용역의 공급에 대한 대가가 아니므로 세금계산서 발급대상이 아니다.

③ 법인세 – 받을 어음 할인료

법인이 금융기관에 받을 어음을 할인한 경우 상환청구권 부여 여부에 불구하고 그 거래가 기업회계기준에 의한 매각거래에 해당하는 경우에는 그 할인액을 매각일이 속하는 사업연도의 소득금액 계산 시 손금에 산입한다.

⑤ 유형자산처분손실

(1) 의의

유형자산을 폐기하거나 처분하는 경우 그 자산을 재무상태표에서 제거하고 처분금액과 장부금액의 차액을 유형자산처분손익으로 인식한다.

■ 유형자산처분에 대한 회계처리

㈜위드상사는 ×1년 1월 1일에 건물을 18,000,000원에 취득하였다. 이 건물의 내용연수는 3년, 잔존가액은 0원으로 추정된다. ㈜위드상사는 사용하던 건물을 ×3년 5월 20일에 5,000,000

원(부가세 별도)에 외상으로 처분한 경우 처분 시 회계처리를 하시오. 감가상각방법은 정액법이다.

전자세금계산서(공급자 보관용)						승인번호			

공급자	사업자 등록번호	109-81-11116	종사업장 번호			공급받는자	사업자 등록번호	116-81-03895	종사업장 번호	
	상호 (법인명)	㈜위드상사	성 명 (대표자)		김위드		상호 (법인명)	㈜위드컴퓨터	성 명	김상공
	사업장 주소	서울 송파 잠실 21					사업장 주소	서울 영등포구 문래동 1가 25		
	업 태	도소매업	종 목		전자제품		업 태	도소매업	종 목	컴퓨터
	이메일						이메일			

작성일자	공급가액	세액	수정사유		
×3-05-20	5,000,000	500,000			

비 고							

월	일	품 목	규 격	수 량	단 가	공 급 가 액	세 액	비 고
05	20	건물(상가A동)		1		5,000,000	500,000	

합 계 금 액	현 금	수 표	어 음	외 상 미 수 금	이 금액을 영수/청구 함
5,500,000				5,500,000	

- ×1년 12년 31일(결산일)

  (차)　감 가 상 각 비　　　　6,000,000　　　　(대)　감가상각누계액　　　6,000,000

- ×2년 12월 31일(결산일)

  (차)　감 가 상 각 비　　　　6,000,000　　　　(대)　감가상각누계액　　　6,000,000

- ×3년 5월 31일(1.1~5.31까지의 감가상각비 인식)

  (차)　감 가 상 각 비　　　　2,500,000　　　　(대)　감가상각누계액　　　2,500,000

$$18,000,000 \times \frac{1}{3} \times \frac{5}{12} = 2,500,000원$$

  (차)　미　수　금　　　　5,500,000　　　　(대)　건　　　　　물　　18,000,000
  　　　감가상각누계액　　14,500,000　　　　　　부 가 세 예 수 금　　　500,000
  　　　　　　　　　　　　　　　　　　　　　　　유형자산처분이익　　1,500,000

(2) 지출증명서류 실무

① 일반과세자의 유형자산(토지 제외) 구입

건당 지출액이 3만 원을 초과하는 경우는 세금계산서, 신용카드매출전표 등 정규 영수증을 수취하여야 한다.

② 면세사업자의 유형자산 구입

부가가치세 면세사업자로부터 면세사업에 사용하던 재화를 일시적·우발적으로 공급받은 경우 부가가치세가 과세되지 않는다. 다만, 면세사업자의 사업용 시설 장비 등 고정자산을 구입하는 경우에는 건당 지출액이 3만 원을 초과하는 경우는 계산서를 수취하여야 한다.

6 재고자산감모손실

(1) 의의

재고자산이 보관하는 과정에서 파손, 마모, 도난 등으로 인하여 실제 재고수량이 장부수량보다 적은 경우 차액을 재고자산감모손실이라고 한다. 재고감모손실 가운데 정상적으로 발생한 감모손실은 매출원가에 가산하고, 비정상적으로 발생한 감모손실은 영업외비용으로 분류한다.

■ 재고자산감모손실에 대한 회계처리

㈜세연의 재고자산 관련 자료는 다음과 같다.
- 기말 현재 ㈜세연의 장부상 재고자산은 500개, 취득가액은 개당 3,000원이다.
- 기말 창고에 실제 남아있는 재고자산은 450개이었고, 기말 현재 당해자산의 시가는 개당 2,800원으로 평가되었다.
- ㈜세연의 기말 재고자산감모손실에 대한 회계처리를 하라. 단, 감모손실 중 20개는 원가성이 있다.
- ×1년 12년 31일(결산일)

(차)	재고자산감모손실 (매 출 원 가)	60,000	(대)	재 고 자 산	150,000
	재고자산감모손실 (영 업 외 비 용)	90,000			

(2) 지출증빙실무

① 변질된 제품 및 폐품의 폐기

풍수해, 기타 관리상의 부주의 등으로 품질이 저하된 제품 등을 등급전환 또는 폐기처분하는 경우에는 그 사실이 객관적으로 입증될 수 있는 증거를 갖추어 처리하여야 한다(법기통 42-78…3). 단순한 폐기 처리사진이나 내부 품의서 등은 객관적 증빙이 되기 어렵고 폐기물처리업자와의 폐기물 처리 증빙 등 객관적 입증자료 (세금계산서)를 구비하여야 한다.

② 법인세법 – 재고자산평가

재고자산으로서 파손·부패 등의 사유로 인하여 정상가격으로 판매할 수 없는 것에 대해서는 사업연도종료일 현재 처분가능한 시가로 평가한 가액으로 감액으로 할 수 있도록 규정하고 있다. 다만, 장부와 증명서류 등에 의하여 객관적으로 감액손실에 대한 사유를 입증하여야 한다.

❼ 배당금

(1) 의의

배당이란 기업의 영업활동결과 발생한 이익을 주주에게 분배해 주는 것을 말한다. 일반적으로 배당금은 현금으로 지급하는 것이 일반적이지만 주식을 발행하여 지급하는 경우도 있다.

① 현금배당

현금으로 배당금을 지급하는 것이 현금배당이며 가장 일반적인 형태이다. 최근에는 중간배당제도가 도입되었는데 중간배당이란 결산 시에 배당금을 지급하지 않고 이사회의 결의에 의해서 회계연도 중 1회에 한해서 현금으로 배당하는 것을 말한다. 이 경우에도 회계처리는 현금배당과 동일하다.

② 주식배당

주식배당이란 현금 대신에 주식으로 배당으로 지급하는 것이다. 이는 주주의 배당욕구를 충족시킬 뿐만 아니라 이익잉여금이 자본금으로 대체되므로 이익잉여금을 영구자본화할 수 있는 장점이 있다.

■ 배당에 대한 회계처리

㈜위드상사는 20×3.3.14. 정기주주총회에서 결산확정하고 19,000,000원의 금전배당결의를 하였다.(이익준비금 : 1,900,000원)

(차)	미처분이익잉여금	20,900,000	(대)	미 지 급 배 당 금	19,000,000
				이 익 준 비 금	1,900,000

■ 배당금지급에 대한 회계처리

㈜위드상사는 20×3.4.10. 금전배당을 지급하였다.(19,000,000원, 예수금 2,926,000원)

(차)	미 지 급 배 당 금	19,000,000	(대)	보 통 예 금	16,074,000
				예 수 금 (배 당 소 득 세)	2,660,000
				예 수 금 (지 방 소 득 세)	266,000

 배당과 이익준비금

구분	배당	이익준비금
의의	주주총회에서 승인된 배당금액. 정관에 1회에 한하여 이사회결의로 금전배당을 가능하게 한 경우 중간배당가능	상법에 의한 강제사항으로 금전배당의 경우에만 해당
한도	자본총계 – 자본금 – 자본준비금 – 이익준비금(적립예정 포함)	금전배당의 1/10 이상 자본(기업회계상 자본금)의 1/2
지급 및 사용	결의 – 1개월 이내 (결의 – 3개월 지급시기 의제)	총급여/12
근거조문	상법 §462 ①	상법 §458

제 5 절 업무용승용차 관리비용

① 업무용승용자동차의 범위 및 적용대상 제외

<u>개별소비세가 적용되는 과세대상 승용자동차</u>를 말하며 다음의 어느 하나에 해당하는 승용자동차(즉 영업용승용자동차)를 제외한 것을 말한다

① 운수업, 자동차판매업, 자동차임대업(렌터카회사), 운전학원업, 무인경비업 등에 해당하는 업종

② 여신전문금융업법에 따른 시설대여업(리스회사)

③ 위와 유사한 승용자동차로서 기획재정부령으로 정하는 승용자동차

  : 한국표준산업분류표 중 장례식장 및 장의관련 서비스업을 영위하는 법인이 소유하거나 임차한 운구용 승용차 및 연구개발을 목적으로 사용하는 승용자동차로서 국토교통부장관의 임시운행허가를 받은 자율주행 자동차를 말한다.

참고 개별소비세가 과세대상 자동차의 범위

① 배기량이 2천cc를 초과하는 승용자동차와 캠핑용자동차 : 100분의 5
② 배기량이 2천cc 이하인 승용자동차(배기량이 1천cc 이하인 것으로서 대통령령으로 정하는 규격의 것은 제외한다)와 이륜자동차 : 100분의 5
③ 전기승용자동차(「자동차관리법」 제3조 제2항에 따른 세부기준을 고려하여 대통령령으로 정하는 규격의 것은 제외한다) : 100분의 5

---

② 업무용승용자동차 관련비용

업무용 승용자동차 관련비용이란 업무용승용차에 대한 <u>감가상각비, 임차료, 유류비, 보험료, 수선비, 자동차세, 통행료 및 금융리스부채에 대한 이자비용</u> 등 업무용승용차의 취득·유지를 위하여 지출한 비용을 말한다.

③ 업무용승용자동차 감가상각비

2016년 1월 1일 이후 개시하는 사업연도에 취득하는 업무용 승용자동차의 감가상각비는 상각방법과 내용연수 적용에 관한 규정에 불구하고 정액법을 상각방법으로 하고 내용연수를 5년으로 하여 계산한 금액을 감가상각비로 하여 손금에 산입하여야 한다. (강제신고조정사항)

④ 업무용승용차 관련비용의 손금불산입

내국법인이 업무용승용차를 취득하거나 임차하여 해당 사업연도에 손금에 산입하거나 지출한 감가상각비, 임차료, 유류비 등 업무용승용차 관련비용 중 업무사용금액에 해당하지 아니하는 금액은 해당 사업연도의 소득금액을 계산할 때 손금에 산입하지 아니하고 귀속자에 따라 상여 등으로 소득처분하며, 귀속자가 불분명한 경우에는 대표자 상여로 소득처분한다. 이 규정은 2016년 1월 1일 이후 개시하는 사업연도에 손금산입하거나 지출하는 분부터 적용한다.

> 업무용승용차 관련비용 − 업무사용금액 = 업무미사용금액

(1) 업무전용자동차보험[21]에 가입 시

업무용승용차 관련비용에 업무사용비율을 곱한 금액

$$\text{업무사용금액} = \text{업무용승용차 관련비용} \times \text{업무사용비율}\left(\frac{\text{업무용 사용거리}}{\text{총주행거리}}\right)$$

또한 일부기간만 업무전용자동차보험에 가입한 경우에는 다음 산식에 의한다.

---

21) 해당 사업연도 전체 기간(임차한 승용차의 경우 해당 사업연도 중에 임차한 기간을 말한다) 동안 해당 법인의 임원 또는 사용인이 직접 운전한 경우 또는 계약에 따라 타인이 해당 법인의 업무를 위하여 운전하는 경우만 보상을 하는 자동차보험(이하 "업무전용자동차보험"이라 한다). 다만, 렌터카의 경우 임대차특약(법인의 임직원만 차량을 운행할 수 있는 특약으로서 임직원 외의 자가 운행 시 보험보상이 제한됨)에 가입하면 업무전용자동차보험에 가입한 것으로 간주한다(법인세법 시행령 시행일 이후 신고하는 분부터 적용한다).

$$\text{해당 사업연도의 업무용승용차 관련비용} \times$$

$$\text{업무사용비율} \times \left(\frac{\text{업무전용보험가입 일수}}{\text{사업연도중 업무전용보험의 무가입 일수}} \right)$$

☞ 업무사용비율

구분		업무사용비율
운행기록 등을 작성·비치한 경우		$\dfrac{\text{업무용 사용거리}^{[22]}}{\text{총주행거리}}$
운행기록 등을 작성·비치하지 않는 경우	업무용승용차 관련비용이 1천5백만 원 이하인 경우	100%
	업무용승용차 관련비용이 1천5백만 원을 초과하는 경우	$\dfrac{\text{1천5백만 원}}{\text{업무용승용차 관련비용}}$ * 사업연도가 1년 미만인 경우 : $\text{1천만 원} \times \dfrac{\text{해당사업연도월수}}{12}$

☞ 운행기록 등 제출의무

　내국법인은 업무용승용차별로 운행기록 등을 작성·비치하여야 하며, 납세지 관할세무서장이 요구할 경우 이를 즉시 제출하여야 한다.

(2) 업무전용자동차보험에 미가입 시

전액 손금불인정(비용 불인정)한다.

❺ 업무용 사용분 감가상각비 중 800만 원 초과분 손금불산입(비용불인정)

(1) 업무용 사용분 감가상각비 중 800만 원 초과분

　업무사용금액 중 다음의 구분에 해당하는 비용이 각각 800만 원을 초과하는 경우 그 초과하는 금액(감가상각비 한도초과액)은 해당 사업연도에 손금에 산입하지 않는다.[23] 다만, 해당 사업연도가 1년 미만인 경우 800만 원에 해당 사업연도의 월수를 곱하고 이를 12로 나누어 산출한 금액을 말한다. 또한 사업연도 중 일부기간 동안 보유기간 또는

---

22) 제조·판매시설 등 해당 법인의 사업장 방문, 거래처·대리점 방문, 회의참석, 판촉활동, 출·퇴근 등 직무와 관련된 업무수행을 위하여 주행한 거리를 말한다.

23) ㉠의 한도초과액은 유보로 소득처분, ㉡의 한도초과액은 기타사외유출로 소득처분한다.

임차기간 월수를 곱하고 이를 사업연도 월수로 나누어 산출한 금액을 한도로 한다.

> ㉠ (업무용승용차별 감가상각비 × 업무사용비율) − 800만 원(400만 원)
> ㉡ (업무용승용차별 임차료[24] 중 감가상각비 × 업무사용비율) − 800만 원(400만 원)

(2) 감가상각비 이월액 손금추인

1) 업무용승용차별 감가상각비 이월액

해당 사업연도의 다음 사업연도부터 해당 업무용승용차의 업무사용금액 중 감가상 각비가 800만 원(400만 원)에 미달하는 경우 그 미달하는 금액을 한도로 하여 손금으로 추인하고 △유보로 소득처분한다.

2) 업무용승용차별 임차료 중 감가상각비 상당액 이월액

해당 사업연도의 다음 사업연도부터 해당 업무용승용차의 업무사용금액 중 감가상 각비 상당액이 800만 원(400만 원)에 미달하는 경우 그 미달하는 금액을 한도로 손금 에 산입한다. 다만, 해당 업무용승용차의 임차기간이 과세기간 중에 만료 또는 해지된 경우에는 해당 과세기간의 다음 과세기간별로 800만 원을 균등하게 손금에 산입하되, 이월된 금액의 누적잔액이 800만 원 미만하는 경우 그 미달하는 금액을 한도로 손금에 산입한다.

6 업무용승용차 처분손실

(1) 업무용승용차 처분손실 중 800만 원 초과분

업무용승용차를 처분하여 발생하는 손실로서 업무용승용차별로 800만 원(400만 원) 을 초과하는 금액은 해당 사업연도에 손금에 산입하지 않는다.[25] 다만, 해당 사업연도

---

24) 업무용승용차의 임차료 중 보험료와 자동차세 등을 제외한 금액으로서 기획재정부령으로 정하는 금액을 말한다.
　　① 「여신전문금융업법」 제3조 제2항에 따라 등록한 시설대여업자(예 : 리스회사)로부터 임차한 승용차 : 임차료에서 해당 임차료에 포함되어 있는 보험료, 자동차세 및 수선유지비를 차감한 금액. 다만, 수선유 지비를 별도로 구분하기 어려운 경우에는 임차료(보험료와 자동차세를 차감한 금액을 말한다)의 100분 의 7을 수선유지비로 할 수 있다.
　　② ① 이외의 자동차대여사업자로부터 임차한 승용차 : 임차료의 100분의 70에 해당하는 금액
25) 한도초과액은 기타 사외 유출로 소득처분한다.

가 1년 미만인 경우 800만 원(400만 원)에 해당 사업연도의 월수를 곱하고 이를 12로 나누어 산출한 금액을 말한다.

> 업무용승용차 처분손실 − 800만 원(400만 원)

(2) 업무용승용차 처분손실의 이월액 손금추인

업무용승용차 처분손실 중 800만 원(400만 원) 초과분은 해당 사업연도의 다음 사업연도부터 800만 원(400만 원)을 균등하게 손금에 산입하되,[26] 이월된 금액의 누적 잔액이 800만 원(400만 원) 미만인 과세기간에는 남은 금액을 모두 손금에 산입하는 방법을 말한다.

☞ 특정법인에 대한 업무용 승용차 관련 비용 손금산입한도 축소
  2017년 1월 1일 이후 개시하는 사업연도부터 업무사용금액 중 감가상각비는 800만 원에서 400만 원으로, 업무용승용차처분손실도 매년 800만 원에서 400만 원으로, 자동차보험을 가입하고 운행기록 미작성 시 1,000만 원에서 500만 원 손금인정으로 개정되었다.

☞ 특정법인이란 다음 각 호의 요건을 모두 갖춘 내국법인을 말한다
  ① 지배주주 및 특수관계자 지분합계가 전체 지분의 50% 초과
  ② 부동산 임대업이 주된 사업 또는 부동산 임대수입, 이자·배당의 합이 매출액의 50% 이상
  ③ 해당 사업연도의 상시근로자 수가 5인 미만

❼ 업무용승용차 관련비용 명세서 제출

업무용승용차 관련비용 또는 처분손실을 손금에 산입한 법인은 법인세과세표준신고와 함께 업무용승용차 관련비용 명세서를 첨부하여 납세지 관할 세무서장에게 제출하여야 한다.

업무용승용차 관련 비용 등은 손금에 산입한 내국법인이 업무용승용차 관련비용 등에 관한 명세서를 제출하지 아니하거나 사실과 다르게 제출한 경우에는 다음의 구분에 따른 금액을 가산세로 해당 사업연도의 법인세액에 더하여 납부하여야 한다.

---

26) 기타로 소득처분한다.

① 명세서를 제출하지 아니한 경우 : 해당 내국법인이 법인세 신고를 할 때 업무용승용차 관련비용 등으로 손금에 산입한 금액의 1/100

② 명세서를 사실과 다르게 제출한 경우 : 해당 내국법인이 법인세 신고를 할 때 업무용승용차 관련비용 등으로 손금에 산입한 금액 중 해당 명세서에 사실과 다르게 적은 금액의 1/100

❽ 법인사업자와 개인사업자의 비교

	법인세	소득세
적용대상자	모든 법인	복식부기의무자
업무사용금액계산	① 업무전용자동차보험에 가입시에는 업무관련승용차비용에 대해서 업무관련 비율만큼 인정한다. ② 업무전용자동차보험에 미가입 시에는 전액 손금으로 인정하지 아니한다.	<u>업무전용자동차보험의 가입의무가 확대되었다.</u>
적용시기	<u>2016.1.1.</u> 이후 개시하는 사업연도에 매각하거나 손금에 산입, 지출하는 분부터 적용	성실신고확인대상사업자 : <u>2016.1.1.</u> 이후 매각하거나 필요경비에 산입, 지출하는 분부터 적용 위 외의 복식부기의무자 : <u>2017.1.1.</u> 이후 매각하거나 필요경비에 산입, 지출하는 분부터 적용

| 개인사업자 - 보험가입의무 확대 |

구분	종전	개정	시행시기
대상자	성실신고확인대상자, 전문직 사업자	복식부기의무자 전체로 확대	2024.1.1. 이후 적용
보험 미가입시	50% 필요경비 인정	성실신고확인대상자, 전문직사업자 - 필요경비 불인정	2024.1.1. 이후 적용
		이외의 경우 - 2년간 50% 필요경비 인정	2024.1.1. 이후 적용
		이외의 경우 - 필요경비 불인정	2026.1.1. 이후 적용

⑨ 소득세법 – 업무용승용차의 매각가액

(1) 업무용승용차 매각가액 총수입금액산입

<u>복식부기의무자[27]</u>가 업무용승용차를 매각하는 경우 그 매각가액을 총수입금액에 산입한다.

(2) 과세대상소득

> 업무용승용차의 매각차익 = 매각가액 – 매각당시 세무상 장부가액*

* 취득가액 – 필요경비로 산입된 감가상각누계액 – 감가상각비 중 업무미사용금액 부인액의 누계액

■ **차량운행기록부 미작성, 차량관련 비용이 1천5백만 원을 초과하지 않는 경우**

(주)삼일(사업연도 : 20×2.1.1.~20×2.12.31.)이 20×2.1.10. 2천만 원 승용차를 구입한 후, 임원이 20×2년 업무전용자동차 보험에 가입하고 차량 운행기록부를 미작성하였다.
해당연도 차량관련비용은 다음과 같다.

구분	금액	비고
자동차보험료	500,000원	
유류비	2,000,000원	
자동차세	500,000원	
감가상각비	4,000,000원	* 20,000,000원 ÷ 5년 = 4,000,000원
계	7,000,000원	

[해설]

회사가 계상한 차량관련 유지비용 7,000,000원은 전액 비용으로 인정한다. 왜냐하면 1천5백만 원(감가상각비 한도 8백만 원) 한도 내이므로 세무조정 없이 전액 인정받을 수 있기 때문이다.

---

27) 성실신고확인대상사업자(매각일이 속하는 과세기간의 전 과세기간의 총수입금액기준)는 2016.1.1. 이후 매각하는 분부터 적용하며, 성실신고확인대상사업자 외의 복식부기의무자는 2017.1.1. 이후 매각하는 분부터 적용한다.

■ **차량운행기록부 미작성, 차량관련 비용이 1천5백만 원을 초과하는 경우**

(주)삼일(사업연도 : 20×2.1.1.~20×2.12.31.)이 20×2.1.10. 2억 원의 승용차를 구입한 후, 임원이 20×2년 업무전용자동차 보험에 가입하고 차량 운행기록부를 미작성하였다. 해당연도 차량관련비용은 다음과 같다. 다만 감가상각비*는 장부에 계상하지 아니하였다.

구분	금액	비고
자동차보험료	2,000,000원	
유류비	16,000,000원	
자동차세	2,000,000원	
감가상각비	40,000,000원	* 200,000,000원 ÷ 5년 = 40,000,000원
계	60,000,000원	

① 업무용승용차 감가상각 시부인
   - 회사계상감가상각비   0
   - 세법상 상각범위액   40,000,000(= 200,000,000 ÷ 5년)
   - 시인 부족액   △40,000,000(손금산입, △유보)
   [손금산입] 감가상각비 회사미계상분   40,000,000(△유보)

② 업무용승용차 관련비용 중 업무 미사용 금액
   (40,000,000+20,000,000) × (1-25%)
     = 45,000,000
   [손금불산입] 차량관련비용 사적 사용액 45,000,000(상여)

   업무사용비율 : $\dfrac{15,000,000}{60,000,000}$ = 25%

③ 업무사용분 감가상각비 중 800만 원 초과액
   (업무용승용차별 감가상각비 × 업무사용비율) - 800만 원
   40,000,000×25% - 8,000,000
     = 2,000,000
     [손금불산입] 업무용 감가상각비한도초과액 2,000,000(유보)

■ **업무용승용차 관련비용의 세무조정 ⋯ 2016.1.1. 이후 개시 사업연도 취득한 승용차**

(1) ㈜위드컴퓨터(사업연도 : 20×2.1.1.~20×2.12.31.)의 관련자료이다.
(2) 대표이사 전용 업무용승용차 : 취득가액 1억 원(취득일 20×2.1.1., 업무전용자동차보험에 가입하였고 운행기록 작성·비치함)
(3) 제5기(20×2.1.1.~20×2.12.31.) 손익계산서상 업무용승용차 관련비용 계상액
   ① 감가상각비 ? 원

② 차량유지비(유류비, 수선비, 자동차세, 통행료 등) 5,000,000원

〈경우1〉 감가상각비 11,000,000원, 운행일지 작성(총주행거리 10,000km, 업무용 사용거리 8,000km)

 ① 업무용승용차 감가상각 시부인
  - 회사계상감가상각비 11,000,000
  - 세법상 상각범위액 20,000,000(=100,000,000 ÷ 5년)
  - 시인부족액   △9,000,000(손금산입, △유보)
  [손금산입] 감가상각비 회사미계상분 9,000,000(△유보)
 ② 업무용승용차 관련비용 중 업무 미사용 금액
  25,000,000 - (20,000,000+5,000,000) × 80% = 5,000,000
  [손금불산입] 차량관련비용 사적 사용액 5,000,000(상여)

  업무사용비율 : $\dfrac{8,000km}{10,000km}=80\%$

 ③ 업무사용분 감가상각비 중 800만 원 초과액
  (업무용승용차별 감가상각비 × 업무사용비율) - 800만 원
  20,000,000×80% - 8,000,000
  [손금불산입] 업무용 감가상각비 한도초과액 8,000,000(유보)

〈경우2〉 감가상각비 45,000,000원, 운행일지 미작성
 ① 업무용승용차 관련비용 중 업무 미사용 금액
  (45,000,000+5,000,000) × (1-30%)
  [손금불산입] 차량관련비용 사적 사용액 35,000,000(상여)

  업무사용비율 : $\dfrac{15,000,000}{50,000,000}=30\%$

 ② 업무사용분 감가상각비 중 800만 원 초과액
  (업무용승용차별 감가상각비 × 업무사용비율) - 800만 원
  45,000,000×30% - 8,000,000
  =5,500,000
  [손금불산입] 감가상각비 한도초과액 5,500,000(유보)

■ 업무용승용차 처분손실

(1) ㈜위드컴퓨터(사업연도 : 2019.1.1.~2019.12.31.)의 관련자료이다.

(2) 대표이사 전용 업무용승용차 : 취득가액 1억 원, 전기 말(2018.12.31) 감가상각누계액 40,000,000원(취득일 2015.1.1., 정률법, 상각률 0.4 가정, 업무전용자동차보험에 가입하였고 운행기록 작성·비치함)

(3) 제5기(2019.1.1.~2019.12.31.) 손익계산서상 업무용승용차 관련비용 계상액

① 감가상각비 11,000,000원, 운행일지 작성(총주행거리 10,000km, 업무용 사용거리 9,000km)

② 차량유지비(유류비, 수선비, 자동차세, 통행료 등) 5,000,000원

(4) 2020.1.1. 업무용승용차 처분관련 회계처리는 다음과 같다. 2020년부터 2025년까지의 세무조정은?

① 장부상 회계처리

(차)	미　　수　　금	11,000,000	(대)	차 량 운 반 구	100,000,000
	감가상각누계액	51,000,000		부 가 세 예 수 금	1,000,000
	유형자산처분손실	39,000,000			

② 세무상 회계처리

(차)	미　　수　　금	11,000,000	(대)	차 량 운 반 구	100,000,000
	감가상각누계액	49,100,000		부 가 세 예 수 금	1,000,000
	유형자산처분손실	40,900,000			

③ 세무조정

(차)	유형자산처분손실	1,900,000	(대)	감가상각누계액	1,900,000

[손금산입] 유형자산처분손실 1,900,000(△유보)

구분	처분손실
2020	40,900,000 − 8,000,000 × 12/12 = 32,900,000(손금불산입, 기타사외유출)
2021	8,000,000(손금산입, 기타)
2022	8,000,000(손금산입, 기타)
2023	8,000,000(손금산입, 기타)
2024	8,000,000(손금산입, 기타)
2025	900,000(손금산입, 기타)

4. 업무용승용차 처분손실 및 한도초과금액 손금불산입액 계산

㊴ 차량 번호	㊵ 양도가액	㊶ 세무상 장부가액				㊻ 처분손실 (㊵-㊺<0)	㊼ 당기손금산입액 (㊻≤800만 원)	㊽ 한도초과금액 손금불산입 (㊻-800만 원)
		㊷ 취득가액	㊸ 감가상각비 누계액	감가상각비 한도초과금액 차기이월액(=㊳)	㊺ 합계 (㊷-㊸+㊹)			
	11,000,000	100,000,000	51,000,000	1,900,000	50,900,000	40,900,000	8,000,000	32,900,000
㊾ 합계								

❿ 업무용승용차 운행기록 작성 및 업무용승용차 관련비용 명세서

(1) 업무용승용차 운행기록부작성

'업무용승용차 운행기록 방법'은 별지 서식 「업무용승용차 운행기록부」를 작성하는 것으로 하되, 별지 서식상의 자동차등록번호, 사용자, 사용목적, 사용일자, 운행내역이 포함된 별도의 서식으로 작성할 수 있다.

이 고시는 2016년 4월 1일 이후 발생하는 업무용승용차를 취득·유지함으로써 생기는 비용분부터 적용한다. 다만, 시행 전 2016년 1월 1일부터 2016년 3월 31일까지 업무용승용차를 운행한 기록에 대하여는 관련 증빙서류를 보관하고, 「업무용승용차 운행기록부」를 작성할 수 있다.

■ [업무용승용차 운행기록부에 관한 별지 서식] (2016.4.1. 제정)

업무용승용차 운행기록부

사 업 연 도	2016. 1. 1. ~ 2016.12.31.	법 인 명	(주)삼일
		사업자등록번호	000-82-00000

1. 기본정보

① 차 종	② 자동차등록번호
sn6	00다2510

2. 업무용 사용비율 계산

③ 사용 일자 (요일)	④ 사용자		운 행 내 역				업무용 사용거리(km)		⑩ 비 고
	부서	성명	⑤ 주행 전 계기판의 거리(km)	⑥ 주행 후 계기판의 거리(km)	⑦ 주행거리(km)		⑧ 출·퇴근용(km)	⑨ 일반 업무용(km)	
2016. 4. 1	총무팀	김총무	15,000	15,150	150			150	
2016. 4. 2	영업팀	김영업	15,150	15,250	100			100	
			⑪ 사업연도 총주행 거리(km)				⑫ 사업연도 업무용 사용거리(km)		⑬ 업무사용비율(⑫/⑪)
			250				250		100

1. ① 업무용승용차의 차종을 적습니다.

2. ② 업무용승용차의 자동차등록번호를 적습니다.

3. ③ 사용일자를 적습니다.

4. ④ 사용자(운전자가 아닌 차량이용자)의 부서, 성명을 적습니다.

5. ⑤ 주행 전 자동차 계기판의 누적거리를 적습니다.(당일 동일인이 2회 이상 사용하는 경우 ⑤란을 적지 않고 ⑦란에 주행거리의 합만 적을 수 있습니다.)

6. ⑥ 주행 후 자동차 계기판의 누적거리를 적습니다.(당일 동일인이 2회 이상 사용하는 경우 ⑥란을 적지 않고 ⑦란에 주행거리의 합만 적을 수 있습니다.)

7. ⑦ 사용 시마다 주행거리(⑥ − ⑤)를 적거나, 사용자별 주행거리의 합을 적습니다.

8. ⑧ 업무용 사용거리 중 출·퇴근용(원격지 출·퇴근을 포함) 사용거리를 적습니다.

9. ⑨ 업무용 사용거리 중 제조·판매시설 등 해당 법인의 사업장 방문, 거래처·대리점 방문, 회의 참석, 판촉 활동, 업무관련 교육·훈련 등 일반업무용 사용거리를 적습니다.

10. ⑪~⑬ 해당 사업연도의 주행거리 합계, 업무용 사용거리 합계, 업무사용 비율을 각각 적습니다.

(2) 업무용승용차 관련비용 명세서

2017년 3월 7일 기획재정부령 제544호로 공포된 개정 법인세법 시행규칙에서 업무용승용차 손금인정 기준 등을 마련하였으며 [별지 제29호 서식] '업무용승용차 관련비용 명세서'도 포함하고 있다.

■ 법인세법 시행규칙 [별지 제29호 서식] (2016.3.7. 신설)

(3쪽 중 제1쪽)

사 업 연 도	. . ~ . .	업무용승용차 관련비용 명세서	법 인 명	
			사업자등록번호	

1. 업무사용비율 및 업무용승용차 관련비용 명세

① 차량 번호	② 차종	③ 임차 여부	④ 보험 가입 여부	⑤ 총주행 거리 (km)	⑥ 업무용 사용거리 (km)	⑦ 업무 사용비율 (⑥/⑤)	⑧ 업무용승용차 관련비용								
							⑨ 감가 상각비	⑩ 임차료 (⑪감가상각비 상당액)	⑫ 유류비	⑬ 보험료	⑭ 수선비	⑮ 자동차세	⑯ 기타	⑰ 합계
⑱ 합계														

2. 업무용승용차 관련비용 손금불산입 계산

⑱ 차량 번호	⑲ 업무사용금액			⑳ 업무 외 사용금액			㉓ 합계 (㉑+㉒)	㉖ 합계 (㉔+㉕)	㉙ 손금불산입 합계 (㉖+㉗)	㉚ 손금산입 합계 (⑰-㉘)
	㉑ 감가상각비 (상당액) [(⑨또는⑪)×⑦)]	㉒ 관련비용 [(⑰-⑨) 또는 (⑰-⑪)×⑦)]		㉔ 감가상각비 (상당액) (⑨-㉑) 또는 (⑪-㉑)	㉕ 관련비용 [(⑰-⑨) 또는 (⑰-⑪)-㉒]			㉗ 감가상각비 (상당액) 한도초과금액 (㉑-800만원)		
㉛ 합계										

210mm×297mm[백상지 80g/㎡ 또는 중질지 80g/㎡]

1. 업무사용비율 및 업무용승용차 관련비용 명세

　가. 차량번호란(①) : 업무용승용차의 차량번호를 적습니다.

　나. 차종란(②) : 업무용승용차의 차종을 적습니다.

　다. 임차여부(③) : 업무용승용차의 임차여부(자가, 렌트, 리스)를 적습니다.

　라. 보험가입여부란(④) : 「법인세법 시행령」 제50조의 2 제4항 제1호에 따른 자동차 보험 가입 여부를 적습니다. (기재형식 : 여 또는 부)

　마. 총주행거리란(⑤) : 해당 사업연도의 총 주행거리를 적습니다.

　바. 업무용 사용거리란(⑥) : 「법인세법 시행규칙」 제27조의 2 제4항에 따른 거래처·대리점 방문, 회의 참석, 판촉 활동, 출근 및 퇴근 등 직무와 관련된 업무수행에 따라 주행한 거리를 적습니다.

　사. 업무사용비율란(⑦) : 「법인세법 시행령」 제50조의 2 제4항 및 제5항에 따른 비율을 적으며, 운행기록 등을 작성하지 않은 경우에는 같은 법 시행령 제50조의 2 제7항에 따라 아래 각 호의 비율을 적습니다.

　　1. 해당 사업연도의 업무용승용차 관련비용이 1천5백만 원 이하인 경우 : 100분의 100

　　2. 해당 사업연도의 업무용승용차 관련비용이 1천5백만 원을 초과하는 경우 : 1천5백만 원을 업무용승용차 관련비용으로 나눈 비율

　아. 업무용승용차 관련비용란(⑧) : 「법인세법 시행령」 제50조의 2 제2항에서 규정하는 업무용승용차 관련비용을 각 항목별로 적습니다.

2. 업무용승용차 관련비용 손금불산입액 계산

　가. 업무사용금액(⑲) : 업무용승용차 관련비용에 업무사용비율을 곱한 비율을 적용하여 계산합니다.

　나. 업무외사용금액(⑳) : 업무용승용차 관련비용에서 업무사용금액을 차감한 금액을 적습니다.

　다. 감가상각비(상당액) 한도초과금액(㉗) : 업무사용금액 중 감가상각비(상당액)가 800만 원을 초과하는 금액을 적습니다.

3. 감가상각비(상당액) 한도초과금액 이월명세

㉛ 차량 번호	㉜ 차종	㉝ 취득일 (임차기간)	㉞ 전기이월액	㉟ 당기 감가상각비(상당액) 한도초과금액	㊱ 감가상각비(상당액) 한도초과금액 누계	㊲ 손금추인(산입)액	㊳ 차기이월액(㉟-㊲)
㊳합계							

4. 업무용승용차 처분손실 및 한도초과금액 손금불산입액 계산

㊴ 차량 번호	㊵ 양도가액	㊶ 세무상 장부가액				㊻ 처분손실 (㊵-㊺<0)	㊼ 당기손금 산입액 (㊻≦800만 원)	㊽ 한도초과금액 손금불산입 (㊻-800만 원)
		㊸ 취득가액	㊹ 감가상각비 누계액	㊺ 감가상각비한도초과금액 차기이월액(=㊳)	㊺ 합계 (㊸-㊹+㊺)			
㊾ 합계								

5. 업무용승용차 처분손실 한도초과금액 이월명세

㊿ 차량 번호	51 차종	52 처분일	53 전기이월액	54 손금산입액(800만 원 한도)	55 차기이월액 (53-54)
56 합계					

3. 감가상각비(상당액) 한도초과금액 명세

　가. 전기이월(㉞) : 전기에 발생한 차기이월액을 적습니다.

　나. 감가상각비(상당액) 한도초과액 누계(㉟) : ㉞의 금액과 ㊱의 금액을 합한 금액을 적습니다.

　다. 손금추인(산입)액(㊲) : 「법인세법 시행령」 제50조의 2 제9항의 방법에 따른 감가상각비(상당액) 이월액을 손금으로 추인(산입) 합니다.

4. 업무용승용차 처분손실 및 한도초과금액 손금불산입액 계산

　가. 감가상각비 누계액(㊸) : 「법인세법」 제23조 및 제27조의 2 제1항에 따른 상각범위액까지 손금에 산입한 감가상각비 누계액을 적습니다.

　나. 처분손실(㊻) : 처분손실이 발생한 경우에만 적습니다.

　다. 당기손금산입액(㊼) : ㊻의 금액이 800만 원 이하인 금액을 적습니다.

　라. 처분손실 한도초과금액 손금불산입액(㊽) : ㊻의 금액이 800만 원을 초과하는 금액을 적습니다.

5. 업무용승용차 처분손실 한도초과금액 명세

　가. 전기이월액(㊾) : 전기에 발생한 차기이월액을 적습니다.

　나. 손금산입액(㊿) : 전기이월액 중 800만 원을 한도로 손금에 산입할 금액을 적습니다.

간단한 사례를 통하여 업무용승용차 관련비용 명세서를 작성해보면 다음과 같다.

상황	감가상각비	유류비	보험가입	업무사용비율	비용인정금액
1	800만 원	100만 원	900만 원	80%	900만 원
2	2,000만 원	600만 원	2,600만 원	80%	1,280만 원

[별지 제29호 서식] (2016. 3. 7. 신설) (3쪽 중 제1쪽)

| 사 업 연 도 | . . ~ . . | 업무용승용차 관련비용 명세서 | 법 인 명 | |
| | | | 사업자등록번호 | |

1. 업무사용비율 및 업무용승용차 관련비용 명세

① 차량번호	② 차종	③ 임차여부	④ 보험가입여부	⑤ 총주행거리(km)	⑥ 업무용사용거리(km)	⑦ 업무사용비율(⑥/⑤)	⑧업무용승용차 관련비용							
							⑨ 감가상각비	⑩ 임차료 / ⑪감가상각비상당액	⑫ 유류비	⑬ 보험료	⑭ 수선비	⑮ 자동차세	⑯ 기타	⑰ 합계
31조9052	부	여	2,000	1,600	80%	800만 원	만 원 / 만 원	100만 원						900만 원
31조9053	부	여	4,000	3,200	80%	2000만 원	만 원 / 만 원	600만 원						2600만 원
⑱ 합계							2800만 원		700만 원					3100만 원

2. 업무용승용차 관련비용 손금불산입 계산

⑱ 차량번호	⑲ 업무사용금액			⑳ 업무외사용금액			㉗ 감가상각비(상당액)한도초과금액 (㉑-800만 원)	㉘ 손금불산입합계 (㉖+㉗)	㉙ 손금산입합계 (⑰-㉘)
	㉑ 감가상각비(상당액) [(⑨또는⑪)×⑦)]	㉒ 관련비용 [(⑰-⑨) 또는 (⑰-⑪)×⑦)]	㉓ 합계 (㉑+㉒)	㉔ 감가상각비(상당액) (⑨-㉑) 또는 (⑪-㉑)	㉕ 관련비용 [(⑰-⑨) 또는 (⑰-⑪)-㉒]	㉖ 합계 (㉔+㉕)			
31조9052	800만 원	100만 원	900만 원	0원	0원	0원	0원	0원	900만 원
31조9053	1600만 원	480만 원	2080만 원	400만 원	120만 원	520원	800원	1320원	1280만 원
㉚ 합계									

■ 윤 희 원 세무사

[약력]
- 인하대학교 경상대학 경영학부 졸업
- 강남대학교 일반대학원 세무학과 졸업(세무학 석사)
- 강남대학교 일반대학원 세무학과 졸업(세무학 박사)
- 현)더존비즈스쿨 전임강사
- 현)이택스코리아 세무칼럼위원
- 현)숭실사이버대학교 세무회계학과 외래교수
- 현)삼일아카데미 전임강사
- 현)한국표준협회 경영교육센터 전문위원
- 현)한국세무사회 홍보상담위원
- 현)한국세무사회 전산세무회계출제위원
- 현)강서구청 지방세심의위원
- 현)한결세무법인 서부지점 세무사

[주요저서]
- 실무자를 위한 PERFECT 회계실무(조세일보부설재무교육원)
- 2024 경리실무자를 위한 회계와 세무실무(이택스코리아)
- 부동산 팔까말까 동순이의 산소같은 절세노하우(삼일인포마인)

■ 최 영 경 세무사

[약력]
- 서울시립대학교 세무학과 졸업
- 전)영화조세통람사 부가가치세 상담위원
- 전)한국세무사회 홍보상담위원
- 전)용산경찰서 집회시위 자문위원
- 전)용산세무서 국세심사위원회 위원
- 전)한국세무사고시회 국제상임이사
- 전)한양여자대학교 강사
- 전)경기광주세무서 국세심사위원회 위원
- 전)용산세무서 납세자보호위원회 위원
- 현)한국세무사회 전산세무회계출제위원
- 현)서울시 마을세무사
- 현)서울시 지방세심의위원회 위원
- 현)서울시 공익감사단 위원
- 현)삼일인포마인 칼럼위원
- 현)용산지역세무사회 운영위원
- 현)용산구청 공유재산관리기금 운용심의위원회 위원
- 현)서울시 세입징수공적심사위원회 위원
- 현)서부지방검찰청 검찰시민위원회 위원
- 현)세무법인 위드플러스 용산지점 세무사

■ 최 세 영 세무사

[약력]
• 서강대학교 경영학과 졸업
• 명지대 부동산대학원 수료(경매과정)
• 전)강동세무서 납세자보호위원
• 전)잠실세무서 정보공개심의위원
• 전)서울지방세무사회 국제협력위원
• 전)한국세무사고시회 국제부회장
• 전)서울시 공익감사단 위원
• 전)한국세무사회 마을세무사운영위원회 위원
• 전)한국세무사고시회 국제·세무사제도센터장
• 전)한일세무사친선협회 사무국장
• 현)한국세무사회 국제협력위원
• 현)삼성생명, 신한생명, KDB생명 보험대리점
• 현)삼일인포마인 칼럼위원
• 현)세무법인 위드플러스 대표이사

[주요저서]
• 국제상속은 처음이지?
• 아버지는 몰랐던 상속분쟁
• 스타트업 CEO가 반드시 알아야 할 세무 노무 법률 가이드
• 부동산 팔까말까 동순이의 산소같은 절세노하우
• 혼자서 터득하는 원천징수와 4대보험 업무 가이드

■ 김 정 윤 세무사

[약력]
• 영남대학교 수학과 졸업(경제금융학과 복수전공)
• 전)세무법인 위드플러스 세무사
• 전)서울지방세무사회 국제협력위원
• 현)한국세무사고시회 국제상임이사
• 현)서울시 강남구 마을세무사
• 현)서울시 선정 대리인
• 현)서울시 지방세심의위원회 위원
• 현)김정윤 세무회계 대표세무사

2024년판　너만 몰랐던 지출증빙 실무

2015년 9월 11일　초판 발행
2024년 8월 1일　6판 발행

저　　자　윤　희　원
　　　　　최　영　경
　　　　　최　세　영
　　　　　김　정　윤
발　행　인　이　희　태
발　행　처　**삼일인포마인**

서울특별시 용산구 한강대로 273 용산빌딩 4층
등록번호 : 1995. 6. 26 제3－633호
전　　화 : (02) 3489－3100
F　A　X : (02) 3489－3141
I S B N : 979－11－6784－296－1　93320

저자협의
인지생략

♣ 파본은 교환하여 드립니다.　　　　　　　　　　　정가 30,000원